CINE DE TERROR

UN SIGLO ASUSTANDO

A LOS ESPECTADORES

ÍNDICE

Cuando estamos solos en la oscuridad, evitando pestañear para no perder detalle, posiblemente con nuestra piel blanca de miedo, las manos húmedas y preparados para cerrar los ojos cuando veamos el horror que se nos presenta delante, todos nuestros músculos se pondrán tensos, el corazón dará martillazos y en el estómago se nos hará un nudo tan enérgico que dolerá. Pero cuando percibamos que el terror es inminente las rodillas temblarán y sentiremos que las piernas están heladas. Cada músculo del cuerpo tratará de prepararse para la lucha o para la huida, mientras que la respiración contenida nos impedirá lanzar un grito pidiendo auxilio. En ese momento hemos perdido todo el control de nuestro cuerpo, al mismo tiempo que el cerebro nos recrimina por haber llegado allí.

Eso es el terror, una intensa sensación de la cual nadie está libre y en donde usted puede verse inmerso solamente pagando una entrada en el cine. Así de simple, y así de extraña, es la condición humana.

El terror puede fingido, tal y como hemos visto en James Lee Curtis cuando escudriña las sombrías esquinas huyendo de Michael Myers, o real, cuando un niño no puede librarse de la presencia de Freddy en su sueño. También es fingido cuando el Profesor Van Helsing está paseando por la cripta de Drácula y el sol se pone justo en ese momento, y en el instante en que Sigourney Weaver decide ponerse sentimental y buscar su gato en la nave espacial Nostromo. Del mismo modo, Janet Leigh fingía perfectamente cuando se duchaba tranquilamente en el Motel de Bates y veía ese enorme cuchillo a punto de traspasar su bello cuerpo; igual que cuando los turistas se zambulleron en el agua a lo largo de las playas de Isla Larga, y un tiburón decidió darse un festín con ellos.

Afortunadamente para el espectador, al cabo de unos interminables minutos aparece la palabra fin, las luces vuelven, el cuerpo se recupera del susto y hasta nos atrevemos a decir qué bien lo hemos pasado. Pero el pulso todavía no se ha recuperado, y aunque discretamente nos hemos secado las gotas de sudor, los ojos delatan los 90 minutos de horror que han pasado velozmente. Poco a poco, el estómago recupera su volumen, aunque se siente incapaz de admitir cualquier alimento y le da la impresión de tener dentro a un gato rabioso. Posiblemente, esta noche tendremos pesadillas, pero eso no nos impedirá el próximo fin de semana rebuscar en las carteleras la nueva película de terror.

Pues a pesar de este mal trago, y por razones extrañas, las películas de horror son el género cinematográfico que más fans tienen y el único que no ha dejado de interesar con el paso de los años. La pasión del público por ver voluntariamente escenas de miedo es paralela al éxito que tienen las montañas rusas de los parques de atracciones, en donde la popularidad aumentará en la misma medida en que causen pánico a los usuarios. A más pánico, más éxito. ¿Y por qué no? ¿Qué otra forma existe en el mundo para hacernos ver que somos débiles humanos y que necesitamos fortalecernos para soportar a seres tan malos como Hannibal o Jack el Destripador?

La pasión por el cine de terror puede quedar explicada también por ese deseo de aplaudir la otra cara de la moneda, al diablo en lugar de a Dios, al dictador que acaba de eliminar al presidente democrático, o al cazador que ha conseguido segar certeramente la vida de un pobre animal. Y es que para muchos espectadores los monstruos del cine que nos aterrorizan constituyen la oposición a los superhéroes, al "bueno" de las historias y a las benéficas hadas madrinas de los cuentos infantiles. Son los lobos de las novelas para adultos y el equivalente a tantos gigantes, dragones y fantasmas que nos aterrorizaron cuando éramos niños. También son, como diría Obi Wan Kenobi, el reverso tenebroso, el camino que lleva a esa extraña felicidad que ocasiona provocar daño en nuestros semejantes.

El horror a través de los tiempos ha seguido un camino extraño, bastante sencillo cuando aquellos cuentos góticos macabros del siglo XXVIII fueron mostrados con más imaginación que medios por los directores de cine expresionistas alemanes, aquellos que alimentaron nuestros miedos durante los primeros años del cine. Ellos consiguieron, a su vez, dar una nueva vida a la industria del cine americano de los años veinte, creando una edad dorada del cine de terror clásico en los años treinta, mediante una larga serie de películas de bajo presupuesto sumamente inteligentes.

Después el miedo fue mostrado más realmente durante los años 40, cuando los cineastas realizaron filmes que hablaban de los horrores de la Segunda Guerra Mundial y la consecuente paranoia política de los años cincuenta. Inmediatamente después, el cine volvió a las raíces del terror de la primera época y en los años sesenta volvieron a renacer los monstruos clásicos, hasta llegar a los setenta, cuando un nuevo horror psicológico invadió las pantallas mundiales. La contracultura nos llevó a explorar territorios aparentemente encantadores como el religioso, mostrando a los incrédulos que la maldad y la capacidad de aterrar existen en cualquier actividad del ser humano.

Diez años después, la imaginación de guionistas y directores se desbordó, y unos nuevos engendros, con formas metálicas, mutaciones o procedentes de otro planeta, consiguieron nuevamente aterrorizar a los espectadores, ahora con la ayuda de los efectos especiales. Algunas de estas películas fueron premiadas incluso con un Oscar.

Puede parecer extraño que el malvado de las historias y filmes no sea repudiado por lo espectadores, pero ahí tenemos el ejemplo de Drácula y Freddy Krueger, cada uno con docenas de clubes de fans diseminados por el mundo, del mismo modo que los tienen Godzilla, King Kong y el despiadado asesino de Scream. Darth Vader dicen que tuvo más admiradores que el guapo Luke Skywalker, aunque luego las admiradoras se inclinaron por el atractivo Harrison Ford, más asequible que el actor David Prowse que se escondía bajo la máscara negra que le permitía respirar.

No podemos negar, a la vista de estas conclusiones, que la maldad atrae, aunque no exista un modo seguro de averiguar la razón para este absurdo. En los parques de atracciones del mundo entero los espectáculos donde los asistentes pasan más miedo, como las gigantescas montañas rusas o el castillo del terror, son el lugar preferido y es frecuente que haya que aguardar varias horas para acceder a... pasar un mal rato.

Parece ser que hacer vibrar a los corazones y las mentes humanas mediante el miedo es un pasaporte seguro para el éxito comercial y por ello en los últimos años el cine ha sido igualmente pródigo en películas con monstruos o asesino sin escrúpulos, y una nueva oleada de demonios nos ha llegado sin saber cómo ni porqué. La pasión del público por ver voluntariamente escenas de horror es un contrasentido, pues los villanos reales, los terroristas y los asesinos, no gozan del aplauso general, aunque no por ello dejan de tener adeptos fieles. También es significativo el hecho de que cuando existe un accidente de tráfico en la carretera, con muertos y sangre diseminados por el asfalto, se ocasione un atasco de varios kilómetros. La causa, ya lo sabemos, es la morbosidad por ver la muerte de cerca, el dolor de las víctimas del accidente.

En resumidas cuentas, y volviendo al cine y los espectáculos, el secreto para el éxito es provocar miedo y repulsión (como ocurrió con "La naranja mecánica"), y la popularidad aumentará en la misma medida en que causen pánico a los usuarios.

Pero los monstruos cambian con el paso de los años y si anteriormente tuvimos a Alien, o asesinos en serie como en el "Silencio de los corderos", ahora nos muestran a "Scream" o al mismísimo Diablo, cada vez más poderoso, aunque debe rivalizar por el trono de los malvados con las nuevas legiones de vampiros combatidos -menos mal- por "Blade".

Este libro aporta un recorrido por las películas más populares del género de terror, aunque es posible que alguna destacable no figure en esta relación. También muy probablemente alguna de las incluidas no le hayan causado a usted, en particular, el menor miedo, pero no es misión de este manual juzgar un filme por los gritos de los espectadores, sino solamente por el género al que pertenece.

DRÁCULA

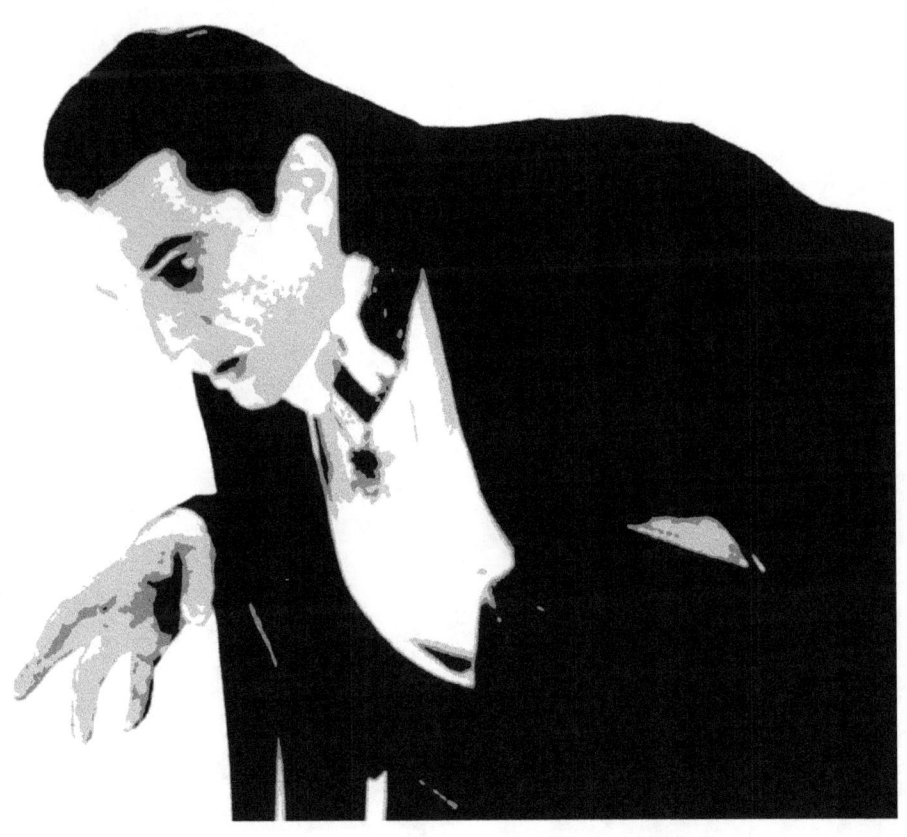

DRÁCULA
1931

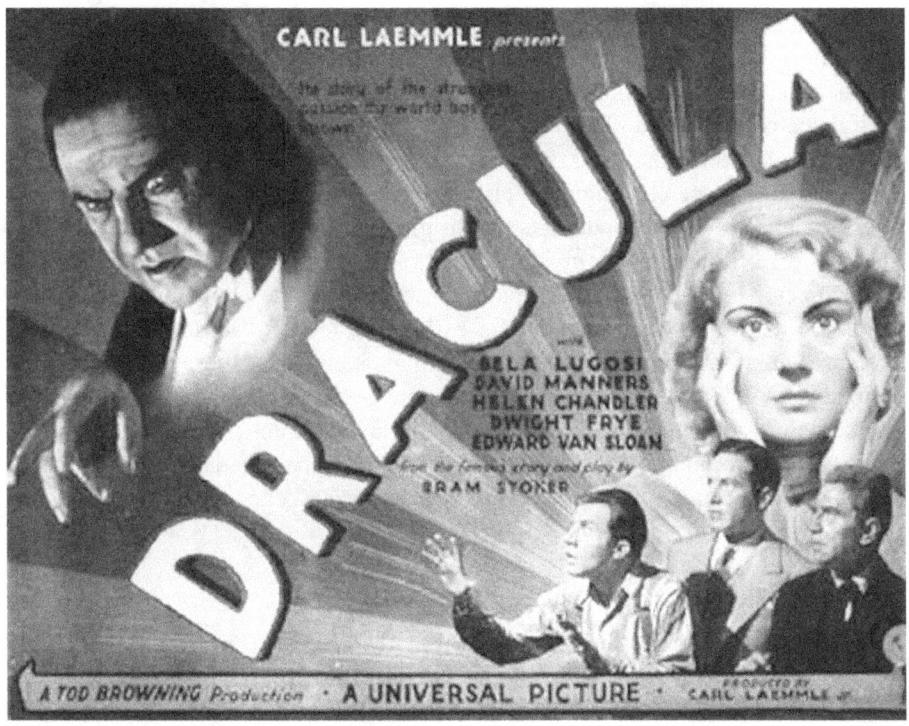

Productor: Carl Laemmle Jr.
Director: Tod Browning
Guión: Garrett Fort
Basada en la novela de Bram Stoker
Fotografía: Karl Freund

Intérpretes:
BELA LUGOSI: Conde Drácula
HELEN CHANDLER: Mina Seward
DAVID MANNERS: John Harker
EDWARD VAN SLOAN: Dr. Van Helsing

La película comienza en Transilvania, donde un vendedor de fincas británico llamado Renfield (Dwight Frye), llega para legalizar la venta de un castillo, morada del conde Drácula (Bela Lugosi). Cuando el sol se está poniendo detrás de las dentadas montañas negras, rodeadas de un terreno escabroso e inhóspito, llega al pequeño pueblo en donde su presencia causa recelo entre los lugareños, quienes con los ojos desorbitados le avisan sobre lo poco conveniente de viajar a través del Paso Borgo para ver a Drácula. No obstante, Renfield consigue contratar a un cochero para que le lleve a través de la oscuridad; allí, en medio de la vibración de los árboles y el aullido de los lobos, el conde Drácula les espera. Pronto entra en el castillo y saluda amablemente al extraño personaje, un hombre de pelo liso peinado hacia atrás, que muestra una sonrisa malévola a través de sus delgados labios.

Indudablemente el comienzo del filme es sobrecogedor, aunque esta primera versión americana del conde Drácula dirigida por Tod Browning es simplemente una adaptación de la novela de Bram Stoker, y no una versión fiel a la historia. Sin embargo, el éxito fue extraordinario, anunciándose incomprensiblemente como " La historia de amor más extraña de todas". Desde entonces, Bela Lugosi fue la personificación refinada del mal, aunque su experiencia anterior en Broadway, representando el mismo personaje desde 1927, le llevó a sobreactuar en su papel, adoptando un carácter similar a un demente. De elevada estatura y acento húngaro, marcó una senda que fue imitada y parodiada subsecuentemente, lo que en principio marcó un estilo que perduró muchos años.

LOS ORÍGENES DE DRÁCULA

Aún hoy, todavía existen discrepancias sobre si en verdad existieron y existen personas que chupan la sangre a sus víctimas para sobrevivir.

Según los expertos, a un humano de nada le vale chupar sangre, ya que su estómago no puede digerirla y lo más probable es que la expulse mediante el vómito. Si esto es así, ¿de dónde viene la creencia de que bebiendo sangre se alcanza la inmortalidad?

Antiguamente, los hemofílicos (enfermos con falta crónica de hemoglobina) han intentado inútilmente beber sangre para curar su mal y para ello no han dudado en matar carneros nonatos, niños recién nacidos y, sobretodo, doncellas vírgenes. Detrás de ello no siempre estaba el deseo de ver curada su enfermedad, sino que en la mayoría de las ocasiones era una excusa para la venganza o la orgía sexual.

Pero no será hasta el siglo XV en que un siniestro personaje llamado Vlad Tsepech Drácula, príncipe de la rumana Valaquia, pasa a la historia como el primer vampiro humano de prestigio. Descendiente de la estirpe "Draco", los dragones de la guerra, traducción latina de "Drácula", este victorioso señor no tiene piedad con sus enemigos y en venganza porque los turcos le hicieron prisionero cuando era joven y se vio en la obligación de comer ratas para sobrevivir, cuan-

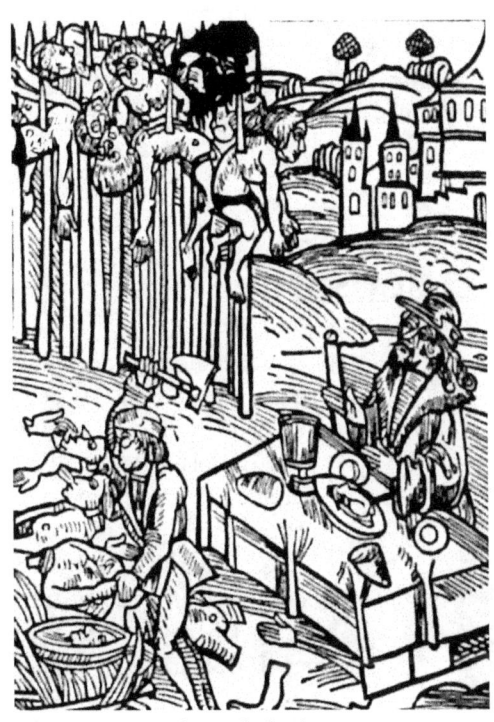

Dibujo de la época

do consiguió la victoria llegó a empalar hasta 100.000 prisioneros, a los cuales situó delante de su castillo. Además, para que su obra no fuera olvidada jamás, organizó banquetes multitudinarios delante de su macabra exposición. Cuando murió, sus enemigos le cortaron la cabeza y enterraron así en dos tumbas para evitar que volviera del otro mundo para vengarse. De poco les sirvió, ya que unos años después las tumbas aparecieron abiertas y sin restos del tirano. Desde entonces, el vampiro sale todas las noches por tierras de Rumania y sacia su sed de sangre con mujeres y niños indefensos.

Un siglo después nace una aristócrata húngara llamada Elizabeth Bathory, la cual tiene un hijo ilegítimo a los catorce años y para evitar la deshonra se casa con un noble, yéndose a vivir al castillo de Csejthe. Pero cuando su marido se va a la guerra se dedicaba a mantener relaciones sexuales con mujeres, varones sombríos y cuantos brujos conocía. No satisfecha con ello, tortura de mil maneras a las mujeres de su servidumbre, especialmente a las más guapas, y cuando empieza a notar las primeras arrugas en su rostro las asesina después de hacer el amor con ellas, utilizando su sangre aún caliente como agua de baño. Cuando fue descubierta (su marido contribuyó a ello), la emparedaron viva en una de las habitaciones del castillo y hay quien dice que sus gritos de dolor y venganza se siguen oyendo desde entonces.

Y así, la figura del vampiro decae en la mente de las gentes hasta que la literatura la rescata tres siglos después. William Polidori, un escritor amigo de Lord Byron y la célebre Mary Shelley, escribe "El vampiro" la misma noche en que Mary esboza la historia de "Frankenstein". Corría el año 1819 y un vampiro literario llamado Lord Ruthven llega al New Monthy Magazine, aunque la novela es casi un fracaso absoluto, hasta el punto en que su creador murió pobre y sin prestigio alguno. Años después, el mismísimo Alejandro Dumas lleva esta desconocida obra al teatro con gran éxito. Hay quien asegura, no obstante, que otros autores como Burger y el alemán Goethe habían tocado ya el tema del vampirismo en obras como "Eleonora" y "La novia de Corinto".

Otros escritores que se apuntaron al tema de los chupadores de sangre (quizá una metáfora contra los aristócratas de entonces), fueron Thomas Preskett con "Varney" y Joseph Sheridan con "Carmilla", personaje tenebroso que el cine revivió muchos años después en dos películas.

BELA LUGOSHI

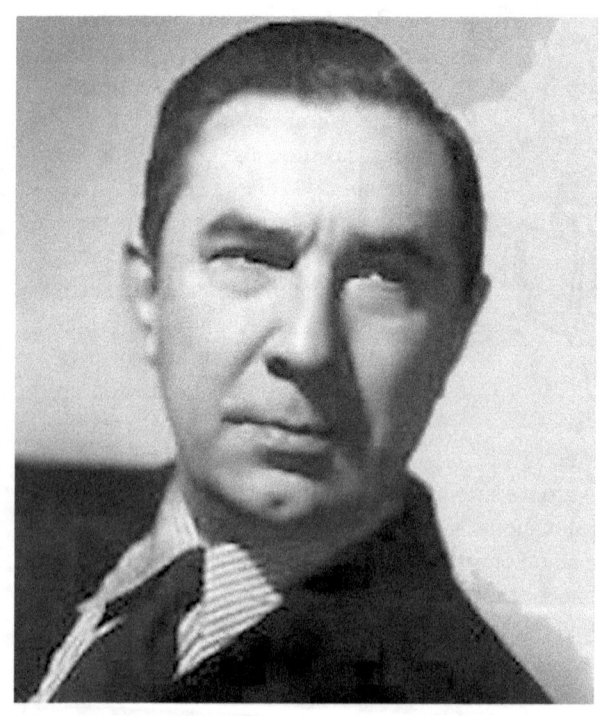

Dependiendo de quién sea su biógrafo, a este actor se le nombra como Bela Belsko, Bela Balasko o Bela Ferene. Lo que sabemos con certeza es que nació en Lugos, Hungría, en 1882 y entró en el cine para sustituir a Lon Chaney senior en el papel de Drácula, cuando este murió de cáncer. Pronto se convirtió en el villano de todos los filmes de terror y esto le obligó a adoptar en su vida privada el mismo rol, llegando a alterar su verdadero carácter hasta el punto de que sus enemigos decían que dormía en un ataúd con telarañas a su alrededor y que se drogaba. Que sepamos, solamente hizo un papel más tradicional en la película "Ninotchka" (1939), junto a Greta Garbo.

Su primera película fue "A Leopard" en 1917 y la última "Plan Nine from Outer Space" el mismo año de su muerte en 1956, aunque fue estrenada tres años después. Por deseo propio, se le enterró con su capa negra forrada de satén rojo y su traje de Drácula.

Si alguien desea ver su tumba la encontrará en el cementerio de Holy Cross de Hollywood, al lado de otro mito del cine, el actor Bing Crosby.

BRAM STOKER

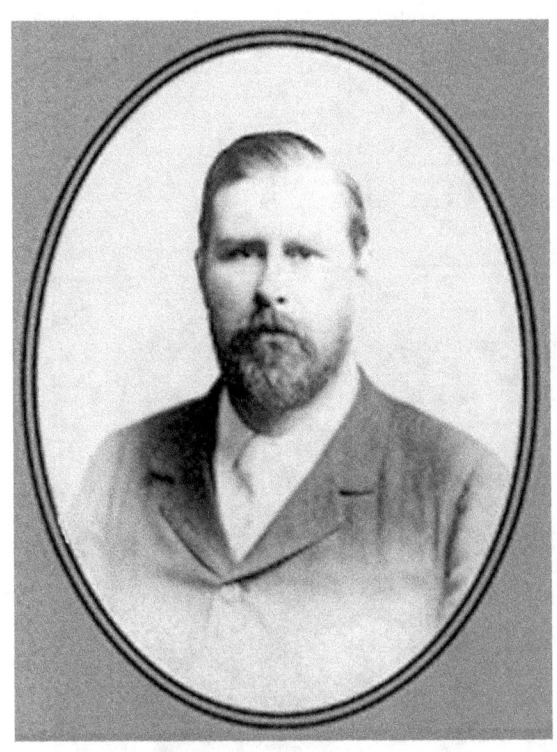

Abraham Stoker nació en Dublín en 1847 y cursó sus estudios en el Trinity College, el mismo lugar donde estudiaron algunos grandes autores de literatura fantástica, lo que indudablemente influyó en sus gustos, igual que pertenecer a una secta extraña denominada "Golden Dawn in the Cuter", algo así como una asociación de amigos de lo esotérico.

De niño era muy solitario, quizá porque tenía ciertos problemas para andar que le impedían jugar con libertad y solamente logró superar su disfunción física al cumplir los siete años, llegando posteriormente a convertirse en un buen atleta y jugador de fútbol. Ya adulto se dedicó al mundo del teatro, pero no como actor sino como representante y empresario, teniendo entre sus clientes a Henry Irving, un actor muy famoso en esos años. Y fue precisamente a ese actor a quien le enseñó uno de sus relatos fantásticos, la que posteriormente titularía "Drácula", pero por toda respuesta recibió este despectivo comentario: "dreadful" (horrible), y eso que ni siquiera terminó de leerla.

Aun así y dada su influencia empresarial, la novela se publicó y tuvo que soportar entonces un montón de críticas adversas en las principales revistas literarias del momento. Parece ser que no le influyeron demasiado estos comentarios y siguió escribiendo nuevas obras, entre ellas "La guarida del gusano blanco", "La dama del sudario", "Los misterios del mar", "La casa del juez" y "La joya de las siete estrellas".

"Drácula" salió al mercado en 1897 y en ella apareció también el implacable Van Helsing y todo el mundo del vampiro que posteriormente fue considerado válido por los demás autores, especialmente su horror a la luz y los ajos, su seducción con las mujeres, el ataúd como lecho y su facilidad para volar, si antes no le habían puesto un crucifijo delante.

Dicen que el castillo de Drácula estuvo inspirado en uno real que existe todavía en la localidad de Bran y que las refinadas maneras del conde las sacó de su amigo Irving. Como suele ocurrir, Stoker nunca pudo disfrutar del éxito de su novela "Drácula" y murió en Londres el 20 de abril de 1912, dos años después de escribir su última obra "Impostores famosos".

DRÁCULA EN EL CINE

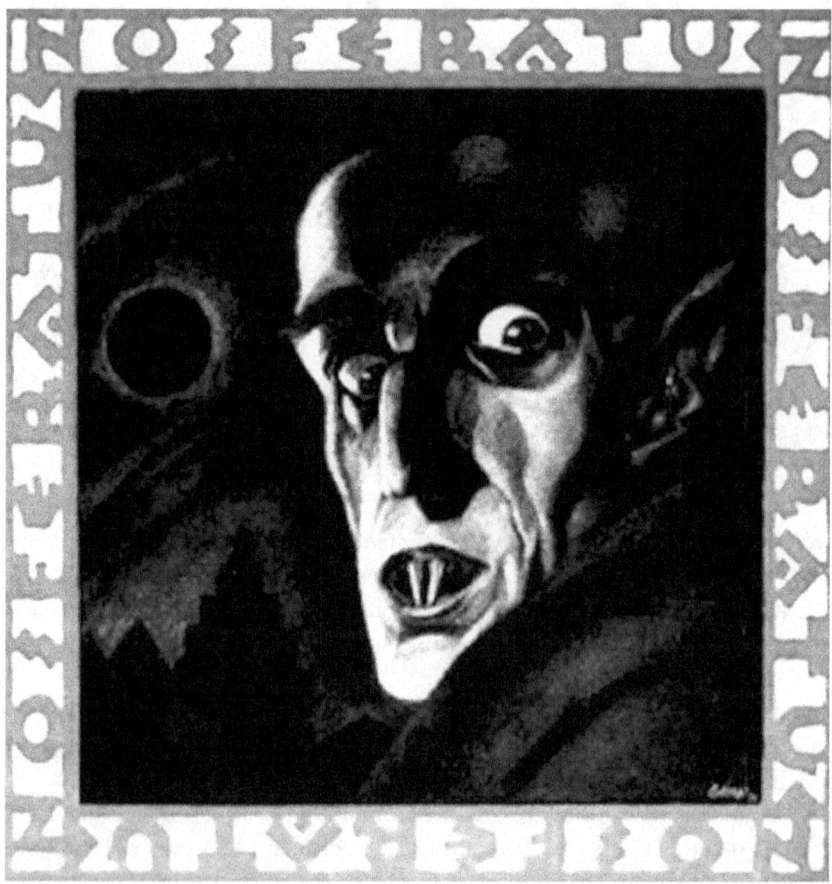

Aunque la mayoría de los aficionados creen que fue "Nosferatu, el vampiro" (Nosferatu, Eine synphonie des Grauens) de 1922, la primera película de vampiros de la historia, lo fue solamente en el sentido de que era la primera que estaba basada en la obra de Stoker, pero antes se habían rodado otras versiones libres como fueron "Vampydanserinden" (1911), "La vampira india" (1913), La torre dei vampiri" (1913), "The vampire" (1913) y "Der vampyr" en 1919. El porqué "Nosferatu, el vampiro" (1922) está considerada como la primera película de la historia sobre Drácula, podríamos entenderlo al ser la única que estaba basada en el texto de Stoker, aunque curiosamente no figura en los títulos de crédito, quizá para eludir derechos de autor.

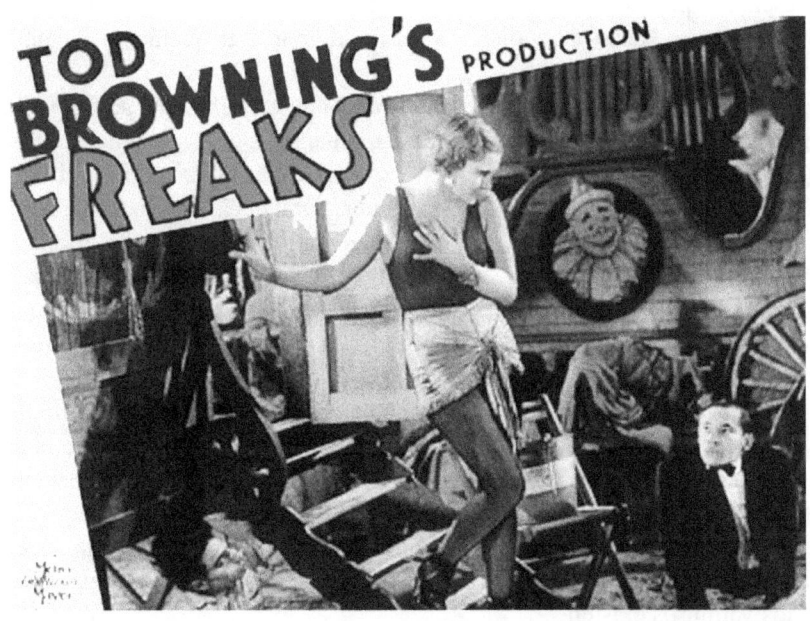

En esta película, por el motivo antes mencionado, el vampiro se llama Orlok (interpretado por Max Schreck) y el autor del argumento fue Henrik Galeen, aunque la viuda de Stoker le puso una demanda judicial por plagio. La película tuvo cierto reconocimiento en su tiempo y aunque bastante polémica a causa de las inclinaciones bisexuales del vampiro, logró pasar a la historia y con ella su director F.W. Murnau, aunque no pudo saborear su triunfo ya que hubo una orden judicial de destruir las copias. Afortunadamente, si bien la sentencia se cumplió y arruinó a la productora, algunas copias estaban ya en el extranjero y por ello aún hoy se puede visionar en las filmotecas.

Después de este éxito llegaron a la pantalla obras menores como "Vampiry Warzawy" (1925) y "La bruja vampiro" (1930), basada en la novela de Carl T. Dreyer "Carmille", existiendo una versión teatral en 1927 obra de Balderston y Deane, la cual a su vez estaba basada en la obra que Stoker había estrenado en 1897.

Dos años después, en 1929, la Universal decide llevar de nuevo al cine la obra "Drácula" y bajo la dirección de Tod Browning empieza a elaborarse el proyecto, esta vez contando con la aprobación de la viuda de Bram Stoker la cual "cedió" los derechos de la obra de su marido en sólo 40.000 dólares, y eso gracias al tesón de Bela Lugoshi. La película se estrenó por fin en 1931 y la publicidad no hablaba de vampiros sino de una extraña historia de amor, la cual empezaba con una frase del vampiro que decía: "Yo soy Drácula, bienvenido", expresada en un defectuoso inglés por Lugoshi, quien por cierto había reemplazado a Lon Chaney a causa de su repentina muerte. El papel de Van Helsing estaba representado por Edward Van Soloan, el guión era de Garret Fort, la música de Tchaikovsky y Helen Chandler era la protagonista femenina que cautiva al conde.

Del director Tod Browning sabemos que nació en 1882, que se fugó a los 16 años de su casa para irse con una bailarina y que se inició en el cine en 1914 trabajando como actor en la película "Intolerancia", hasta que en 1917 dirige "Jim Bludso". Popularizado gracias a la película "Drácula", dirigió posteriormente "La parada de los monstruos", "La marca del vampiro", "Muñecos infernales" y "Miracles For Sale" en 1939. Desde ese año desaparece del mundo cinematográfico y la prensa le menciona como fallecido en numerosas ocasiones, sin que aún hoy tengamos certeza de cuándo murió, ya que algunas fuentes dicen que fue en 1962 y otras en 1944.

Entre los datos curiosos del film tenemos el hecho de que Lugoshi no tuviera que soportar ningún tipo de maquillaje, ya que su extrema palidez daba el aspecto diabólico necesario. También es de destacar que después de conseguir los derechos sobre la novela original de Stoker, el guionista basó la película en los textos de Balderston y Deane, los autores teatrales, eliminándose la secuencia final en la cual el actor Edward Van Soloane se dirige al espectador para decirles que los vampiros existen.

Después de este film se hizo una secuela en 1934 titulada "La marca del vampiro" y en 1944 "El retorno del vampiro", también con Lugoshi como protagonista, pero dirigida por Lew Landers. Anteriormente, en 1931, España realizó una versión de Drácula con el actor Carlos Villarias como el conde y Lupita Tovar como Mina, y hasta el popular Mickey Mouse tuvo que vérselas con un vampiro en "La gran gala de Mickey Mouse" en 1933.

En esos años y con la leyenda fuertemente arraigada en el público, se estrenaron entre otras: "La hija de Drácula" (1933) aprovechando los decorados de otras versiones anteriores e interpretada por Gloria Holden (Mina); "La cíngara y los monstruos" (1944) con John Carradine; "La mansión de Drácula" (1945) con Martha O'Driscoll, y hasta una parodia que dirigió Charles Barton titulada en España "Bud Abbot y Lou Costello contra los fantasmas". Otras películas que con más o menos honor han pasado por las carteleras fueron: "Drákula Istanbulda" (1953), "La sangre de Drácula" (1957), y "la vuelta del vampiro (1958), justo el mismo año en que la Hammer decide tomar el timón y realizar una nueva adaptación del mito.

DRÁCULA
Horror of Drácula 1958

Director: Terence Fisher
Guión: Jimmy Sangster
Fotografía: Jack Asher
Compositor: James Bernard
Vestuario: Molly Arbuthnot

Intérpretes:
PETER CUSHING: Dr. Van Helsing
CHRISTOPHER LEE: Conde Drácula
VALERIE GAUNT: La mujer vampiro
MELISSA STRIBLING: Mina

Filmada en color, lo que indudablemente supuso una fuerte crítica de los puristas, defensores del blanco y negro a ultranza, la película de la Hammer fue un éxito de público total en el mundo entero y eso influyó decisivamente en los gustos de la gente, guiándoles a una nueva concepción del cine de terror. Ahora la sangre se veía claramente, era tan roja como en la realidad y Drácula no era el señor absoluto de las tinieblas por su maldad, sino por su extraordinaria seducción hacia las mujeres. Su presencia bastaba para que las mujeres más honestas cayeran presas de un delirio sexual y nada ni nadie las podían detener para volver a mantener relaciones de ultratumba con su amado seductor. Afortunadamente, los celosos novios y maridos contaban con algunas armas eficaces para detener al vampiro, entre ellas el olor del ajo, la presencia del crucifijo, la luz del sol y, sobre todo, la cruel estaca clavada en el corazón.

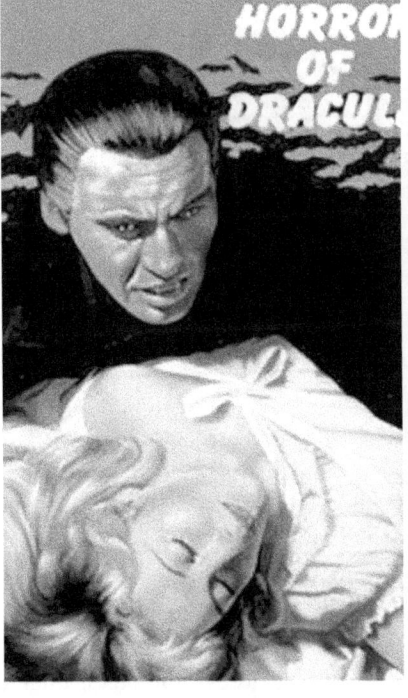

Película que hizo renacer el cine de terror y, a su vez, sirvió para poner en la popularidad a los dos principales actores y elevar a la categoría de clásico a su director. Como era habitual en las producciones de la Hammer, los medios económicos no sobraban, pero se suplieron con un ingenio y seriedad extraordinarios.

CHRISTOPHER LEE

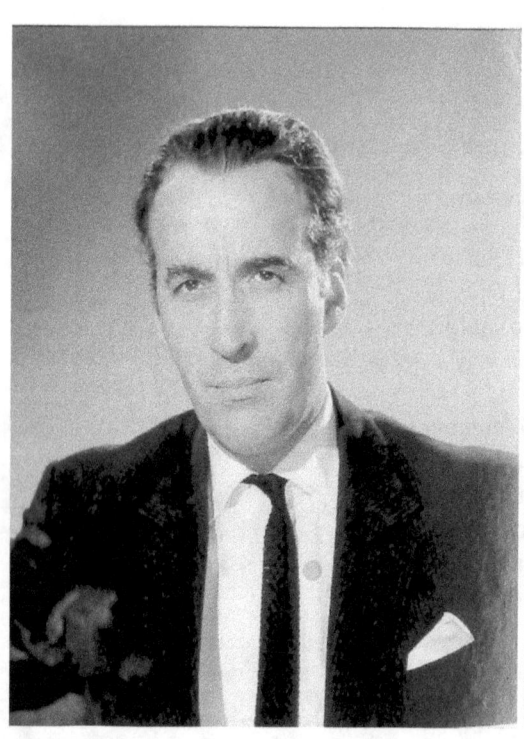 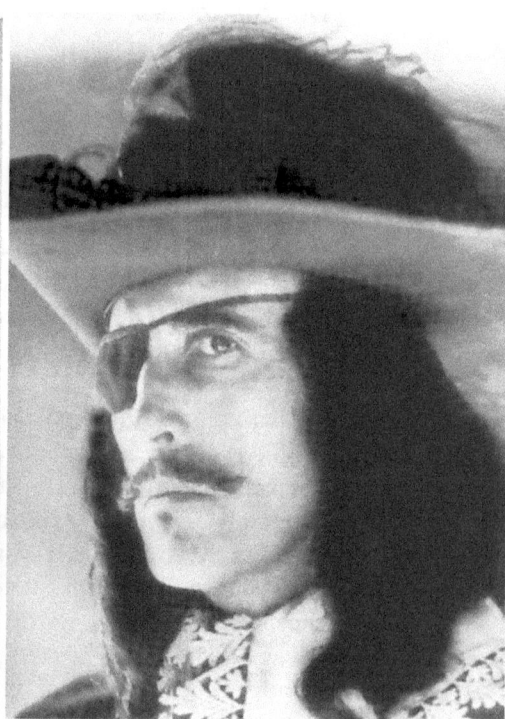

Nadie se creía que pudiera encontrarse un actor que fuera capaz de hacer olvidar al público a Bela Lugoshi en el papel de Drácula, pero lo cierto es que la elección fue tan acertada que hoy en día se recuerda más a Christopher Lee como Príncipe de las Tinieblas que a cualquier otro.

Nacido el 27 de mayo de 1922 en Londres, (aunque de ascendencia gitana por parte de padre), tiene detrás de sí un linaje verdaderamente notorio ya que desciende del mismísimo Carlomagno, siendo sus antecesores personajes importantes de la nobleza italiana. Dotado de una gran estatura que a priori es siempre un inconveniente en el cine (es difícil encuadrarle la cabeza cuando trabaja junto a otros actores), fue precisamente este detalle lo que le dio la suficiente prestancia en su papel de Drácula como para que los aficionados olvidasen pronto al legendario Lugoshi.

La primera película en la que intervino fue en "Corridor of Mirrors" (La extraña cita) en 1947, a la que siguieron "Hamlet" en 1948, "Valley of the Eagles" en 1951, "Moulin Rouge" en 1953 y "Moby Dick" en 1956. Al año

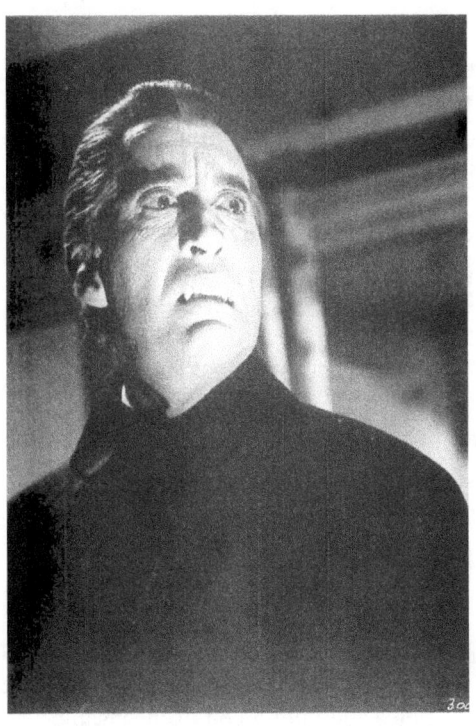

siguiente firma ya su contrato con la Hammer y hace el papel de la Criatura en "The curse of Frankenstein" (La maldición de Frankenstein) con un éxito total, el cual fue superado posteriormente por "Drácula".

Sin embargo, Lee nunca estuvo muy a gusto con sus personajes terroríficos, ya que, entre otras cosas, le mantenían prácticamente mudo, especialmente en el papel de monstruo o de la Momia. Incluso cuando interpretaba al refinado Conde Drácula las concesiones al diálogo eran tan pequeñas que se aprendía las frases en pocos minutos. Al igual que un mimo, toda su interpretación debía estar reflejada en su rostro y sus ademanes majestuosos.

Eterno malo en todas sus películas, aunque seductor irresistible con las mujeres, no provocó nunca rechazo en el espectador, y eso que su sola presencia producía un rictus de pánico.

Con la Hammer intervino en "El perro de Baskerville" (1959), "La Momia" (1959), "The Man who could Cheat death" (1959), "Las dos caras del Dr. Jeckyll" (1960), "El terror de los Tongs" (1961), "Los piratas de río Amarillo" (1962), "The evil de Frankenstein" (1964), "The DevilShip Pirates" (1964), "The Gorgon" (1964), "She" (1965), "DRÁCULA" (1966), "Rasputín" (1966), "The Devil Rides Out (1968), "Drácula vuelve de la tumba" (1968), "Taste the Bood of Drácula" (1970), "Scars of Drácula" (1970), "Drácula 1972 (1972), "Los ritos satánicos de Drácula" (1973) y "To the Devil a Daughter" (1976).

También le pudimos ver en "Julio César" (1970), "El hombre de la pistola de oro" (1974), "Los tres mosqueteros" (1973), "Aeropuerto 77" (1977), "El pasaje" (1978), "1941" (1979), "Carlos y Diana" (1982), "El retorno del Capitán invencible" (1982), "Aullidos 2" (1982) y hasta en "Gremlins 2" (1990), así como en la nueva saga de "Star Wars" y "El señor de los anillos".

HAMMER Y DRÁCULA

La productora Hammer, en unión en más de una ocasión a otras empresas, filmó una larga secuela de películas sobre vampiros, entre las cuales están:

LAS NOVIAS DE DRÁCULA
The brides of Drácula 1960

Guión: Jimmy Sangster
Director: Terence Fisher

Intérpretes:
PETER CUSHING: Van Helsing
DAVID PEEL: Barón Meinster/vampiro
FREDA JACKSON: Greta

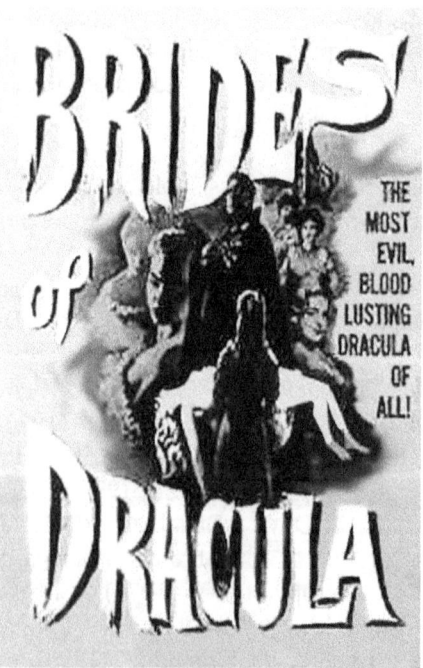

Unas mutilaciones en masa llevan a la policía hasta el joven y sexy –a su manera- Barón Meinster, quien debe pelear de nuevo con el incansable Van Helsing, aunque ahora se le unirán guapas vampiras sedientas de sangre humana.

Con gran dosis de erotismo, incestos, lesbianismos y homosexualidad, este filme supone un intento de impresionar al público y de lograr, además, que las mujeres también acudan a este tipo de cine, y para ello nada mejor que el papel de vampiro sea interpretado por un guapo actor rubio. La explicación fue que Christopher Lee había rechazado realizar de nuevo el papel de Drácula y tuvieron que proponérselo rápidamente a David Peel. Nada nuevo en apariencia en esta película que, sin embargo, tiene algo de especial, al menos para muchos de sus admiradores. Todos sabemos que realmente Drácula es un incorregible romántico, y por eso siempre busca hermosas mujeres a quien seducir, algo que en esta película se da con mayor frecuencia si cabe.

DRÁCULA, PRÍNCIPE DE LAS TINIEBLAS
Drácula, prince of darkness 1965

Guión: John Sansom
Director: Terence Fisher

Intérpretes:
CHRISTOPHER LEE: Drácula
BÁRBARA SELLER: Helen
ANDREW KEIR: Padre Sandor

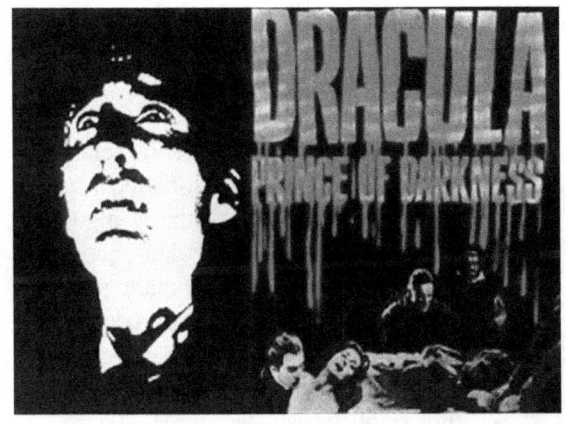

Un sirviente emplea el torrente sanguíneo de una víctima para revivir al maligno Conde, quien se dedica a infligir el terror a dos parejas de turistas.

Verdadera secuela de la primera entrega (incluso se ven escenas del anterior final), en la cual retorna Lee como vampiro y solamente por ello la película comienza a funcionar, aunque sigue sin articular palabra alguna. Interpretaciones sobrias y climax constantes, nos dan una idea de lo que es un estándar del terror inglés de los años 60.

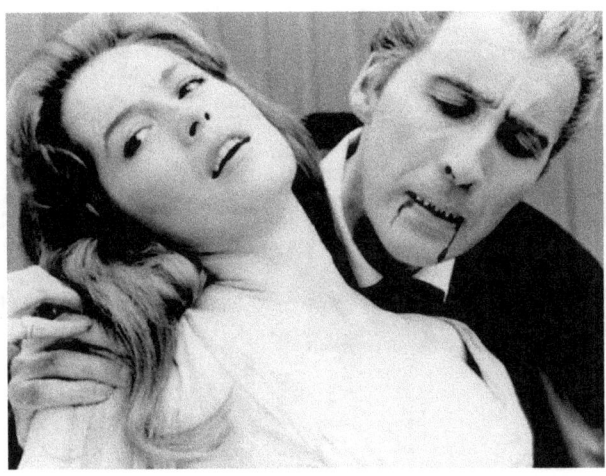

EL BAILE DE LOS VAMPIROS
The fearless vampire killers 1967

Productor: Gene Gutowski
Director: Roman Polanski
Guión: Gérard Brach y Roman Polanski
Fotografía: Douglas Slocombe
Compositor: Krzysztof Komeda

Intérpretes:
SHARON TATE: Sarah Shagal
JACK MacGOWRAN: Prof. Abronsius
ROMAN POLANSKI: Alfred
ALFIE BASS: Shagal
JESSIE ROBINS: Señora Shagal

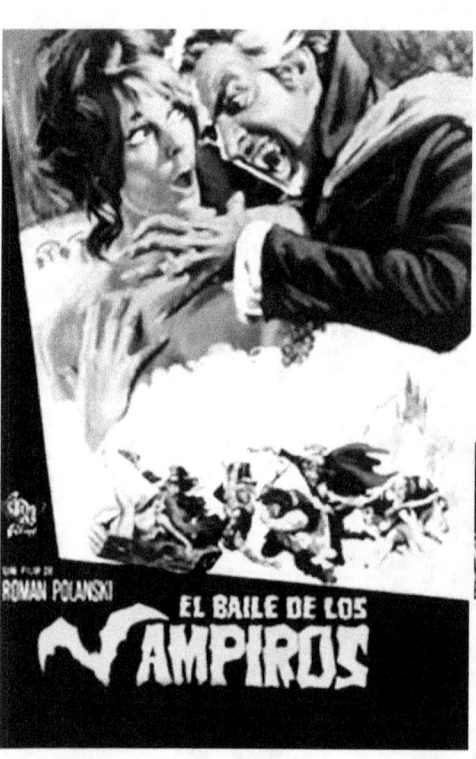

Nuestros protagonistas, entre ellos un viejo y distraído profesor, llegan a un castillo habitado por vampiros, algunos muy burlones, y no se dan cuenta de que su sangre va a ser chupada para regocijo y placer de sus moradores. Afortunadamente, los espejos no reflejan a los vampiros y durante el baile en el gran salón logran descubrirles, pero la tarea para sobrevivir es mucho más complicada y tenebrosa de lo que parece.

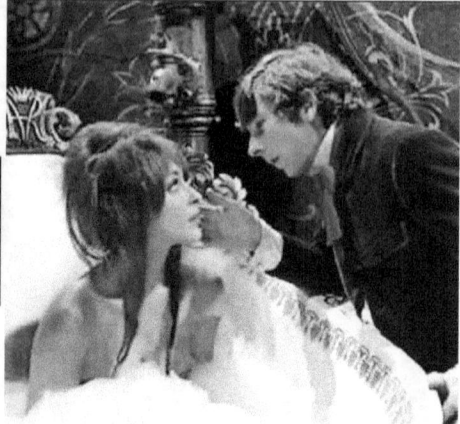

Comedia sobre el mundo de los vampiros que tuvo gran éxito en su momento y que aún hoy se ve con agrado. La presencia de ambos esposos juntos, Sharon y Román, así como la trágica muerte de ella, le dan más interés a la película. El director tendría que exiliarse definitivamente a Europa poco después, a causa de pesar sobre él una acusación de violación a una chica de 18 años. Aunque ella reconoció mucho después que realmente consintió, Polanski fue considerado durante muchos años prófugo de la justicia para los norteamericanos.

DRÁCULA VUELVE DE LA TUMBA
Dracula has risen from the grave 1968

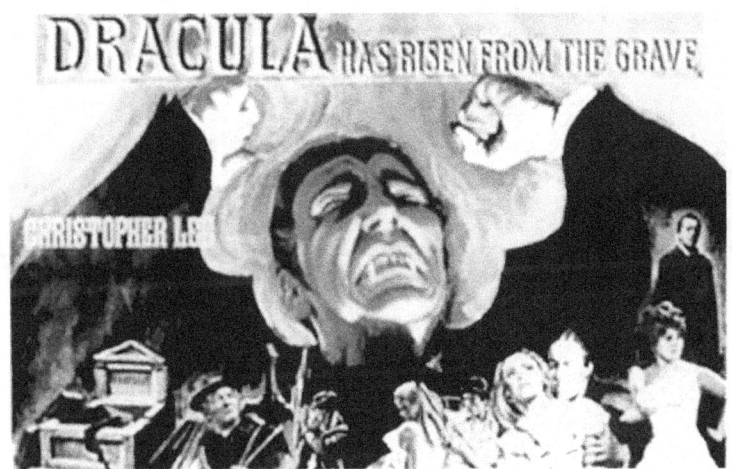

Guión: John Elder
Director: Freddie Francis

Intérpretes:
CHRISTOPHER LEE: Drácula
RUPERT DAVIES: Monseñor
VERÓNICA CARLSON: María

Aunque el director debería volver a ser Fisher, un accidente le impidió trabajar en ella, aunque por fortuna la película no resultó del todo mala, teniendo en cuenta que todo el equipo y la realización estaba pensado por él.

En esta ocasión unos insensatos ocasionan la liberación de Drácula, el cual vuelve a la vida con el odio acumulado en su mente, pues ya sabemos que los vampiros tienen un alma eterna y solamente necesitan un poco de sangre fresca para recuperar su poder.

LA CONDESA DRÁCULA
Countess Dracula 1971

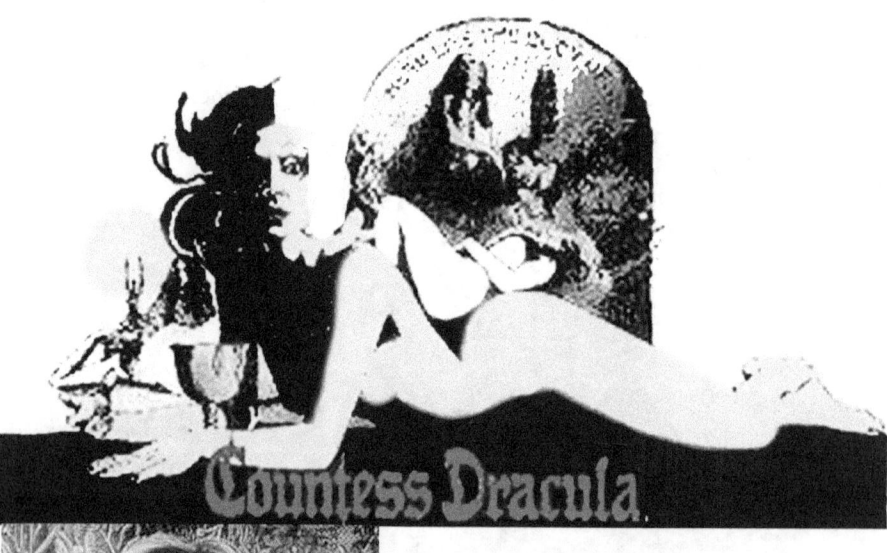

Guión: Jeremy Paul
Director: Peter Sasdy

Intérpretes:
INGRID PITT: La condesa
NIGEL GREEN: Dobi
LESLEY ANNE DOWN: Ilona

La condesa (Pitt) necesita sangre de doncellas para mantener su juventud, algo que no es nuevo, aunque antaño también emplearon con menos éxito leche de burra. El filme está basado en la biografía de la Condesa Elizabeth Bathory, una figura histórica ligada al verdadero conde Drácula, y que dio lugar a que se crearan varios clubes de fans de su protagonista Ingrid Pitt, algunos de los cuales aún están en activo.

DRÁCULA 72
Dracula A.D. 1972

Guión: Don Houghton
Director: Alan Gibson

Intérpretes:
CHRISTOPHER LEE: Drácula
PETER CUSHING: Van Helsing
STEPHANIE BEACHAM: Jessica

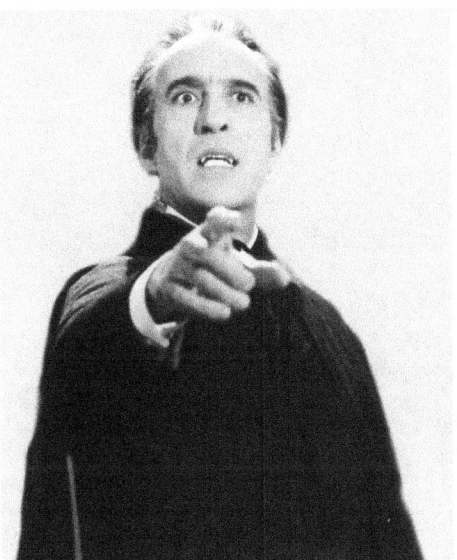

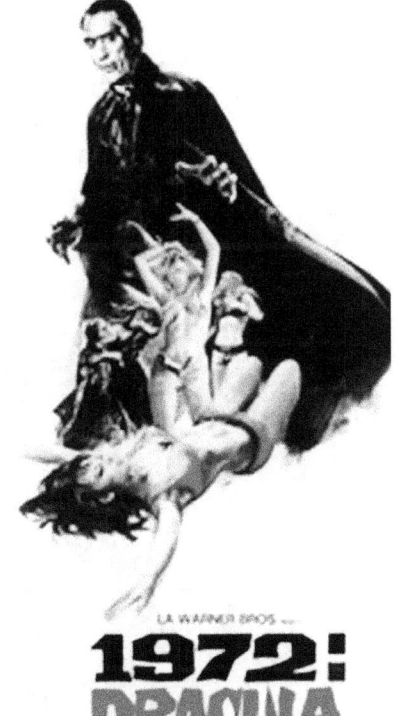

Intento de la Hammer para volver a triunfar de nuevo con el cine de vampiros, consiguiendo, además, que trabajasen sus dos actores más emblemáticos, Lee y Cushing

La historia comienza con una escena retrospectiva del Londres de finales del siglo XIX. Es la batalla final entre el Profesor Abraham Van Helsing y el Conde Drácula. Entre los dos hay un fuerte forcejeo encima de un carruaje que acaba despeñándose por un barranco. El profesor acaba magullado pero vivo, y observa a Drácula empalado en el radio de una de las ruedas del carruaje. Receloso, incrusta fuertemente en el pecho de Drácula la astilla, y un borbotón de sangre nos anuncia su muerte.

Después nos llevan hasta 1972, cuando un grupo de hippies están en un lugar conocido como Stoneground, la casa de un respetable ciudadano inglés. Entre el grupo están: Johnny Alucard, un ocultista; Jessica Van Helsing, la hija mayor de Abraham Van Helsing; Joe Mitchell, el novio de Jessica, y sus amigos Gaynor, Laura, Anna, Bob y Greg. La historia empieza seriamente con la llegada de la policía.

LA LEYENDA DE LOS 7 VAMPIROS DE ORO
The Legend of the y Golden Vampiros 1974

Guión: Don Houghton
Director: Roy Ward Baker

Intérpretes:
PETER CUSHING: Van Helsing
JOHN FORBES: Drácula
DAVID CHIANG: Hsi Ching
JULIE EGE: Vanessa Buren

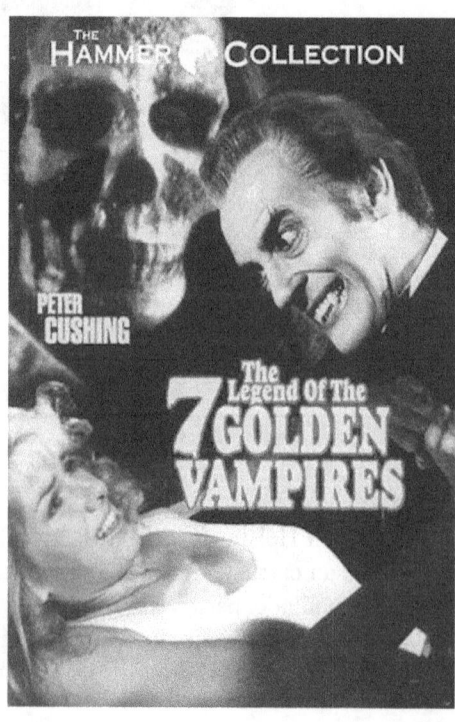 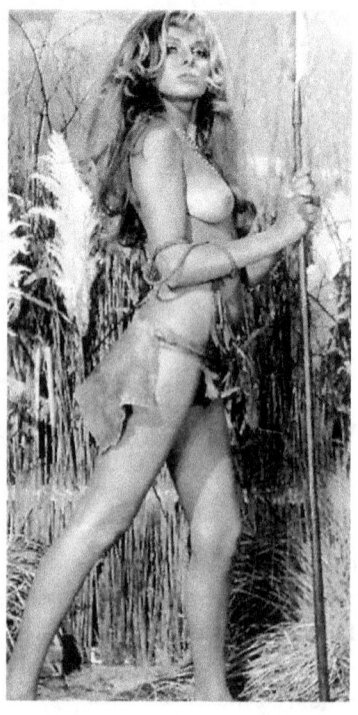

El profesor Van Helsing llega junto a su hijo a China en 1904, para dar una conferencia en la universidad local sobre su especialidad: el vampirismo y sus distintas manifestaciones. Allí conocerá a un oriental que con sus seis hermanos marcharán a destruir a los vampiros de oro que vienen asolando su ancestral aldea desde hace un siglo.

En plena decadencia económica y de ideas, la Hammer se une a la productora china Shaw Brothers, famosa por lanzar a la fama a Bruce Lee, y mezclando a Drácula con el Kung-fú hace este delirio de imaginación que, increíblemente, funcionó bien en taquilla. Incluso actuó como productor Michael Carreras y se contó con un buen especialista en efectos especiales llamado Les Bowie, aunque no pudieron conseguir que Christopher Lee se apuntara al experimento. Esta extraña mezcla de artes marciales y terror que no encaja en ninguno de los géneros, fue la última película de la Hammer Films sobre el personaje de Drácula (que no aparece mucho).

DRÁCULA Bram Stoker
Bram Stoker's Drácula 1992

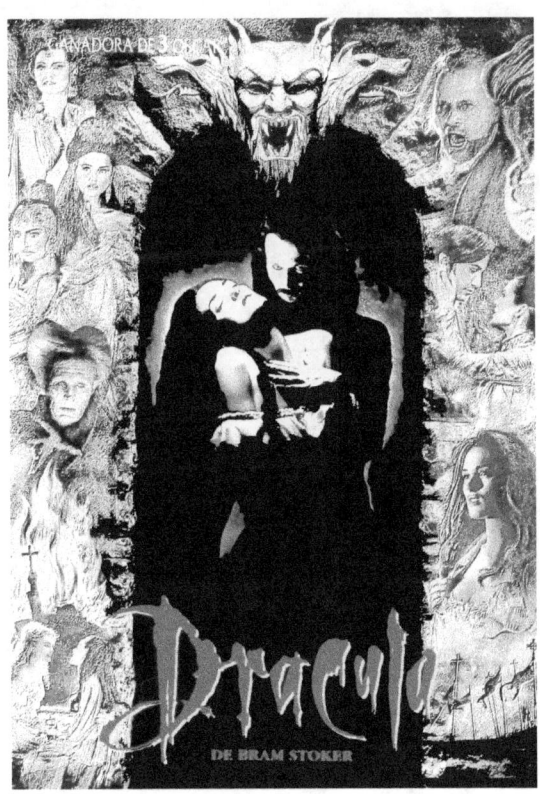

Director: Francis Ford Coppola
Efectos especiales: Roman Coppola
Productor: Francis Ford Coppola
Guionista: James V. Hart
Basada en la novela de: Bram Stoker

Intérpretes:
GARY OLMAN: Vlad Drácula
WINONA RYDER: Mina/Elizabeth
ANTHONY HOPKINS: Van Helsing.
KEANU RIVES: Jonathan Harker

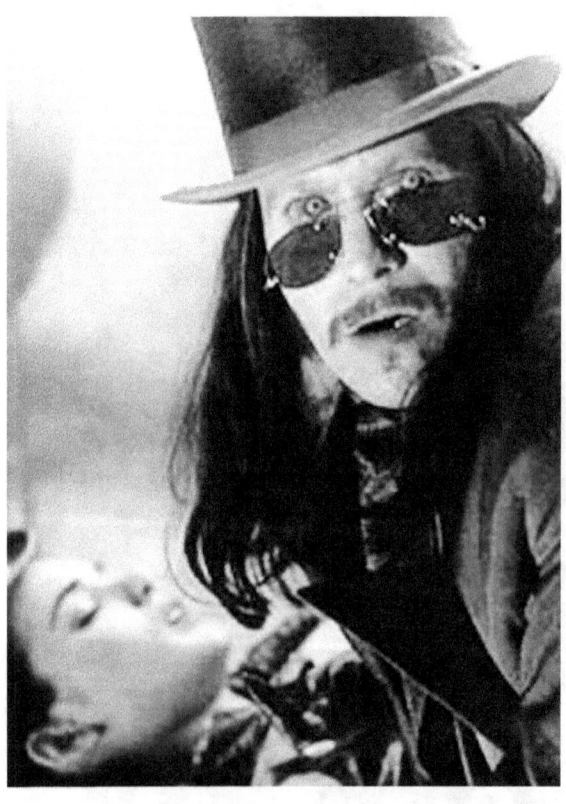

Con la acción situada en 1462, 30 años antes del descubrimiento de América, el príncipe Vlad regresa a Transilvania donde le dan la noticia del suicidio de su prometida Elisabeth. Su desesperación parece tener un final feliz cuando encuentra a una guapa chica que es su vivo retrato, pero su pasión por conseguirla sin hacer uso de sus poderes trunca sus esperanzas, convirtiéndose de nuevo en el maléfico ser de las tinieblas.

Esta ha sido una de las películas más esperadas, esencialmente por estar dirigida por Coppola, el cual suele pasar del más absoluto fracaso comercial al triunfo total, sin que parezca encontrar una uniformidad en sus películas. Tratando de ser fiel a la novela original (algo que no creemos sea imprescindible) y dejando bien claro que cualquier parecido con las otras versiones de Drácula era pura coincidencia con la suya, Coppola desarrolla una película extraña, con grandes dosis de sangre, erotismo, terror y muchos, muchísimos, efectos especiales. Aunque el resultado es extraordinario, le sobran algunos exagerados efectos especiales y, sobre todo, ese aire de filosofía y prepotencia que se nota en toda la película.

CRONOS
1992

Director: Guillermo del Toro
Efectos especiales: Necropia

Intérpretes:
FEDERICO LUPPI: Jesús Gris
CLAUDIO BROOK: Dieter
RON PERLMAN: Ángel de la guardia

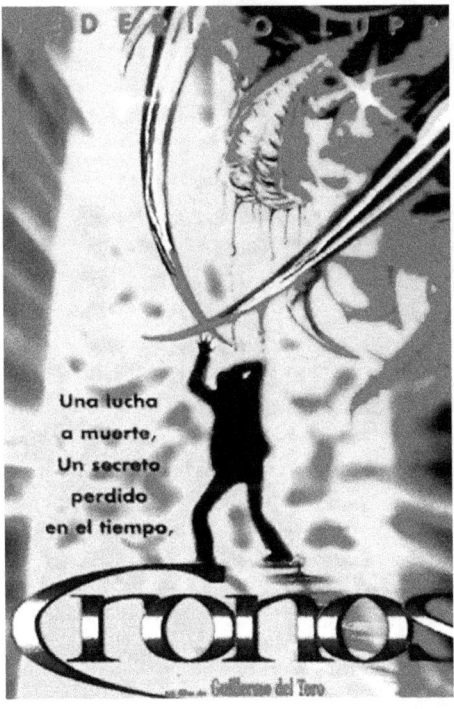

Película sorpresa que acaparó numerosos premios, tanto en Europa como en Méjico, y cuyo argumento nos cuenta una historia mezcla de alquimia, vampiros y fuente de la eterna juventud.

La casualidad hace que un artefacto el Cronos que contiene en su interior un insecto cuya sangre asegura la inmortalidad a quien se la inyecta, vaya a parar a manos de un aficionado a las antigüedades. Sin proponérselo, nuestro anciano protagonista, abandonado por su joven esposa y muerto en soledad, recobra la vida, aunque no puede evitar que su cuerpo sufra transformaciones y necesite beber sangre para sobrevivir.

Esta película contiene numerosos aciertos y demuestra una vez más que el cine de calidad no necesita de mucho dinero para elaborarse, sino imaginación y buen hacer. Escenas especialmente importantes son todas aquellas en las cuales sale el artilugio metálico que contiene el elixir de la inmortalidad, y las paulatinas transformaciones en las que se ve envuelto nuestro protagonista principal.

Difícil de englobar en un género concreto, mezcla de vampirismo, humor negro y sexo, podemos considerar a "Cronos" como una estupenda película de fantasía, aunque con un argumento ciertamente sombrío y deprimente.

ENTREVISTA CON EL VAMPIRO
Interview with the vampire: The vampire chronicles 1994

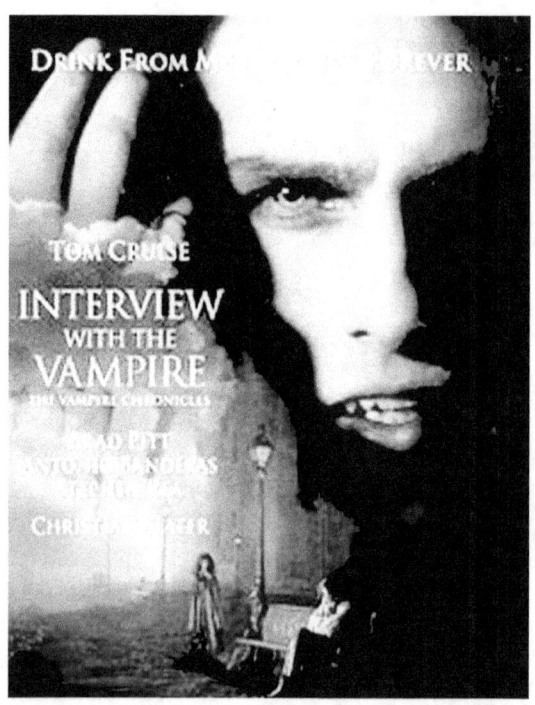

Productor: Stephen Woolley, David Geffen
Director: Neil Jordan
Guión: Anne Rice
Basada en la novela del mismo título
Música: Elliot Goldenthal
Efectos especiales: Rob Legato, Yves De Bono, Cari Thomas
Maquetas: Stan Winston, Michele Burke

Intérpretes:
TOM CRUISE Lestat de Lioncourt
BRAD PITT: Louis Pointe de Lac
ANTONIO BANDERAS: Armand
STEPHEN REA: Santiago
CHRISTIAN SLATER: Daniel Malloy, el entrevistador
KIRSTEN DUNST: Claudia
DOMIZIANA GIORDANO: Madeleine

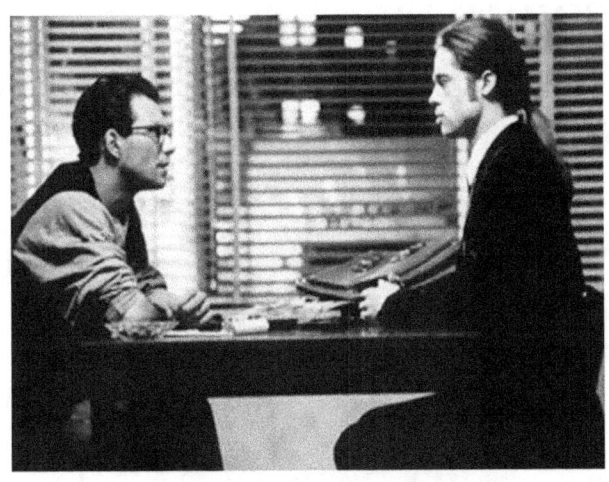

He aquí un filme que ha provocado toda clase de comentarios. Para las mujeres la historia es romántica, sensible, y más acertada que la mayoría de las películas sobre vampiros, aunque muy posiblemente se deba a la presencia de Pitt, Banderas y Cruise. Indudablemente los mayores detractores son quienes han leído el libro de Anne Rice, en donde se muestra con más detalle la historia gay, pero esto es algo que no podía ser en la versión cinematográfica, al menos desde un punto de vista comercial.

Ahora los vampiros son menos diabólicos, pero siguen empeñados en su labor depredadora exenta de piedad. El punto de vista es el de Louis, (Brad Pitt), un vampiro joven creado por Lestat, (Tom Cruise), a quienes muestran caprichoso, egocéntrico y sumamente poderoso. Ambos están intentando vivir una existencia normal (dentro de lo posible), pero su apetencia de sangre hace inviable su deseo.

Aunque uno de los personajes de "Entrevista con el vampiro" ruega ser transformado en un vampiro, y ávidamente espera la sentencia de la inmortalidad, el filme nunca nos demuestra que ser vampiro sea una bendición y solamente lo vemos como una tristeza interminable. Eso podría ser la fuerza del argumento, pero a lo largo de la historia todo se diluye y su mayor baza se pierde. En la película, parece que los vampiros están escapándose siempre de algo, en lugar de disfrutar de su existencia inmortal y de sus mordeduras a los cuellos de guapas chicas.

La conclusión, al menos para nosotros, es que la película sigue una visión detallada y verídica de la novela de Ana Rice, y por eso no logra darnos la visión terrorífica que esperábamos de una historia de vampiros ambientada en nuestra época. Podríamos considerarla como un análisis de lo que realmente supone ser un vampiro.

ABIERTO HASTA EL AMANECER
From Disk Hill Daw 1996

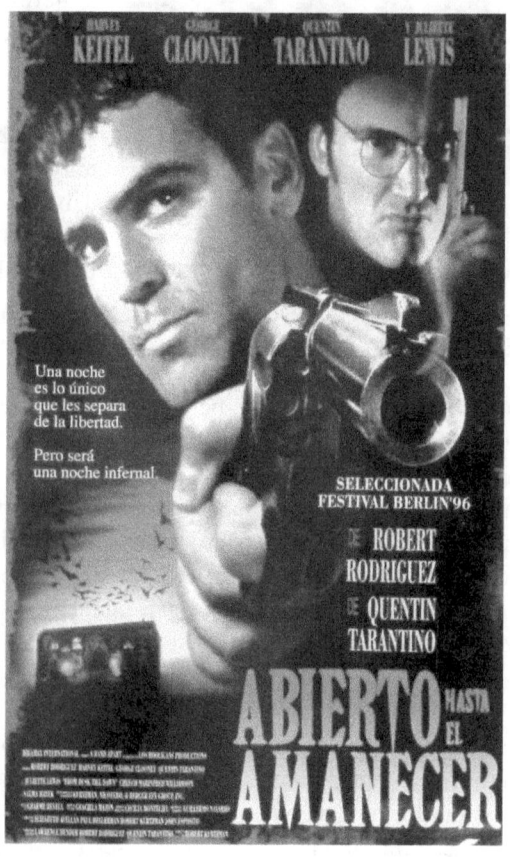

Productor ejecutivo: Quentin Tarantino
Director: Roberto Rodríguez
Guión: Quentin Tarantino

Intérpretes:
HARVEY KEITEL: Jacob Fuller
GEORGE CLOONEY: Seth Gecko
QUENTIN TARANTINO: Richard Gecko
JULIETTE LEWIS: Kate Fuller
CHEECH MARIN: Guarda
SALMA HAYEK; la vampira bailarina

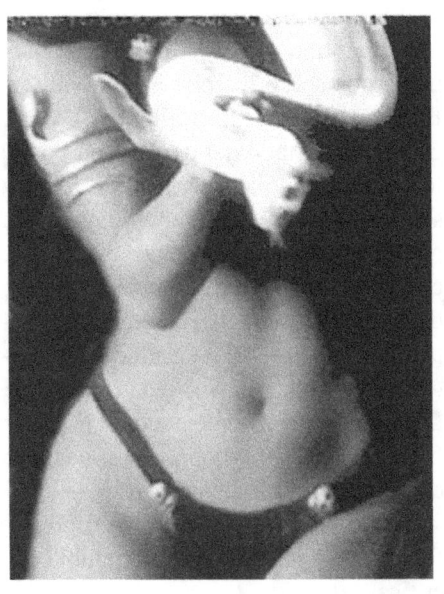

Quién se lo iba a decir a George Clooney, el galán de los ojos profundos, que una de sus mejores películas sería precisamente donde hace de un malvado asesino, primero de ciudadanos inofensivos, y posteriormente de los vampiros más seductores de la historia. Convertida ya en un clásico del cine de terror, el bar nocturno denominado como "La teta enroscada" lleva al espectador a una oleada de sangre y erotismo, ingredientes que casi siempre funcionan comercialmente. Insuperable el baile de Salma Hayek, justo antes de transformarse en la más sangrienta de las vampiras. Todo lo que les puedo decir es que los últimos 30 minutos de la película son de lo mejor que hemos visto en cine de vampiros. En esos momentos nos olvidamos de la violencia anterior y nos recreamos con los efectos especiales y con la gran cantidad de criaturas horrorosas que se ven envueltas en medio de la reyerta de la cantina. George Clooney consigue hacer su primer trabajo interesante para la gran pantalla y aunque no rompa corazones con este papel, está correcto como un eficaz mata-vampiros.

En la segunda entrega Luther se reúne con su banda para robar 5 millones de dólares en un banco de México, pero antes necesitan encontrar los planos del banco y sus pesquisas les conducen al famoso antro Titty Twister (La teta enroscada), donde los vampiros esperan ansiosos para volver a actuar.

ABIERTO HASTA EL AMANECER 3
La hija del verdugo 2000

Director: P.J. Pesce
Guión: Álvaro Rodríguez
Fotografía: Michael Bonvillain
Música: Mathan Barr

Intérpretes:
MARCO LEONARDI
MICHAEL PARKS
TEMUERA MORRISON

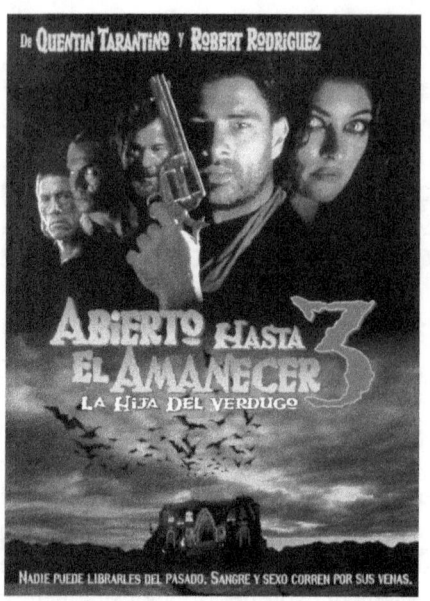

En la tercera parte de nuevo se reúnen Tarantino y Robert Rodríguez para hablarnos sobre los orígenes de la Teta Enroscada, antaño la Tetilla del Diablo, un lugar apartado del desierto en donde los viajeros calman su sed con cerveza y sangre. Ahora los protagonistas son una pistolera guapa y un sagaz aventurero conocido como Johnny Madrid, además de una pareja de recién casados y el mismísimo Pancho Villa. Cuando todos llegan a la caída del sol a la Tetilla del Diablo, el lugar regentado por Razor Charlie, las emociones y la sangre comienzan a fluir sin descanso.

Tanto esta entrega como la segunda, fueron un rotundo fracaso de público y crítica.

BLADE
1998

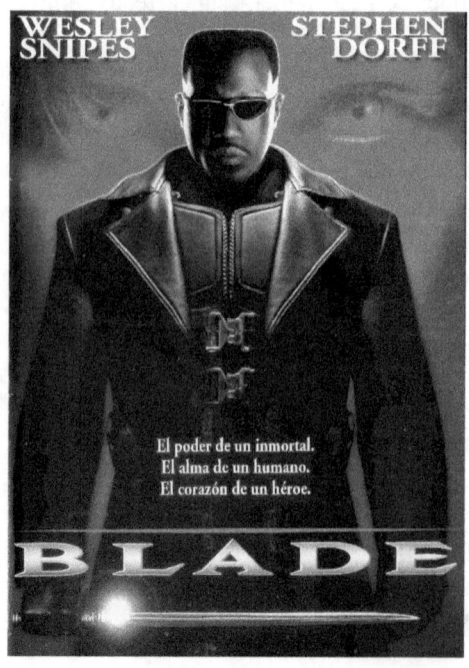

Vestuario: Sanja Milkovic Hays
Productor: Peter Frankfurt, Wesley Snipes
Guión: David S. Goyer
Director: Stephen Norrigton

Intérpretes:
WESLEY SNIPES: Blade
STEPHEN DORFF
KRIS KRISTOFFERSON
N'BUSHE WRIGHT

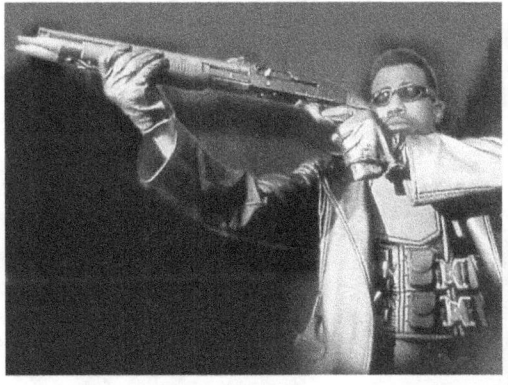

Una nueva generación de vampiros modernos que usan la tecnología de los ordenadores, viven junto con los humanos en perfecta simbiosis: ellos nos chupan la sangre y nosotros les permitimos que nos protejan. Pero entre ellos hay uno, "el que vio la luz", que es más poderoso que ninguno, aunque prefiere ir por libre. "Blade" quiere vengarse de los vampiros porque mataron a su madre justo cuando él nació y para ello cuenta con un traje a prueba de balas, un boomerang metálico y una espada de platino que corta más rápido que un bisturí.

Hay también una doctora guapa, no es fuerte pero como le ha mordido un vampiro debe pelear para evitar convertirse en uno de ellos. Pronto sabe que los vampiros de ahora no son sensibles ni a la cruz ni al agua bendita, que eso es cosa de películas, pero siguen cayendo como moscas con el ajo, ahora mejor en extracto.

La película aporta numerosas variantes en esto del mito de los vampiros y en esta ocasión no son tan guapos como cuando les vimos en "Entrevista con el vampiro", salvo algunas vampiresas rubias que, como el resto, acabarán cortadas en trocitos bajo la espada implacable de "Blade".

Con un gran éxito en taquilla vemos de nuevo, algo más curtido, a Wesley Snipes, a quien recordamos por "Demolition Man", "Asalto al tren del dinero", "Salto al vacío" y "A Wong Foo", en donde salía disfrazado de mujer, gran contraste con esta película en la cual pudimos ver su gran dominio de las artes marciales.

Hubo dos secuelas, "Blade II y III", con más sangre y vampiros, que alcanzaron un merecido éxito entre los incondicionales.

VAMPIROS
Vampires 1999

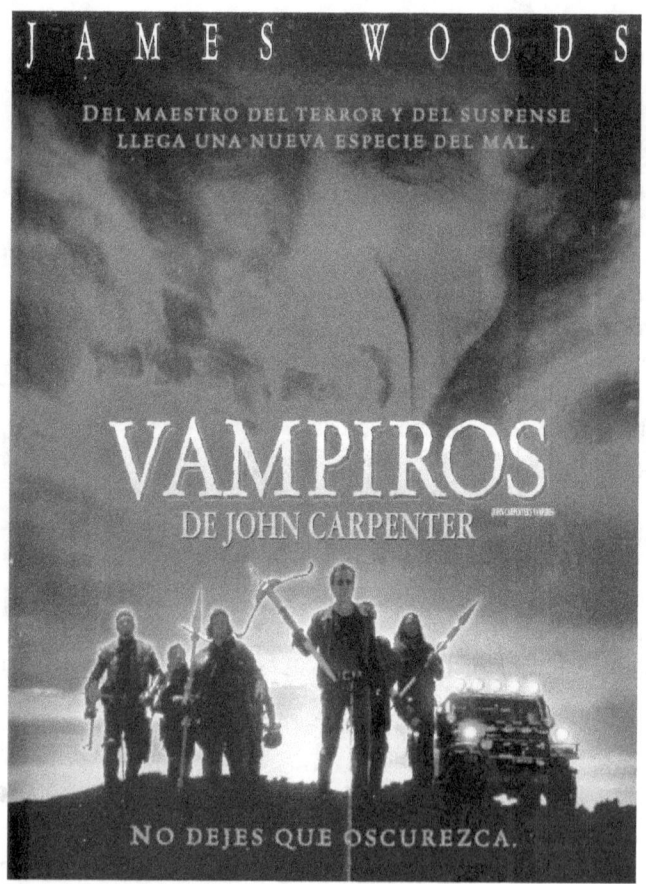

Música: John Carpenter
Vestuario: Robert Michael
Basada en la novela de: John Steakley
Director: John Carpenter

Intérpretes:
JAMES WOODS: Jack Crow
DANIEL BALDWIN
SHERYL LEE
MAXIMILLIAM SCHELL

Esta vez los vampiros se han encontrado con un aniquilador implacable llamado Jack Crow quien, al mando de un grupo de mercenarios expertos y auxiliados por un cura temeroso del demonio, les persigue hasta su misma madriguera. La misión es sencilla: hay que matar a todos los vampiros antes del amanecer, pues disponen de un nuevo elemento que les permitirá incluso salir a plena luz del día. Si ello ocurre, la Humanidad estará perdida.

Los comienzos de la masacre tienen un final feliz, pero pronto caen en una emboscada a manos de su jefe, el malvado Valek, quien consigue hacerse con la Cruz Berziers, el amuleto que les permitirá resistir la luz del sol.

La maestría de Carpenter para contar una sencilla historia se vuelve a mostrar aquí con mayor mérito aún. No tiene, pues, el espectador un momento de respiro para dejar de mirar la pantalla, aunque debe tener preparada su ración de estómago curtido para soportar la abundancia de sangre. No obstante, como ahora se trata de vampiros no hay lugar para la condena, pues ya sabemos que son primos hermanos del diablo y de este ser nadie se apiada.

LA SOMBRA DEL VAMPIRO
Shadow of the vampire 2000

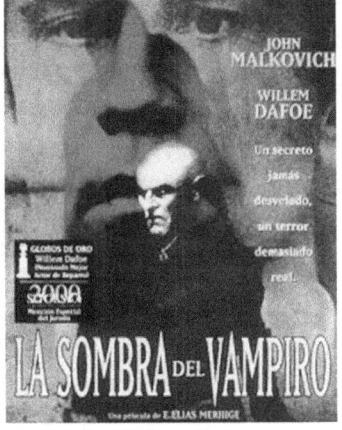

Director: Elias Merhige
Guión: Steven Katz
Música: Lou Bogue
Productor: Nicolas Cage

Intérpretes:
JOHN MALKOVICH: F.W. Murnau
WILLIEM DAFOE: Max Schreck
CARY ELWES
EDDIE KIER

En el año 1921 un realizador cinematográfico acaba de comenzar el rodaje de Nosferatu, una de las primeras películas de vampiros que estaba inspirada parcialmente en el Drácula de Stoker. Para lograr autenticidad contrata como actor a Max Schereck, pues su excentricidad le hace ser idóneo para el trabajo.

La película transcurre a mitad del camino entre el documental y el humor negro, con datos históricos de sumo interés, aunque carece con frecuencia del adecuado ritmo para que interese durante los 93 minutos totales. Willem Dafoe fue nominado al Oscar como mejor actor secundario por su trabajo en esta película, pues consigue ser un adecuado personaje terrorífico sin caer en los tópicos, vistiendo a un siniestro Nosferatu con una eficacia total.

DRÁCULA 2001
Dracula 2000

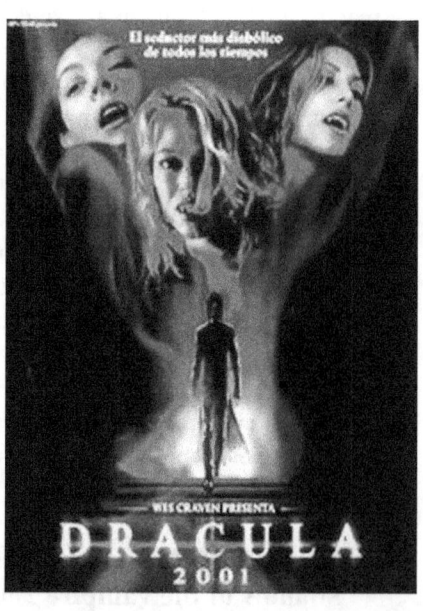

Productor ejecutivo: Wes Craven
Guión: Joel Soisson
Director: Patrick Lussier
Música: Marco Beltrani

Intérpretes:
JONNY MILLER
JUSTINE WADDELL
GERARD BUTTLER
CHRISTOPHER PLUMMER

Aunque sin aceptar el trabajo como director, Wes Craven se pone ahora como productor detrás de las cámaras para contribuir a crear una atmósfera de terror que en nada envidie a sus anteriores personajes, Freddy Krueger y Scream. En esta ocasión rescata al legendario e incombustible Drácula, el vampiro más eterno de la historia, gracias a unos vulgares y estúpidos ladrones que le sacan de su hermética tumba. Pronto, el guapo y malvado chupador de sangre humana se mezcla con los incrédulos habitantes del recién estrenado siglo XXI, aunque nuevamente tiene detrás de sí al mejor caza-vampiros de la historia, Van Helsing, interpretado eficazmente por Christopher Plummer, a quien podemos recordar por su trabajo en "Sonrisas y lágrimas".

La historia lógicamente no tiene un final determinante, pues inicialmente estaba prevista una trilogía que nunca se realizó, e incluso se hablaron de cuatro historias, todas basadas en este Drácula moderno, seductor como pocos.

LOS MALDITOS (VAMPIROS DEL DESIERTO)
Forsaken 2001

Director: J.S. Cardone
Guión: S. Cardone

Intérpretes:
BRENDAN FEHR: Nick
KERR SMITH: Sean
JOHNATHON SCHAECH: Kit
ISABELLA MIKO: Megan

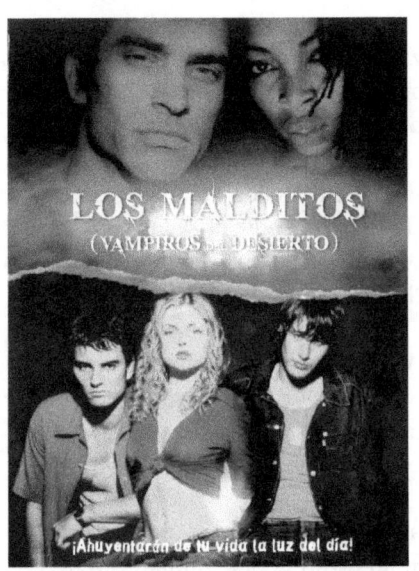

Viajando hacia Los Angeles para asistir a la boda de su hermana, Sean hace una cosa que se supone inadecuada e imprudente: recoger a un autoestopista. Desde ese momento, su viaje cruzando caminos rurales se convierte en una pesadilla bañada en sangre. El nuevo compañero no es lo que parece, pues es un Cazador y su presa son los bloodletters, una banda que se dedican a coger a jóvenes desamparados y alimentarse de ellos. En una palabra, son vampiros. En su recorrido macabro encuentran a Megan, una asustada muchacha a quien sus asesinos habían dejado por muerta y que decide convertirse en señuelo para atrapar a los vampiros. Pero el propio Sean queda infectado con el virus mortal y la única cura para ellos es matar al jefe de los asesinos.

Diversión a raudales, sangre hasta en el retrete, y unos diálogos tan malos que nos hace pensar en que no debía haber presupuesto para un guionista adecuado.

UNDERWOLD
2003

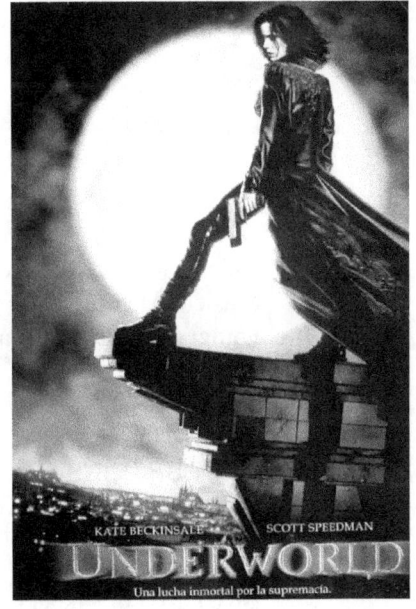

Música: Paul Haslinger
Director: Len Wiseman
Fotografía: Tony Pierce-Roberts
Guión: Danny McBride

Intérpretes:
KATE BECKINSALE: Selene
SCOUT SPEEDMAN: Michael

Durante siglos, dos razas han evolucionado paralelas al mundo de los humanos, aunque siempre al margen de ellos, que los han visto más como parte de la mitología y las leyendas. Se trata de los vampiros, aristocráticos y sofisticados, y los licántropos (hombres-lobo, como se les prefiera llamar), más salvajes y brutales si cabe. Cuando la luna llena se pone en el firmamento, su apariencia humana desaparece y se transforman en una bestia enorme, poderosa y agresiva, aunque no lo suficiente para lograr perpetuar la raza. Para intentar sobrevivir deben encontrar a un joven doctor humano, Michael Corvin (Scott Speedman), pues posee un suero que permitirá unificar a ambos, vampiros y licántropos, consiguiendo así un nuevo ser casi invencible e inmortal. Ella, Selene, es una guapa vampira (a quien vimos en "Pearl Harbor"), quien enfundada en un sugestivo y apretado traje tan negro como su procedencia, debe impedir el secuestro de su hermano por los hombres lobos.

Aunque en un principio debería titularse "Romeo and Juliet for vampiros and werewolves", lo que dejaría bien claro de sus verdaderas intenciones, el director decidió simplificarlo para describir una historia de vampiros y hombres lobos, según la antigua usanza. Dotada de una ligera base científica, o al menos con un argumento basado en leyendas con cierta verisimilitud, nos describe a dos razas enfrentadas en una guerra secreta en la que solamente una de ellas puede quedar en pie.

Rodada en Budapest, el escenario ofrece la ambientación necesaria para adornarla con una historia de amor imposible, con un estilo y look similar a Matrix, lo que ya nos parece fuera de lugar.

Con una fotografía extraordinaria y unos decorados poco habituales incluso en la era de los efectos digitales, el confuso argumento inicial se transforma poco a poco en una larga secuencia de persecuciones y peleas, con tanta sangre que nos dejó el traje listo para la tintorería.

VAN HELSING
2003

Director: Stephen Sommers
Guión: Stephen Sommers
Música: Alan Silvestre
Fotografía: Allen Saviau

Intérpretes:
HUGH JACKMAN: Van Helsing
KATE BECKINSALE: Anna
RICHARD ROXBURGH: Drácula
SHULER HENSLEY: Monstruo Frankenstein
HILL KEMP: Hombre Lobo
KEVIN J. O'CONNOR: Igor

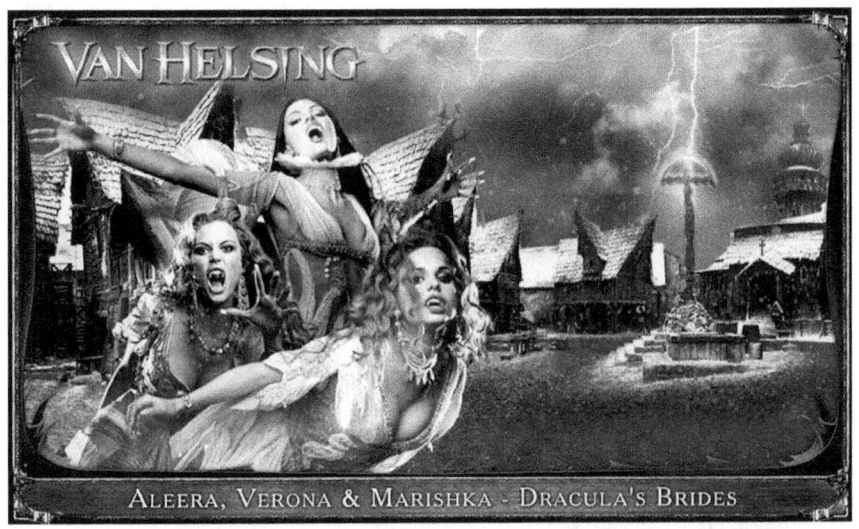

ALEERA, VERONA & MARISHKA - DRACULA'S BRIDES

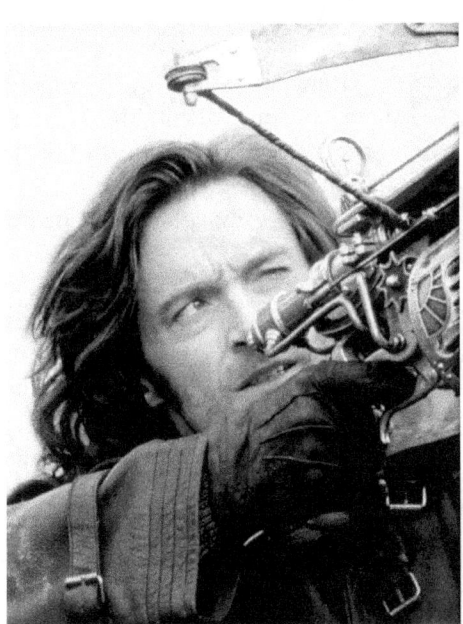

La historia nos lleva hasta en el siglo XIX, a ciudades como Londres, Roma, París y Transilvania, en donde los habitantes están siendo atacados por criaturas que parecían sacados de las novelas de terror. Estos engendros, además, poseen la capacidad para sobrevivir generación tras generación, pero no contaban con su enemigo más experto: el doctor Van Helsing, quien es consciente de que primero debe acudir a Transilvania para acabar con su eterno enemigo el conde Drácula. Y así, ayudado por la guapa y valerosa Anna Valerious empieza la cacería más terrorífica de la historia, pues si pierden la Humanidad acabará siendo derrotada y el mundo sumido en la oscuridad.

A pesar de contar con un arranque extraordinario, presagiando lo que se avecina, la reiteración de las escenas, una y otra vez luchando contra los vampiros, termina por cansar, aunque es un cansancio placentero. Ellos pelean como dos aventureros, pero la chica es tan eficaz que a pesar de ser vapuleada, golpeada, arrojada al vacío y hasta revolcada por el barro, no se mancha ni se hace la más mínima herida. Por eso, al final, cuando nuestros héroes se abrazan y se dan un beso, Anna está casi tan inmaculada como una novia.

Bueno, si perdonamos también a la figura de Frankenstein, un pedazo de pan que apenas si logra pegar algún sonoro puñetazo, a las tres hermosas y torpes novias de Drácula, y ese increíble acento del Príncipe de las Tinieblas, seguro que pasamos un buen rato durante las dos largas horas que dura.

BLOODRAYNE
2005

Guión: Guinevere Turner
Director: Uwe Boll

BEN KINGSLEY: Kagan
MICHELLE RODRÍGUEZ: Katarin
KRISTANNA LOKEN: Rayne

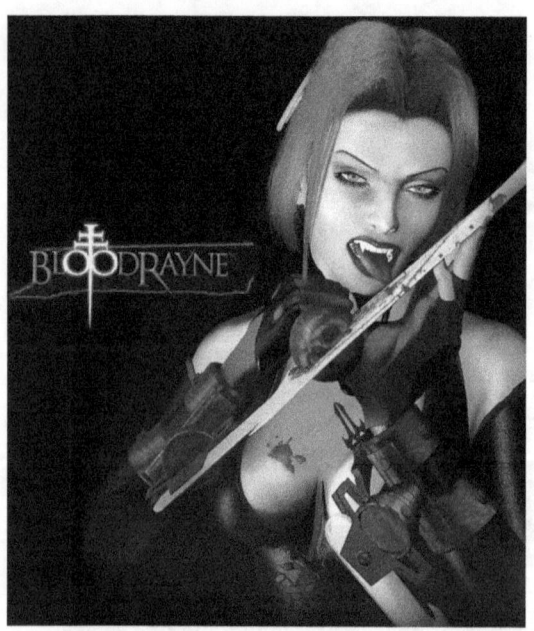

Rumania, siglo XVIII. Rayne, una joven "dhamphir" (mitad humana, mitad vampiro) quedó huérfana cuando su madre fue violada y asesinada por su padre, Kagan, rey de los vampiros. Esto ha creado en ella un resentimiento doble, hacia los humanos y contra los vampiros. Para sobrevivir ha tenido que buscar refugio en un circo, el único lugar donde sus peculiares características son toleradas. Pero Rayne no descubriría sus verdaderas habilidades hasta la noche en que prueba sangre humana por primera vez, defendiéndose de uno de los hombres del circo. Consumida por la ira de su sangre y atormentada por su nueva identidad, se transforma en BloodRayne y comienza a alimentarse de la sangre de los vampiros, pues rehúsa matar a inocentes. Dos cazadores de vampiros, Sebastian y Vladimir, intentan convencer a BloodRayne para que se una a su cruzada para lograr matar al jefe de los vampiros: su padre.

Producida por Shawn Williamson y Dan Clarke, que habían realizado "White Noise," con Michael Keaton, y "Edison" con Kevin Spacey y Morgan Freeman, nos recrean esta historia procedente de un popular videojuego y que tiene su continuación en *BloodRayne 2*. El actor Kingsley, galardonado con un Oscar, proporciona el adecuado prestigio al filme, en donde la sangre abunda tanto como la epidermis de su bella protagonista.

DRÁCULAS FEMENINOS

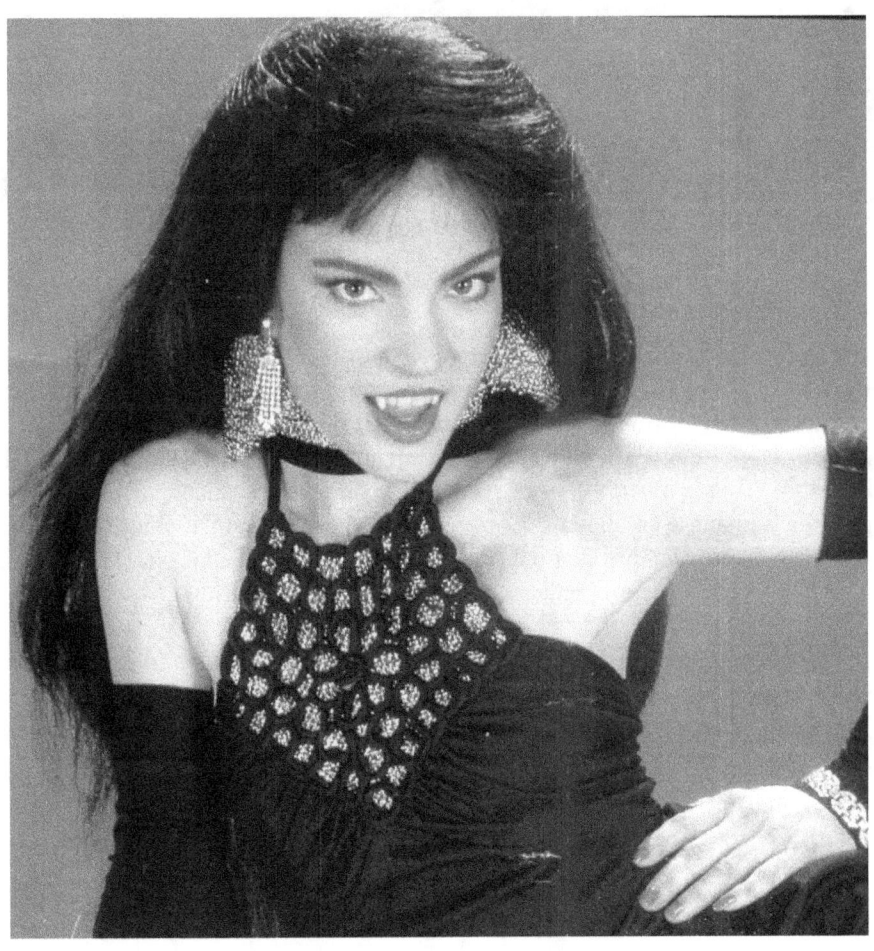

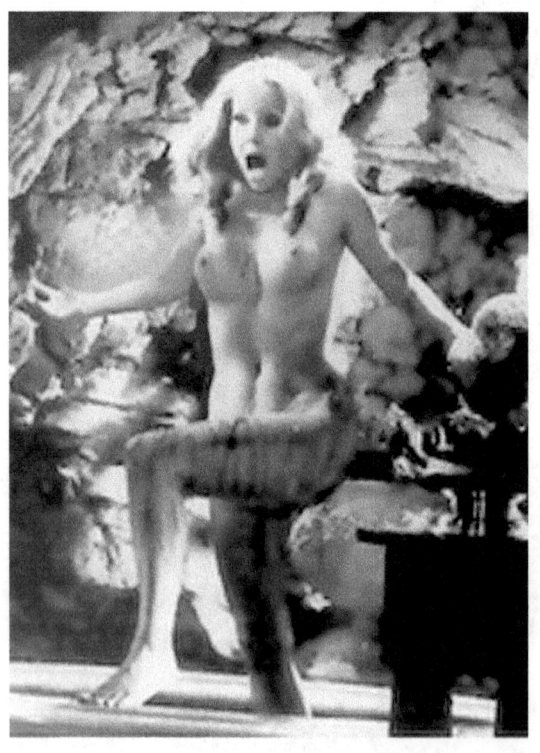

Aunque el nombre de Drácula se identifica claramente con un personaje masculino, lo cierto es que la maldad y el deseo de chupar sangre fresca no es patrimonio del varón, ni siquiera en el cine. La cinematografía mundial es abundante en presentarnos vampiros hembras, no solamente como partenaire de Drácula sino como anfitrionas solitarias del terror. Y para que nadie piense que el cine inventa sus historias de terror, les contaré la historia, verídica, de una famosa mujer vampiro.

Se llamaba Erzsbeth Bathory y había nacido en 1560 en Habsburgo. Casada con el conde Ferencz Nadasdy, el cual tenía un inmenso poder en aquella época, la señora condesa diseñó y mandó construir en los sótanos de sus castillos unas mazmorras cuya sola mención provocaban terror. Dotadas de los más increíbles artefactos de tortura y muerte, esta señora se divertía encerrando y desfigurando a cuanta jovencita guapa se cruzaba en su camino. La belleza, por tanto, era algo a esconder en aquellos lugares, ya que después de la tortura venía la muerte y se aprovechaba la sangre aún caliente de las víctimas para que se bañase en ella la señora. Su tesis era muy sencilla: si una mujer virgen y joven era siempre una presa codiciada por los soldados, su sangre debía tener también buenas propiedades para dar eterna juventud.

Desde que una historia similar saltó al cine en el film "**La condesa Drácula**" en 1970 interpretada por Ingrid Pitt, las historias de mujeresvampiro han sido numerosas y es justo que hagamos entonces un pequeño recorrido por la filmografía más reconocida en donde las escenas eróticas eran muy abundantes.

LUST FOR A VAMPIRE
1971

Director: Jimmy Sangster

Intérpretes:
RALPH BATES: Giles Barton
BARBARA JEFFORD: Condesa Drácula
SUZANNA LEIGH: Janet

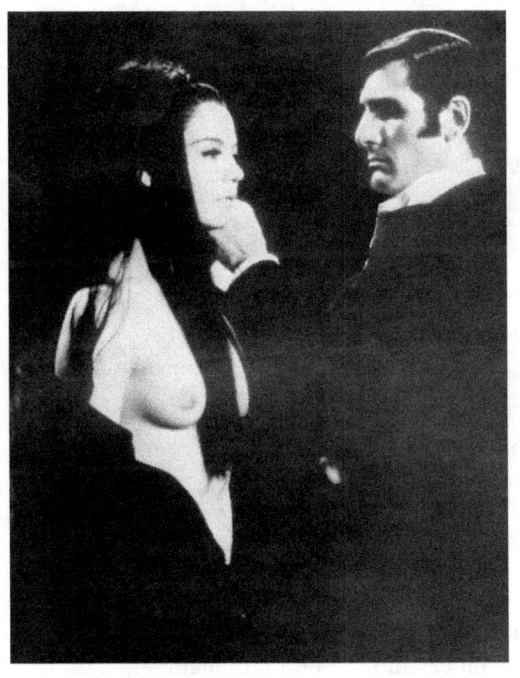 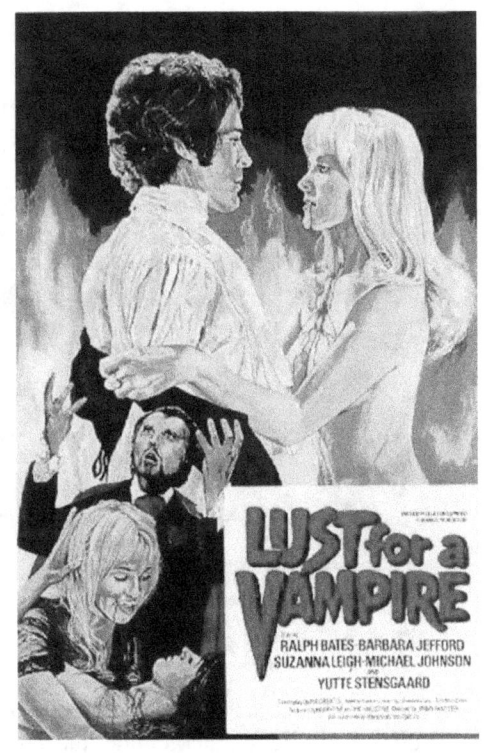

Cuando un escritor visita un colegio de señoritas en el siglo XIX, descubre que una libidinosa estudiante es realmente una vampiresa que acecha y ataca a sus compañeras. Segunda parte en la trilogía de vampiresas lesbianas de la Hammer, inicialmente con la presencia de Peter Cushing e Ingrid Pitt y dirigida por Terence Fisher. Pero el director aún no se había recuperado del todo de las heridas provocadas por un accidente, Cushing renunció porque la enfermedad de su mujer se había agravado (moriría ese mismo año), y la hermosa Pitt iba a protagonizar "La condesa Drácula".

DRÁCULA Y LAS MELLIZAS
Twins of Devil 1971

Director: John Hough

Intérpretes:
MADELEINE COLLINSON: Frieda
MARY COLLINSON: Maria
PETER CUSHING: Gustav Weil

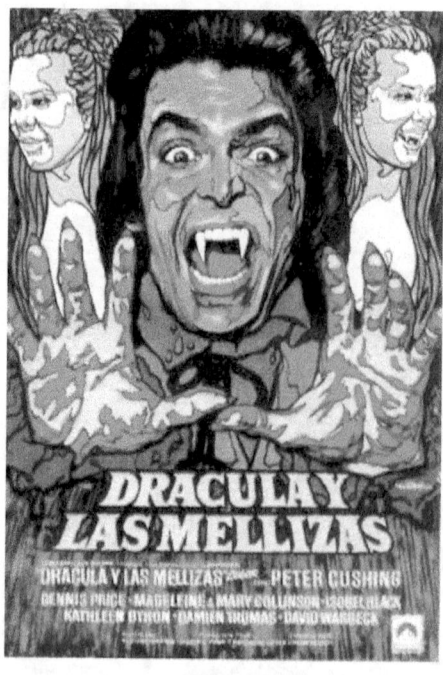
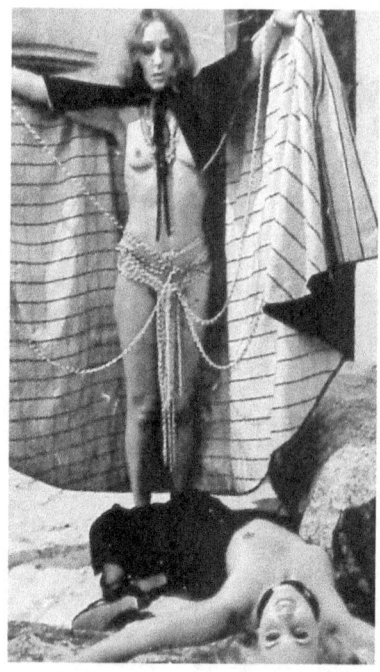

En un pequeño pueblo dos personas provocan que reine el miedo. Una de ellas es un demoníaco conde que vive en un castillo. La otra un fanático que ha dedicado su vida a erradicar el pecado, hasta el extremo de cometer asesinatos. En medio de este caos llegan al pueblo dos jóvenes y exhuberantes gemelas, Maria y Frieda, adoptados por su tío Gustav Weil, líder de un grupo que pretende acabar con el fenómeno de los vampiros. Los respectivos caracteres de las hermanas son completamente opuestos: una es apocada y tímida y la otra sigue el camino del vicio y la depravación siempre que puede.

Lo mejor de la película es la interpretación de Peter Cushing como Gustav Weil, el fanático líder de "La Hermandad", una secta puritana dedicada a quemar brujas a la menor ocasión.

LA PRISIÓN DE LOS VAMPIROS

Director: Jean Rollin

Intérpretes:
SANDRA JULIÁN
NICOLE NANCEL
JEAN MARIE DURAND

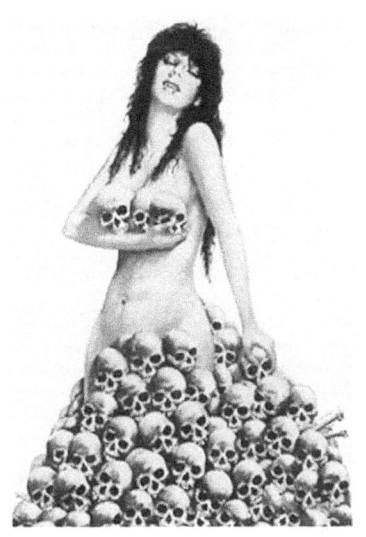

Sin comentarios sobre este filme dirigido
por un especialista en cine erótico.

LAS HIJAS DE DRÁCULA
1974

Director: Josaeph Larraz

Intérpretes:
MARIANNE MORRIS
MURRAY BROWN

La historia comienza cuando dos amantes lesbianas, Fran y Miriam, son asesinadas en una vieja mansión por un asaltante desconocido. Afortunadamente
para ellas se convierten en vampiros y desde entonces se dedican a buscar auto-
movilistas a los que llevar a su casa, y no precisamente para invitarles a comer.
Una de las víctimas, Ted, consigue salvar su vida gracias a que una de las vampiras se enamora de él, pues solamente le beben un poquito de su preciada sangre. Y así, entre las noches de pasión sexual y la poca sangre que la va quedan-
do acaba agotado, por lo que decide emprender la huida hacia lugares más soleados.

SANGRE FRESCA
Innocent Blood 1992

Director: John Landis

Intérpretes:
ANNE PARILLAUD: Marie
ANTHONY LAPAGLIA: Joe Gennaro
ROBERT LOGGIA: Sal Macelli.

Podía haber sido una de las vampiras más sexys, pero se nos terminó atragantando con su empeño en matar a toda la mafia y especialmente a su jefe Logia. Entretanto, el buen policía LaPaglia intenta deducir qué está pasando y para ello se acuesta con la vampira, suponemos que para interrogarla mientras. Landis nos proporciona algunas sorpresas, como de costumbre, en papeles pequeños, y salen también Dario Argento, Michael Ritchie y Sam Raimi.

En realidad se trata de un intento fallido para contarnos una aventura de vampiros femeninos, cuya trama se nos llega a hacer pesada desde las primeras secuencias. Nuestra chupadora de sangre no es tan poderosa como sus homólogos masculinos y tiene que soportar más de una paliza antes de poder hincar el colmillo en sus víctimas. Con el fin de no tener remordimientos busca dejar sin gota de sangre a mafiosos, violadores y demás alimañas humanas, usándose ella misma como cebo en varias ocasiones.

La francesa Anne Parillaud, a quien ya vimos en Nikita, se empeña inútilmente en convencernos de que es una chica dura, pero dada su apariencia frágil es difícil que nos la tomemos en serio. Ni siquiera el experto John Landis es capaz en esta ocasión de hacernos temblar.

OTROS FILMES CON VAMPIROS

EL GRAN AMOR DEL CONDE DRÁCULA
Dracula virgin's lovers 1972

Director: Javier Aguirre

Intérpretes:
PAUL NASCHY
HAYDEE POLITOFF
ROSANA YANNI

En la Transilvania del siglo XIX cinco viajeros (un joven y cuatro hermosas muchachas) visitan la región, pero, a causa de un accidente en su diligencia, se ven obligados a buscar cobijo en un extraño hospital, precisamente la residencia que regenta un tal doctor Wendell (en realidad, el Conde Drácula).

No es ciertamente esta la mejor película de nuestro actor Paul Naschy, pero dada su gran filmografía en el género de terror hemos escogido una cualquiera de ellas, ya que para muestra basta un botón. Con una gran paciencia para soportar toda clase de maquillajes horrendos, siempre acompañado por deslumbrantes personajes femeninos, y cierto uso y abuso de todos los personajes más míticos del cine de terror, Paul Naschy consiguió encontrar cierta dignidad dentro de la serie B. Años después, los expertos mundiales en el cine de terror le han reconocido su gran valía y ya figura con honor en los manuales de cine más populares. Tristemente, no fue su país natal, España, quien le otorgó la categoría de maestro del cine de terror, sino Hollywood, lugar en donde es ya una leyenda.

BESOS DE VAMPIRO
Vampire's Kiss 1988

Director: Robert Bierman

Intérpretes:
NICOLAS CAGE: Peter Loew
MARIA CONCHITA ALONSO
JENNIFER BEALS: Rachel
ELIZABETH ASHLEY: Dra. Glaser

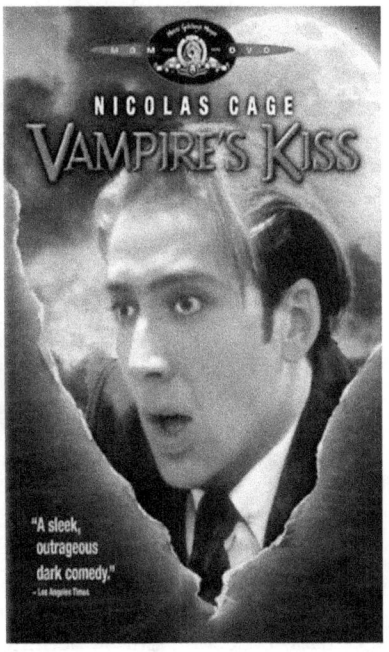

Peter Loew es su yuppie soltero típico. De día es un ejecutivo de una seria publicación, por las tardes consulta con su psiquiatra la Dra. Glaser, y de noche ronda las calles de Nueva York, reposando en las barras de los bares en busca de una compañera. Una tarde, Peter y Jackie acuden al apartamento de él después de una noche saciada en alcohol. Después todo se complica y cuando Peter despierta se encuentra desconcertado por los extraños acontecimientos. Poco después conoce a Rachel, quien le advierte de unas mordeduras en su cuello, lo que parece ser le hace más atractivo sensualmente.

Esta historia presagiaba una buena película, aunque se queda en poco menos que un esbozo. No obstante entretenida, especialmente por la presencia de actores ahora populares, la mezcla de situaciones tragicómicas con las del más tradicional horror, consiguen, al menos, que podamos considerar que hemos pasado un rato entretenido. Pudiera ser que el director, Robert Bierman, no consiguiera definir sus pretensiones, algo que se percibe en la falta de consistencia, logrando incluso que nos aburramos algo en los comienzos.

EL ANSIA
The hunger 1983

Director: Tony Scout

Intérpretes:
CATHERINE DENEUVE
SUSAN SARANDON
DAVID BOWIE

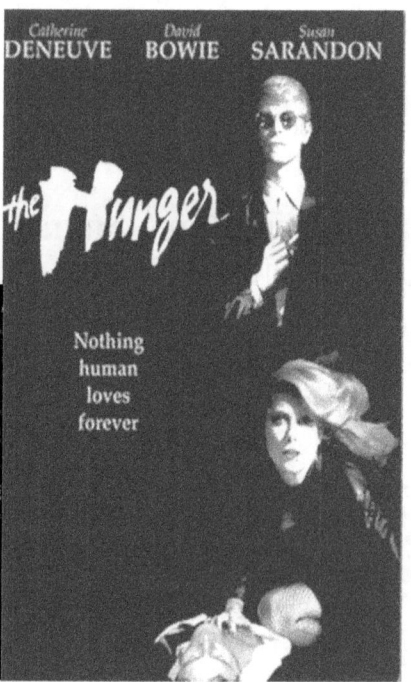

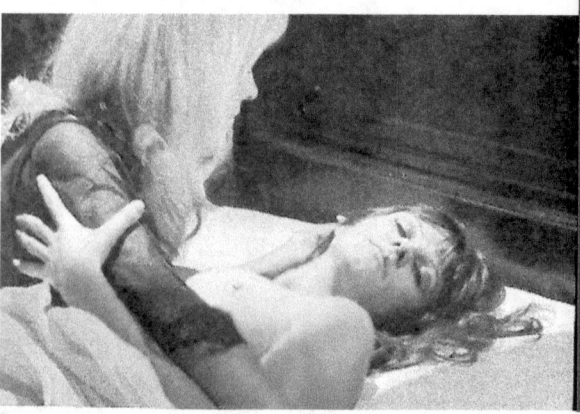

La antaño encantadora Catherine Denueve, acompañada por el cantante David Bowie, nos recrean la historia de Miriam, una mujer que posee el Ankh, un extraño símbolo egipcio que es capaz de otorgar la inmortalidad a su afortunado poseedor. Ello le permite permanecer siempre joven y hermosa, vendiendo sus encantos al mejor postor, pues esa joya deja a sus amantes profundamente enamorados, sean hombres o mujeres.

La inmortal Miriam observa como el que lleva siendo su amante durante siglos, John, está alcanzando el final de la larga juventud que ella misma le otorgó. El propio John no es ajeno a este hecho, y acude a una clínica en busca de ayuda. Allí contacta con la doctora Sarah, que se ve incapaz de ayudarle. A partir de este encuentro, Miriam también conocerá a Sarah y se enamorará de ella, escogiéndola como su futura compañera.

La película está basada en la novela de Withley Strieber, y ahora el film es objeto de culto no sólo por los amantes del cine de terror, sino también por los de la música. Junto a las grandes interpretaciones de los protagonistas y la tensión que inunda todo el film, el espectador puede ver a David Bowie en su quizá mejor interpretación cinematográfica, y una aparición estelar de Bauhaus, grupo más destacado del rock gótico, al principio del film, cantando su popular *Bela Lugosi's Dead*. Sin duda, acertada canción para ambientar un filme que dejaba de lado el punto de vista sobre los vampiros que se hizo popular con los filmes del entrañable actor húngaro.

FUERZA VITAL
Lifeforce 1985

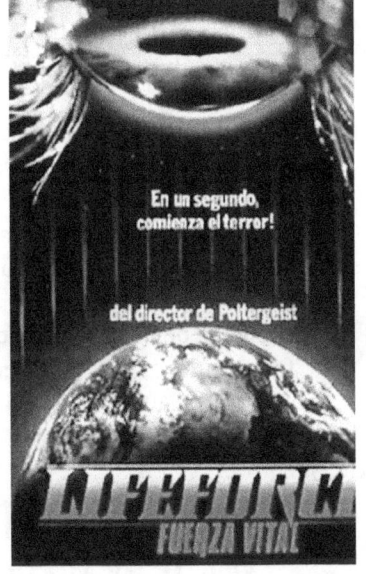

Director: Tobe Hooper
Basada en la novela: The Space vampiros
Música: Henry Manzini
Efectos especiales: John Dykstra

Intérpretes:
MATHILDA MAY: La vampira
STEVE RAILSBACK
PATRICK STEWART

Todo estaba perfectamente planeado para que este filme fuera un éxito comercial, pues contaba con un plantel de renombrados especialistas del género de ciencia-ficción y de terror, gran dosis de erotismo, y unos efectos especiales adecuados para la época, sobre todo cuando nos muestran la ciudad de Londres ardiendo, sumida en el caos ocasionado por los devoradores de infelices humanos. El maquillador Nick Maley hizo un trabajo estupendo, siendo su mejor obra el cadáver parlante de un vampiro seccionado.

La historia nos relata el viaje de una nave terrestre por el espacio y su posterior cambio de rumbo para ir al encuentro de una gigantesca nave espacial de origen extraterrestre. Allí hay varios cuerpos aparentemente sin vida, con forma humana, y deciden transportarlos hasta la Tierra. A partir de entonces comienza una historia de terror, en la cual vemos a unos vampiros, realmente unos zombis, que tienen planeado perfectamente el dominio del planeta. Su jefa es una guapa chica que decide darse una vuelta por las calles totalmente desnuda, lo que indudablemente despierta no pocas pasiones entre los hombres. Y así, mientras ellos mantienen sus ojos bien abiertos para no perderse detalle (igual que los espectadores), ella y sus secuaces destruyen la ciudad de Londres.

MIEDO AZUL
Silver bullet 1985

Director: Daniel Attias
Argumento: Stephen King

Intérpretes:
GARY BUSEY: Red
EVERETT McGILL: Reverendo Lowe
COREY HAIM: Marty Coslaw
MEGAN FOLLOWS: Jane Coslaw

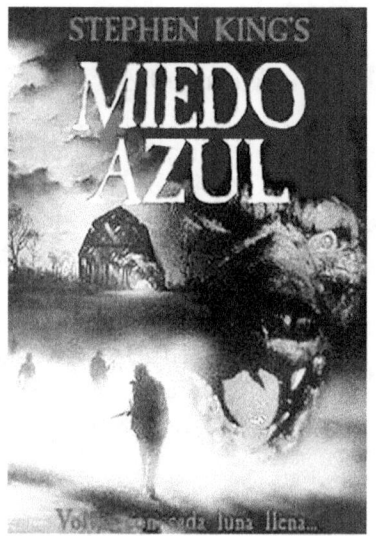

Nueva película basada en un relato del escritor Stephen King, en esta ocasión con un aparentemente inofensivo sacerdote en busca del único delator que puede truncar sus planes: un niño paralítico, cuyo único medio de escape es su silla de ruedas. Y es que cuando llega la noche, el bondadoso seguidor de Dios se transforma en el más despiadado de los vampiros, y solamente la tenacidad del pequeño y sus amigos pueden frenar una masacre de sangre y horror.

NOCHE DE MIEDO
Fright night 1985

Director: Tom Holland
Guión: Tom Holland

Intérpretes:
CHRIS SARANDON: Jerry, el Vampiro
WILLIAM RAGSDALE: Charley Brewster
AMANDA BEARSE: Amy Peterson
RODDY MCDOWALL: Peter Vincent

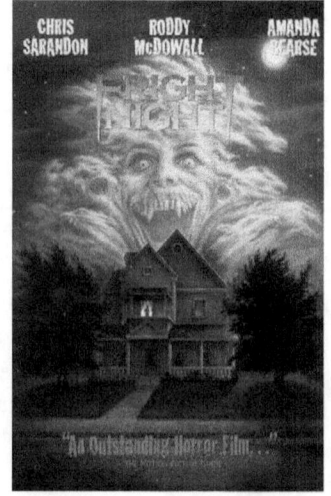

De nuevo un caza-vampiros entra en acción, aunque ahora es un simple actor que dice poseer los secretos para la destrucción de Drácula y sus secuaces. Esto es una falacia, un modo de mantener su trabajo en la televisión, y por eso cuando intenta emular al legendario Val Hensing los vampiros no le temen.

Interpretado por el siempre eficaz Roddy McDowall como el caza-vampiros televisivo, nos muestran a unos vampiros descafeinados poco eficaces, aunque algo más que esa pandilla de jóvenes torpes intentando clavar una estaca a cualquiera que tenga los colmillos desarrollados. Todo esto nos lleva a un clima cómico-terrorífico que aceptamos con agrado, pero que no nos deja huella alguna en nuestros recuerdos.

Se realizó una segunda parte con los mismos protagonistas, pero pasó directamente al mercado del vídeo.

LA GUARIDA DEL GUSANO BLANCO

Director: Ken Russell
Argumento: Bram Stoker

Intérpretes:
AMANDA DONOHOE
HUGH GRANT
SAMMI DAVIS

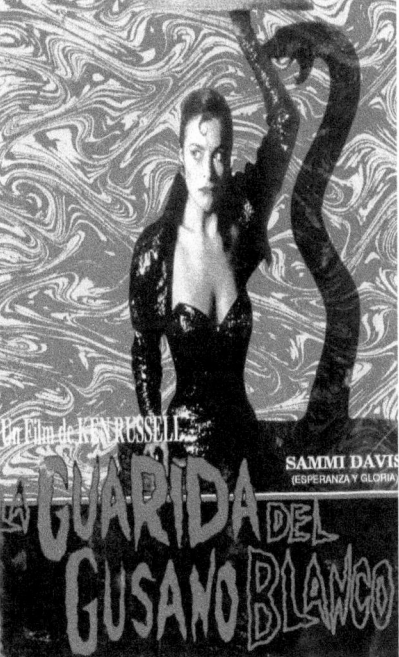

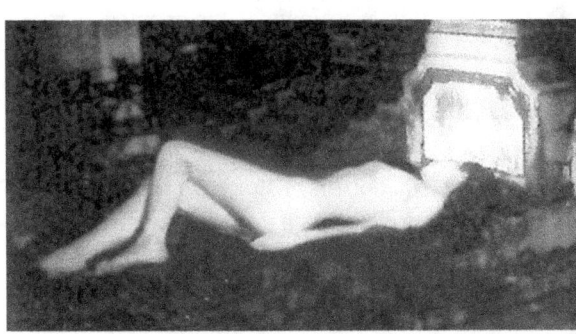

Interesante aunque casi desconocida película de Ken Russell, en la cual nos narra los peligros que acompañan al descubrimiento de una calavera, la cual es ansiada por una peligrosa serpiente con forma humana. En medio, e intentando evitar que la calavera caiga en las manos de ese malvado personaje con apariencia de mujer, la cual mantiene una insólita belleza gracias a sus poderes, están unos jóvenes voluntariosos que tratan de sobrevivir.

Película de interés especial por proceder de una novela de Bram Stoker (creador de Drácula) y estar dirigida por el inteligente Ken Russell, además de contar con una meritoria interpretación del por entonces desconocido Hugh Grant. Las abundantes dosis de erotismo, la belleza de su protagonista femenina (pródiga en desnudos) y algunos buenos efectos especiales al final, proporcionan en conjunto una aceptable película tratada en el momento de su estreno con indiferencia.

JÓVENES OCULTOS
The Lost boys 1987

Director: Joey Schumacher
Productor: Harvey Bernhard
Guión: Jeffrey Boam, James Jeremias, Janice Fischer

Intérpretes:
JASON PATRICK: Michael
COREY SAM: Sam
DIANNE WIEST: Lucy
BARNARD HUGUES: Grandpa

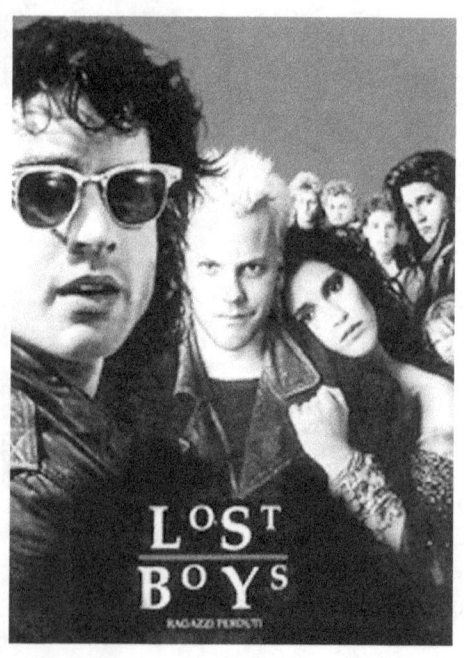

Película que como su nombre indica estaba dirigida al público juvenil, pero cuyo título, sin ninguna alusión a los vampiros, le quitó audiencia. Aunque poco apreciada por la crítica, se ve con agrado y tiene bastantes momentos logrados.

Desde el principio, Joel Schumacher ha inventado una historia ambiciosa que parece empezar bien, casi como una historia de adolescentes, pero que poco a poco nos lleva a una historia de vendedores de almas. Hay un momento, al principio de la película, cuando el director parece tener el control entre la vida normal de los adolescentes y el mundo oscuro en el que habitan los malignos. Pero el final de la película es simplemente otro de los muchos en los cuales el clímax de acción se centra en el modo en que los humanos tienen que matar a los habitantes de las tinieblas.

UNA PANDILLA ALUCINANTE
The monsters squad 1987

Director: Fred Dekkar

Intérpretes:
ANDREW GROWER
ROBBY KIGER
BRYAN LAMBERT

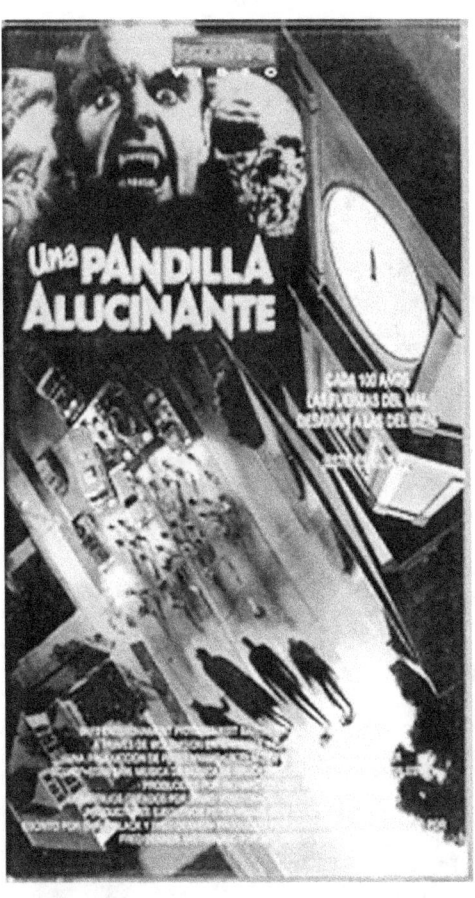

Agradable película con niños de protagonistas, pero que cuenta con la presencia de los monstruos sagrados del cine de terror. Ver juntos a Drácula, Frankenstein, La Momia y el Monstruo de La Laguna Negra, es algo que siempre se agradece, aunque en esta ocasión es el vampiro quien lleva las riendas. Con un sin fin de tópicos normales en el cine para niños, la trama se sigue con verdadero interés, en la que no faltan las pequeñas dosis de terror dulcificado para llegar al público pretendido.

La historia está basada en una leyenda que dice que los monstruos volverán a reunirse cada 100 años, a no ser que una niña virgen recite unos versos mágicos que les devuelva para siempre a la eternidad. Pues para encontrar una virgen tuvieron que remontarse nada menos que a una niña de apenas siete años, ya que las mayores eran ya unas expertas amantes.

EL CLUB DE LOS VAMPIROS
Bordello of Blood (Tales from the cryp)

Director: Gilbert Adler
Productor: Robert Zemeckis

Intérpretes:
DENNIS MILLER
ERIKA ELENTAK
CHRIS SARANDON
ANGIE EVERHART

Película que combina humor y terror, además de erotismo y escenas espectaculares de acción, narradas por el Guardián de la Cripta, nuestro esquelético amigo que tantas horas nos ha deleitado con sus historias televisivas. Madame Lilita dirige un burdel en el cual sacan la sangre, literalmente hablando, a todos sus clientes, una vez que les han vaciado los bolsillos. Afortunadamente, un hábil detective intuye que algo ocurre en aquel lugar de placer sexual y provisto de un talismán que puede alejar a los vampiros, se decide a darles caza sin cuartel.

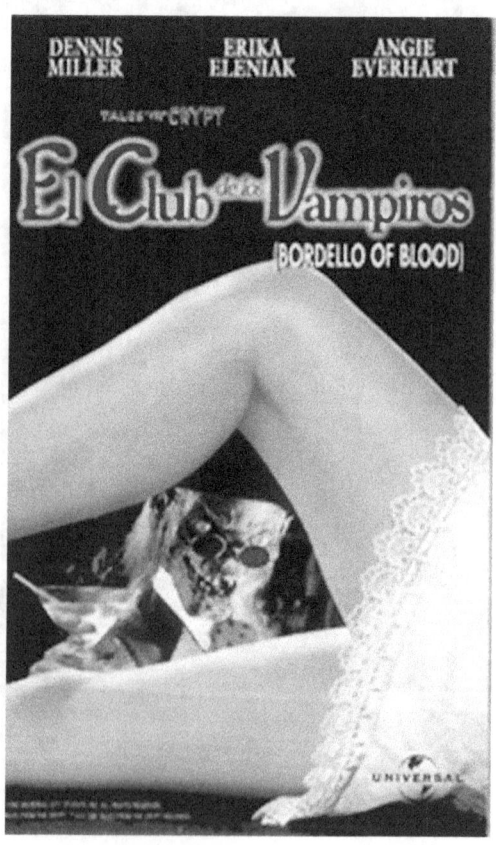

OTRAS PELÍCULAS MENOS CONOCIDAS
SOBRE VAMPIROS

Con un problema legal de fondo por la autoría del personaje El Santo (¿recuerdan a "Simón Templar", alias Roger Moore?), los estudios mejicanos tocaron en numerosas ocasiones el mito del vampirismo, aunque su éxito apenas conoció nuevas fronteras. Entre las más destacadas están: SANTO Y BLUE DEMON CONTRA DRÁCULA Y EL HOMBRE LOBO, SANTO CONTRA EL DOCTOR MUERTE y SANTO EN EL TESORO DE DRÁCULA.

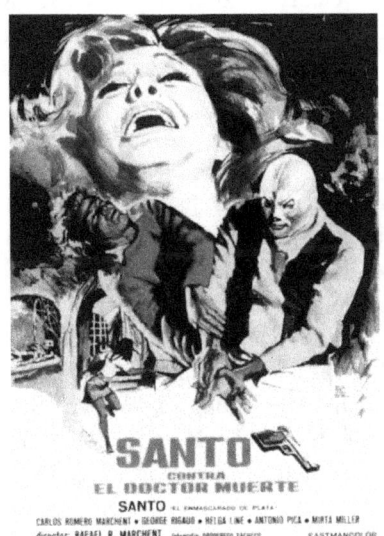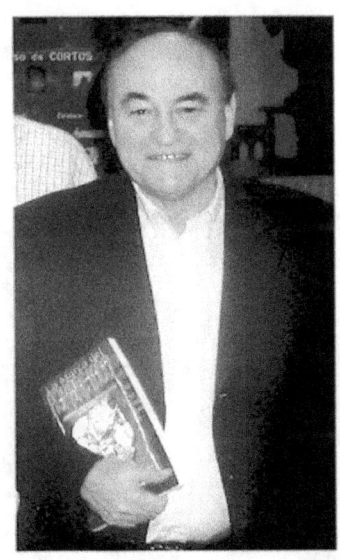

También España logró bastante reconocimiento fuera de sus fronteras, especialmente con los filmes de Paul Naschy, Jesús Franco y Leon Klimovsky. Sobre Paul Naschy (Jacinto Molina), debemos romper una lanza en su favor y recordar a los aficionados que fue un meritorio actor y director de filmes de terror, en una época en la cual apenas nadie realizaba este cine en España. Su problema fue, precisamente, ser español, pues su fama traspasó las fronteras sin saberlo y es considerado en Estados Unidos un mito del cine de terror. Sus últimos filmes, como "Licántropo" o "Río sangre", han conseguido rescatarle del olvido. Otros filmes hispanos de reconocida valía son: DRÁCULA CONTRA FRANKENS-TEIN, EL CONDE DRÁCULA, LA NOCHE DE LOS WALPURGIS, LA SAGA DE DRÁCULA y LA FURIA DEL HOMBRE LOBO.

Italia se incorporó igualmente al carro de los vampiros y directores como Mario Bava y Dario Argento hicieron diversas películas de terror cuyos resultados financieros fueron más óptimos de lo previsto por sus detractores.

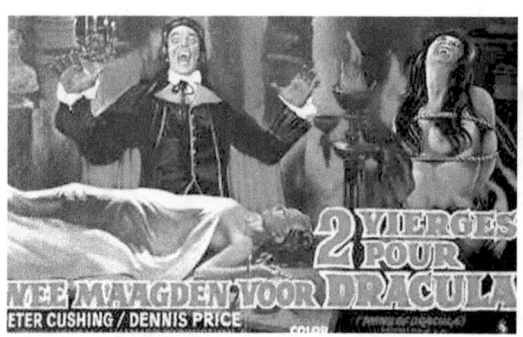

Drácula y las mellizas

Y tratando de encontrar nuevos cauces que aportaran novedades basadas en la novela de Bram Stoker, podemos encontrar (haciendo un brevísimo recorrido) a "DRÁCULA NEGRO (Bracula)" de William Crain, "EL REGRESO DE LOS VAMPIROS VIVIENTES" de George Romero y "NOSFERATU PRÍNCIPE DE LAS TINIEBLAS" con Klaus Kinski como vampiro.

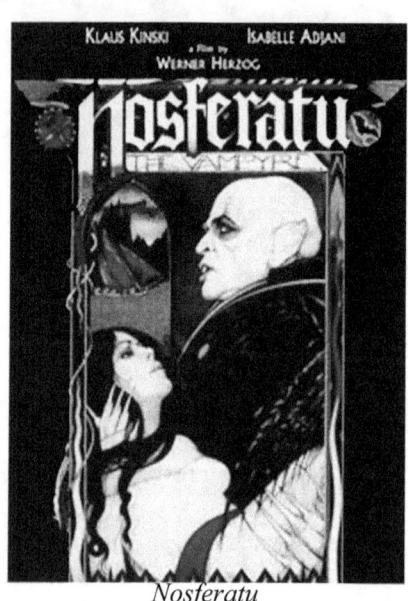

Nosferatu

También vimos parodias cómicas que tuvieron gran éxito, como es el caso de "AMOR AL PRIMER MORDISCO" de Stan Dragoti y con Susan Saint James como el amor del vampiro, "TRANSYLVANIA 6,5000" protagonizada por un entonces desconocido Jeff Goldblum, "VAMPIRA" con un insólito David Niven como vampiro, "UN VAMPIRO PARA DOS" con Fernando Fernán Gómez y Gracita Morales y "DRÁCULA, UN MUERTO MUY CONTENTO Y FELIZ" con Leslie Nielsen y dirigida por Mel Brooks. También hay que destacar "MORDISCOS PELIGROSOS", especialmente porque trabaja un jovencísimo Jim Carrey,   así como "BUFFY, LA MATA VAMPIROS", inspirada en una popular serie de televisión, e interpretada por Donald Sutherland.

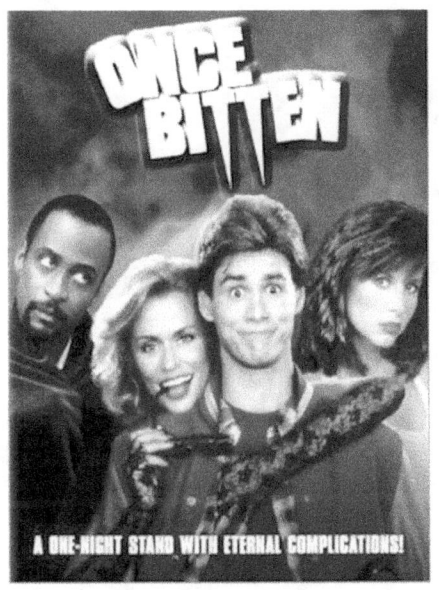

Mordiscos peligrosos

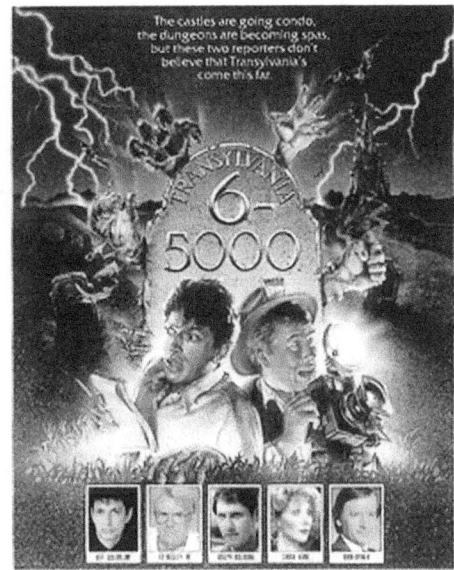

Transylvania 6-5000

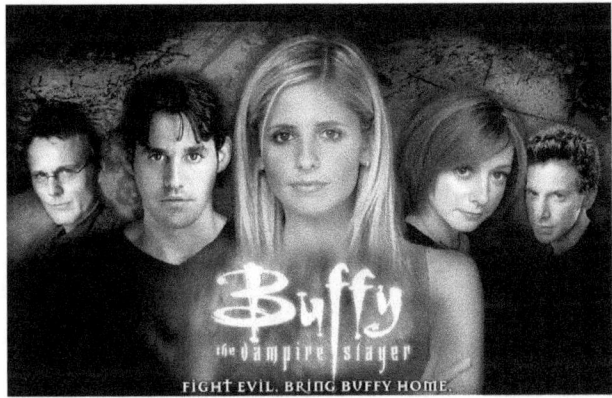

Buffy la mata-vampiros

KING
KONG

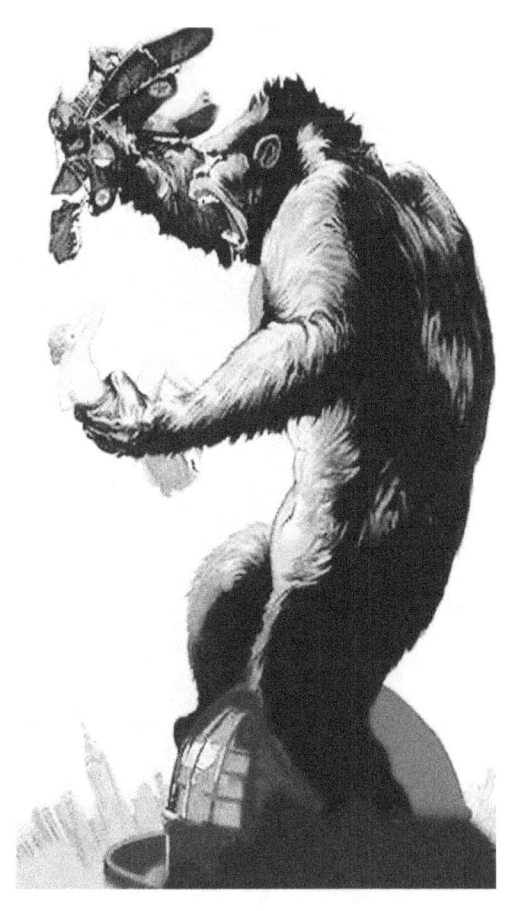

KING KONG
1933

Director: Merian C. Cooper y Ernest Schoedsack
Guión: Ruth Rose y James Creelman
Fotografía: Edward Linden

Intérpretes:
FAY WRAY: Ann Darrow
CARL DENHAM: Robert Armstrong
JOHN DRISCOLL: Bruce Cabot

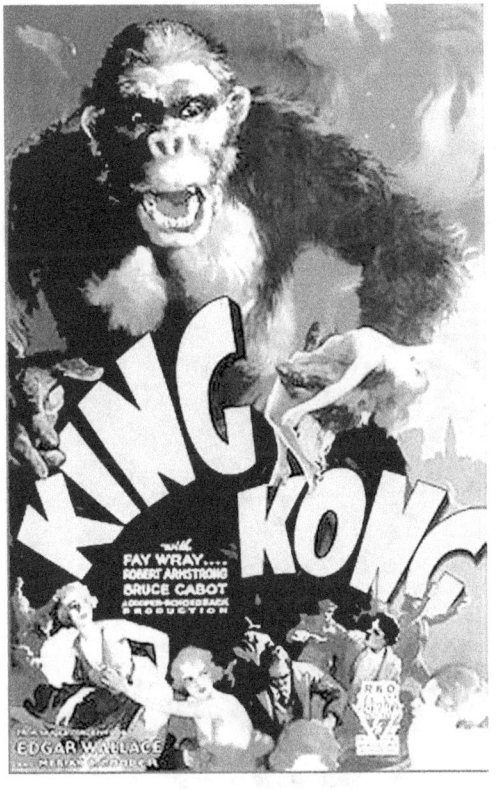

Esta apasionante historia comienza en la isla de la Calavera, de nombre tan tenebroso como el monstruo que alberga desde hace siglos. Hasta allí acuden unos cineastas para rodar una película en un ambiente real, sin darse cuenta que cerca está King Kong, el gran gorila que se enamora de la guapa protagonista.

Aprovechando su fuerza y tamaño descomunal la rapta y desde entonces se establece una batalla entre los pequeños humanos y la bestia, para ver quién se queda con la chica. El amor entre el monstruo y la bella es imposible, es obvio, pero entre ambos comienza un idilio apasionante y una escena de amor que solamente interrumpen los cineastas.

En la segunda parte del filme, vemos al gorila trasladado hasta el mismísimo Nueva York para ser mostrado como una atracción a sus habitantes, pero cuando el gorila se escapa los cazadores humanos se multiplican y el animal debe huir hasta ocultarse en otro gran coloso, el Empire State Building. Allí rescata y protege a su amada hasta que las balas de los aviones le abaten, cayendo desde la torre del edificio y estrellándose en el pavimento. En ese momento la lírica crece y el espectador se ve forzado a emitir una lágrima por el, hasta entonces, monstruoso animal.

SUS CREADORES

El dibujante Willis O'Brien O'Brien, nacido en Oakland (California), en 1886, se especializó en arqueología, pintura y escultura, lo que le permitió un empleo en el Museo de Ciencias Naturales de Nueva York. Su fama como experto en animales antiguos era muy alta y por ese motivo le encargaron un cartel anunciador de la película "El mundo perdido", en el cual se veía por primera vez en el cine a un gorila gigante atacando a unos exploradores. Con esa idea y contando con antecedentes en "Los viajes de Gulliver" y "Los crímenes de la calle Morgue", elaboró una especie de guión para una película titulada "Creation", la cual nunca fue llevada a la pantalla. Posteriormente, sus trabajos en el cine le valieron un oscar a la animación en la película "El gran gorila" (1939).

Sin embargo, y aunque la autoría en el arranque de "King Kong" es suya, justo es reconocer que quizá el mérito original estuvo en el escritor Edgar Wallace, quien estaba ya redactando el argumento de una película que se titularía "La bestia" o "El rey mono", aunque su repentina muerte truncó la buena idea.

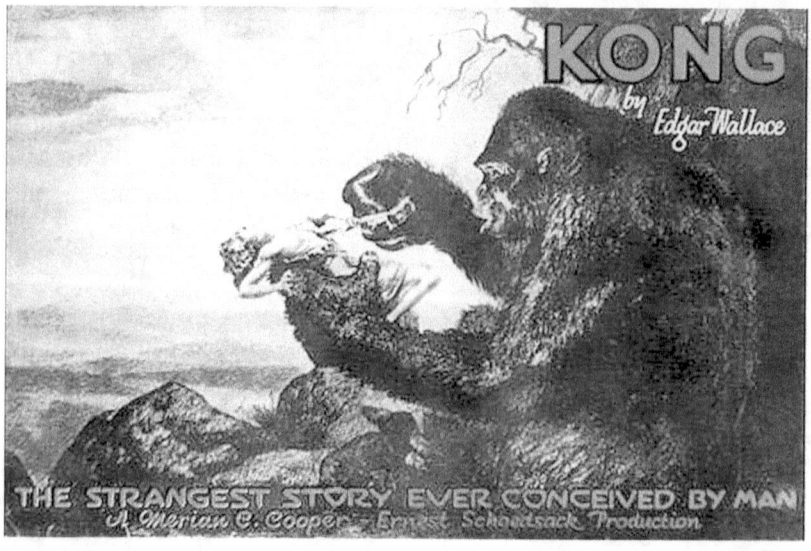

Lo cierto es que para efectos prácticos, fueron los dibujos de O'Brien y su colaborador Byron Crabbe los que llegaron a manos del vicepresidente de la RKO, David O. Selznick, el cual llamó para perfeccionar la idea a James A. Creelman y Ruth Rose, quienes adaptaron para el cine la idea del simio gigante.

El proyecto vio por fin la luz verde cuando Marian C. Cooper se hizo con la dirección de la RKO unos meses más tarde, contratando para que le ayudase en la dirección del nuevo film a Ernest B. Schoedsack, marido a su vez de la guionista Ruth Rose.

Lógicamente y dado el bajo presupuesto, la película no se podía rodar en el corazón de África y se eligieron los escenarios naturales de San Pedro, así como algunos de los decorados de la RKO que se habían utilizado en filmes anteriores, incluyendo algunos de "Rey de reyes" de Cecil B. de Mille, los cuales serían posteriormente aprovechados de nuevo en "La diosa de fuego" y en "Lo que el viento se llevó", donde serían definitivamente destruidos para recrear el gigantesco incendio de Atlanta.

LOS EFECTOS ESPECIALES

La película costó seiscientos mil dólares de entonces y tardó en concluirse casi un año, más que nada a causa del complicado montaje de laboratorio que exigía. Además, los efectos especiales fueron los mejores protagonistas de la obra y se utilizó el eficaz pero lento sistema de animación fotograma a fotograma, en el cual cada segundo de proyección exigía 24 fotografías

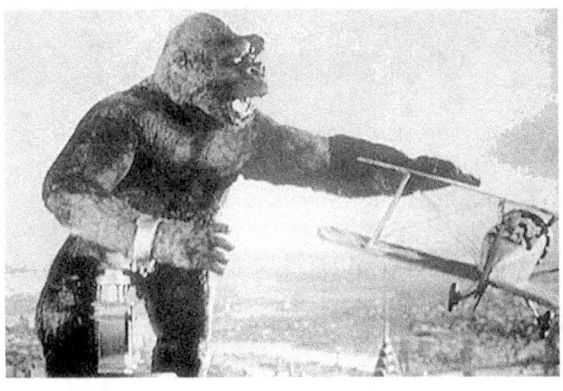

distintas. Multipliquen esta cifra por los segundos de actuación del gorila gigante y se darán cuenta del trabajo tan intenso que se realizó.

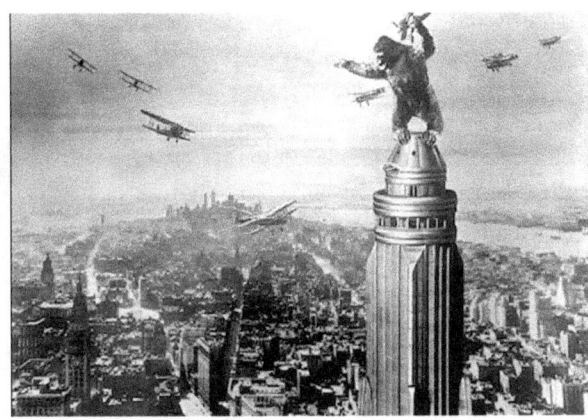

Luego estaban las maquetas (recuerden que todo se rodó en un decorado que simulaba la selva) y el gorila mismo, el cual nunca fue un gorila auténtico sino veintisiete gorilitas en miniatura de apenas 45 centímetros de altura. Construidos en aluminio y recubiertos con piel de cordero, se deterioraban con rapidez y por eso se hicieron necesarios tantos muñecos iguales. Su pequeño tamaño, por supuesto, estaba acorde con las maquetas, tremendamente enanas a su lado una vez proyectadas en la pantalla.

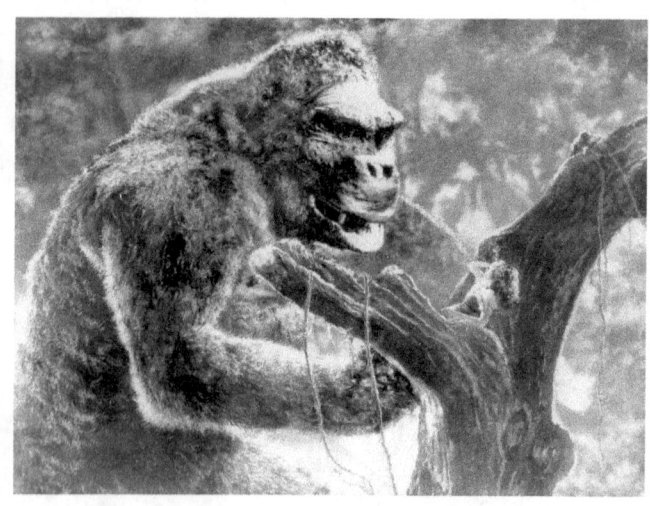

Para los primeros planos y en especial para dar realismo a las escenas entre la bella y la bestia, se construyeron una mano y una cabeza gigantes, movidas mediante multitud de cables y resortes gracias a varios operarios que trabajaban desde dentro. En concreto, los ojos requerían tres operarios para moverlos al unísono y los movimientos de la cabeza necesitaron cuatro personas. Para las mandíbulas se construyó un motor que funcionaba con aire comprimido que permitía enseñar los dientes que debían aplastar totalmente a los infelices que caían a su alcance.

Para completar la maravilla de efectos especiales se grabaron en un zoológico los rugidos de leones y tigres que, debidamente mezclados, más un reforzamiento en las notas bajas, consiguieron que los gritos del gorila fueran tan aterradores como su presencia. Estos efectos, así como multitud de transparencias colocadas en el momento idóneo, sirvieron para cautivar a los públicos de aquella época y lograr que la película soportara el paso del tiempo con honestidad. Tan realista resultó el film que tuvieron que cortarse algunas escenas verdaderamente escalofriantes, como el aplastamiento de un niño negro por el pie del gorila, la muerte de unos marineros que son devorados lentamente por arañas gigantes, la caída de una mujer histérica desde lo alto de un rascacielos y, por supuesto, el desnudo casi integral que realiza King Kong a su amada bella, a la cual quita dulce y placenteramente toda la ropa para contemplar extasiado su cuerpo. Los espectadores tuvimos que conformarnos con un esbozo del desnudo.

La película se estrenó el 2 de marzo de 1933 en los cines Radio City Music Hall y Roxy Theatre de Nueva York y el éxito fue tan extraordinario que ese mismo día se acometió inmediatamente el rodaje de una secuela.

EL GRAN GORILA
Mighty Joe Young 1949

Director: Ernest B. Schoedsack
Fotografía: Roy Webb
Guión: Ruth Rose
Producción: John Ford y Merian C. Cooper
Efectos especiales: Ray Harryhausen

Intérpretes:
TERRY MOORE: Jill
BEN JOHNSON
ROBERT ARMSTRONG
PRIMO CARNERA

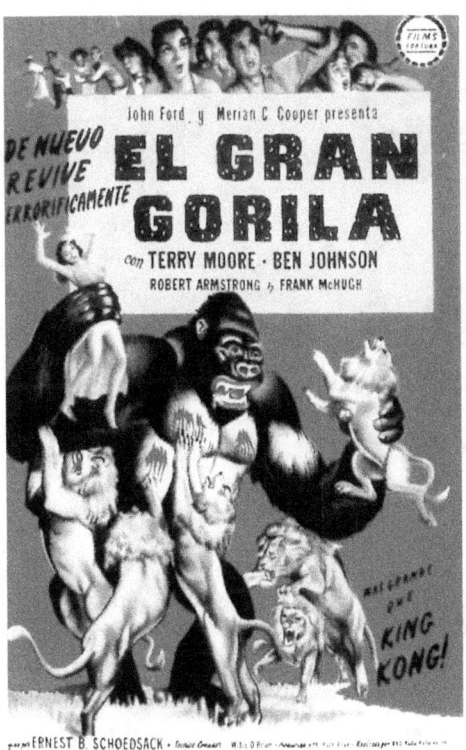

Nuestra joven protagonista se dedica a cuidar a un gigantesco gorila a quien denomina como Joe, un encantador animal hasta que unos vaqueros feriantes deciden llevárselo a la civilización para exhibirlo en un cabaret. La oferta es tentadora, pues hay dinero, comida y tranquilidad para Joe, aunque los resultados son devastadores, pues al gorila no le gustan los ruidos ni los gritos. Para controlar su furia contratan a un campeón de los pesos pesados, quien apenas puede hacer nada contra el coloso, y solamente el salvamento de dos niños acorralados en un edificio en llamas impide que la policía mate el simio.

Meritorio filme y en ocasiones superior al anterior, especialmente en los efectos especiales que fueron premiados con un Oscar.

KING KONG
1976

Productor: Dino De Laurentiis
Música: John Barry

Intérpretes:
JEFF BRIDGES
CHARLES GRODIN
JESSICA LANGE
JOHN RANDOLPH

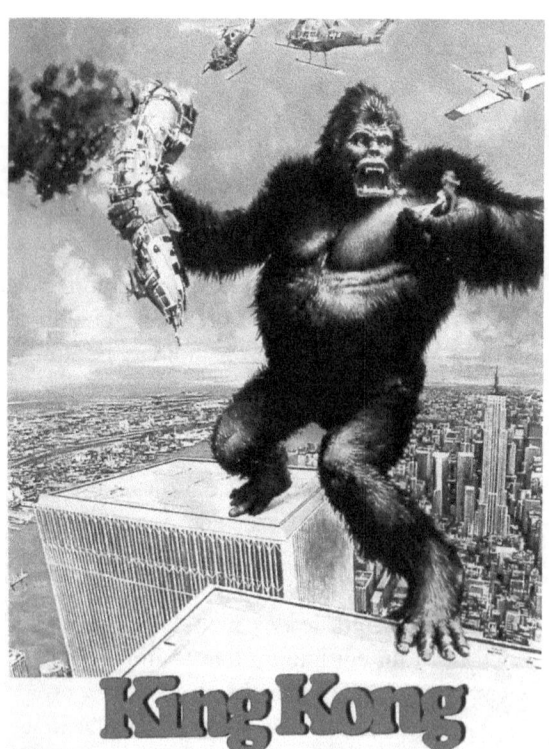

Jack Preskott es un paleontólogo que viaja con una expedición a la remota isla de Skull para buscar petróleo. Cuando llegan, se encuentran con un gigantesco gorila que deciden capturar y exhibir a cambio de dinero. El animal es enorme y solamente puede ser controlado por una hermosa mujer, aunque obviamente el amor físico entre ambos es imposible. Él, en su inocencia, la desnuda lentamente y cuando lo consigue cae rendido de amor, pero no sabe que este sentimiento lleva implícita su ruina.

En este remake, con mejores medios económicos y tecnológicos que su predecesor, no conseguimos ver la maestría de la primera versión, ni siquiera la lírica que debía acompañar las escenas entre la bella y la bestia. No obstante, y si conseguimos soportar el tedio de la primera media hora, podemos disfrutar con escenas bien logradas, mezcla de animatronic y transparencias.

KING KONG VIVE

Director: John Guillermin
Productor: Dino De Laurentiis
Guión: Steven Pressfield

Intérpretes:
BRIAN KERVIN
LINDA HAMILTON
METER ELLIOT

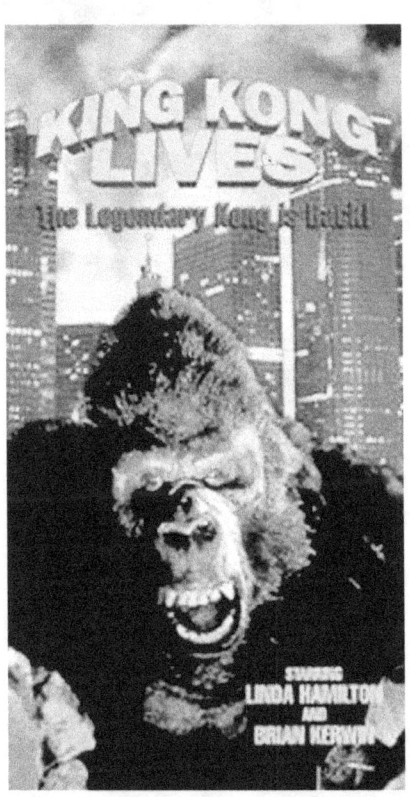

En la primera entrega, el gigantesco primate King Kong, se sacrifica por una bella rubia; la deja en lugar seguro y se expone al ataque de los aviones, siendo finalmente abatido. Gracias a las modernas técnicas, un equipo de científicos de Atlanta, dirigidos por la doctora Amy Franklin, consiguen mantenerlo en coma durante diez años, aunque para salvarle la vida necesitan efectuar una transfusión y no hay ningún animal que tenga un plasma compatible con el suyo. En Borneo, un aventurero llamado Hank Mitchell caza a un ejemplar hembra similar y la traslada a Atlanta. Una vez King Kong ha despertado siente la presencia de la hembra, la busca y cuando finalmente la encuentra ambos huyen a un bosque cercano. La doctora y el explorador salen tras de ellos para evitar que las autoridades, alarmadas, puedan destruirlos.

Sin una razón justificable, el filme constituyó un rotundo fracaso comercial, pues contaba con una acertada dirección y un correcto plantel de actores.

KING KONG CONTRA GODZILLA

Director: Ishiro Honda

Intérpretes:
Frank TAKASHIMA
KENJI SAHARA

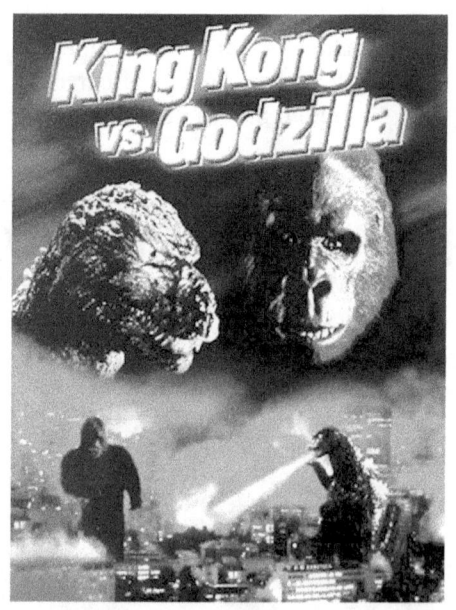

Dirigida por el más popular y prolífico de los profesionales japoneses, creador de toda una escuela del cine de monstruos, maquetas y efectos visuales, Ishiro Honda es capaz de hacernos pasar un rato agradable sin mayores pretensiones. La historia es simple, pues mientras estos dos enemigos irreconciliables aclaran sus diferencias a golpes, la ciudad que yace a sus pies termina destruida.

MI GRAN AMIGO JOE
Mighty Joe Young 1998

Director: Ron Underwood

Intérpretes:
FRAN FRANKE
CHARLIZE THERON
RADE SERBEDZIJA

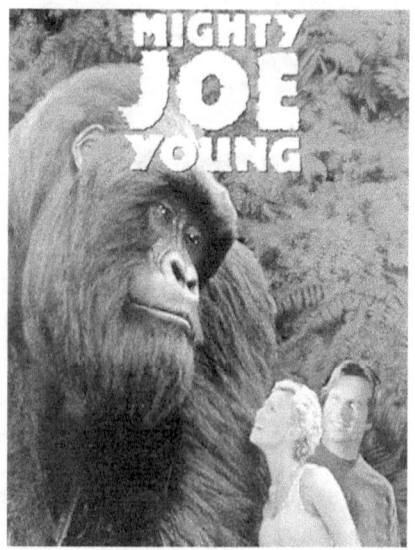

Fran Young se nos muestra aquí como una homóloga de Dian Fossey, una experta en primates que dedica su vida a proteger a Joe, un gigantesco gorila mutante que descubrió cuando era niña. Pero su plácida vida se trunca cuando unos cazadores furtivos reiteran su deseo de quedarse con el animal, aunque no cuentan con la inteligencia del simio, tan grande que parece mentira que necesite que le cuiden. Nuestro gorila no es ahora tan majestuoso como los anteriores y ni siquiera mata por placer, ya que en su interior alberga un animal sensible que desea que le dejen, simplemente, en paz. Pero Joe, con sus cuatro metros y medio de altura, acaba enfurecido y se muestra decididamente salvaje y destructivo, en ocasiones cariñoso, vagando por la ciudad en busca de un poco de paz. Para evitar que lo capturen, Fran y Gregg idean un plan; en el medio, la bestia nuevamente seducida y pacificada por la bella.

Con una tecnología en efectos especiales muy acertada, podría funcionar bien la historia si no hubiera estado dirigida a los niños, algo que es razonable admitir en un filme de la factoría Disney.

KING KONG
2005

Director: Peter Jackson

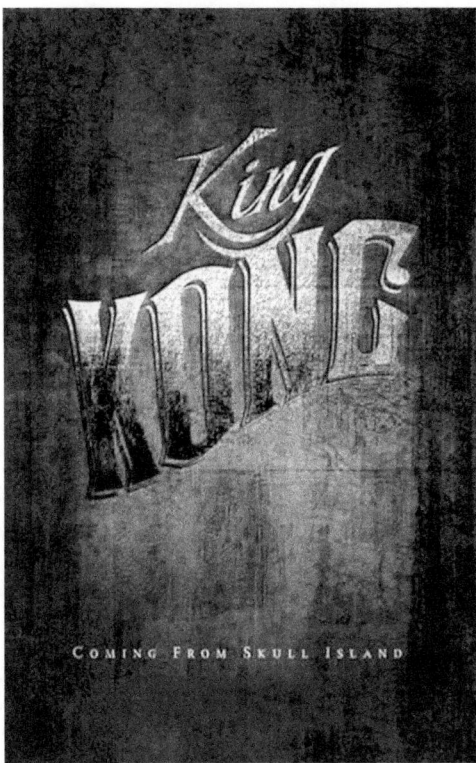

Intérpretes:
NAOMI WATTS
JACK BLACK
ANDY SERKIS
KYLE CHANDLER

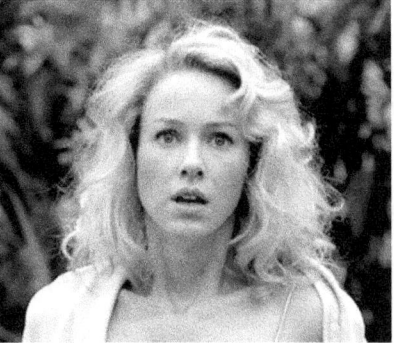

FRANKESTEIN

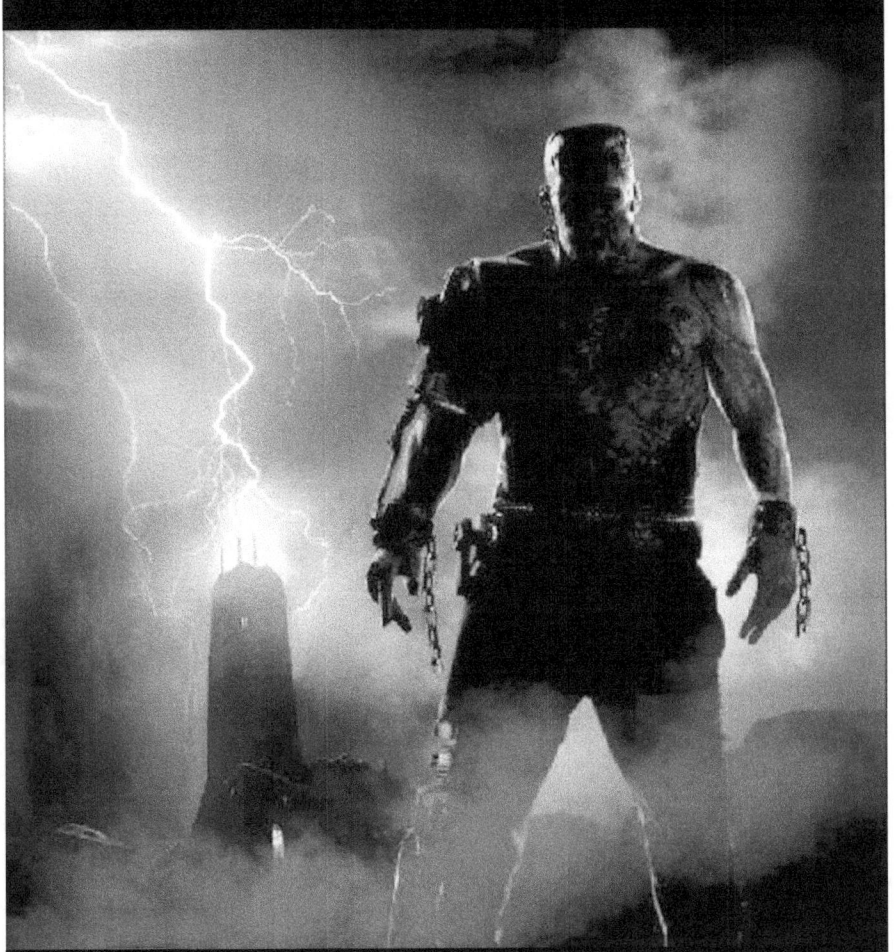

PERSONAJES LIGADOS A FRANKENSTEIN

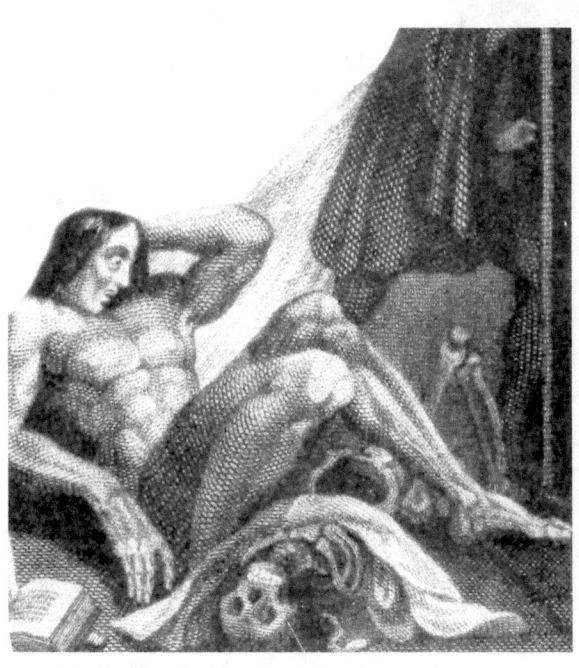

No es que la idea de construir un hombre perfecto sea nueva (a fin de cuentas, Dios también trató de hacerlo, con bastante desatino, por cierto) y aunque sabemos que igualmente lo intentaron civilizaciones tan perfeccionadas como los egipcios, ningún otro intento ha sido llevado tantas veces a la pantalla como el de "Frankenstein o el nuevo Prometeo".

De Prometeo sabemos que era un dios, el cual robó el fuego para dárselo a los humanos y en castigo Zeus le ató a una roca para que un águila le comiese el hígado poco a poco. Sin embargo, su hígado se regeneraba noche tras noche y al final fue liberado por Hércules y desde entonces la Humanidad le adora como el dios del fuego.

Pues ese Prometeo fue plasmado varias veces en la literatura, aunque la obra más famosa fue "Prometeo libertado", de un tal Shelley, amigo íntimo de Lord Byron. Los aficionados a leer novelas ya estarán sacando sus conclusiones a raíz de estos nombres y enlazarán a la autora Mary Shelley con estos dos señores, con bastante razón, ya que el primero era su marido y el segundo su amigo.

MARY SHELLEY

El verdadero nombre de Mary Shelley es Mary Wollstonecraft Godwin y había nacido el 30 de agosto de 1797 en Ginebra, saltando a la fama en 1819 con su novela "Frankenstein o el moderno Prometeo", después de intentar durante tres años que alguien se la publicara.

Casada a los 16 años con Percy Bysshe Shelley (por eso algunas veces la nombran como Mary Bysshe) y amiga de Lord Byron, escribió su novela como

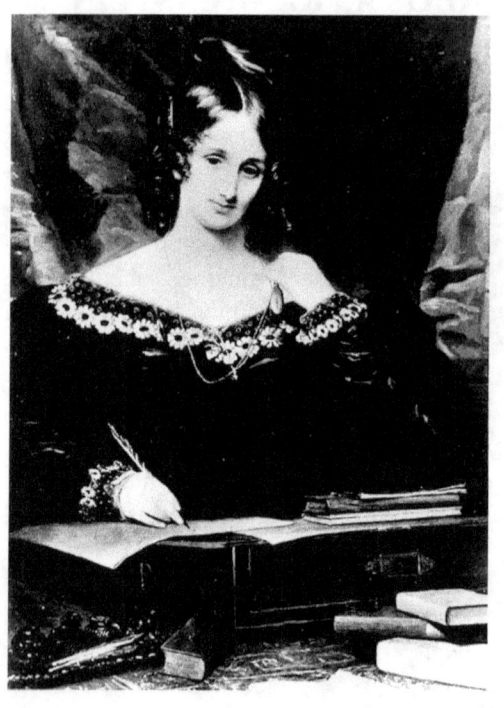

respuesta a una apuesta con su hermanastra Claire, durante unas vacaciones en la villa Diodati, en Ginebra. Se dice que su marido era un mujeriego de gran éxito, e incluso que había enamorado a la hermana de Mary y esperaba un hijo de ella. Esto y el hecho de que perdiera prematuramente a su primer hijo, la llevó a separarse de él y dedicarse por entero a la literatura y a perfeccionar su don natural para los idiomas. Además de "Frankenstein", publicó "Mathilda", "The last men", "Lodore", algunas biografías de personajes tan célebres como Maquiavelo y hasta sus propias memorias, antes de morir el 1 de febrero de 1851 sin que pudiera saborear el triunfo con sus novelas.

Ciertamente la vida de Mary Shelley no fue nada alegre y sus desgracias empezaron al poco de nacer, ya que su madre (una recalcitrante feminista), murió enseguida y la joven Mary para compensar esta pérdida se iba a la tumba a contarla cuentos y desventuras. Su padre, por otra parte, era también una persona inquieta que luchaba por abolir el matrimonio, no aceptando que ninguna mujer (especialmente si era su hija), se pudiera enamorar de un hombre casado. Estos hechos, unidos a la infidelidad de su marido, el cual por cierto se ahogó, la muerte de su hija, la de su amigo Lord Byron y el suicidio de otro amigo llamado Lodori, quizá fueron los motivos por los cuales su obra "Frankenstein" estaba cargada del deseo de volver a la vida a los seres muertos.

El cine pronto vio en esta novela un argumento de interés para asustar a las gentes y aunque la idea de Mary Shelley era hablarnos de la muerte y de la insensatez de tratar de ser como dioses, intentando hacer un hombre perfecto, los guionistas pensaron que meter miedo al respetable siempre sería más comercial que hacerle reflexionar. Y así nació la primera versión cinematográfica sobre su novela titulada simplemente "Frankenstein", producida por la Edison Kinetogram y estrenada en 1911. Su metraje no era superior a los 15 minutos y estaba dirigida por Searle Dawley e interpretada por Augustus Philips (Víctor) y Charles Ogle como la criatura.

Después, en 1915, ya se hizo el primer largometraje bajo la dirección de

Joseph Smiley, titulado "Life Without Soul", aunque el padre de la criatura no se llamaba Frankenstein sino Frawley, en un intento de dotarlo de un nombre más americano. Posteriormente, los italianos hacen en 1920 "Il mostro de Frankenstein" de Eugenio Testa, película de la que no tenemos apenas referencias y tuvimos que esperar hasta 1931, fecha en que la Universal retoma el mito del Dr. Frankenstein.

JAMES WHALE: EL PRIMER DIRECTOR

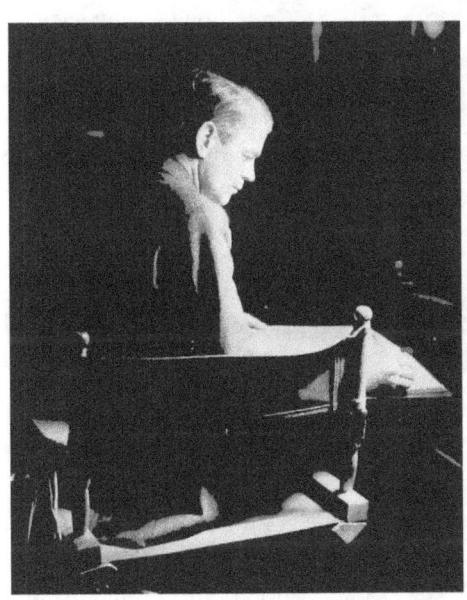

James Whale sabemos que nació el 22 de julio de 1986, en Staffordshire, y que en su juventud se dedicó a la decoración teatral y a interpretar algunas pequeñas secuencias. En 1929 se marchó de Inglaterra para afincarse en los Estados Unidos y allí empezó a trabajar como extra en la Paramount, llegando a rodar algunos planos en una película de Howard Hughes.

En 1931 firma contrato con la Universal y después de ser el director de "Waterloo Bridge", le proponen sustituir a Robert Florey para dirigir la nueva versión de "Frankenstein", con Lugosi como la criatura. Como ya sabemos, el actor abandonó el proyecto para rodar "El doble asesinato de la calle Morgue" y esto le permitió a Whale quedarse con la película y contratar a Karloff para el papel principal.

Después hace "la novia de Frankenstein" y aunque el éxito es enorme, no quiere quedarse encasillado con el personaje y se desliga de las sucesivas secuelas para filmar "El caserón de las sombras" y "El hombre invisible", obras interesantes pero de menor calidad.

Posteriormente intenta sin éxito volver al cine en 1949, se aísla del mundo y solamente volvemos a saber de él en mayo de 1957, cuando le encuentran muerto en la piscina de su residencia.

LON CHANEY JR.

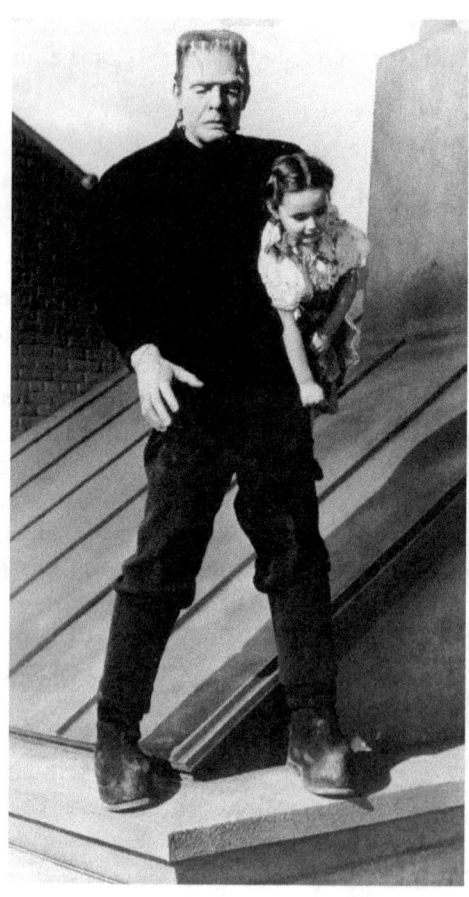

Confundido por los biógrafos en numerosas ocasiones con su padre, el cual había sido famoso por sus interpretaciones en "El jorobado de Notre Dame" (1924) y "El fantasma de la ópera" (1925), Creigthon Chaney nació el 1905 y sus primeras actuaciones en el cine fueron precisamente en el remake de las películas de su padre. Es justo reconocer que fue por su apellido por el cual los productores le incorporaron enseguida al cine, justo cuando su padre murió en pleno éxito.

Su primera película fue "Bird of Paradise" (1932), aunque es muy recordado por la estupenda caracterización que hizo del Hombre Lobo en "The Wolf Man" en 1941.

Murió en 1973, tres años después del estreno de su última película "Blood of Frankenstein" (1970).

EL MONSTRUO DE FRANKENSTEIN
Frankenstein 1931

Productor: Carl Laemmle Jr.
Director: James Whale
Guión: Garrett Fort, Francis Edwards Faragoh, John L. Balderston,
 Robert Florey
Basada en la novela de Mary Shelley

Intérpretes:
COLIN CLIVE: Henry Frankenstein
MAE CLARKE: Elizabeth
JOHN BOLES: Víctor Moritz
BORIS KARLOFF: El monstruo
EDWARD VAN SLOAN: Dr. Waldman

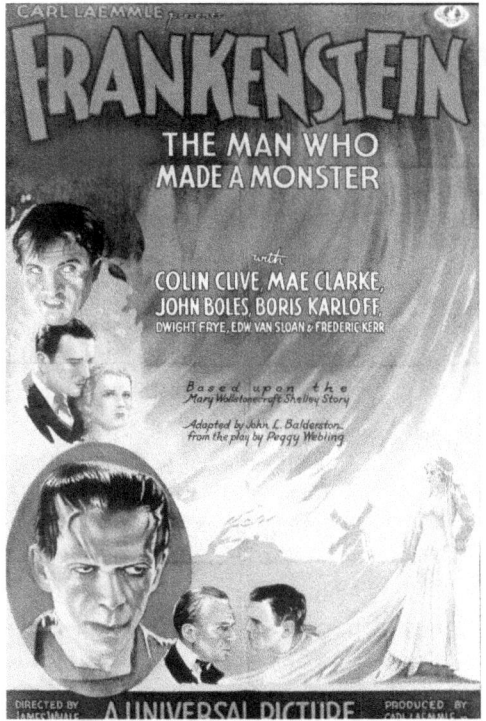

A principios de los años treinta, la Universal rodó una serie de películas de terror que, además de asustar al público de la época, sirvieron también para popularizar un grupo de personajes sobre los que el cine volvería una y otra vez a lo largo de los años.

Todo se debió a la buena acogida que obtuvo "Drácula" (1931), de Tod Browning, aunque buscando nuevos argumentos para reeditar el éxito, los productores de la Universal dieron con una novela firmada por Mary Shelley que se titulaba "Frankenstein, o el nuevo Prometeo".

La historia cumplía todos los terroríficos requisitos posibles, ya que se trataba de un médico que daba vida a un ser confeccionado a base de restos de cadáveres. Pero ¿quién interpretaría al monstruo? La primera elección fue Bela Lugosi, el enigmático actor húngaro que acababa de encarnar a Drácula. Lugosi hizo ensayos y se caracterizó de monstruo, y cuando todos daban por hecho que el protagonista iba a ser él, sorprendió a todo el mundo rechazando el papel. ¿Por qué? Según decía, tanto maquillaje iba a hacerle irreconocible para sus admiradoras.

A las pruebas llegó entonces un actor inglés de buena familia y educación exquisita que, después de haber tomado prestado su apellido artístico de unos antepasados rusos, se hacía llamar Boris Karloff.

En cuanto lo vio entrar, el director de la película, James Whale, suspiró de alivio: «La cara de Karloff me fascinó. Hice dibujos de ella y le fui añadiendo marcas y cicatrices allí donde suponía que se unirían las partes de su rostro. Su físico era más débil de lo que yo había imaginado, pero tenía una personalidad singular y una penetrante mirada. Pensé que eso era más importante que la forma, que, por otra parte, se podía alterar fácilmente.»

Así, con el diseño de Whale sobre la base del rostro de Karloff, nació ese aspecto físico del monstruo de Frankenstein, que, con pocas variaciones, se ha mantenido a lo largo de la historia.

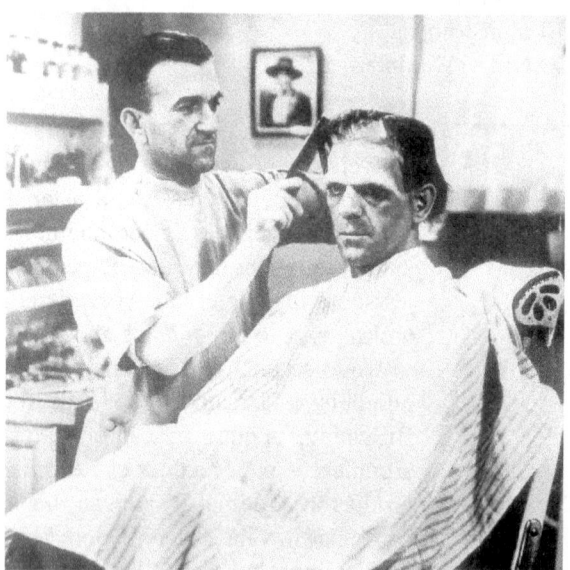

Boris Karloff durante el proceso de maquillaje

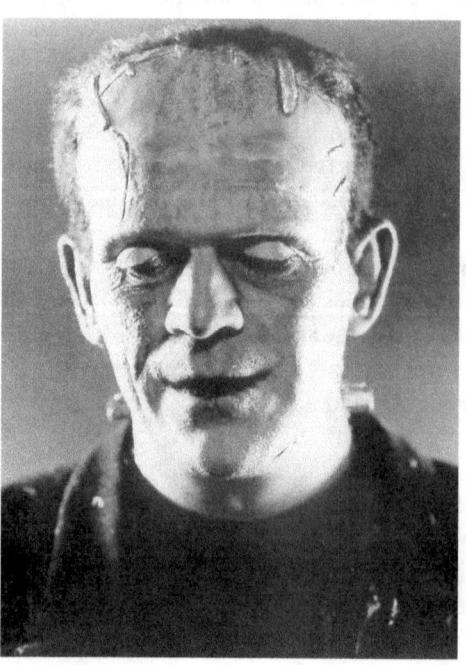

Físicamente, Karloff pasó una larga agonía. La máscara y el traje que llevaba le obligaban a soportar cinco horas cada día para ponérselos y otras dos horas para quitárselos. Su cuerpo se elevaba hasta una altura de dos metros treinta a causa de sus grandes botas, las cuales pesaban quince kilos, lo que le ocasionaba esos andares torpes y potentes que luego le dieron justa fama y que serían copiados hasta la saciedad. Su ropa, además, tenía rellenos por todas partes, mientras que sus manos se adornaban con enormes guantes. Por si fuera poco, el pesado cráneo artificial, cubierto con capas adherentes, tiras de algodón y montones de tierra árabe, le dificultaban aún más su trabajo. Según comentaba, simplemente para poder dar una vuelta con este conjunto increíble tenía que esforzarse hasta caer agotado, lo que ocasionó que perdiera diez kilos durante las seis semanas que duró el rodaje. Finalmente y para añadir algo más a su tortuoso trabajo, a Clive se le ocurrió las escenas del molino de viento, tan accidentadas que una vez finalizadas le llevaron inexorablemente al hospital.

Sin embargo, no se le permitió quejarse ante la prensa durante el rodaje, ni tampoco efectuar comentarios sobre el maquillaje una vez efectuado el estreno, siendo amenazado legalmente por el productor Carl Laemmle Jr., que insistió en el secreto más absoluto. Para lograr mantener este hermetismo, no se le permitía acudir al bar maquillado, ni atender a los visitantes, y era acompañado siempre por un guarda hasta el camerino. En todo este trayecto, además, debía llevar una capucha negra y guantes en las manos.

Afortunadamente, y a pesar de su incapacidad para actuar más allá del plató, Karloff se convirtió en la estrella del filme, y los estudios recibieron miles de cartas de sus admiradores, convirtiéndole poco después en la súper-estrella de las películas de monstruos.

Como anécdota, hay que añadir que el papel de la novia estuvo a punto de ser interpretado por Bette Davis, aunque fue rechazada por considerar que su aspecto era demasiado agresivo. Mae Clarke fue elegida por su anterior trabajo en "Waterloo Bridge" (1931), considerándose perfecta por su apariencia frágil y la facilidad para gritar de horror.

BORIS KARLOFF

William Henry Pratt nació en 1887 en Dulwich, Londres, y se convirtió en el más genuino representante de los filmes de horror de los años 30.

Llegó a Hollywood procedente del Canadá en 1918 y empezó trabajando como extra hasta que fue descubierto por James Whale, el cual se quedó entusiasmado con su peculiar voz y le propuso interpretar el papel de monstruo en la nueva versión de "Frankenstein".

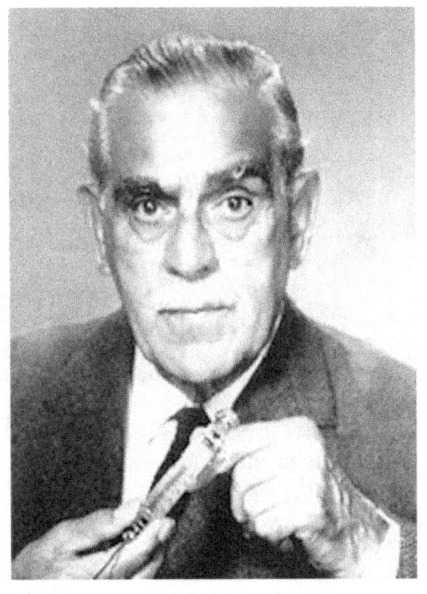

Muy sensible y perfectamente identificado con sus personajes, en su vida privada se tomaba muy en broma sus papeles de monstruo y esto le permitió ganarse las simpatías de sus compañeros de trabajo. Aficionado al teatro, interpretó el papel del Capitán Hook en la obra "Peter Pan" y aceptó de buen grado su lento declinar en el cine.

Su primera película fue "His Majesty the American" en 1919 y la última "House of Devil" estrenada un año después de su muerte acaecida en 1969.

LA NOVIA DE FRANKENSTEIN
The bride of Frankenstein 1935

Efectos especiales: John P. Fulton
Maquillaje: Jack P. Pierce
Director: James Whale

Intérpretes:
BORIS KARLOFF: La criatura
COLIN CLIVE: Henry Frankenstein
ELSA LANCHESTER: La novia
ERNEST THESIGER: Dr. Pretorius

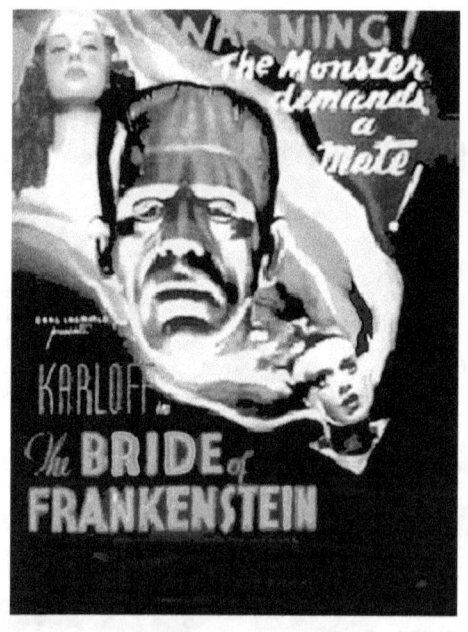

Aunque la anterior película fue un gran éxito comercial, los críticos no estuvieron de acuerdo en que se distorsionase tanto la novela de Mary Shelley y por ello los guionistas de esta secuela idearon una introducción que debía calmar los ánimos: Mary Shelley en persona (interpretada por Elsa Lancaster) le pide a su marido Percy y al popular Lord Byron que la permitan continuar su historia ya que, según los audaces guionistas, el monstruo no murió en el incendio del castillo y fue rescatado por el hijo de Víctor Frankenstein y su fiel criado Igor.

El argumento cinematográfico fue después mucho más audaz, pues además de humanizar a la criatura, decidieron que deberían darle una novia. No contentos con ello, hacen que la horrorosa criatura se conmueva con un ciego, se quede ensimismado oyendo el "Ave María" de Schubert, y hasta le hacen fumar y beber. Por supuesto, las consecuencias de todo ello es que ahora es la misma criatura quien se suicida y arrastra con él a todos los personajes.

Aunque hoy en día la película se la considera la mejor de toda la saga de la Universal y en su momento tuvo un gran éxito de público, la productora decidió prescindir del director, ya que no estaban de acuerdo en hacer tan humano al monstruo. Después tardaron casi cuatro años en revivir al personaje y vuelven a contratar a Boris Karloff y Bela Lugoshi (como Igor) para "La sombra de Frankenstein" (1939), la cual fue dirigida por Rowland V. Lee. En ella nuevamente muere el monstruo al final de la película sepultado por la lava, y le resucitan para "El fantasma de Frankenstein" en 1942, la cual dirige Erle C. Kenton, haciendo el papel de la criatura un desafortunado Lon Chaney, Jr.

Con el mito a punto de agotarse, cinematográficamente hablando, en 1943 William Neill dirige "Frankenstein y el Hombre Lobo", siendo Bela Lugoshi (demasiado viejo ya) la criatura y Lon Chaney Jr. el licántropo. Después, y ya para terminar de aburrir al aficionado, Erle C. Kenton filma en 1944 "La cíngara y los monstruos" y "La mansión de Drácula" en 1945 con John Carradine como vampiro, finalizando el desatino con "Abbot y Costello contra Frankenstein", película en la cual intervinieron como monstruos Chaney y Lugoshi, lo que supuso su hundimiento definitivo.

LA MALDICIÓN DE FRANKENSTEIN
The curse of Frankenstein 1957

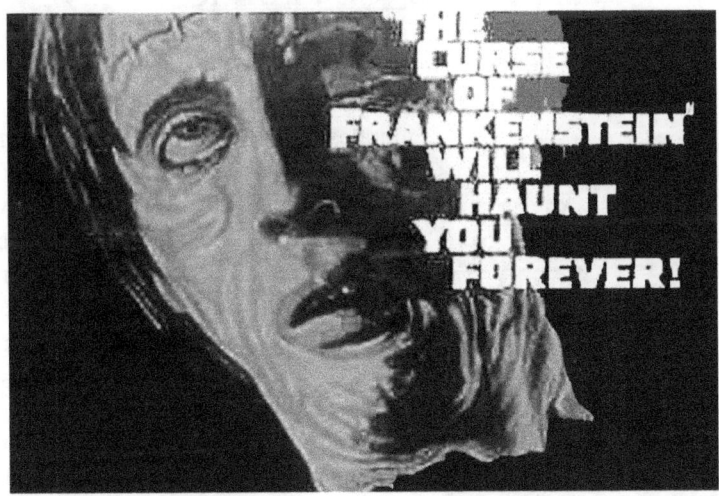

Director: Terence Fisher
Productor: Anthony Hinds
Guión: Jimmy Sangster
Basada en la novela de Mary Shelley
Fotografía: Jack Asher
Música: James Bernard
Máscaras: Jack Pierce

Intérpretes:
PETER CUSHING: El Barón Víctor Frankenstein
CHRISTOPHER LEE: El Monstruo
HAZEL COURT: Elizabeth
PAUL HARDYMUTH: El Profesor Bernstein.

Una de las mejores versiones sobre el mito del creador de monstruos, bastante más lograda incluso que las pioneras. Con una soberbia interpretación del dúo Cushing y Lee, y una seriedad absoluta en el desarrollo del guión, marcó toda una nueva época para revivir los monstruos del pasado.

El autor nos habla del sueño de un médico que desea poder crear al hombre perfecto y para ello reúne las partes más correctas de hombres recién fallecidos, uniéndolas mediante técnicas quirúrgicas muy complejas. Para darle vida, la energía de un rayo activará de nuevo su fallecido corazón. Por desgracia, el resultado no es óptimo y tanto él como la criatura deberán pasar multitud de calvarios y ser perseguidos por los habitantes del pueblo.

TERENCE FISHER

Nacido el 23 de febrero de 1904 en Maida Vale (Londres), es educado a raíz de la muerte de su padre por sus abuelos quienes le inculcan unos principios

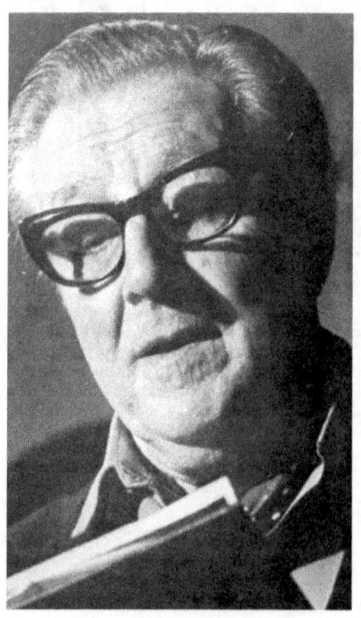

morales muy severos, tensión que le motiva a incorporarse a la marina cuando todavía no cumplía los 16 años. Gracias a ello viaja por todo el mundo y llega a ser contramaestre, aunque deja esa actividad para emplearse como dependiente de una tienda de tejidos.

En 1933 entra como técnico cinematográfico en los estudios Shepherd Bush, ejerciendo como montador hasta 1947, fecha en la que asiste a un cursillo de realización con la productora Rank, consiguiendo dirigir su primera obra, "Colonel Bogey", un corto que le dio cierto prestigio. Después, en 1948, consigue realizar su primer largometraje, "Portrait from life", en el cual trabajaba Mai Zetterling, y posteriormente llega a dirigir a actores de la talla de Dick Bogarde y Jean Simmons.

Y así llegamos hasta 1952, año en el cual ya es contratado por la Hammer, empezando con "Chantaje criminal" (1952) y "Spaceways" (1953), un film de cienciaficción basado en un serial radiofónico. Pero no sería hasta el año 1957 en que le llegaría su verdadera oportunidad en el cine, cuando le proponen rodar la nueva versión de Frankenstein, aunque no le permitieron elegir el argumento. Sin embargo, logró influir en el resultado final y dio a su película una serie de detalles que habían sido olvidados en las versiones de la Universal. Sus personajes ya no eran simples seres atormentados por el destino, sino que podían hacer daño, no tenían ética moral y hasta vivían intensas pasiones eróticas. Olvidando el romanticismo obligado de los anteriores filmes, Fisher muestra el sexo provocador de las actrices, al mismo tiempo que los protagonistas se manifiestan sedientos del placer que les ofrecen. La violencia es mostrada con menos moraleja que antes y alcanza unos niveles desconocidos entonces. Utilizando decorados barrocos, pocas luces y muchas tinieblas, cuando incorpora el color a sus películas el ambiente lúgubre sigue vigente y solamente el rojo de la sangre nos recuerda que existe el color.

Retirado del mundo cinematográfico justo en el declive de la Hammer, Terence Fisher murió olvidado por todos el 18 de junio de 1980 en Twickenham y la prensa especializada apenas le recordó entonces como un buen especialista del cine de suspense. Afortunadamente, en los años 90 y gracias a las nuevas revisiones de los mitos del terror, sus películas fueron ya consideradas como obras maestras, editadas en vídeo y repuestas en televisión, aunque en horario de madrugada. Algo es algo.

Su última película fue "Frankenstein and the Monster from Hell" en 1973.

PETER CUSHING

Nacido en Kenley, Surrey Inglaterra en 1913, sintió desde muy niño una gran pasión por el teatro, lo que le llevaría a abandonar la casa paterna cuando apenas tenía 20 años para irse a los Estados Unidos. En 1939 interpreta ya su primera película "The man of the Iron Mask" (La máscara de hierro), a la que siguieron "Hamlet" (1947) y "Moulin Rouge" (1953), regresando al año siguiente a Inglaterra para trabajar en el "Entertainments National Service Association", así como en la compañía de teatro Old Vic y en la televisión, lo que le haría ganar varios Emmys.

No sería sin embargo hasta el año 1957 cuando salta a la fama mundial interpretando el papel de Víctor Frankenstein en el film "The curse of Frankenstein", el de Van Helsing en "Drácula" (1958) y el del detective Sherlock Holmes en "El perro de Baskerville" en 1959.

Dotado de una elegancia al estilo más tradicional de un Lord inglés y con unos ademanes tan refinados y exquisitos que hacía parecer vulgares a su lado al

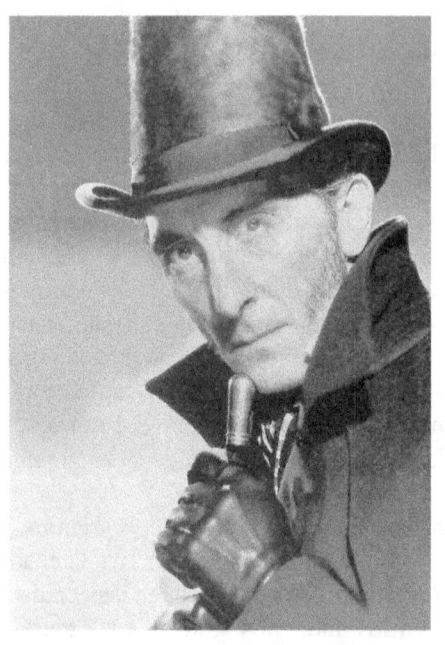

resto de los actores, Cushing fue el último caballero del cine, del mismo modo que antes lo fueron David Niven y Clifton Webb. Sin embargo y a diferencia de estos, Cushing fue capaz de inspirar respeto, en ocasiones miedo, entre el público y su imagen menuda no supuso nunca un inconveniente para imponer su presencia.

Viril sin caer en el machismo, ágil y rápido como pocos (aunque nunca fue un deportista) y con una forma de mirar que nadie fue capaz de imitar, esta leyenda del cine fue rescatada de la ignorancia de los críticos en la película "La guerra de las galaxias" y desde ese momento todo el mundo se dio cuenta que habían encasillado como actor de películas de serie B a un mito viviente.

Retirado poco a poco del cine y haciendo un discreto papel en 1988 en "Biggles, el viajero del tiempo", estupenda película que apenas alcanzó popularidad, se dedicó a esperar pacientemente la muerte (acaecida en 1995) con una sonrisa, ya que era un convencido creyente de la otra vida y así sería la única manera de poder ver de nuevo a su fallecida esposa y a su amigo Terence Fisher.

HAMMER FILMS

Esta pequeña productora cinematográfica londinense fue fundada en 1935 por Will Hammer, un actor cuyo verdadero nombre era William Hinds y que inicialmente la denominó como Exclusive Films Ltd. Pronto se unió a la productora Enrique Carreras, un distribuidor de películas de origen español, el cual era miembro de una distinguida familia. También y en esos mismos años, se les unirían su hijo James Carreras y Anthony Hinds, continuando con la saga el nieto del fundador, Michael Carreras. Este sería quien definitivamente se ocuparía de la Hammer hasta 1971.

Michael Carreras comenzó su labor produciendo algunas películas de ciencia-ficción, entre ellas "Spaceways" en 1951, "X the Unknown" (1956) y la más popular de todas **"El experimento del Dr. Quatermans"** (1955), la cual tuvo una secuela extraordinaria con "¿Qué sucedió entonces?". Después y durante 20 años, cautivaron a los aficionados con una larga serie de películas de terror, suspense y fantasía, entre las cuales están: "The curse de Frankenstein", "Drácula", "Revenge of Frankenstein", "Revenge of Drácula", "Brides of Drácula", "What a Crazy World", "One Million Years BC", "El fantasma de la ópera", "El reptil", "El perro de Baskerville" y "Moon Zero Two".

Durante varios años, el equipo de la Hammer permaneció invariable y mientras que Anthony Hinds se ocupaba de la producción, Carreras era el productor ejecutivo, Philip Leakey el maquillador junto con Roy Ashton, Bernard Robinson escribía la partitura, Leslie Bowie los efectos especiales y James Need el montaje.

Habiendo comprado en 1956 los derechos para la explotación de los clásicos del terror que pertenecían a la Universal, fue la compañía europea que más dinero recaudó durante 20 años, desbancando pronto a la inglesa Ealing. No obstante y hasta hace pocos años, sus películas fueron consideradas por los críticos como de serie B.

Esta productora no consiguió ningún Oscar y ni siquiera fue reconocida en ningún festival de entonces y las frases más cariñosas que recibió por parte de la crítica fueron algo así como: "sádicos", "nauseabundos", "repulsivos", "degradantes" y "deprimentes". Aun así y como ocurre con frecuencia, el público no opinaba lo mismo y durante los 20 años de su producción la Hammer aportó en divisas a su país más que el conjunto entero de la industria inglesa.

Las películas tardarían 10 años en ser consideradas dignas de ser exhibidas por la televisión inglesa y desde ese momento la crítica cambió y concedieron a la productora el Premio Queen Award de la Industria y a James Carreras le otorgaron hasta un título nobiliario. Las 140 películas producidas fueron el aval que necesitaban.

En los últimos años y cuando la compañía empezaba a tener problemas financieros, se unió en coproducción a otras productoras, entre ellas la china Shaw Brothers y la alemana Terra Filmkunst, dedicándose posteriormente a la producción de seriales para la televisión.

La primera película fue "The Public Life of Henry the Ninth" (1935), y la última "To the Devil a Daughter" (1976), con Richard Widmark y Christopher Lee como protagonistas.

Estas son otras películas sobre Frankenstein que realizó la Hammer:

THE REVENGE OF FRANKENSTEIN
1958

Guión: Jimmy Sangster
Productor ejecutivo: Michael Carreras
Director: Terence Fisher

Intérpretes:
PETER CUSHING: Víctor Stein
FRANCIS MATTHEWS: Hans Kleve
EUNICE GAYSON: Margaret
MICHAEL GWYNN: Karl

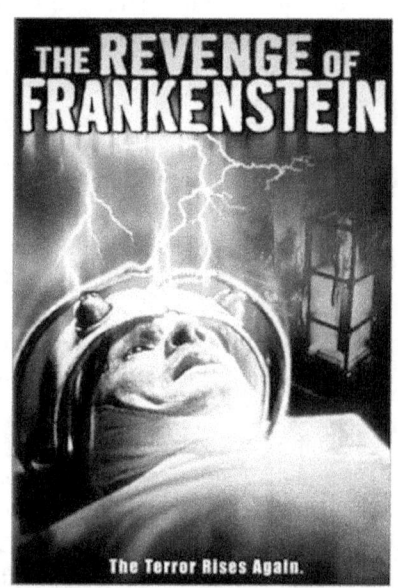

La continuación a "La maldición de Frankenstein" supuso un éxito comercial y la consolidación del nuevo mito que rivalizaría ya con Drácula. En esta ocasión el doctor intenta corregir sus anteriores errores, y ayudado por un estudiante de medicina logra sacar adelante su proyecto. La inclusión del color supuso un nuevo aliciente para el público, lo que motivó a realizar nuevas secuelas.

THE EVIL OF FRANKENSTEIN
1964

Guión: John Elder
Productor: Anthony Hinds
Director: Freddie Francis

Intérpretes:
PETER CUSHING: Barón Frankenstein
PETER WOODTHORPE: Zoltan
KIWI KINGSTON: La criatura
SANDOR ELES: Hans

Frankenstein retorna de nuevo a su ciudad natal con Hans, dirigiéndose rápidamente al saqueado y confiscado castillo. Ayudados por una lugareña muda,

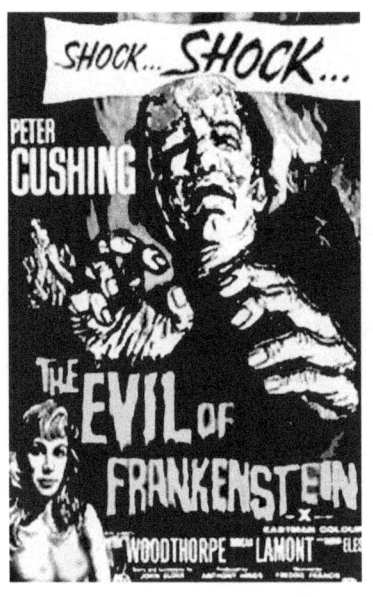

encuentran congelada en un bloque de hielo a una de las criaturas, oculta en una cueva remota. El Monstruo, con un gran parecido al que vimos en la versión con Boris Karloff, se deshiela gracias a los cuidados del Barón Frankenstein, quien contrata a un hipnotizador llamado Zoltan para reactivar el cerebro del Monstruo y entrenarlo.

Desgraciadamente, Zoltan se hace con el control de la criatura y decide vengarse de los habitantes del pueblo, aunque algo sale mal y el monstruo se vuelve contra Zoltan y lo mata. El desenlace llega rápidamente cuando el barón adormece a la criatura con una botella de cloroformo mezclada con coñac y un fuego purificador termina con la vida de ambos.

FRANKENSTEIN CREATED WOMAN
1967

Guión: John Elder
Director: Terence Fisher

Intérpretes:
PETER CUSHING: Barón Frankenstein
SUSAN DENBERG: Christina
DUNCAN LAMONT: El Prisionero
ROBERT MORRIS: Hans

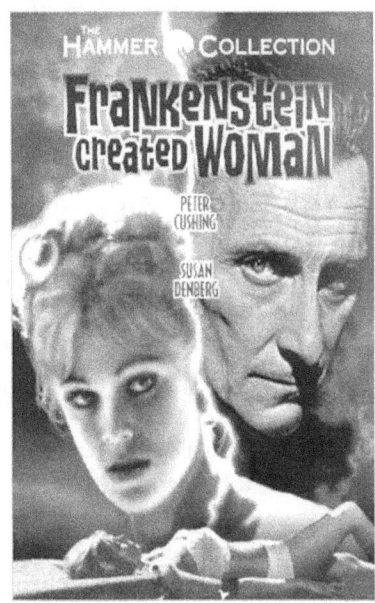

La película empieza con un nuevo experimento efectuado por Víctor Frankenstein. Empleando el cuerpo de una persona fallecida hace apenas una hora, y contando con la colaboración de su ayudante Hans, así como de un desquiciado doctor, su interés radica ahora en lograr conservar las almas de los muertos mediante un campo energético, para así implantarlas en otros cuerpos. Cuando todo parece haber finalizado, Hans es enviado a una posada para comprar el champán

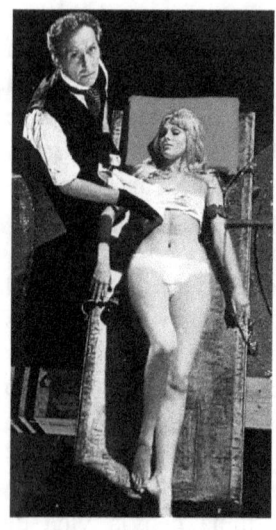

que servirá para celebrar el experimento. Allí tiene que pelear con tres lugareños que se burlan de la desfigurada hija del posadero, quienes en venganza asesinan al padre de la chica.

Nuevamente dirigida por Terence Fisher, la película marcó un retorno al concepto más científico de Frankenstein. Una vez más, el Barón es inhumano, frío y carente de toda piedad, pues su única obsesión es su trabajo y sus experimentos.

EL CEREBRO DE FRANKENSTEIN
Frankenstein must be destroyed 1969

Productor: Anthony Nelson Keys
Director: Terence Fisher
Guión: Bert Batt
Basada en la historia de: Keys Batt

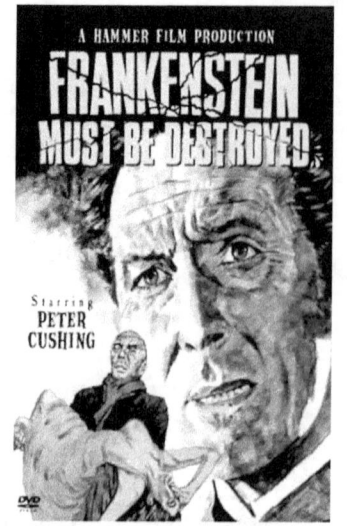

Intérpretes:
PETER CUSHING: Barón Frankenstein
VERÓNICA CARLSON: Anna Spengler
SIMÓN WARD: Dr. Karl Holst.
FREDDIE JONES: Prof. Richter
THORLEY WALTERS: Inspector Frisch
MAXINE AUDLEY: Ella Brandt

Víctor Frankenstein tiene que abandonar su laboratorio cuando es descubierto por un ladrón que irrumpe en su casa. Mientras la policía empieza sus investigaciones, traslada su laboratorio a casa de Anna Spengler, una joven enamorada de Carl Holst, un médico que trabaja en un asilo y que roba la cocaína requisada por la policía para utilizarla con su enferma madre. Por casualidad, Frankenstein descubre la cocaína y chantajea a Anna y Carl para que le ayuden en sus experimentos. Rápidamente, Frankenstein y Carl roban los instrumentos quirúrgicos del asilo, aunque son descubiertos por el guardia nocturno que acaba muerto accidentalmente. Frankenstein revela entonces sus verdaderas intenciones, que no son otras que conservar el cerebro de los genios para emplearlo en la construcción de nuevas criaturas.

Ahora el sabio doctor decide trasplantar el cerebro de un amigo suyo muy inteligente en un cuerpo prácticamente perfecto, pero de nuevo la criatura se vuelve contra él y llega a violar a la hermosa protagonista, por lo que se convierten de nuevo en enemigos irreconciliables.

EL HORROR DE FRANKENSTEIN
Horror of Frankenstein 1970

Guión: Jeremy Burnham
Productor: Jimmy Sangster
Director: Jimmy Sangster

Intérpretes:
RALPH BATES: Víctor Frankenstein
KATE O'MARA: Alys
VERONICA CARLSON: Elizabeth
DAVID PROWSE: La criatura

Víctor Frankenstein hereda el castillo de su padre y con la colaboración de su amante decide construir de nuevo al monstruo, para lo cual debe asesinar antes a varias personas. Sus víctimas incluyen a su vecina, su ama de llaves, el sepulturero, y su profesor y mejor amigo. Recompone hábilmente los trozos, con un resultado asombroso y cierta dosis de humor, lo que nos proporciona un monstruo más descafeinado.

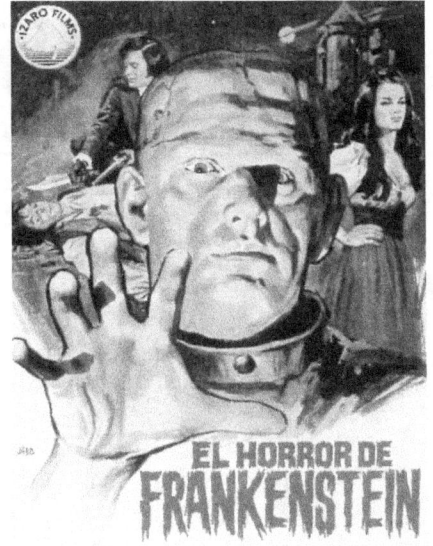

EL HORROR DE
FRANKENSTEIN

RALPH   KATE   DENNIS   VERONICA
BATES · O'MARA · PRICE · CARLSON
JIMMY SANGSTER   TECHNICOLOR

FRANKENSTEIN AND THE MONSTER FROM HELL
1973

Guión: John Elder
Director: Terence Fisher

Intérpretes:
PETER CUSHING: Barón Frankenstein
SHANE BRIANT: Helder
MADELINE SMITH: El ángel/Sara
DAVE PROWSE: La criatura

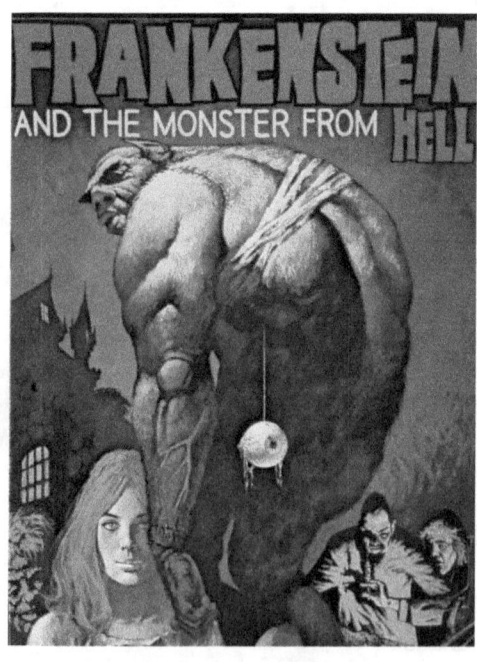

Simón Helder, un doctor joven influenciado por los escritos de Frankenstein, decide continuar su trabajo, para lo cual entabla contacto con Carl Victor, obviamente Víctor Frankenstein. Oculto en el asilo desde que fue declarado oficialmente muerto, posee un laboratorio secreto en donde mora su criatura más brutal, un preso llamado Herr Schneider a quien Frankenstein volvió a la vida después de un suicidio. Ayudado por Sarah y Helder, trasplantan el cerebro de un matemático recientemente fallecido a la criatura, pero el Monstruo se comporta violentamente e intenta matarles.

EL JOVENCITO FRANKENSTEIN
Young Frankenstein 1974

Guión: Mel Brooks y Gene Wilder
Director: Mel Brooks
Fotografía: Gerald Hirschfeld
Música: John Morris
Efectos especiales: Hal Millar, Henry Miller Jr.

Intérpretes:
GENE WILDER: Dr. Frankonsteen
MARTY FELDMAN: Igor
PETER BOYLE: El Monstruo
MADELINE KAHN: Elizabeth.

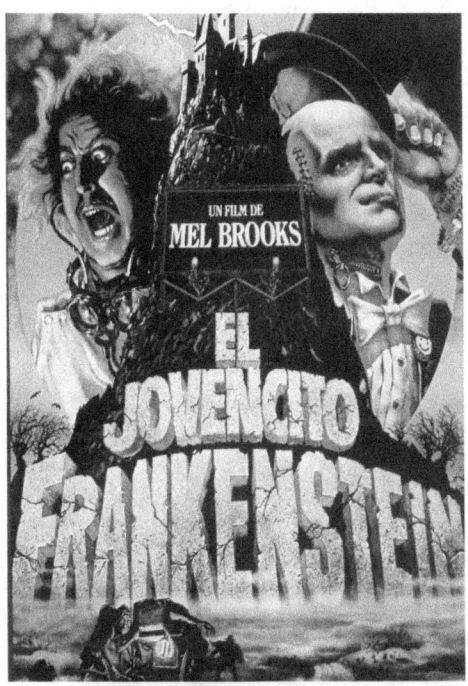

El profesor Frederick Frankonsteen (Gene Wilder) es maestro en una escuela médica americana que instruye a sus estudiantes en el sistema nervioso central. Uno de los alumnos (Danny Goldman) le pregunta por el trabajo de su abuelo, Víctor "Frankenstein." El profesor Frankonsteen insiste enojadamente que su nombre auténtico es "Fronken-steen" tal y como lo pronuncia, y nunca estuvo de acuerdo con los trabajos de su antecesor.

Cuando recibe una herencia familiar, le comunican que el fallecido barón Dr. Frankenstein le ha donado una propiedad en Transilvania. Frankonsteen dice adiós a su novia, Elizabeth (Madeline Kahn), y va a

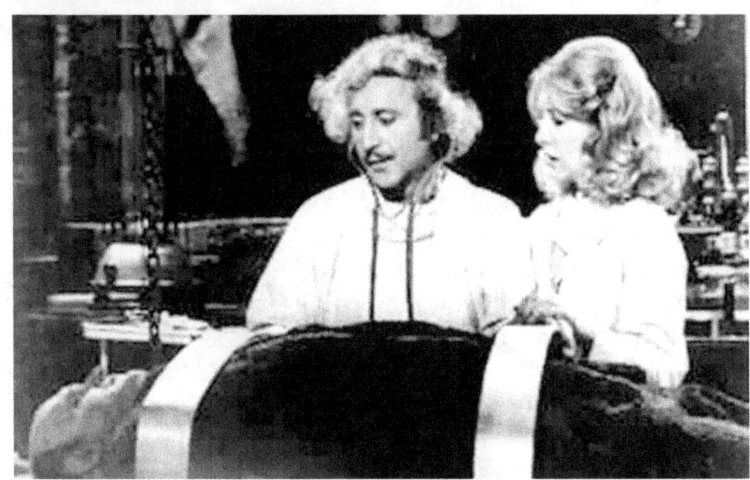

Transilvania para pedir esa herencia. Cuando llega es saludado por Igor (Marty Feldman), un criado con una enorme joroba y unos ojos a punto de estallar. Igor le dice a Frankonsteen que su abuelo trabajaba para Víctor Frankenstein y que el antiguo laboratorio sigue en pie. A medida en que los experimentos no resultan apetecibles, el profesor llega a la conclusión que el mejor transplante es el de los genitales de un buen dotado varón, lo que hace muy feliz a su amada.

Este argumento sirve de base para una de las mejores interpretaciones de Gene Wilder y Martin Feldman, quienes apoyados por un adecuado guión y no pocas escenas cómicas, consiguen el mayor triunfo de toda su carrera. Rodada, además, en los mismos escenarios que utilizara Whale, y con un soberbio blanco y negro, catapultó igualmente a la fama a su director Mel Brooks.

Visualmente imaginativa, indudablemente cómica, y con grandes dosis de erotismo, este desquiciado Frankenstein afincado en Transilvania, nos demuestra que con un sólido guión siempre se puede hacer una buena película.

LA PROMETIDA
The Bride 1985

Director: Franc Roddam
Productor: Victor Drai
Guión: Lloyd Fonvielle
Fotografía: Stephen H. Burum

Intérpretes:
STING: Frankenstein
JENNIFER BEALS: Eva
ANTHONY HIGGINS: Clerval
GERALDINE PAGE: Mrs. Baumann

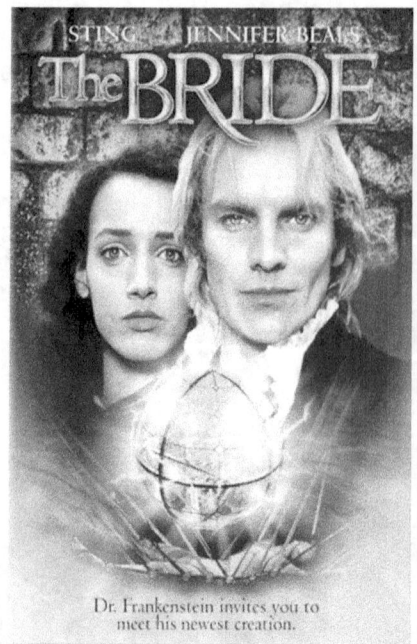

Dr. Frankenstein invites you to meet his newest creation.

Versión moderna del mito de Frankenstein, aunque en esta ocasión se crea a una bella mujer, tal y como anteriormente se hiciera con "La novia de Frankenstein". Aunque con más matices sentimentales que terroríficos, la película fue bastante bien acogida, a lo que contribuyó la belleza de Jennifer Beals, quien por cierto fue doblada en las escenas de desnudos.

En esta ocasión el doctor Frankenstein, disgustado con el feo monstruo que ha creado, aún vivo, construye una bella réplica femenina con la pretensión de tener para siempre una amante incondicional. Pero la mujer no acepta esta situación y con la ayuda de su "hermano" el monstruo y un enano ciertamente inteligente, escapa de la mansión de su creador.

La historia se torna entonces melodramática, algo sensiblera, pero de indudables aciertos. Tendría que haber sido simplemente un remake de "La novia de Frankenstein", pero se perdió entre caminos románticos y psicológicos. Además, la figura de la criatura, sobre la cual debería girar el film, quedó anulada por otros personajes ciertamente interesantes como el enano Rappaport y la presencia de Sting. Con un horror gótico suave y un empecinamiento en mostrarnos el perfil psicológico de los personajes es, no obstante, una obra aceptable.

LA RESURRECCIÓN DE FRANKENSTEIN
Frankenstein unbound 1990

Guión: Brian Aldiss
Director: Roger Corman

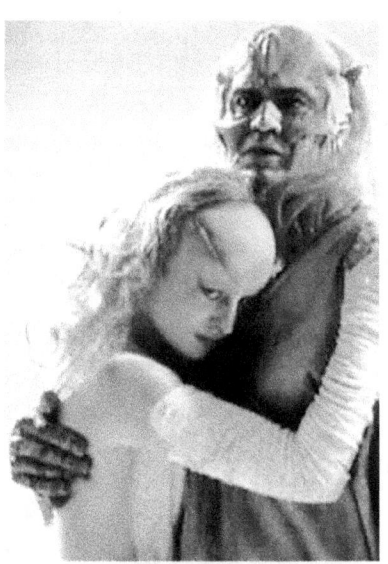

Intérpretes:
JOHN HURT: el científico
RAUL JULIÁ: Frankenstein
BRIDGET FONDA: Mary Shelley
NICK BRIMBLE: la criatura

Esta película está basada en una novela de Brian Aldiss, en la cual nos describe a un científico que, descontento con el destino de la Humanidad, decide retornar al pasado, a los tiempos en que se desarrolla la novela de Mary Shelley.

John Hurt, quien anteriormente había logrado cierto éxito con "El Hombre Elefante" (1980), es ayudado ahora por Raúl Julia como Frankenstein, mientras que el papel del monstruo corresponde a Nick Brimble, posiblemente el más desconcertante de los personajes. Los esfuerzos del guionista, sin embargo, por mostrarlo dotado de simpatía y humanidad no son acertados, aunque la inclusión de Mary Shelley (Bridget Fonda), junto con Lord Byron (Jason Patric) y Percy Shelley (Michael Hutchence), conducen a una historia delirante en ciertos momentos. En resumen, una interesante película para quienes deseen contemplar lo insólito mezclado con la realidad.

FRANKENSTEIN
Mary Shelley's Frankenstein 1994

Productor: Francis Ford Coppola
Director: Kenneth Branagah
Guión: Steph Lady, Frank Darabont
Efectos especiales: Richard Conway
Maquillaje: Daniel Parker,   Paul Engelen
Vestuario: James Acheson, Richard Pointing

Intérpretes:
ROBERT DE NIRO: La criatura
KENNETH BRANAGAH: Víctor Frankenstein
TOM DULCE: Henry
HELENA BONHAM: Elizabeth
AIDAN QUINN: Capitán Walton
IAN HOLM: Victor Padre

La Criatura (Robert De Niro) ha escapado de su cautividad y vaga en busca de un poco de paz, tratando de entender las causas de su extraño destino. Tiene frío y llega hasta un granero para comer en el mismo lugar que los cerdos, mientras mira por la ventana una pacífica escena familiar. Pronto su infortunio comienza cuando es perseguido acusado de ser el espíritu del bosque.

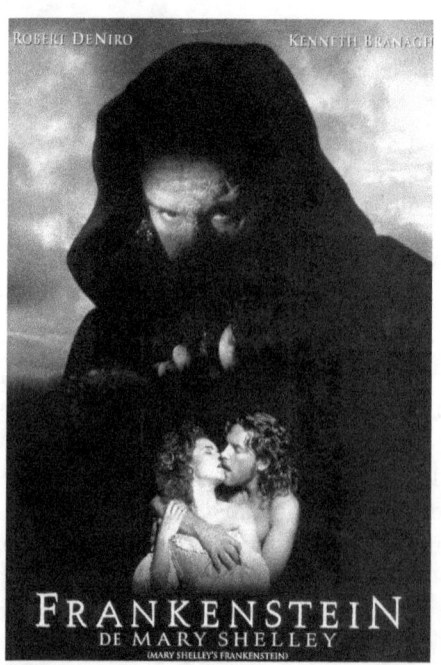

El guión nos lleva directamente a la secuencia en que vemos la muerte durante el parto de la madre de Frankenstein, lo cual origina en el pequeño la pérdida de la afectividad que hasta entonces tenía, circunstancia que le impulsa a encontrar una solución para volver a resucitar a los muertos. En Ingolstadt conoce al profesor Walkman, quien también está investigando la frontera entre la vida y la muerte. Y así, mientras la ciudad está asolada por la peste, Víctor trabaja afanosamente en dar la vida a un cadáver, ahora aparentemente bien recompuesto.

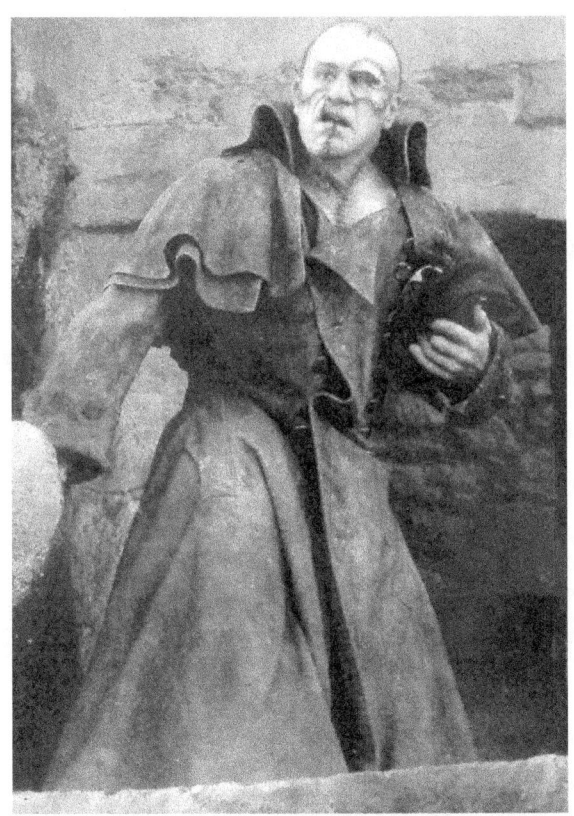

Pretencioso filme basado más fielmente en la novela original que los anteriores, con gran riqueza de imágenes y medios artísticos, además de contar con la acertada interpretación de Branagh y DeNiro. No obstante, nosotros seguimos añorando a aquella criatura de andares mecánicos, con sus tornillos en el cuello, y cuya expresión en el rostro denotaba estupor y agresividad.

Robert De Niro
Helena Bonham

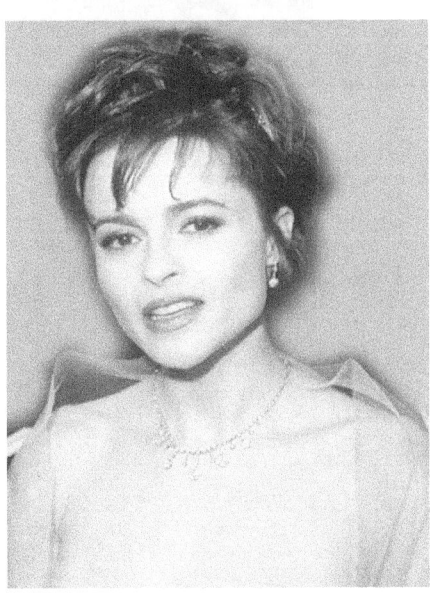

101

LA MOMIA

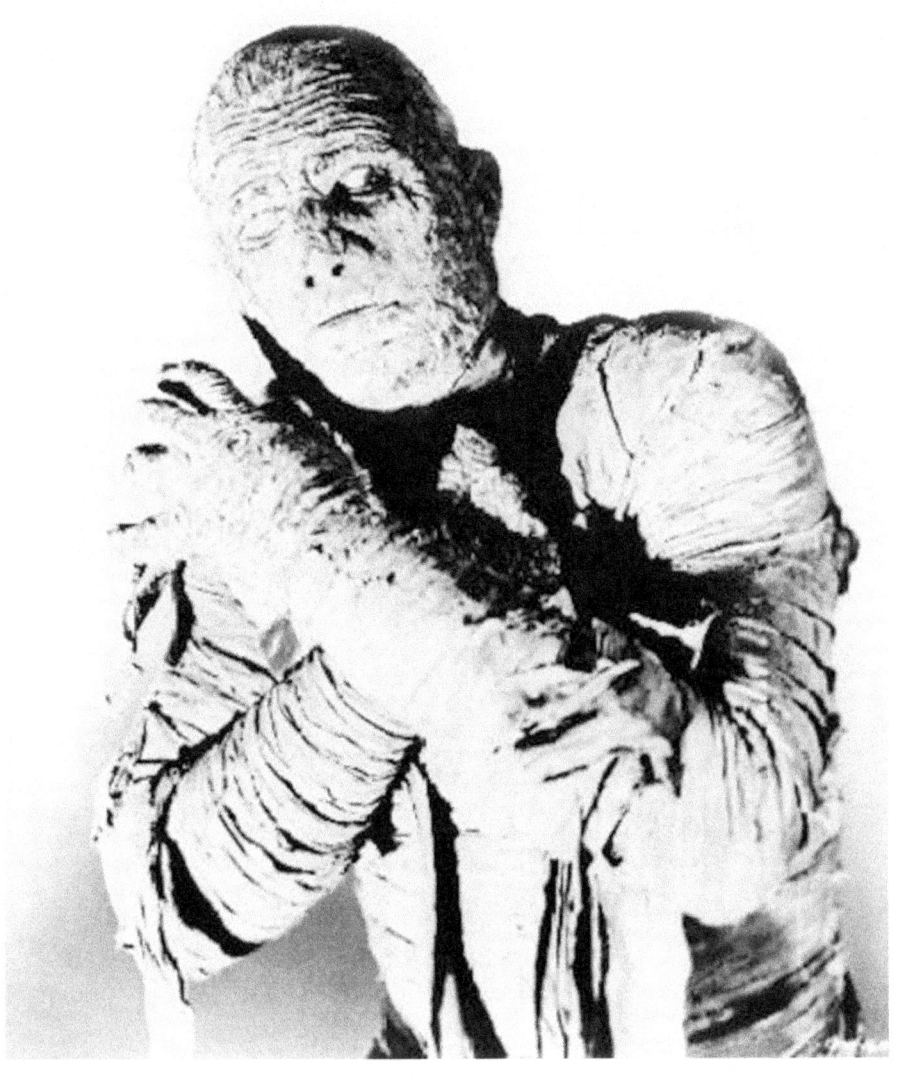

LA MOMIA
The Mummy 1932

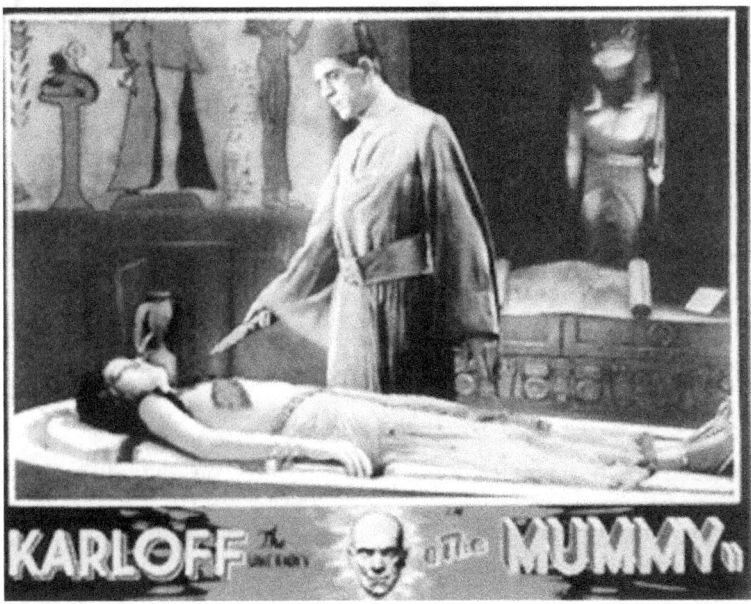

Maquillaje: Jack Pierce
Director: Karl Freund

Intérpretes:
BORIS KARLOFF: Im Ho tep
ZITA JOHANN: Helen Grosvenor
DAVID MANNERS: Frank Whemple

Un arqueólogo logra, mediante ciertas palabras mágicas descritas en una pirámide egipcia, revivir a un faraón enterrado hace 3.700 años, quien empieza a vagar por el mundo moderno en busca de su amada AnckesenAmon, asesinada justo cuando le sepultaron vivo a él. Por fin encuentra en su peregrinar a Helen, hija del gobernador del Sudán, casualmente una réplica exacta de su difunta amada.

La interpretación de Boris Karloff logró la mayor parte del éxito de esta película, ya que entre sus andares majestuosos y sus guturales sonidos, logró infundir cierto terror al espectador al mismo tiempo que inspiraba lástima. Viajar miles de años en busca de su amada y tener que andar toda la película con un insopor-

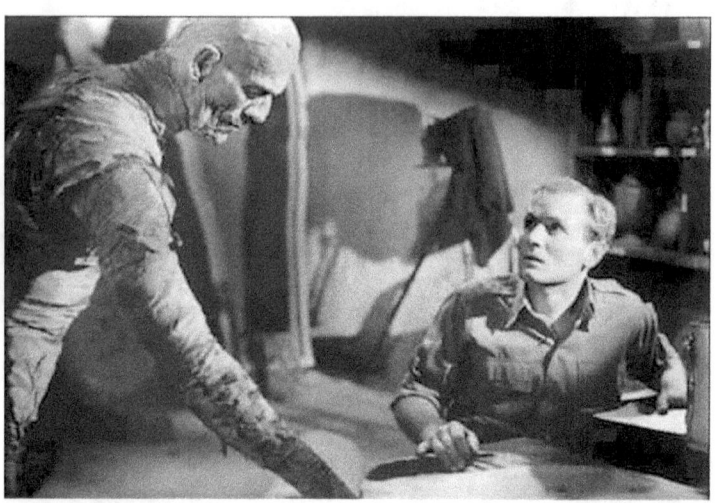

table traje, fueron dos cosas que le alzaron con el triunfo, y más de un espectador lloró con desconsuelo al ver que, al final, el faraón revivido era reducido a polvo sin remisión.

Respecto al maquillaje, obra de Jack Pierce, se tomó como referencia la momia del príncipe Siti, padre de Ramsés, la cual se encuentra en el museo de El Cairo. Los cientos de vendas que se utilizaron fueron tratados con ácido y quemados levemente, no solamente para darles aspecto antiguo, sino para que fueran desprendiendo poco a poco en forma de fragmentos pulverizados.

LA CONTINUACIÓN DEL MITO

Algunos años después, en 1942, la Universal vuelve a revivir al faraón momificado y contando con el veterano actor Tom Tyler (famoso por su papel como El Capitán Maravillas/ Shazam) debidamente maquillado, nos cuenta cómo unos arqueólogos reviven con un suero especial al faraón Khris, quien también había perdido a su amada pocos días antes de morir. La película se tituló inicialmente "La mano de la momia" (The mummy hand) y dirigida por Christy Cabanne con bastante torpeza, contaba con la actuación de Dick Foran como el arqueólogo guapo y de Peggy Moran en el papel de chica perseguida por todos, momia y amantes.

Como no era cosa de desaprovechar tan pronto al nuevo monstruo, dos años después contratan a un veterano actor del cine de terror, el experto Lon Chaney Jr., quien soporta durante varias semanas uno de los más horrorosos y calurosos

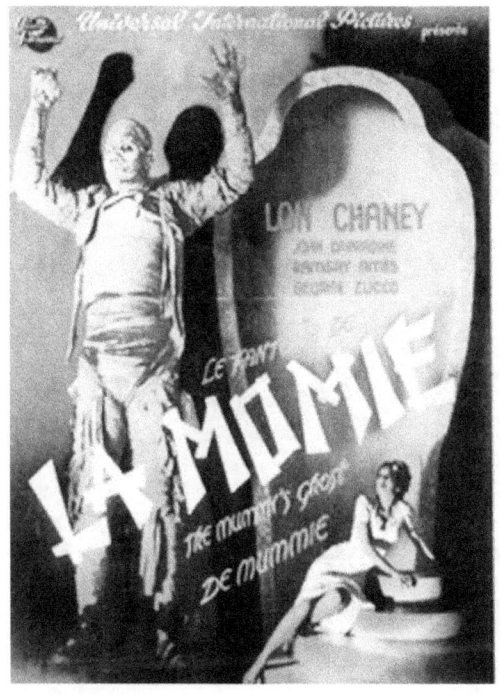

trajes de la historia. Aunque era bastante rápido de poner, ya que una oportuna cremallera situada en la espalda facilitaba la operación, impedía cualquier otro tipo de movimiento que no fueran los patosos andares a lo momia, aunque, eso sí, podía mover los ojos con libertad y asustar con ellos a los espectadores.

Afortunadamente los maquilladores pensaron en todo y le hicieron unos oportunos agujeros a la altura de la nariz para que respirase.

Esta película se filmó en 1942 y dirigida por Harold Young se tituló "La tumba de la momia" (The Mummy's tomb), haciendo el papel de chica guapa la actriz Elyse Knox, siendo trasladada la acción a Estados Unidos en donde el faraón momificado persigue a los profanadores de su tumba, ayudado por Bey, quien le debe suministrar continuamente el suero de la vida.

La película fue un éxito y eso que Lon Chaney maldijo siempre su estúpido papel que le impedía articular la más mínima palabra. Pues a pesar de convertirse en el peor crítico de la película (llegó a afirmar que no entendía cómo la gente pagaba dinero por ver el film), reincidió e interpretó una secuela titulada "The Mummy's Ghost" (El fantasma de la Momia) en 1943, quizá porque pensó que en esta ocasión le quitarían al menos las vendas de la boca y podría besar a la guapa Ramsay Ames. Pues tampoco tuvo suerte y salvo unos andares que marcaron historia, su interpretación tampoco causó furor, más que nada porque quedaba anulada al lado de John Carradine. La película, de apenas una hora de duración, estaba dirigida por Le Borg, quien pretendió hacer una momia más romántica y menos mortífera.

Pero la maldición de la momia parecía perseguir a Lon Chaney Jr., ya que tuvo que interpretar de nuevo al legendario monstruo en dos películas más. Una, "La maldición de la momia" (Mummy's curse) en 1944 y otra "La casa del terror", un engendro humorístico realizado en Méjico en 1959, en donde es una momia tipo hombre lobo que sirvió para darle la puntilla al pobre actor, pues tenía como compañero de reparto al cómico TinTan. Su última aparición en el cine fue en "Blood of Frankenstein" en 1970, falleciendo tres años después.

LA MOMIA
The Mummy 1959

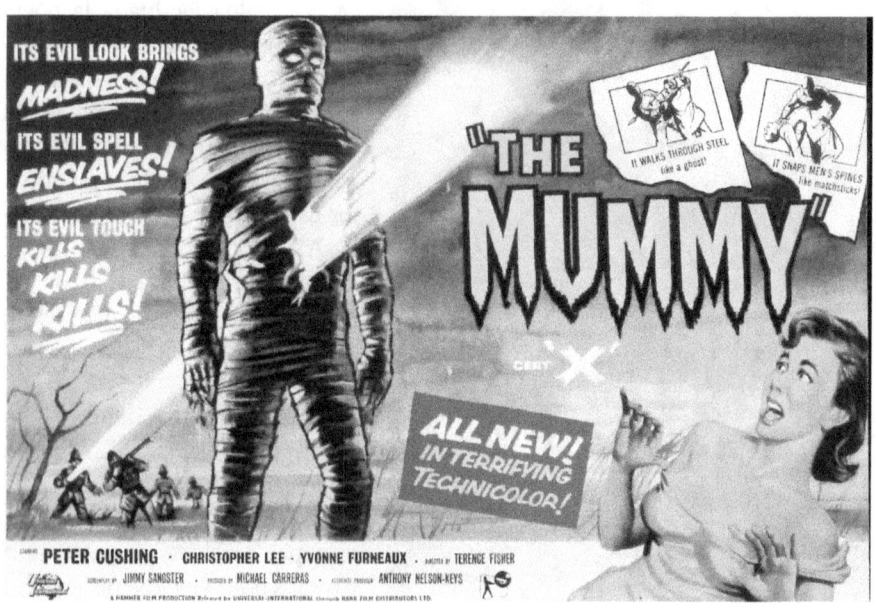

Director: Terence Fisher
Historia: Nina Wilcox
Productor: Michael Carreras
Guión: Jimmy Sangster
Fotografía: Jack Asher

Intérpretes:
PETER CUSHING: John Banning
CHRISTOPHER LEE: Kharis
YVONNE FURNEAUX: Isobel/Ananka.

La historia nos habla de la resurrección de un faraón momificado, quien cree encontrar en una guapa chica de nuestros días a su amor de hace miles de años. Recuperada sus energías, recorre las calles de la ciudad en busca de su amada, sin que nadie nos explique cómo se las arregla para trasladarse sin ser visto, pues su aspecto lleno de vendajes es inconfundible.

Basada en los escritos que dieron lugar a la primera versión de la Universal y contando con un excelente Christopher Lee (quien no volvería a repetir su experiencia) en el papel del faraón momificado, esta película es considerada una obra menor del género de terror, contando con un final que se nos antoja demasiado similar a esa obra maestra que es "La mujer y el monstruo". Al igual que antes, la criatura es abatida por las balas, mientras se hunde ¿para siempre? en las cenagosas aguas del pantano. En ambos filmes este final se utilizó para permitir revivir de nuevo al monstruo y los dos poseen cierto lirismo emocional.

La película de la Hammer cuenta con el aliciente del bien llevado technicolor, el cual, aunque quita la truculencia del blanco y negro, da más realismo a las escenas. Un dato que hay que mencionar es que en esta película, al igual que en la mayoría de la Hammer, se realizaron dos versiones, una con desnudos y otra con velos insinuantes. En España y Estados Unidos nos conformamos con la versión censurada.

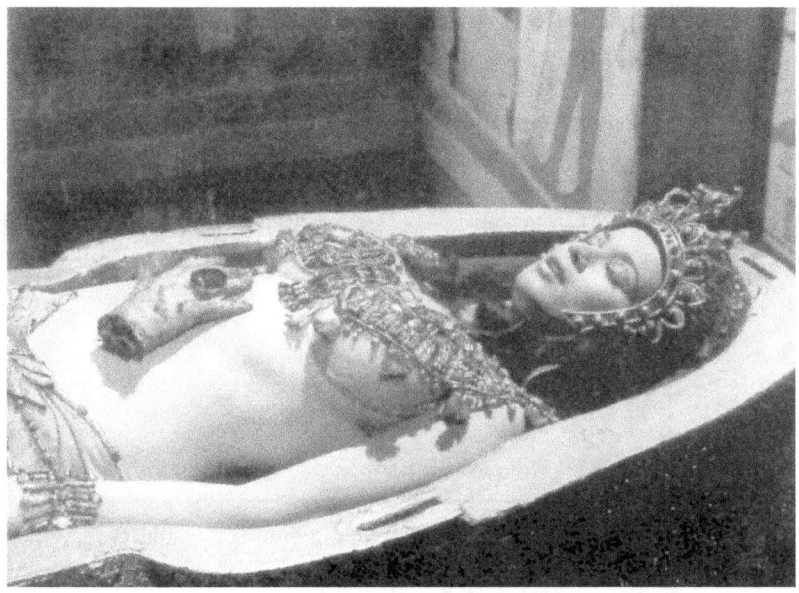

Blood from the Mummy's Tomb

La siguiente secuela tardaría en realizarse cinco años y se hizo a partir de un guión del propio Michael Carreras, quien también se encargó de la dirección. Se tituló "The curse of the Mummy's Tomb" y se hizo en colaboración con la compañía Swallow. El papel de momia estaba interpretado por Fred Clark y el de la guapa seductora por Jeanne Roland.

En 1967 se rodó otra secuela titulada "The Mummy's Shroud", en donde el director, John Gilling, hacía doblete como guionista, finalizándose la revisión del mito en 1971 con "Blood from the Mummy's tomb". En esta ocasión las cosas deberían ser mejores (la Hammer empezaba ya a tener problemas financieros) y y se tomó como base un texto de Bram Stoker, sustituyendo Michael Carreras al director Seth Holt cuando comprobó los malos resultados de lo ya filmado. La película supuso un digno epílogo al mito de la momia, aunque hay quien opina que fue debido a los fuertes encantos de Valerie Leon.

Un año antes y con bastante menos acierto, pudimos ver la producción mejicana "La venganza de la momia", continuándose la saga en 1973 con un intento loable de Jacinto Molina, quien haría doblete como actor con su nombre artístico de **Paul Naschy**, y en 1979 hasta Charlton Heston se atrevió a desafiar la maldición egipcia en "**El despertar**".

Posteriormente, en 1980, el español José Ramón Larraz filma "La momia nacional", una horrenda parodia que contaba con la actuación de Quique Camoiras y Queta Claver para darle "solvencia" al film, siendo más tarde los mismos egipcios quienes retoman el mito con "El despertar de la momia", la cual por supuesto no despertó el interés de nadie.

En 1985 el genial Steven Spielberg hace una historia en tono cómico de un actor que es confundido con una auténtica momia y lo incluye en la película "**Cuentos asombrosos**", mientras que en 1987 Fred Dekker une a los cinco monstruos más carismáticos (Frankenstein, Drácula, El Hombre lobo, la Criatura del Lago Negro y la Momia), en la excelente película "**Una pandilla alucinante**".

SUS CREADORES

Parece ser que la idea de que las momias egipcias podían volver a la vida y vengarse de todos aquellos que habían osado profanar sus tumbas, viene desde que en 1922 se descubrió la tumba de Tutankamón y en ella se encontró una escritura que avisaba de mil males contra quienes habían entrado a molestar a los difuntos. Una vez levantada pacientemente la dorada tapa y eliminada la resina negra que recubría el ataúd internamente, apareció la momia del joven faraón, con el rostro y los hombros cubiertos por una máscara de oro, piedras preciosas y vidrio azul. Coronada por una cabeza de buitre que simbolizaba la soberanía sobre el Alto Egipto y los ojos de cuarzo y obsidiana, el rostro que representaba a Tutankamón tenía una belleza esplendorosa. Cuando descubrieron parcialmente a la momia se encontraron con un aceite de embalsamamiento que era una mezcla de esencias de anís, tomillo, orégano y própolis, unidas con alquitrán y exudados del propio cuerpo del difunto, quizá sangre y linfa. Junto a estos compuestos se encontraban otros, alcaloides entre ellos, cuya misión en el embalsamamiento no estaba clara y que podían ser las sustancias que habían reaccionado a través de los siglos y que ocasionaron los delirios de los exploradores.

La casualidad, o la maldición egipcia, quiso que varios arqueólogos murieran en circunstancias extrañas (aún hoy se cuentan casos más recientes) y tomando como base las novelas "El pie de la momia" de Teófilo Gautier y "El lote número 249" de Conan Doyle, los escritores Nina Wilcox y Richard Schayer elaboran una historia de gran éxito sobre las maldiciones de los faraones, la cual será la base para el guión de John L. Balderston, quien ya tenía experiencias con el terror por haber adaptado anteriormente "Drácula" para el teatro.

Con la historia ya bien resuelta, la Universal contrata al director Karl Freund y en 1932 comienza a rodarse "La momia" (The mummy).

LA MOMIA
The Mummy 1999

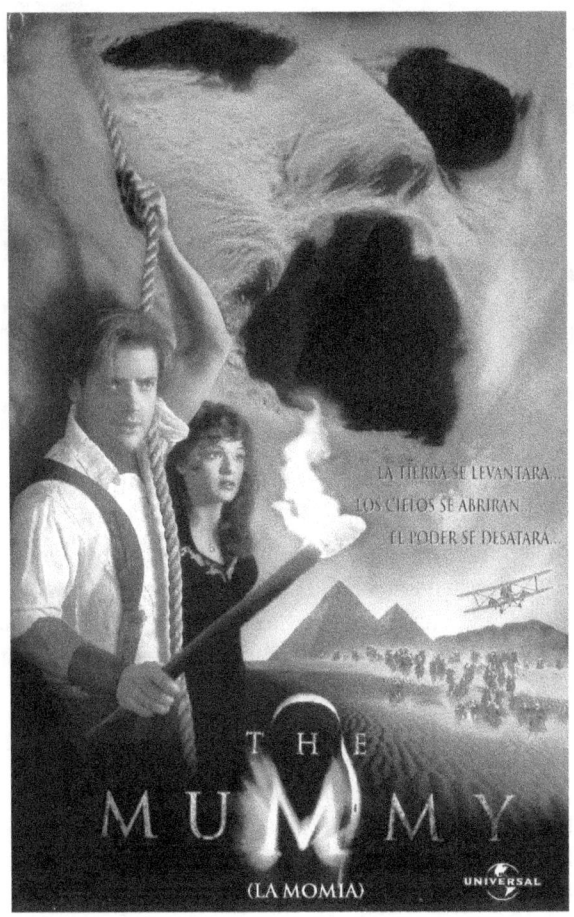

Fotografía: Adrian Biddle
Música: Jerry Goldsmith
Guión y dirección: Stephen Sommers

Intérpretes:
BRENDAN FRASER
RACHEL WEISZ
JOHN HANNAH
KEVIN J. O'CONNOR
ARNOLD VOSLOO

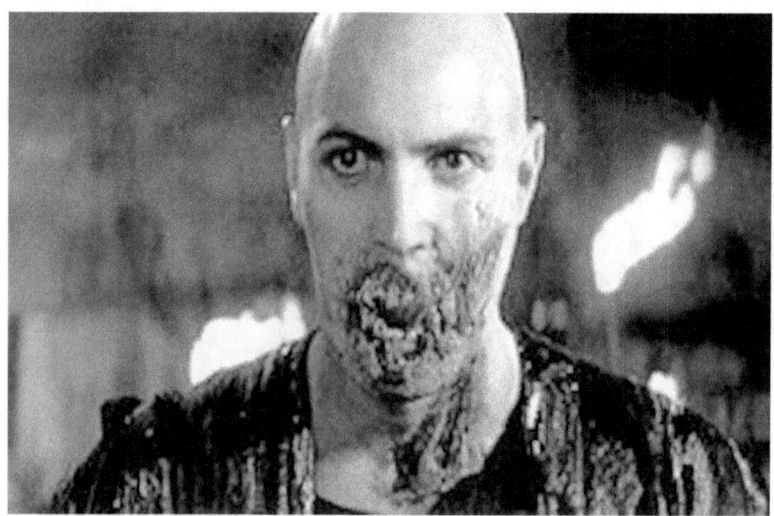

Ciertamente no es nuestra momia habitual, aquella que encarnada por Christopher Lee se movía pesadamente en busca de su guapa chica, sino que ahora posee más poderes que el mismísimo diablo, aunque nadie nos explique la razón para ello. Comprendemos que el faraón le haya matado por disfrutar de su amada, pero nuestra capacidad de crédito se ofusca cuando después de haber sido comido por los escarabajos asesinos aún tiene fuerzas para levantarse de la tumba y realizar una masacre en el siglo XX.

Pero todo se lo perdonamos cuando nos muestran una historia narrada al más puro estilo de Hollywood, con sucesivas persecuciones, héroes simpáticos que reciben multitud de golpes y luego se recuperan sin problemas; chicas guapas que, además, saben besar y pelear, y un malo por el que nadie quiere apostar, pues sabemos que morirá finalmente.

Inspirada en Indiana Jones y mostrando lo mejor del cine B de los años 50 y 60, "La Momia" es un espectáculo que nunca defrauda y que llega a ensombrecer para siempre a las antiguas películas de la Hammer. Parte del mérito lo tienen los efectos especiales, ya lo sabemos, pero los avances tecnológicos están para eso, para que los disfrutemos.

EL REGRESO DE LA MOMIA
The Mummy returns 2001

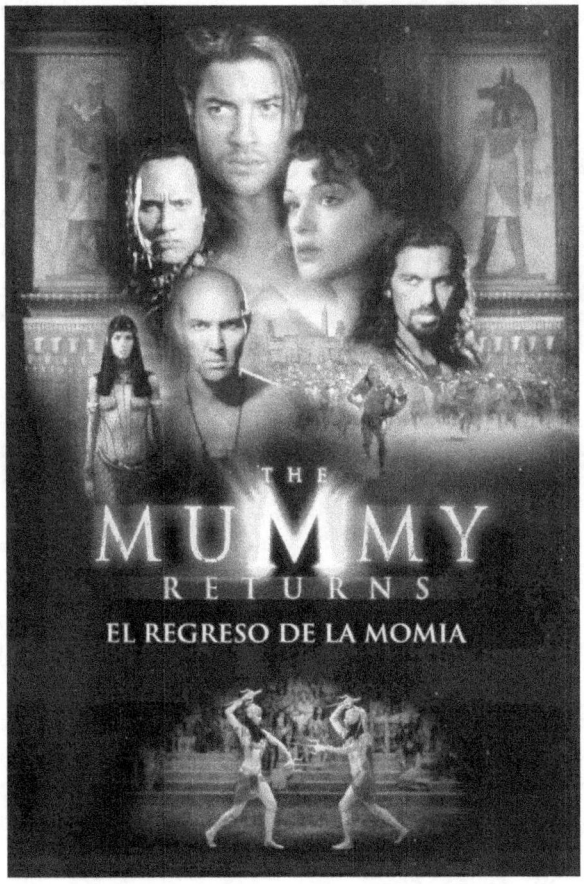

Fotografía: Adrian Biddle
Productores: Jim Jacks y Sean Daniel
Director: Stephen Sommers

Intérpretes:
BRENDAN FRASER: Rick O´Connell
RACHEL WEISZ: Evelyn
ARNOLD VOSLOO: Imhotep/la momia
THE ROCK: Rey escorpión
FREDDIE BOATH: Alex
PATRICIA VELASQUEZ: Anck-Su-Namun/Meela

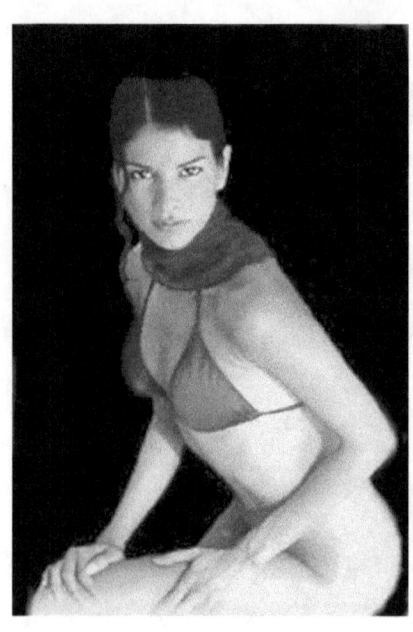

Nuestros anteriores protagonistas se han casado, pues han preferido resolver sus diferencias entre las sábanas, aunque deben ponerse manos a la obra para volver a pelear contra el malvado y poderoso Imhotep, nuevamente interpretado por Arnold Vosloo. En esta ocasión su hermosa amante Anck-Su-Namun viene hasta el mundo de los vivos para ayudarle, y entre todos deberán combatir nada menos que contra un dios, el poderoso Rey Escorpión, quien por cierto luego tendría película propia.

Los exteriores estuvieron ubicados en la espléndida ciudad de Petra, en Jordania, anterior escenario de las hazañas de Indiana Jones, además de los amplios escenarios del desierto del Sahara, lugar de la primera entrega. Los efectos especiales de IL&M vuelven a ser los protagonistas del filme, por lo que el asombro estará asegurado, ya que alcanza cotas de espectacularidad nunca vistas. Incluso las escenas de masas superan a "La amenaza fantasma" y a "Gladiator", demostrándonos que el cine ya nunca más tendrá límites en cuanto a lo que quiere mostrar al espectador.

Destacan entre otros la actriz venezolana Patricia Velasquez, a quien podemos recordar por "Reacción en cadena", y a un no menos importante John Hannah, hasta ahora poco aprovechado desde que le vimos en "Cuatro bodas y un funeral".

Menos acertado es el guión, tan inverosímil y lleno de defectos que nos hace realizar muecas de desagrado con demasiada frecuencia. Nuestras bellas protagonistas luchan con dos sai, armas japonesas, además de asistir al vuelo de un globo con motor de reacción y ametralladoras que disparan inagotables balas. Por lo demás, una diversión total.

EL MONSTRUO DE LA LAGUNA NEGRA

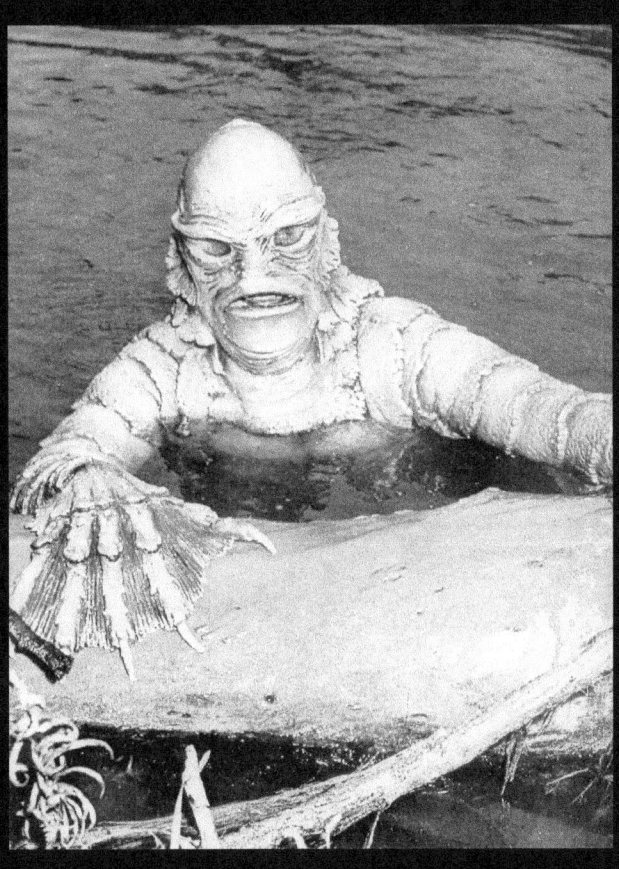

LA MUJER Y EL MONSTRUO
Creature from the black lagoon 1953

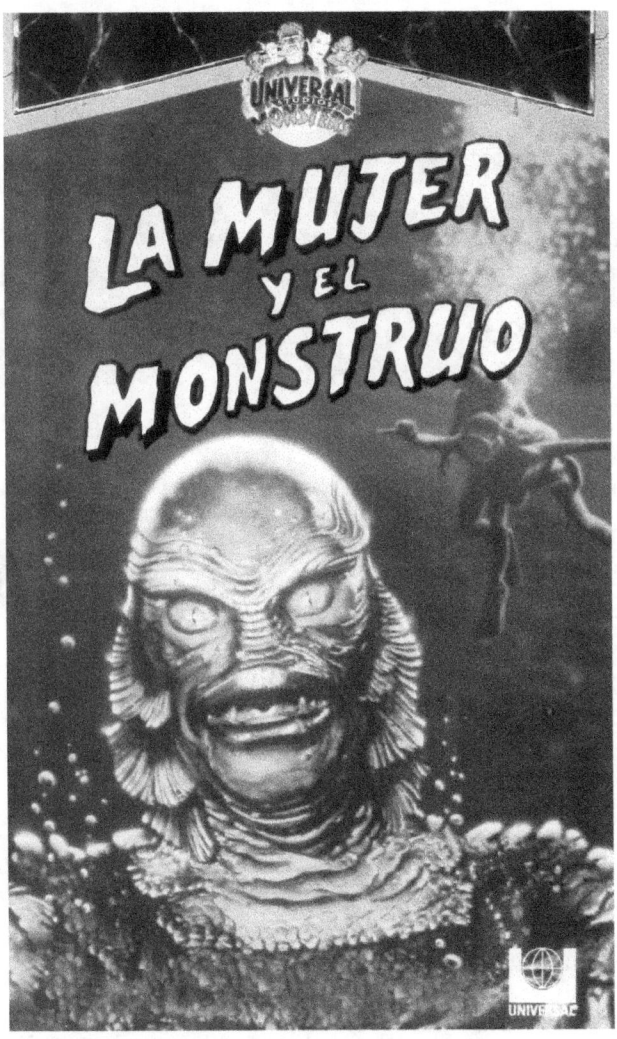

Director: Jack Arnold
Productor: William Alland
Guión: Harry Essex, Arthur Ross
Fotografía: William Snyder, James C. Havens
Efectos especiales: Charles S. Welbourne
Maquillaje: Bud Westmore

Intérpretes:
    JULIA ADAMS: Kay Lawrence
    RICHARD CARLSON: David Reed
    RICHARD DENNING: Mark Williams
    ANTONIO MORENO: Carl Maia

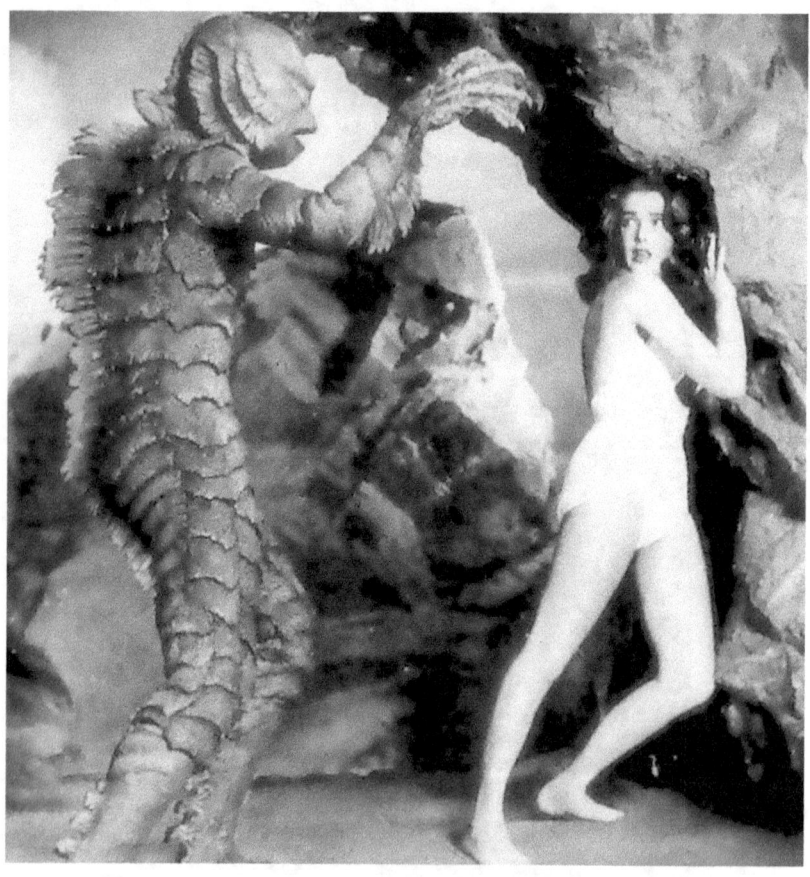

   Uno de los grandes éxitos del cine de terror de entonces (se filmó también en 3D), del cual se hicieron dos secuelas más, ninguna de las dos llegadas a España. Con una base ecológica que hoy hubiera hecho las delicias de sus defensores, vemos el empeño por sacar de las profundidades marinas, y matarlo posteriormente, a un monstruo mitad hombre, mitad pez. En este caso, el científico que se opone a la muerte de la criatura hace el papel de fanático irracional.

   La belleza de Julia Adams, quien se pasea durante toda la película con un bañador que hizo furor, hasta el punto de asegurar que mostraba las piernas más bellas del momento, y el buen logrado monstruo, son una mezcla que siempre

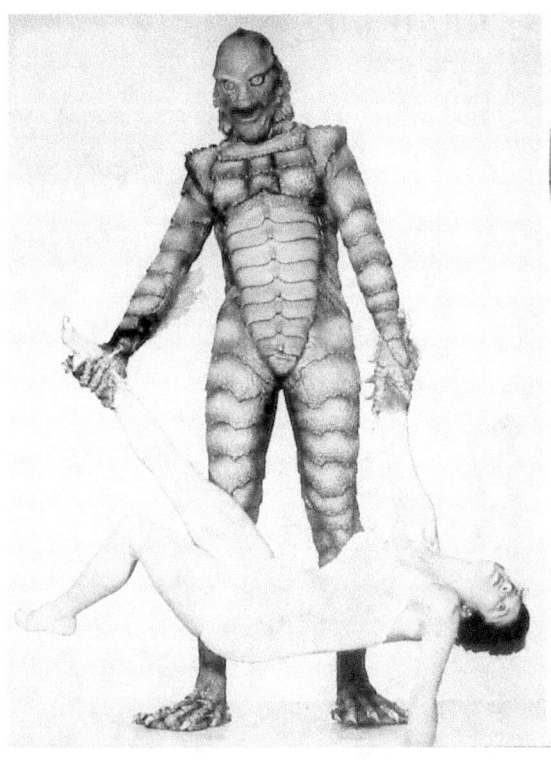

suele funcionar bien. El mito de la Bella y la Bestia se nos recrea ahora con ligeras variantes, pero quien tiene todas las de perder es nuestro celacanto prehistórico, grande, fuerte, pero algo torpe para llevarse a las profundidades marinas a su amada.

Hubo una segunda parte, titulada **"El regreso de la criatura"**, en la cual el único que continuaba es el hombre-pez, esta vez rescatado de la Laguna Negra del Amazonas y exhibido en una feria. Dado que se contaba con el mismo guionista y el atractivo del 3D, la película fue bien acogida donde se estrenó, que fue en pocos países. Posteriormente **"The creature walks among us"**, dirigida por John Sherwood", intentó recuperar a los incondicionales y vemos al legendario monstruo ahora en las playas de Florida, sembrando el terror.

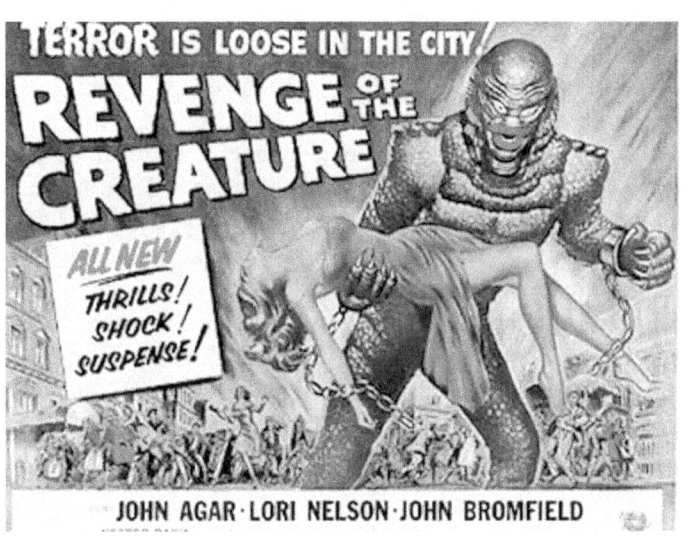

119

SUS CREADORES

Inspirado en la película rusa "Tchelovek Amfibia" y en una historia contada por los nativos del Amazonas, donde se hablaba de una raza de criaturas capaces de vivir tanto dentro del agua como fuera, el escritor Maurice Zimm publicó un relato de terror en el cual una expedición americana se adentró en la selva amazónica esperando encontrar el eslabón de la creación: un ser bípedo, un celacanto, de estatura y apariencia humana, pero con escamas en lugar de piel y agallas como orejas. En ese relato se contaba que ningún miembro de dicha expedición volvió nunca y cuando fueron en su búsqueda solamente encontraron una cámara de fotos. Una vez reveladas las fotografías,

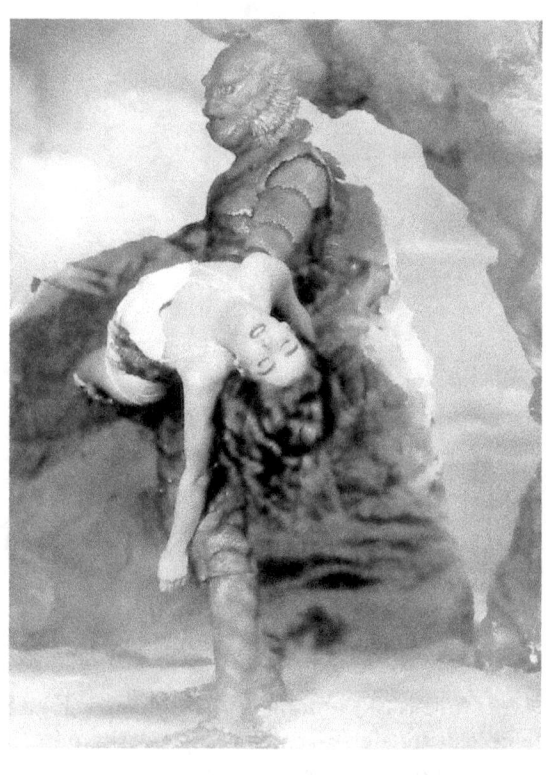

en una de ellas vieron a una criatura de más de dos metros de altura, puesta en pie amenazadora, con una piel que recordaba a un pez.

Este asombroso cuento fue escuchado por el productor William Alland durante una cena en casa de Orson Welles, y aunque en esos momentos estaba ocupado en promocionar a las nuevas estrellas Rock Hudson y Tony Curtis, su afición al cine de terror le hizo esbozar muy rápidamente un relato de apenas tres páginas titulado "The sea monsters", en la cual quería reflejar una nueva versión de La Bella y la Bestia.

Esa fue la base de partida para que los guionistas Leo Lieberman, Harry Essex y Arthur Ross, elaborasen poco a poco el argumento básico, no sin antes descartar ideas macabras y puramente terroríficas, centrándose en hablar de un hombrepez, el último ejemplar de su especie, el cual sería perseguido hasta la muerte por una pandilla de científicos. El espectador se tendría que poner de parte del monstruo (como antes lo hiciera con Frankenstein) y perdonarle las muertes que ocasionara; a fin de cuentas, mataba solamente para sobrevivir o por amor hacia la bella científica.

Aunque hubo alguien que insinuó una escena de amor entre la bella y el monstruo, e incluso un hijo de ambos, la férrea moral de aquellos días anularon cualquier intento de morbo y hasta las manos de la Criatura del Lago debían tocar a la chica solamente en los lugares adecuados. Si la bestia quería llevarse a la chica con él era por su belleza, nunca para hacer el amor con ella, y eso es algo que Joseph Breen quería dejar bien claro.

La historia, pues, ya estaba casi definida: un grupo de paleontólogos viajaría a La Laguna Negra, en el Amazonas, en busca de fósiles que explicarían la teoría del paso del pez al hombre, pasando por una raza de anfibios. La expedición estaría formada por un científico ecologista, quien debería frenar los intentos del capitán para destruir a la bestia, una guapa mujer que seduciría por igual al capitán y a La Criatura (además de provocar pasiones en el espectador), un timonel simpático, un nativo que conociera bien el gran río y, por supuesto, un monstruo que produjera terror con solo nombrarlo.

LA BELLA

Como la historia iba a girar entre el mito de La Bella y la Bestia, la bella debía ser una guapa chica, aunque de pechos nada exagerados, y poseer unas piernas que quitasen el hipo, más que nada porque se iba a pasar toda la película en bañador. La elección recayó en Julie Adams, quien estaba bajo contrato de la Universal y había ganado anteriormente un premio por tener las piernas más perfectamente simétricas del mundo, mérito que hoy día sigue vigente.

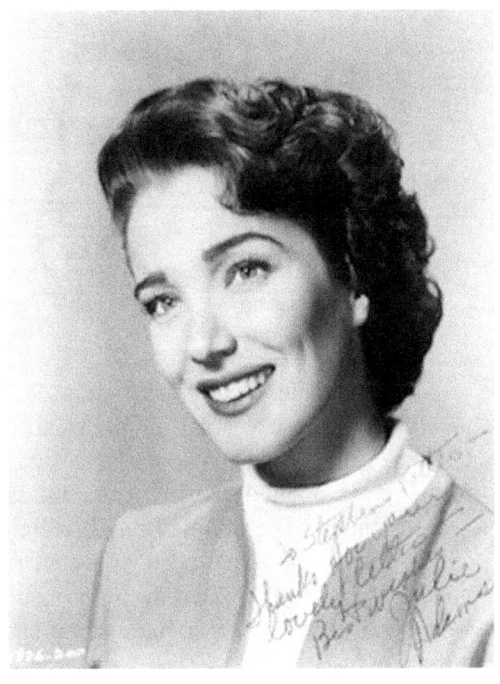

Sin embargo, la idea de realizar una película de terror no le gustó nada a Julie Adams, pues prefería hacer algún papel algo más sugerente, aunque no pudiese mostrar sus piernas (cada una asegurada, dicen, en 60.000 dólares.) Hubo un comentarista que aseguró que entre las dos tenía un tesoro, pero nunca nos aclaró esta desconcertante frase. Al final, los productores y los guionistas hicieron todo lo posible para que los espectadores no olvidasen en mucho tiempo tan estupendas piernas, y enfundada con un blanco bañador se pasó más tiempo con él que con los cortos pantalones que, ¡oh, casualidad!, también dejaban al descubierto sus piernas.

A pesar de que Julie Adams era una experta nadadora, en algunas escenas peligrosas tuvo que ser doblada, como cuando cae al agua en brazos de la

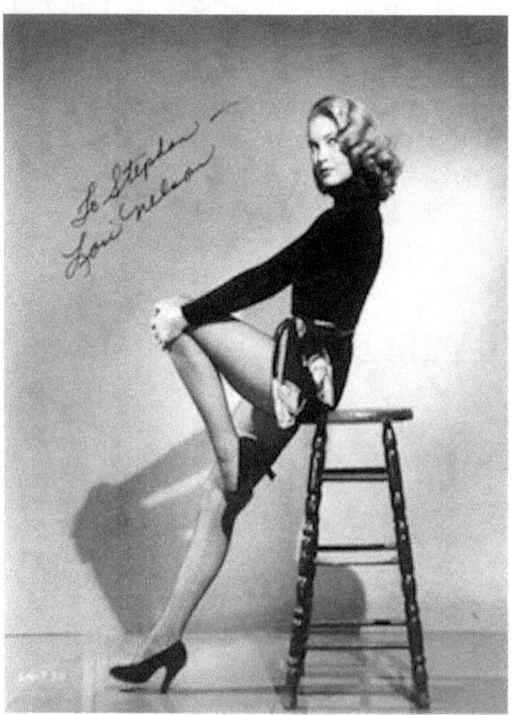

Criatura desde 15 metros de altura. Esa escena no fue sin embargo la más desagradable de todas, ya que existieron dos ocasiones en las que Julie lo pasó francamente mal, sin que fuera auxiliada por su doble. En una ocasión se olvidaron de calentar el agua de la piscina y el frío era tan intenso que a duras penas podía evitar castañetear los dientes, a lo que hubo que sumar el golpe que recibió en la cabeza cuando era transportada por el monstruo a través de una cueva.

Quizá fuera por estos incidentes o por alguna razón oculta, lo cierto es que Julie Adams no repitió en la segunda parte de la película y en la actualidad ni siquiera conserva un vídeo del film.

Lori Nelson

Esta desprecio hacia "La Criatura de La Laguna Negra" no fue compartido por la actriz Lori Nelson que intervino en la segunda parte, "Revenge of the Criature", quien muchos años después de su estreno aún reconocía lo importante que fue esta película en su carrera. En un principio no quiso interpretar el papel de heroína, en parte porque sabía lo difícil que sería que la gente se olvidara de Julie Adams, y también porque la ciencia-ficción estaba considerada como un género menor. Pero los productores ya al habían elegido, no solamente por su belleza, sino por su experiencia como nadadora en la película "la sirena de las aguas verdes".

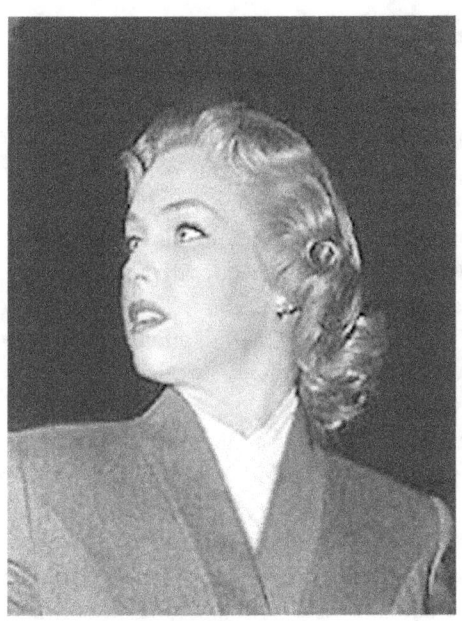

Leigh Snowden

También hubo momentos peligrosos en el rodaje, especialmente porque tenía que rodar dentro de un gigantesco acuario denominado Aqualung, rodeada de tiburones y anguilas, aunque tan bien alimentados que ni siquiera les apetecía un plato tan sabroso como Lori Nelson. Después de este film trabajó en otro titulado "Day the World Ended", también de ciencia-ficción, pero con un presupuesto tan bajo que tuvieron que rodar la película en dos semanas.

El actor que hacía de monstruo de la laguna en esta secuela no era tan fuerte como el anterior y en una escena en la que rapta a la guapa Lori se le doblan las piernas y ambos ruedan por los suelos. Por si fuera poco, la película estaba dirigida por un todavía desconocido Roger Corman, quien no tenía buena reputación entre los profesionales. Afortunadamente el tiempo le hizo justicia y hoy día es un reconocido director, y aquellos que intervinieron en sus primeras películas se sienten orgullosos de ello.

La tercera y última actriz que cautivó a La Criatura del Lago Negro fue Leigh Snowden, una chica que había saltado a la fama en un corto paseo que hizo delante de las cámaras de televisión ante 20.000 marines. Llevaba un suéter tan ajustado que la ovación que recibió hizo temblar las butacas. Sus 906090 causaron tanto furor que la Universal le dio un contrato por siete años, entre ellos la tercera secuela de "El monstruo de la Laguna Negra", y otra película con otro animalito, la simpática mula Francis. Como es lógico, esta actriz no ha pasado a la historia del cine, ni siquiera por su hermoso busto.

EL DIRECTOR JACK ARNOLD

Jack Arnold nació en New Haven (Connecticut), el 14 de octubre de 1916 y cursó estudios en la Universidad estatal de Ohio y en la Academia de Arte Dramático, logrando pronto trabajar como actor en numerosas películas de bajo presupuesto.

La guerra interrumpió sus estudios y ambiciones, aunque su estancia en el ejército le sirvió para aprender el oficio de director, ya que allí realizó varios documentales, labor que continuó desde 1946 hasta 1952. Su debut en el cine lo hizo dirigiendo la película "Girls In The Night" en 1952 y un año después entra ya en el género de la ciencia-ficción con "It Came From Outer Space" (Llegaron de otro mundo), realizada para la Universal con el novedoso sistema 3D.

En esta película conoce al actor Richard Carlson, con quien trabajaría posteriormente en otros filmes, así como al productor William Alland, el cual le encargaría la dirección de todos los filmes del género fantástico que hizo.

Para la Paramount realiza en 1958 una película de ficción titulada "The Space Children", en la que unos niños reciben órdenes de un cerebro exterior, el cual aumentaba poco a poco de poder y de tamaño. Esta película contaba con unos buenos efectos especiales obra de John Fulton, buena iluminación y unos exteriores muy adecuados.

Anteriormente, y con la Universal, Jack Arnold había rodado "Tarántula" en 1956, en donde una gigantesca araña, producto de una mutación, aterroriza a una población pequeña. En esta película Arnold colaboró en el guión y logró dotarla de un suspense extraordinario, así como de unos efectos especiales correctos.

Después y nuevamente con el tema de las mutaciones, hace un extraordinario film titulado "El increíble hombre menguante" (The Incredible Shrinking Man), película que ya ha entrado en la historia del cine. Basada en la novela de Richard Matheson, el cual escribió el guión, unos efectos especiales que aún hoy nos resultan impresionantes, y una trama digna de un film policíaco, revive con acierto el mito de Gulliver en el país de los Gigantes. El éxito fue tal que hicieron una secuela titulada "La increíble mujer menguante", aunque no tuvo el interés comercial que la suya.

Y así, en 1958, finaliza su trabajo en películas de ficción con "Monster of the Campus", obra que quizá se puede considerar bastante inferior al resto, en la cual toca el tema del hombre lobo con bastante desatino.

Retirado del cine en 1976, se le tributó en Sitges en 1987 un homenaje al que acudió en persona, como un director que supo lanzar un mensaje sobre la vida en otros mundos y los muchos misterios que aún quedan por descubrir en nuestro planeta.

Respecto a la película "La mujer y el monstruo", rodada en 1953 con el título original de "Black Lagoon", sus colaboradores elogiaron siempre la parte

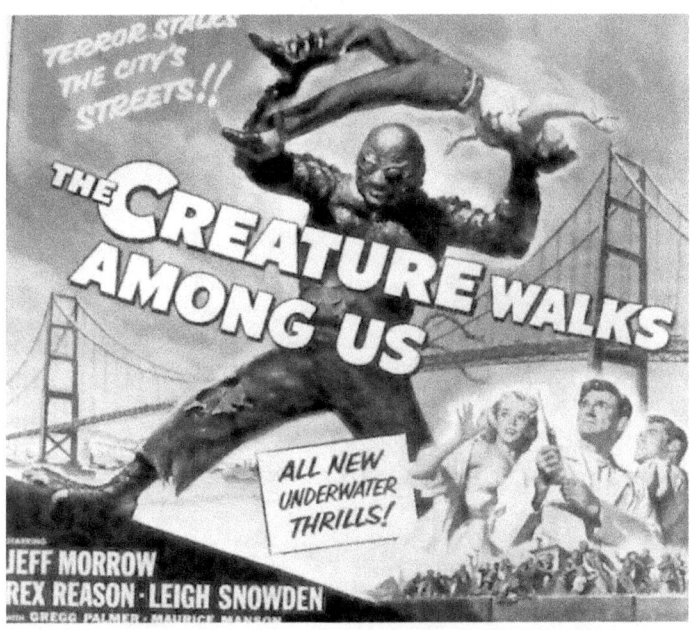

Tercera entrega, con el monstruo ya modificado

humana y técnica de Arnold, a quien consideraban un hombre agradable y muy fácil de trabajar con él. Todos coinciden en que la escena en la cual la Criatura mira asombrado las piernas de Julie Adams mientras nada en la Laguna Negra, es una de las más bellas de esa época. El lirismo que utilizó en contar ese bello cuento de la Bella y la Bestia, está aún hoy en la memoria de todos los buenos aficionados. La Universal, consciente de la buena labor realizada le premió con un sueldo extra, aunque pocos días después el Comité de Actividades Antiamericanas le acusó de ser comunista y le obligaron a acudir a un psiquiatra, salvo pena de prisión.

En el día del estreno, el 7 de enero de 1954, ya estaba libre de cargos y el aplauso del público fue total, lo que motivó empezar ese mismo año con el rodaje de la segunda parte "Revenge of the criature", y dados los buenos resultados en taquilla en 1955 se hizo la tercera parte, aunque ya no con Jack Arnold como director.

En 1976 el director John Landis intentó realizar un remake de la película, pero el proyecto lo abandonó para hacer "Un hombre lobo americano en Londres". Posteriormente la industria italiana hizo "La isla de los hombres peces", una mala imitación del mito y tuvimos que esperar hasta 1987 para ver de nuevo a "El Monstruo de la Laguna negra", compartiendo cartelera con Frankenstein, El Hombre lobo, Drácula y la Momia, en el agradable film "Una pandilla alucinante".

LA MOSCA

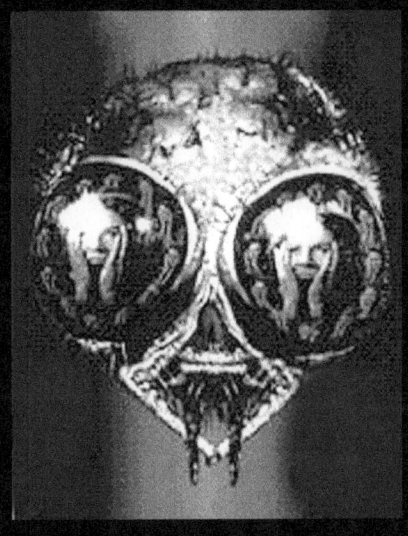

LA MOSCA
The fly 1958

Director: Kurt Neumann
Productor: Kurt Neumann

Guión: James Clavell
Basada en la historia de: George Langelaan
Efectos especiales: L.B. Abbott

Intérpretes:
VINCENT PRICE: Francois
PATRICIA OWENS: Helene
HERBERT MARSHALL: Inspector Charas
AL HEDISON

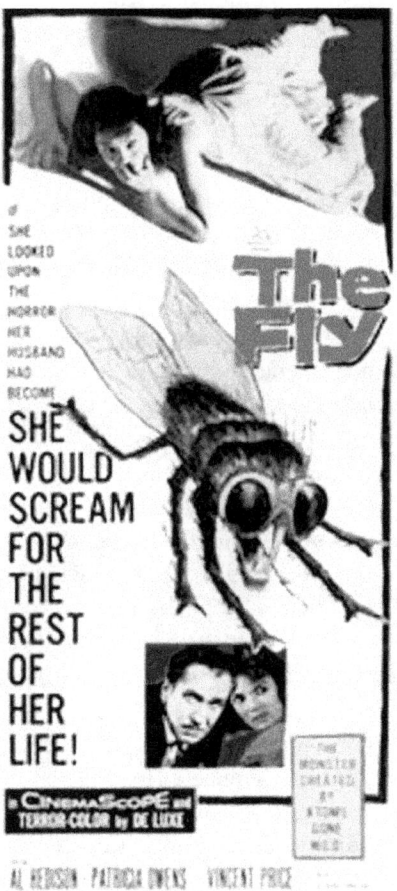

Basada en una historia corta de George Langelaan, esta película de un intenso fondo trágico, parte de una idea argumental posiblemente absurda, cómica, pues parece poco adecuado mezclar a una persona con una mosca y luego reducirle de tamaño. Pero el tiempo la ha convertido en uno de los grandes mitos del cine de terror, el cual y a pesar de no contar con un presupuesto ni siquiera digno, es un film absolutamente genial. Llega un momento, al final de la película, en que el espectador siente verdadera angustia por el hombre mosca, a punto de ser devorado por la araña. El final está resuelto con mucho acierto y fue tan rápido que el espectador no se dio cuenta de ello hasta que no aparecía la palabra fin.

Aunque el actor Vincent Price no estaba en su mejor momento, su presencia siempre se agradece, consiguiendo secundar adecuadamente las tribulaciones que sufre ese hombremosca.

VINCENT PRICE (1911-1993)

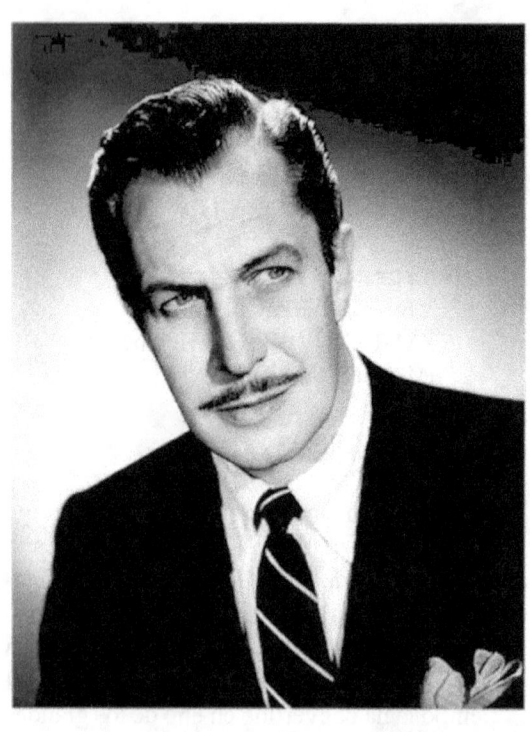

Actor de culto, cortés en sus ademanes y dotado de una voz dulce, pronto ganó el reconocimiento de Hollywood a su llegada en 1938. Al principio trabajó en papeles históricos, como "La vida privada de Elizabeth" (1939), aunque también interpretó a bribones en varias películas dramáticas, como "Laura" de Otto Preminger (1944) y "La noche más larga" de Anatole Litvak (1947). Sin embargo, su reconocimiento mundial le llegó de la mano del terror, especialmente por su trabajo en "Los crímenes del museo de cera" (1953), y también como el hermano del científico en "La Mosca" (1958). Otra película no menos popular fue "Los diez mandamientos" (1956), papel que le permitió llegar a convertirse en uno de los actores preferidos de Roger Corman, con quien interpretó obras de Edgar Allan Poe, entre ellas "El cuervo" (1963) y "El péndulo de la muerte" (1961).

Manteniendo ya una imagen de misterio y honorabilidad, le vimos interpretando al Dr. Moriarty, o al Sr. Maranov, un noble ruso que seduce a Bette Davis y Lillian Gish en "Las ballenas de agosto" (1987). Una de sus últimas interpretaciones se la proporcionó Tim Burton, quien le dirigió en el filme "Eduardo manostijeras" (1990).

EL REGRESO DE LA MOSCA
The Return of the fly 1959

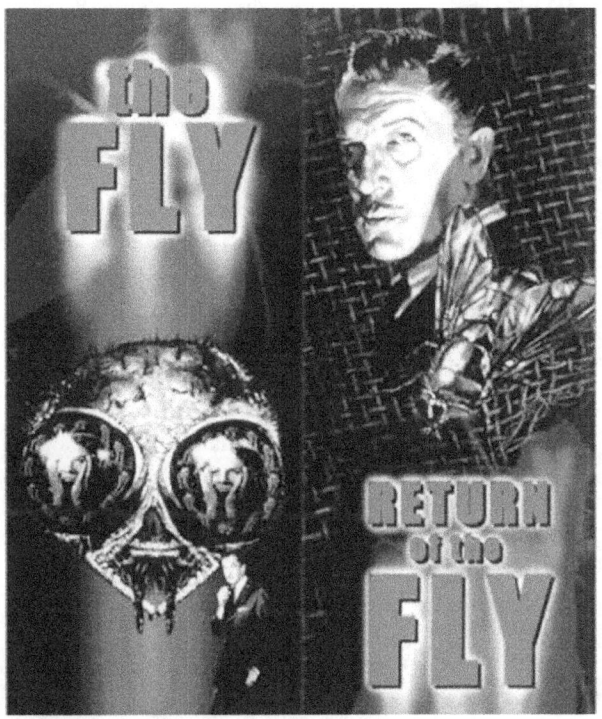

Director: Edward L. Bernds
Guión: Edward Bernds
Basada en la novela de: George Langelaan
Maquillaje: Hal Lierley

Intérpretes:
VINCENT PRICE: Francoise Delambre
BRETT HALSEY: Philippe Delambre
JOHN SUTTON: Inspector Charas

Ahora es el hijo del antiguo y maltrecho hombre-mosca, quien intenta reconstruir la máquina de teletransportación de su padre, e igualmente se convierte en un insecto. Seis años después se hizo una correcta y tercera entrega titulada "La maldición de la mosca".

LA MOSCA
The fly 1986

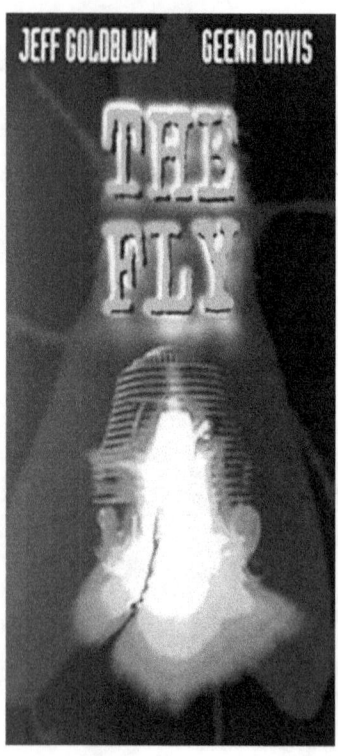

Director: David Cronenberg
Productor: Stuart Cornfeld
Guión: Charles Pogue, David Cronenberg
Basada en una historia de: George Langelaan

Intérpretes:
JEFF GOLDBLUM: Seth Brundle
GEENA DAVIS: Verónica Quaife
JOHN GETZ: Stathis.

Nueva versión de la popular película de los años 50, esta vez con más medios económicos y mejores efectos especiales. El resultado es francamente bueno y aunque diametralmente opuesta a la primitiva, posee indudables méritos artísticos. Curiosamente, el actor Jeff Goldblum llega a encajar en su papel de hombremosca, trabajo que, en principio, no parecía nada apropiado para él.

El argumento vuelve a contarnos los intentos de un científico por lograr la transmutación de la materia, o sea, conseguir que un cuerpo pase de un lugar a otro mediante una complicada alteración molecular. En el proceso, justo cuando nuestro protagonista decide realizar él

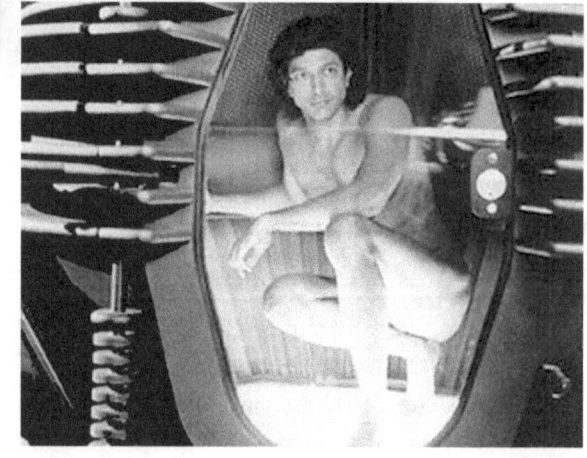

mismo la experiencia, una mosca se introduce en la máquina y se produce una simbiosis entre ambos nada agradable.

Hubo un remake, de olvidable recuerdo.

CASAS
ENCANTADAS

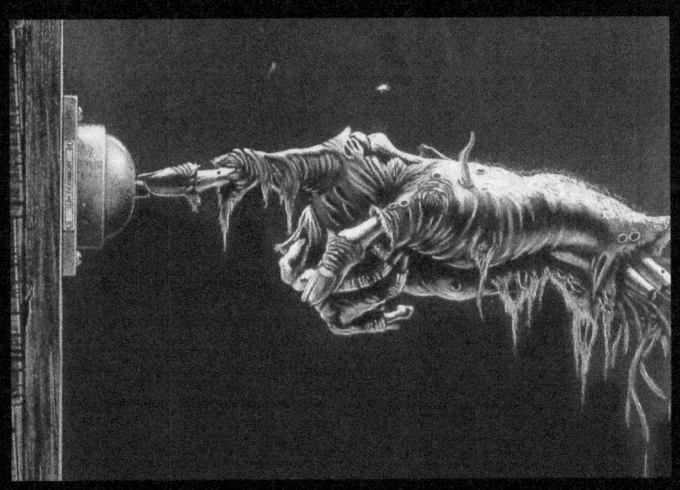

HOUSE ON HAUNTED HILL
1958

Director: William Castle
Guión: Robb White

Intérpretes
VINCENT PRICE: Frederick Loren
RICHARD LONG: Lance Schroeder
CAROLYN CRAIG: Nora Manning
CAROL OHMART: Annabelle Loren
ALAN MARSHAL: David Trent

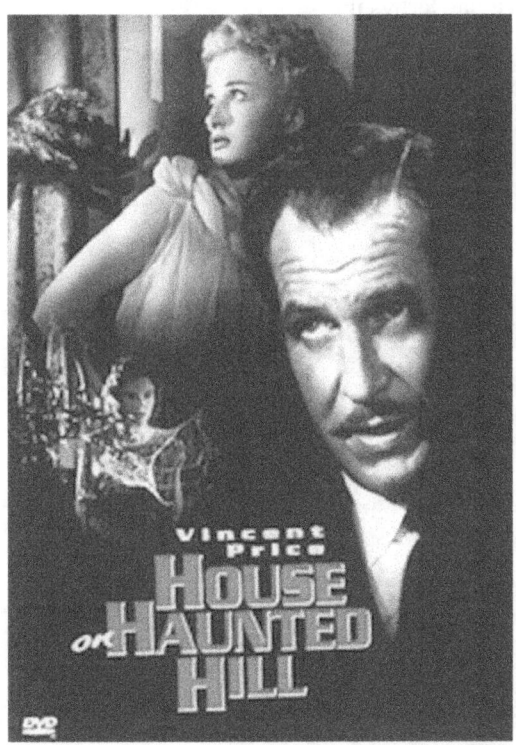

Frederick Loren, un excéntrico millonario invita a cinco personas a su mansión, en donde se dice que se han cometido varios crímenes en el pasado. Loren ofrece a sus invitados (los cuales no se conocen entre ellos ni a su anfitrión y tienen necesidad urgente de dinero) nada menos que 10.000 dólares si permanecen en la casa desde las 12 de la noche hasta la mañana siguiente, cuando vuelvan los criados. Mientras, estarán encerrados e incomunicados. Así pues, los cinco extraños, el magnate y su esposa permanecen en la casa, en la que comienzan a ocurrir sucesos extraños.

Se trata de una de las películas más populares de William Castle, y uno de los papeles míticos del siempre genial Vincent Price, capaz de crear un personaje tétrico sin que deje de despertar cierta simpatía en el espectador. Pese a que la película tenga un guión bastante sencillo, no deja de ser un muy entretenido filme, con unos cuantos sustos y momentos de suspense sabiamente repartidos. Por supuesto, en los pases que se hicieron del film en los años 50 no faltó alguno de los populares "gimmicks" de William Castle. En esta ocasión se trataba de Emergo, un esqueleto que, brillando en la oscuridad de la sala, se paseaba sobre la cabeza de los espectadores en uno de los momentos claves de la cinta, colgado de una cuerda. Objeto en los 90 de un remake.

LA LEYENDA DE LA MANSIÓN DEL INFIERNO
The legend of hell house 1973

Director: John Hough
Guión: Richard Matheson
Basada en la novela de: Hell House
Fotografía: Alan Hume
Música: Brian Hodgson, Delia Derbyshire

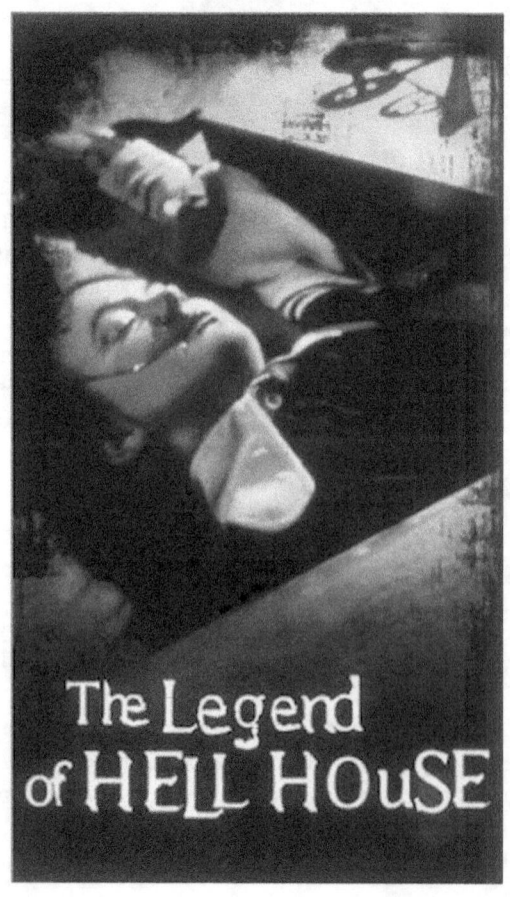

Intérpretes:
RODDY McDOWALL: Ben Fischer
PAMELA FRANKLIN: Florence Tanner
CLIVE REVILL: Chris Barret
PETER BOWLES: Hanley

Extraordinaria película de terror que fue mayoritariamente apoyada por público y crítica. La violencia de la Mansión Encantada contra los intrusos y el erotismo de Pamela Franklin fueron los dos pilares del argumento, extraordinariamente condensado para la película por el autor de la novela.

Según nos cuentan, los anteriores experimentos psíquicos para sondear los secretos de la casa acabaron con todos sus habitantes muertos excepto uno, el mejor científico paranormal de ese momento. Ahora él regresa con mejores medios espirituales y con un hombre racional, Barrett, que insiste en que todos los fenómenos paranormales tienen explicaciones científicas; pero cuando comienzan los golpes en las puertas para cerrarse detrás de ellos en esta Casa del Infierno, llega el estupor.

La película es esencialmente una historia de terror sobrenatural, y como es habitual, pronto aparecen cosas flotando y candelabros que se mueven amenazadores.

TERROR EN AMITYVILLE
The Amityville horror 1979

Producida por: Samuel Z. Arkoff
Dirigida por: Stuart Stern

Intérpretes:
JAMES BROLIN
MARGOT KIDDER
ROD STEIGER

Que en Estados Unidos todo es posible lo demuestra que el argumento de esta película, basado en un hecho real, constituyera un éxito editorial sin precedentes, muy cercano a "El retorno de los brujos". La historia nos cuenta la llegada a una casa maldita de una familia normal, la cual empieza a ser víctima de la maldición de un espíritu maligno. El marido es pronto presa de una locura imparable que le impulsa a querer matar a todos los habitantes de la casa y rechazar cualquier tipo de ayuda exterior. Por supuesto, la mansión -o su espíritu- poseen poderes telequinésicos propios e impide que salga o entre quien no desea.

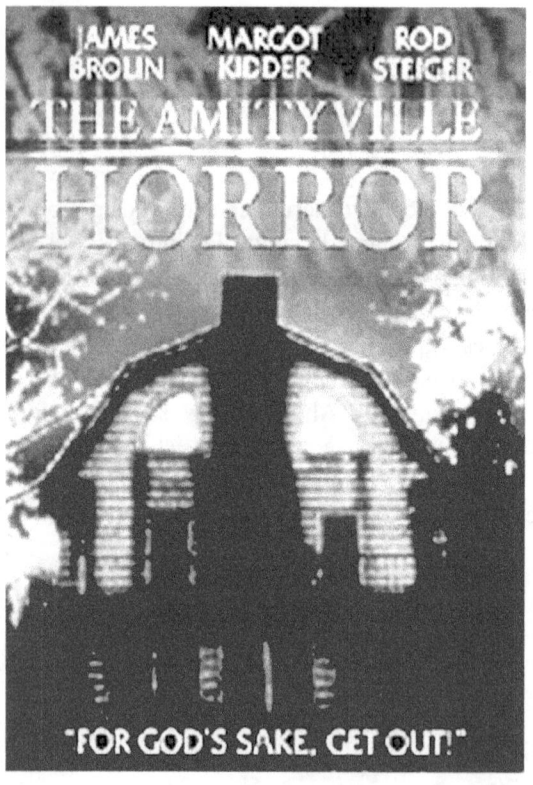

Si aceptamos el guión como "basado en un hecho real" y no tenemos en cuenta la cantidad de películas con casa encantada que hemos visto, podremos disfrutar con esta lúgubre historia. La presencia del veterano Rod Steiger y la siempre interesante Margot Kidder, son otros de los alicientes del film.

En 2005 se realizó un remake, protagonizado por Jimmy Bennett, Ryan Reynolds y Melissa George, dirigida por Andrew Douglas, en la cual nos recuerdan los hechos acaecidos en la madrugada del 15 de noviembre de 1974, cuando el hijo mayor de la familia DeFeo, de tan sólo 17 años, asesinó a sangre fría a sus padres y hermanos, con un rifle, dejando un total de seis personas muertas. Posteriormente, el 28 de diciembre de 1974, veintiocho días después de los asesinatos, otra familia, se muda al lugar donde había ocurrido la masacre y son víctimas de los espíritus asesinados.

Este remake de 2005 apenas consiguió igualar este filme.

POLTERGEIST
1981

Director: Tobe Hooper
Productor: Steven Spielberg
Efectos especiales: Industrial Light and Magic

Intérpretes:
CRAIG T. NELSON: Steve Reeling
JOBETH WILLIAMS: Diane Reeling
BEATRIZ STRAIGHT: Lesh

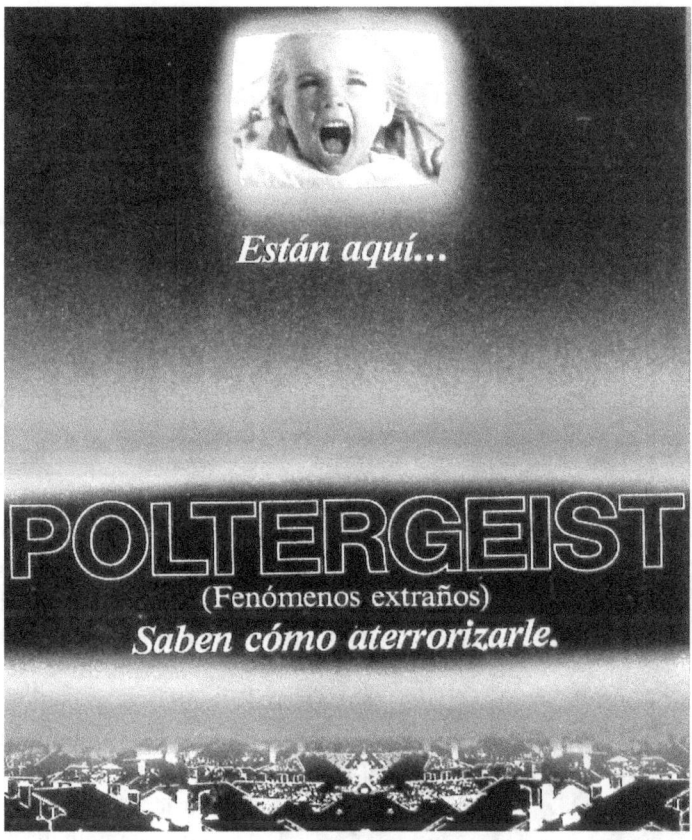

Los fantasmas esta vez ya no son simples formas blancas que susurran y viajan flotando en el aire. Ahora se manifiestan con todo su poder, y aliados con el mismísimo diablo intentan secuestrar a los miembros de una tranquila familia. Pronto la más pequeña es raptada (están aquí...-avisa-) y sus padres deben pedir ayuda a expertos en las ciencias ocultas, quienes armados con multitud de pequeñas máquinas y sensores, intentan evitar los nuevos secuestros. Pero todo es inútil, ya que las fuerzas del mal se enfurecen y a pesar de los buenos propósitos de los expertos el problema se hace cada vez más insoportable.

Steven Spielberg demostró con este filme que podía llegar una vez más al concepto de cine familiar, y acaparó las taquillas de todo el mundo, creando una escuela nueva en la narrativa del género de terror. Con buenos efectos especiales, una interpretación simplemente discreta, y no pocos efectos súbitos, la diversión y el pánico quedaron asegurados.

Recaudó en su estreno 36 millones de dólares, pero las dos secuelas posteriores no alcanzaron el mismo resultado.

HOUSE, UNA CASA ALUCINANTE
House 1985

Productor: Sean Cunningham
Director: Steve Miner

Intérpretes:
WILLIAM KATT: Roger Cobb
GEORGE WENDT
KAY LENZ

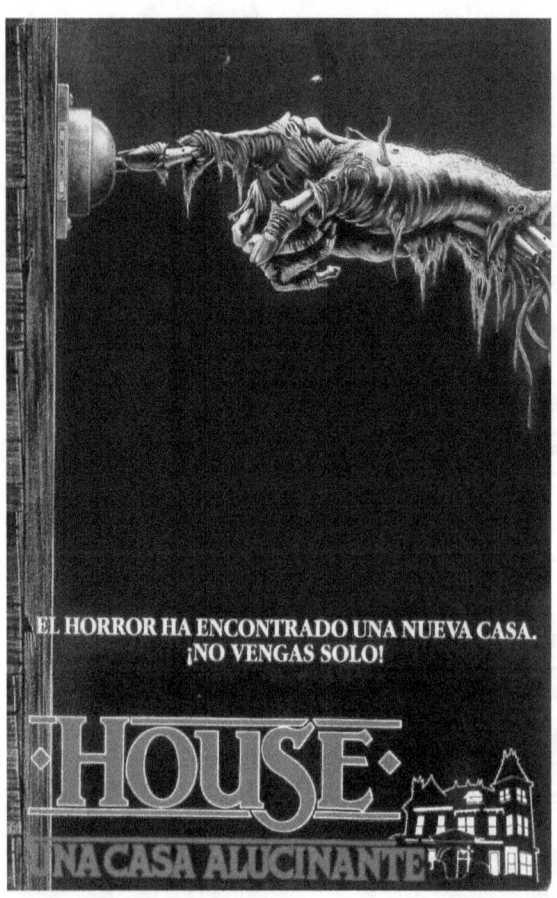

EL HORROR HA ENCONTRADO UNA NUEVA CASA.
¡NO VENGAS SOLO!

Novedosa película de terror que rompió bastante los esquemas de casas encantadas o satánicas. Con un argumento muy completo y en el que no faltan detalles, vamos desde un fantasma vengador, hasta un mundo de enanos, pasando por el tradicional monstruo en el armario y una mano asesina que es capaz hasta de llamar al timbre de la puerta de entrada. Combinado todo con la dosis justa de humor para quitarle truculencia, el resultado es una correcta película.

El guión nos cuenta la tristeza de un escritor que pierde de manera misteriosa a su hijo en una casa encantada, pero que no renuncia a encontrarle algún día, ya que presiente que sigue aún en esa casa. La llegada de un vecino fisgón, de una encantadora vecina, del pequeño hijo de esa vecina y del fantasma de un antiguo compañero de armas, le complican las cosas.

Dos años después hubo una secuela, titulada HOUSE II, AÚN MÁS ALUCINANTE, que no aportó nada de interés, aunque reincidieron en una tercera entrega.

HOUSE AND THE HAUNTED HILL
1999

Director:
William Malone

Intérpretes:
GEOFFREY RUSH: Steven
FAMKE JANSSEN: Evelyn
TAYE DIGGS: Eddie
PETER GALLAGHER: Donald

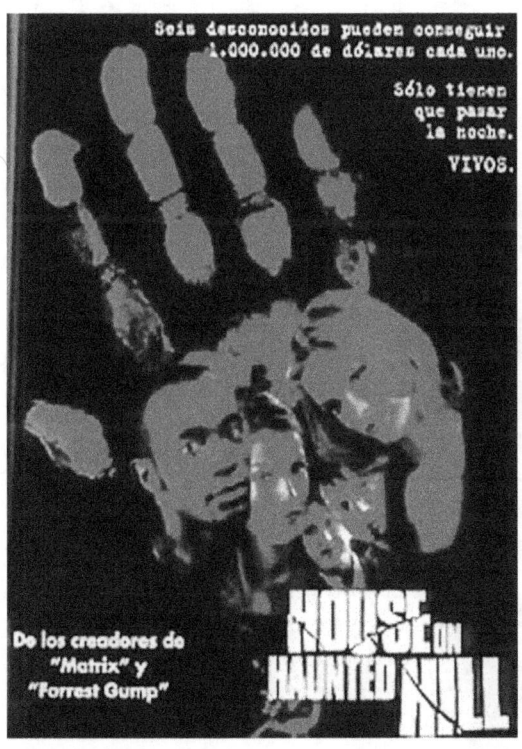

Tengo que admitir que suelo tener cierto prejuicio negativo hacia las películas de terror con adolescentes incluidos, especialmente si se desarrollan en una casa encantada. El horror es un género que me apasiona casi tanto como la ciencia-ficción, y por razones psicológicas encuentro siempre muy interesante que existan casas encantadas, aunque personalmente no he tenido la suerte de estar en una de ellas. En este caso, esta casa de la colina es más entretenida que otras, está bien dirigida y ciertamente se pasa un rato (¿agradable?) viéndola. Ahora los asesinos están a nuestro alrededor y por eso los habitantes de esa casa maldita deciden estar alertas, pero no saben a quién deben encerrar bajo llave. Cuando toman una decisión no es la correcta y aunque todo parece bajo control las muertes llegan en cada esquina, en cada rincón o lugar oscuro. El matrimonio que les ha convocado discuten siempre, se insultan y desprecian, pero en el fondo parecen quererse, y lo único que desean es cierto morbo para dar aliciente a sus vidas.

141

LA GUARIDA
The hauting 1999

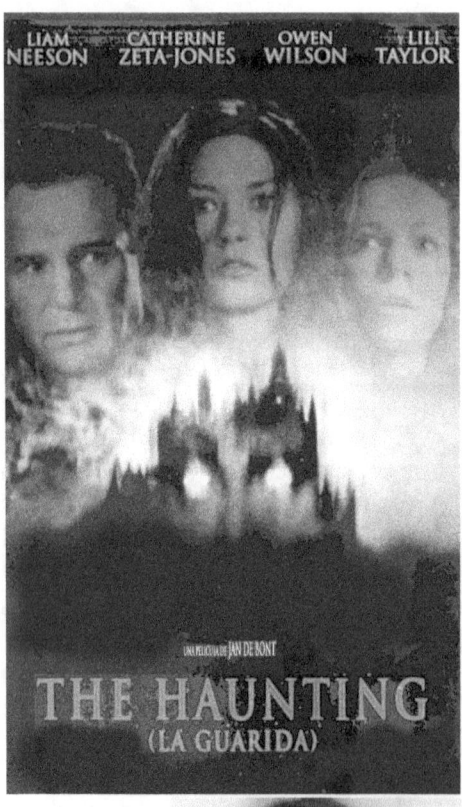

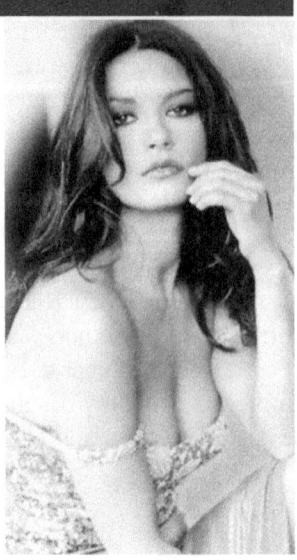

Director: Jan De Bont

Intérpretes:
LIAM NELSON
CATHERINE ZETA-JONES
LILI TAYLOR
BRUCE DERN

Como un remake de "La leyenda de la mansión del infierno", nos llevan rápidamente al interior de una casa lúgubre en la cual un inquieto investigador quiere averiguar las consecuencias del horror en las personas. Todos sabemos que el miedo es malo, pero Nelson quiere demostrarnos que es aún peor de lo imaginable y está dispuesto a que sus conejillos de indias pasen un mal rato. Lo que no sabe es que la casa tiene dueño, un enorme fantasma maléfico, que está dispuesto a amargar la existencia a quienes han osado despertarle de su sueño eterno. Y así, cuando la casa toma vida (ayudada por un presupuesto de 70 millones), el horror llega hasta el patio de butacas y resulta difícil no agarrarse al compañero de al lado.

El plantel de buenos intérpretes es motivo suficiente para verla, y aunque algo absorbidos por los efectos especiales y un sonido sobrecogedor, consiguen que les prestemos la adecuada atención, especialmente a Nelson y Zeta-Jones: Gracias a ellos consiguen que nos creamos la historia.

LA HABITACIÓN DEL PÁNICO
Panic room 2002

Director: David Fincher
Guión: David Koepp
Música: Howard Shore
Fotografía: Conrad W. Hall y Darius Khondji
Montaje: James Haygood y Angus Wall

Intérpretes:
JODIE FOSTER: Meg Altman
FOREST WHITAKER: Burnham
JARED LETO: Junior
KRISTEN STEWART: Sarah Altman
DWIGHT YOAKAM: Raoul

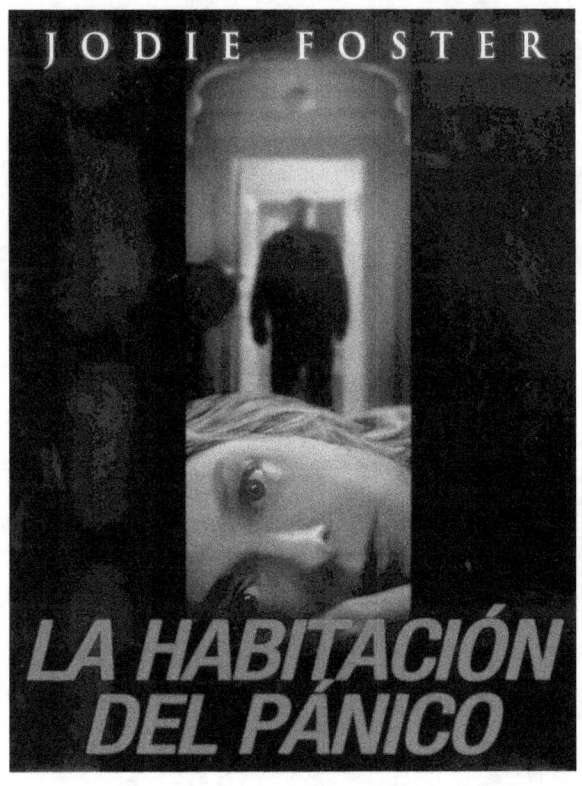

La recién divorciada Meg Altman y su hija Sarah, forman parte de un juego mortal con tres intrusos que invaden brutalmente su hogar: Brunham, Raoul y Junior. Ahora están atrapadas en "la habitación del pánico" de su casa de Nueva York, un lugar oculto construido como refugio en caso de robo; pero la propia habitación será el centro de atención, ya que lo que buscan los intrusos está en el interior de ésta.

Con este claustrofóbico argumento, la modosita Jodie Foster es capaz de prender la atención del espectador hacia sí misma, pues las cuatro paredes de su encierro forzoso se nos hacen familiares a los pocos minutos. Con algunos errores científicos sobre la capacidad de supervivencia en

143

un lugar así, y sobre el efecto que las explosiones pueden causar en las personas, la tensión se mantiene dentro de la línea habitual, llegando a un punto en el cual el espectador se pregunta qué podría hacer él mismo en esas circunstancias. Ya sabemos que la mayoría no somos tan agudos mentalmente como Foster, siendo esta la razón por la cual nos asombra su sagacidad y rapidez de respuesta.

LA CASA DE LOS 1.000 CADÁVERES
The House of 1000 corpses 2003

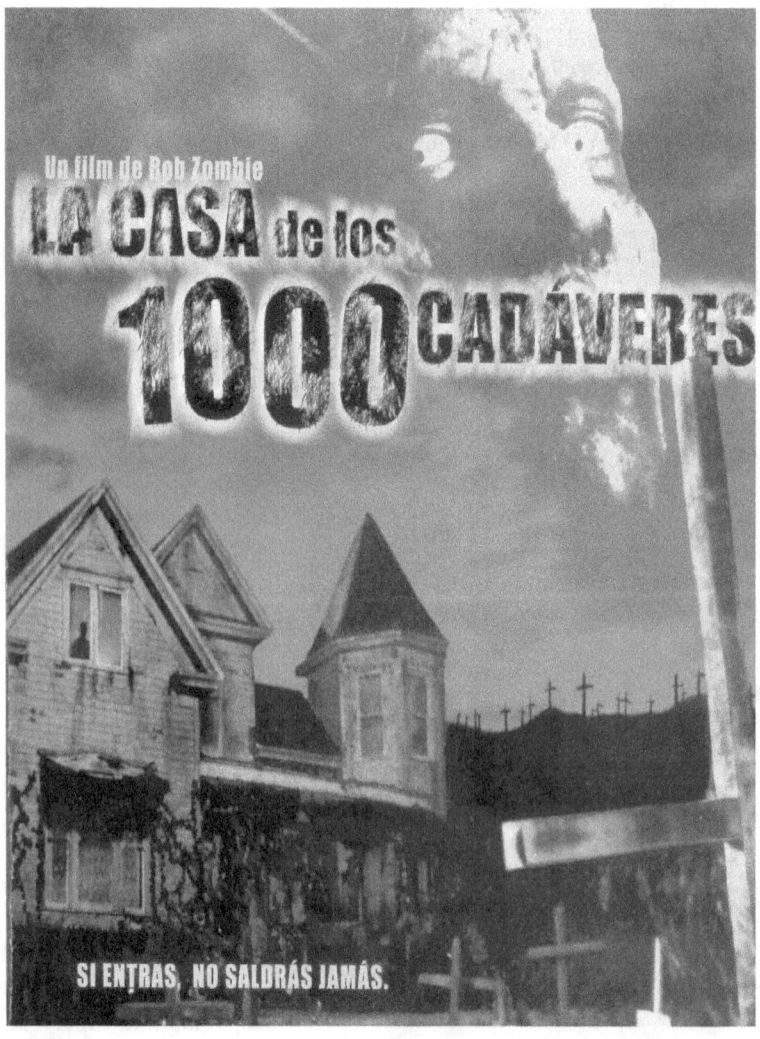

Director: Rob Zombie
Guión: Rob Zombie
Fotografía: Tom Richmond
Música: R. Zombie y Scout Humphrey

Intérpretes:
SID HAIG: Capitán Spaulding
BILL MOSELEY: Otis
KAREN BLACK: Mamá Firefly

Como siempre, unos despistados jóvenes se pierden en la carretera y llegan hasta una gasolinera destartalada, donde establecen contacto con la historia del doctor Satán, cuyo nombre hace honor a sus costumbres. El capitán Spaulding era el propietario del "Museo de Monstruos y Descerebrados", quien regentaba con orgullo esa gasolinera a donde llegan los cansados viajeros para llenar sus depósitos de gasolina y sus estómagos con la receta de pollo frito secreta del anfitrión.

Aficionado a descuartizar a los infelices y torturador inspirado seguramente por el diablo, es toda una leyenda en el lugar. Los chicos, puesto que no tienen otra cosa que hacer en ese momento, investigan sobre su vida, muerte y obra, encontrándose con una familia de asesinos mucho más truculentos que el mencionado doctor. Formada por un elenco de personajes delirantes, con cada corte de garganta o puñalada en el pecho han logrado tener una amplia colección de restos humanos.

Con un espíritu satánico más próximo al circo que al cine gore tradicional, el guionista nos describe todos los tópicos del cine de los setenta, aunque con mucha más sangre si cabe. Para muchos es una muestra de pésimo gusto, casi una parodia truculenta del buen cine de terror, aunque quizá hayamos asistido mejor a una muestra del cine que pronto se pondrá de moda. La atractiva Sheri Moon se muestra tan perversa como mala actriz, lo que deja en entredicho su continuación en el cine.

Inspirada en la misma historia que *La matanza de Texas*, pero sin aportar ni un gramo de su buen hacer, este director de curioso apellido nos lleva al cine más cutre y soez de la historia. Tanto es así, que el filme tuvo problemas para ser exhibido, aunque siempre hay algún distribuidor que piensa que precisamente por su mala calidad tendrá éxito. La dosis de sangre llega en esta ocasión hasta las últimas filas del cine y si no fuera por cierto sentido del humor, sería difícil encontrar mérito alguno a esta descerebrada cinta. Si la ven, les deseo que ustedes la sufran bien.

ASESINOS

SINIESTROS

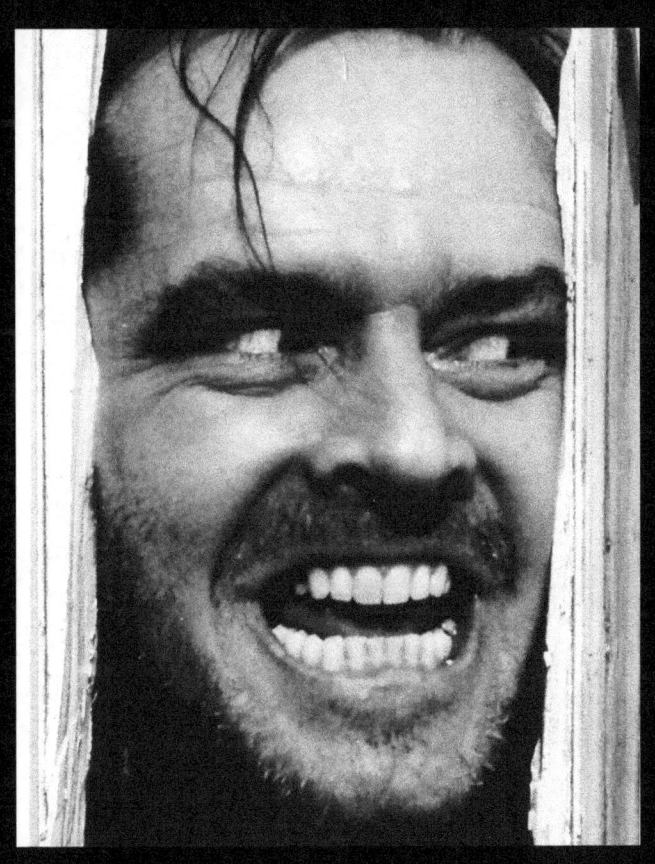

LOS CRÍMENES DEL MUSEO DE CERA
House of wax 1953

Director: Andre de Toth
Guión: Crane Wilbur
Basada en la novela de: Charles Welden
Fotografía: Bert Glennon

Intérpretes:
VINCENT PRICE: Profesor Henry Jarrod
FRANK LOVEJOY: Teniente Tom Brennan
CAROLYN JONES: Cathy Gray
PHYLLIS KIRK: Sue Allen

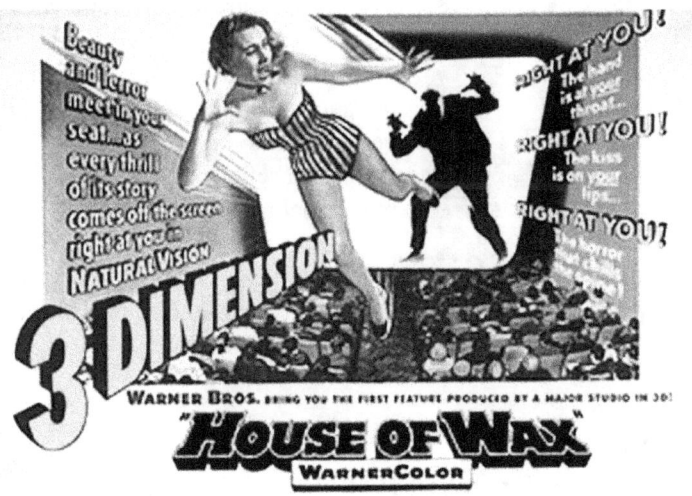

Sin lugar a dudas, el clásico de terror más aplaudido y que todavía resiste bien el paso del tiempo. Fue también el filme que consagró a Vincent Price como el malo de las películas. Se proyectó al principio en 3D, aunque posteriormente se volvió a exhibir en sistema normal y con el mismo éxito.

La historia nos habla de un escultor de figuras de cera, traicionado por su socio y quemado junto con todo el museo de cera, pero que logra sobrevivir. Aunque muy deformado y con las manos inútiles, vuelve a dar vida a sus esculturas mediante el ingenioso sistema de sumergir a los cadáveres en un baño de cera hirviendo. El éxito del nuevo museo es total, ya que el parecido con la realidad es perfecto. Unos misteriosos asesinatos, más el secuestro de una guapa chica, ponen a la policía sobre sus huellas.

Remake de "Misterio en el museo de cera".

EL FOTÓGRAFO DEL PÁNICO
Peeping Tom 1959

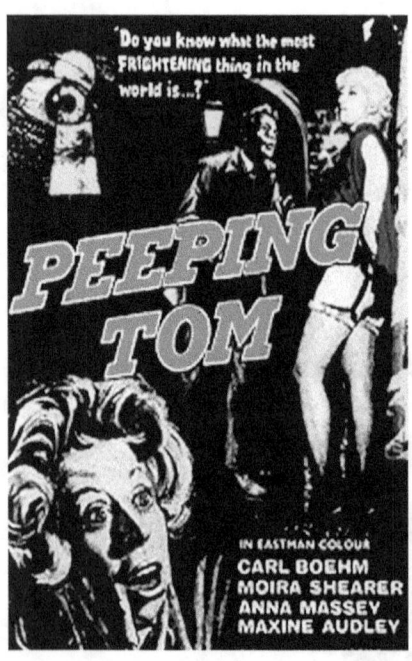

Guión: Leo Marks
Fotografía: Hotto Heller
Director: Michael Powell

Intérpretes:
KARL H. BOEHM: Mark Lewis
ANNA MASSEY: Helen Stephens
MOIRA SHEARER: Vivian

Película de culto que goza de bastante reputación entre los profesionales del cine. Interpretada por el ídolo quinceañero del momento Karl Boehm, quien se hizo famoso por su papel de Francisco José en «Sissy», le vemos ahora interpretando a un fotógrafo que busca reflejar con su cámara la verdadera cara del miedo. Su motivación, sin embargo, no es meramente artística, pues en su interior bulle el sadismo generado por el mal trato que le ocasionó su padre en la niñez, lo que le hizo enloquecer.

LAS DOS CARAS DEL DOCTOR JEKYLL
The two faces of Dr. Jekyll 1960

Historia: Robert L. Stevenson
Director: Terence Fisher

Intérpretes:
CHRISTOPHER LEE: Paul Allen
PAUL MASSIE: Jekyll/Hyde
DAWN ADAMS: Kitty Jekyll.

Numerosos son los filmes en los cuales se ha tocado este mito de la transformación del hombre apacible en otro asesino y despiadado. Los productores, con el fin de marcar alguna diferencia entre ellos, buscaban toda clase recursos, los cuales casi siempre se alejaban del argumento original, como en el caso que nos

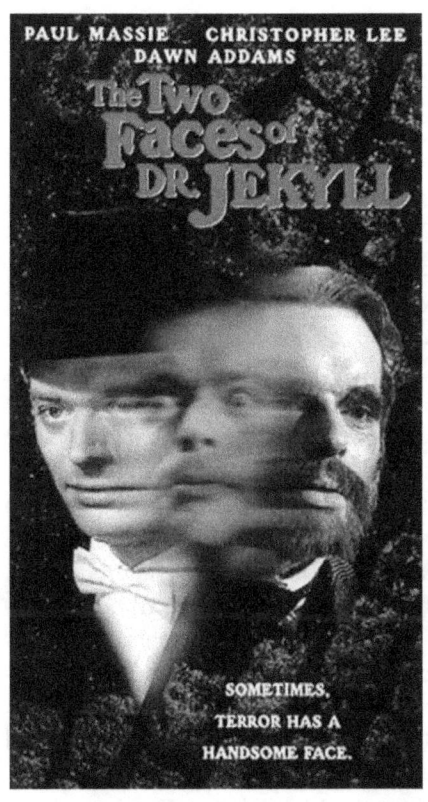

ocupa. Al igual que hiciera Jerry Lewis algunos años después, en este caso la transformación en Hyde no es en un sádico y deforme asesino, sino en un bello joven, seductor, aunque dotado de una gran maldad. Otros actores han interpretado el mismo argumento con algunas variantes y entre ellos tenemos a Eddie Murphy, la actriz Sean Young y hasta el cantante Raphael, en este caso en un musical.

La película es desigual, pues en ocasiones se centra exageradamente en los matices psicológicos, mientras que en otras parece no tomarse en serio el texto de Stevenson. La historia enfatiza la relación entre su infiel esposa y el señor Jekyll, mostrándole a él feo y tortuoso cuando no toma su pócima, y guapo pero malvado cuando la ingiere.

Desgraciadamente, los diálogos llegan a ser aburridos, tanto como las situaciones, soportables en parte por la especial mirada de Christopher Lee.

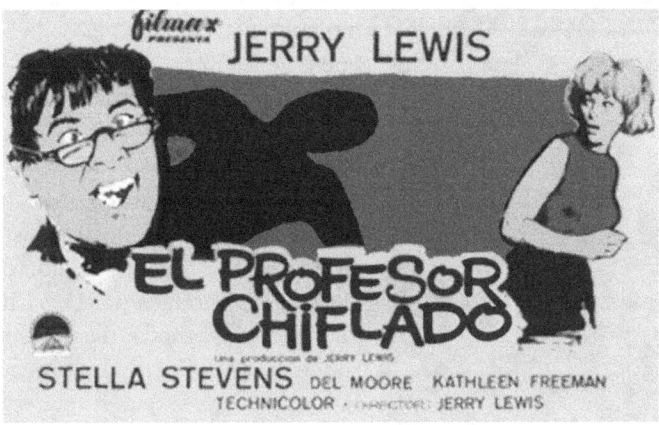

Otra versión más interesante es la que interpretaron Spencer Tracy e Ingrid Bergman, así como la interpretada por Jerry Lewis con el título de "**El profesor chiflado**".

EL FANTASMA DE LA ÓPERA
The phantom of the opera 1961

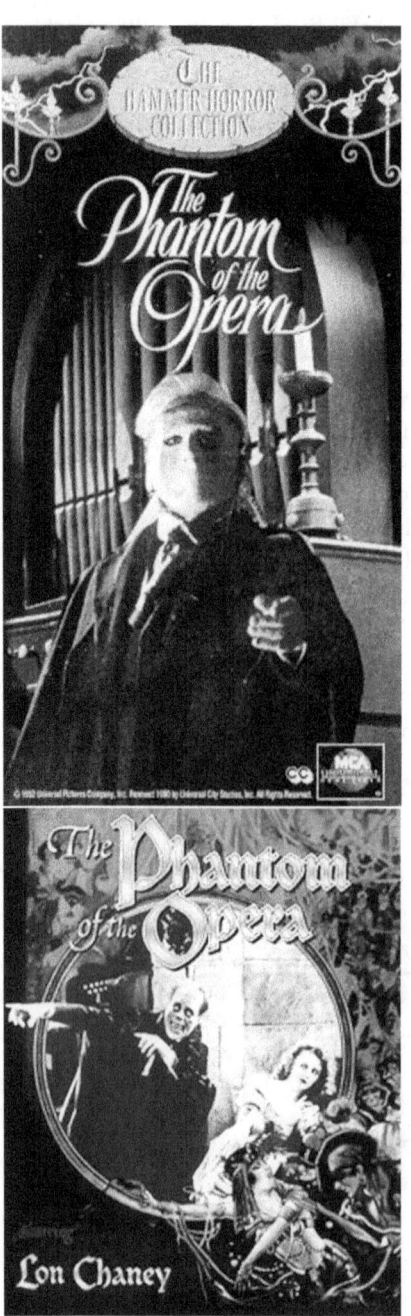

Historia: Gaston Leroux
Director: Terence Fisher

Intérpretes:
HERBERT LOM: El Fantasma
HEATHER SEARS: Christine Charles
MICHAEL GOUGH: Lord Ambrose.
THORLEY WALTERS

De entre la multitud de versiones que se han hecho del mito del hombre deforme que asesina en la ópera, hemos escogido ésta de la Hammer, no por ser la mejor, que quizá lo es, sino porque al menos está hecha con la seriedad que caracterizaba a esta productora. No obstante, en conjunto el filme es desigual, a veces involuntariamente psicológico, y con frecuencia cómico, aportando también diálogos y situaciones aburridas. Las 400.000 libras que costó su puesta en cartel (cifra enorme si la comparamos con las 60.000 de "La Maldición de Frankenstein"), fueron utilizadas esencialmente como reclamo publicitario, recreándose la historia en la ópera de Londres.

Lom interpreta acertadamente al deforme músico en esta tercera versión para la pantalla. Años después se realizó una versión extendida a 90 minutos, con algunas conversaciones del detective que investiga al asesino huidizo. La primera versión data de 1925 y estaba interpretada por Lon Chaney, mientras que la segunda fue producida por la Hammer en 1943 bajo las órdenes de Arthur Lubin.

En 1974, Briam DePalma dirigió una meritoria versión con el título "El fantasma del paraíso".

EL ABOMINABLE DOCTOR PHIBES
The abominable doctor Phibes 1971

Director: Robert Funest
Productor: Louis M. Heyward, Ronald S. Dunas
Guión: James Whiton, William Goldstein
Fotografía: Norman Warwick
Música: Basil Kirchin

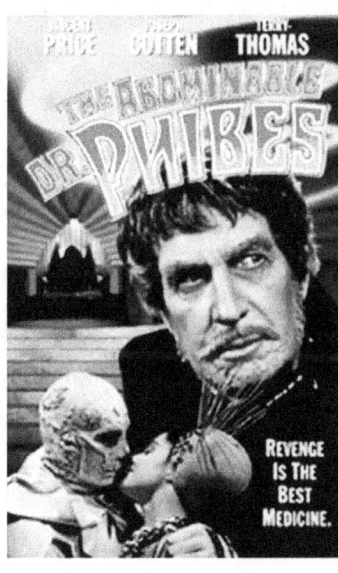

Intérpretes:
JOSEPH COTTEN: Dr. Vesalius
TERRY THOMAS: Dr. Lonstreet
HUGH GRIFFITH: Rabbi
VINCENT PRICE: Dr. Phibes.

Coproducción entre Estados Unidos y el Reino Unido, la cual tuvo una secuela de poco éxito titulada «El retorno del Dr. Phibes». En esta primera parte, un doctor venga la muerte de su esposa acontecida en el quirófano y mata a todos cuantos intervinieron en la operación inspirándose en las 7 plagas de Egipto. En un accidente de automóvil la cara de ese doctor queda horriblemente desfigurada, culpando igualmente de ello a sus enemigos.

LA MATANZA DE TEXAS
The Texas chainsaw massacre 1974

Director: Tobe Hopper
Productor: Tobe Hooper
Guión: Kim Henkel, Tobe Hooper
Fotografía: Daniel Pearl
Música: Tobe Hooper, Wayne Bell

Intérpretes:
MARILYN BURNS: Sally
ALLEN DANZINGER: Jerry
PAUL A. PARTAIN: Franklin
WILLIAMS VAIL: Kirk
GUNNAR HANSEN: Cara de cuero

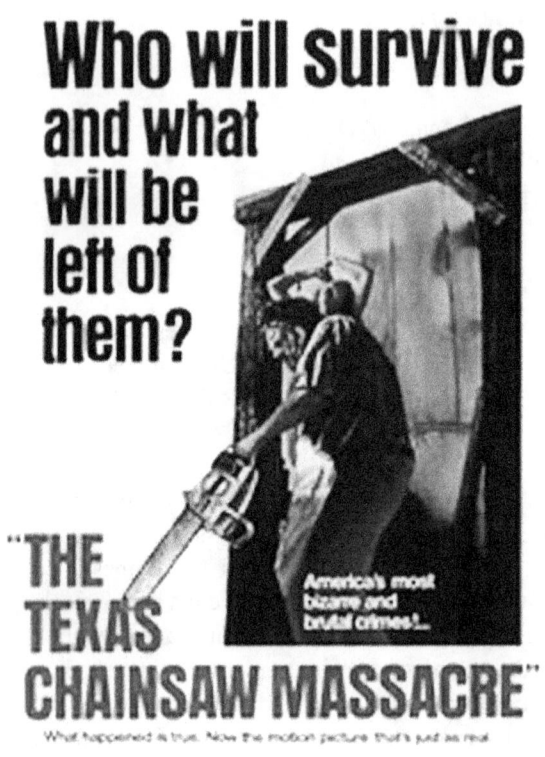

Who will survive
and what
will be
left of
them?

"THE
TEXAS
CHAINSAW MASSACRE"

What happened is true. Now the motion picture that's just as real

America's most bizarre and brutal crimes!...

La trama (basada en hechos reales) nos habla de cómo dos chicas y tres chicos van a un pequeño pueblo en su furgoneta y en el camino recogen a un autoestopista a quien le encanta beber sangre. Pronto se desvían de su ruta y llegan a una casa vieja, aparentemente deshabitada. Las dos muchachas se ríen cuando los chicos se revuelcan por la basura en el suelo, pero uno de ellos pronto nota algo extraño en el lugar. A partir de entonces, nuestro amigo, el de la sierra mecánica, no parará de cortar cuanta anatomía humana se le ponga por delante, para deleite de los espectadores. Especialmente virulenta es la escena en que persigue a la joven chica y le da caza con una risa siniestra y la sierra mecánica en su mano.

Hubo una secuela en 1982 que ni siquiera llegó a la gran pantalla, otra tercera titulada como "La matanza de Texas III", estrenada en 1989, que fue en realidad un remake de la primera, pero con mucha más violencia y sangre. El cuarto intento de 2003 fue algo más acertado.

LA CRIATURA: LEATHERFACE (CARA DE CUERO)

Considerado como uno de los asesinos menos piadosos con sus víctimas, este amante de las sierras mecánicas disfruta cortando en pedazos a cuantos turistas llegan a sus dominios, afición que comparte con su padre, su abuelo y su hermano.

Cuando la palabra "slasher" viene a nuestra mente, la mayoría de la gente piensa en nombres como Jason, Freddy, o Michael Myers, pero apenas en Leatherface; sin embargo, este es el personaje que estableció el género conocido como "slasher". Le podemos considerar como el asesino enmascarado original, el hombre responsable de hacer que este monstruo llegue a formar parte de nuestras pesadillas y que responde al nombre real de Gunnar Hansen.

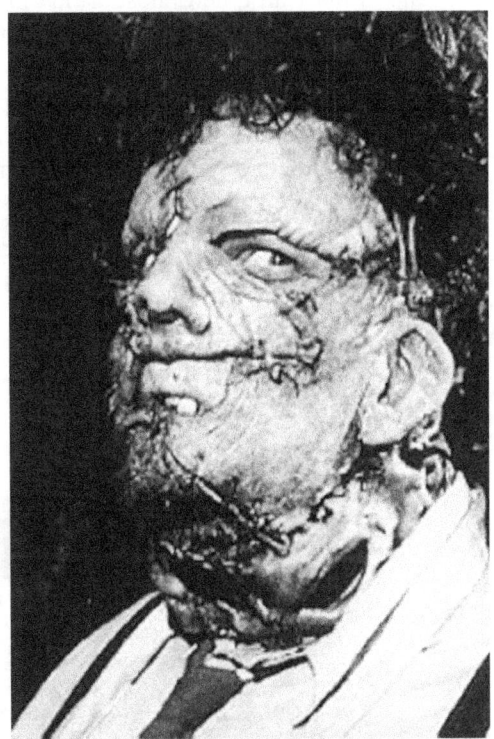

Una de las cosas que distinguen a Leatherface de otros slashers típicos es que su matanza está motivada por el instinto de supervivencia, pues aunque pueda parecer sádico y enfermo mental, realmente mata para proporcionar alimento a su familia. No le impulsa asesinar adolescentes por venganza, rencor o sexo, sino solamente para lograr comida en un lugar inhóspito. No obstante, eso le hace ser un adversario aun más peligroso, porque el hambre es probablemente nuestro impulso más fuerte.

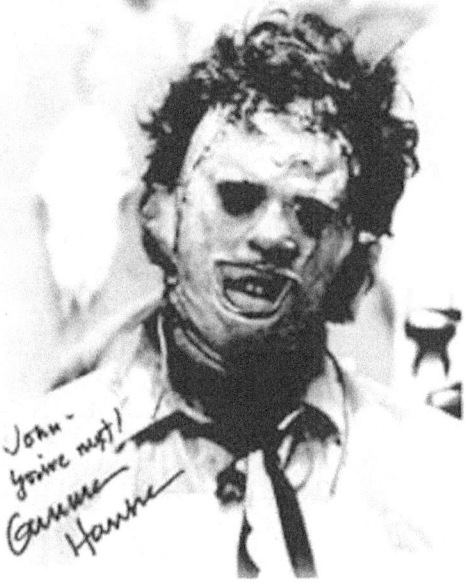

Otra cosa que hace de este monstruo diferente a otros, es que se esconde detrás de una careta de cuero, pues su piel es sumamente blanca y poco atractiva. Bajo la máscara quiere mostrar una intensa personalidad que realmente no posee, ya que ni siquiera posee un cuerpo alto, enorme o fornido. Ello no le impide, sin embargo, matar y destripar rápidamente a sus víctimas.

Gunnar Hansen estuvo magnífico en el papel de Leatherface, pero desafortunadamente nadie volvió a contar con él en las secuelas. Con el tiempo, los guionistas destruyeron el carácter que Gunnar moldeó en la pantalla grande y la consecuencia es que le otorgaron una identidad falsa, hasta con emociones humanas, le que difícilmente podría funcionar. Con el tiempo, llegó a ser hasta cómico y menos terrorífico.

LA COLINA TIENE OJOS
The Hills Have Eyes 1977

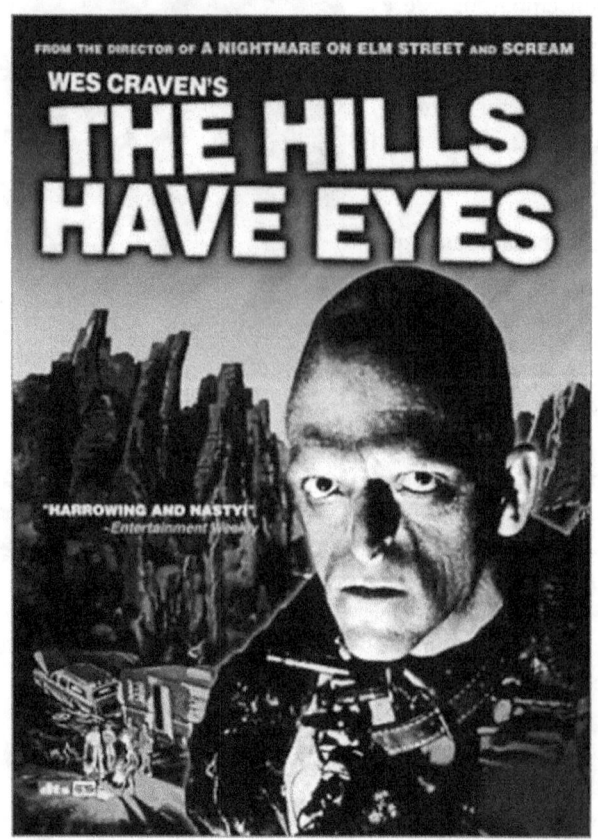

Productor: Peter Locke
Director: Wes Craven
Guión: Wes Craven
Fotografía: Eric Saarinen
Compositor: Don Peake

Intérpretes:
JANUS BLYTHE: Ruby
LANCE GORDON: Marte
DEE WALLACE: Lynn
JAMES WHITWORTH: Júpiter
MARTIN SPEER: Doug
MICHAEL BERRYMAN: Plutón
RUSS GRIEVE: Fred

Con un argumento basado en una historia real en la cual una familia de depravados violaba, robaba y finalmente asesinaba a cuantas gentes se atrevían a cruzar su territorio en el desierto, se nos cuenta una película cuyo argumento creemos no llega a superar en horror a la verdadera historia.

Rodada con un presupuesto mínimo, apenas cien millones de pesetas, con aficionados y actores debutantes, así como con entusiastas en el maquillaje y las caretas, esta película que se estrenó en la temporada veraniega, fue un éxito rotundo de público. Pasados los años se rodó una secuela, con más medios, pero tan alejada de la original que solamente guardaba relación con ella en el título.

Al igual que su predecesora "La última casa a la izquierda", "La colina..." abunda en escenas sangrientas, como la matanza de la mujer después de violarla salvajemente, repulsivas como cuando hablan de criar o comerse al bebé, y futuristas, dando la pauta a la saga de Mad Max.

Especial revelación la constituyó el actor Michael Berryman, quien a pesar de tener un físico aterrador no había conseguido hacerse popular hasta esta película.

EL RESPLANDOR
The shinning 1980

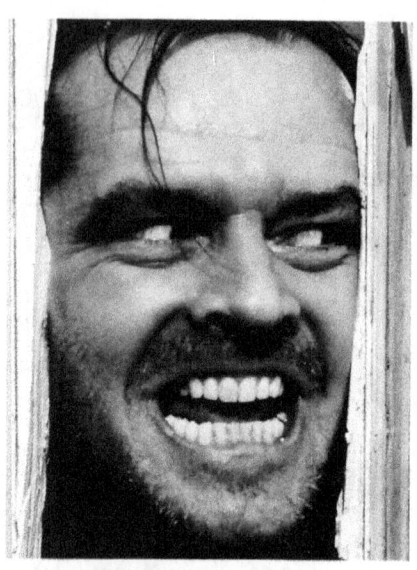

STANLEY KUBRICK
EL RESPLANDOR

Argumento: Stephen King
Guión: Stanley Kubrick
Director: Stanley Kubrick

Intérpretes:
JACK NICHOLSON: Jack Torrance
SHELLEY DUVALL: Wendy Torrance
DANNY LLOYD: Danny Torrance.

Un antiguo maestro, totalmente alcoho-lizado, consigue por fin un trabajo como vigilante en un hotel que permanece cerra-do durante esa temporada invernal. Dicho hotel ejerce una especie de maleficio sobre nuestro protagonista, el cual se vuelve loco y deseoso de matar a su familia, tal y como antes hiciera su antiguo cuidador. Pronto, el apacible padre y esposo saca los dientes, muestra una mirada aterradora, y persigue con una cortante hacha a su esposa, mien-tras que el pequeño intenta ponerse a salvo. Toda resistencia parece imposible en este gran hotel, y en el exterior una intensa nevada corta toda posibilidad de escapa-toria. Solamente una antigua radio consigue enviar un mensaje al exterior, pero quienes les ayudan acaban igualmente asesinados por Jack.

Estrenada con una gran polémica, y menospreciada frecuentemente por los críticos, con los años ha ganado prestigio y hoy en día nadie duda ya de lo acer-tado de este binomio Kubrick-King. Al contrario que en otros filmes, Kubrick mueve con mayor dinamismo su cámara, y la acción es intensa desde los prime-ros momentos, aunque nosotros hubiéramos deseado encontrar a un Nicholson menos gesticulante.

AQUELLA CASA AL LADO DEL CEMENTERIO
Quella villa accanto al cimitero 1981

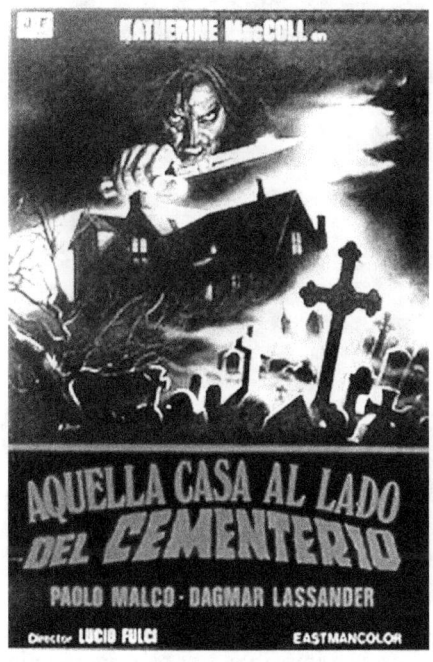

Director: Lucio Fulci

Intérpretes:
PAOLO MALCO
ANA PIERONI

Película con argumento sangriento que constituyó un éxito total de público y el descubrimiento de un director que era capaz de sacar partido de un argumento tan macabro. La trama, nada nuevo, ya que nos centra otra vez en una vieja casa encantada en la que sus habitantes lo pasan fatal, siendo asesinados uno tras otro. No obstante, para los aficionados al cine gore se trata de una gran película.

BENDICION MORTAL
Deadly blessing 1981

Director: Wes Craven

Intérpretes:
MAREN JENSEN
SUSAN BUCKNER
SHARON STONE
LOIS NETTLETON
ERNEST BORGNINE

Cuando aún era un desconocido, Wes Craven dirigió esta interesante película en la cual nos narra la experiencia traumática de una esposa que ha asistido al inexplicable y aterrador asesinato de su marido. Desorientada y temerosa de ser la próxima víctima, acude a pedir ayuda a sus dos amigas, pero la presencia del jefe de una secta religiosa de costumbres férreas complica las cosas,

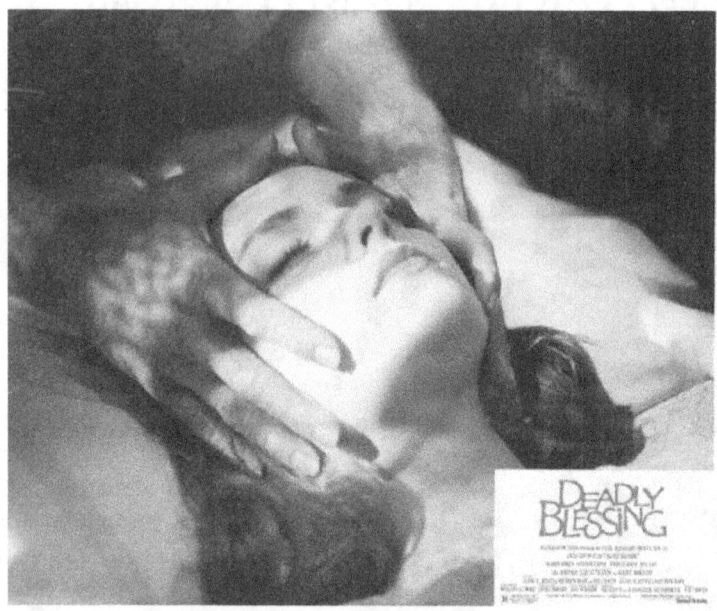

especialmente porque uno de sus miembros ha sido igualmente asesinado. Ellos las culpan entonces de haber atraído al Íncubo, un maligno diablo sediento del sexo que ellas parecen mostrar, por lo que no solamente no las ayudan sino que las aterrorizan todavía más. El asesino real es casi invisible, por eso cuando cierra con fuerza las pesadas puertas del granero, con nuestra protagonista allí dentro, el espectador sabe que la sangre está próxima.

No perderse la presencia de la jovencísima Sharon Stone, casi irreconocible, ni cuando una araña se mete dentro de la boca de la guapa durmiente.

VIDEODROME
1988

Director: David Cronenberg
Guión: David Cronenberg

Intérpretes:
JAMES WOODS: Max Renn
SONJA SMITH: Bianca O'Blivion
DEBORAH HARRY: Nick Brand

Ahora es la televisión la puerta de los horrores, ya que sus mensajes subliminales se hacen realidad y convierten a las personas en dementes impulsivos.

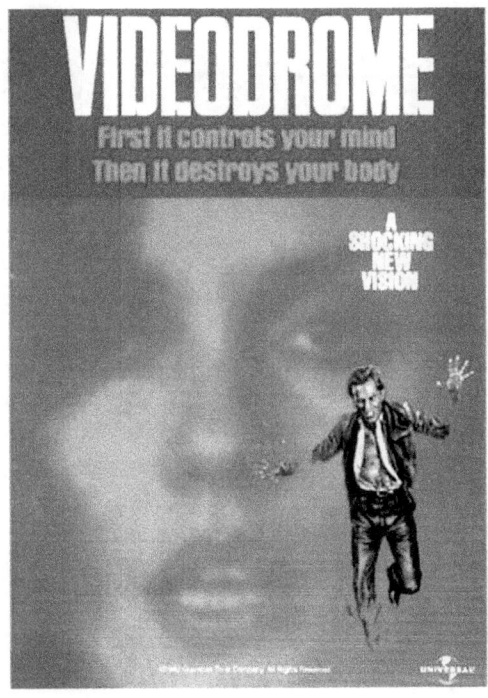

Nuestro protagonista, director de una pequeña emisora de televisión, tiene que hacer frente a una emisora pirata que mediante su programa «videodrome» es capaz de hacer daños serios a los telespectadores. Al principio nadie le cree, pero la larga cadena de sangrientos sucesos ponen en alerta a nuevos colaboradores.

SHOCKER
1989

Director: Wes Craven

Intérpretes:
MICHAEL MURPHY
PETER BERG
CAMI COOPER
MITCH PILEGGI: Horace Pinker.

Un despiadado asesino es condenado a la silla eléctrica, pero aunque su cuerpo queda achicharrado su espíritu logra introducirse en los cuerpos humanos y continuar matando; solamente su cojera logra delatarle. Pero sus maldades son mucho más intensas y también es capaz de introducirse en los sueños de sus

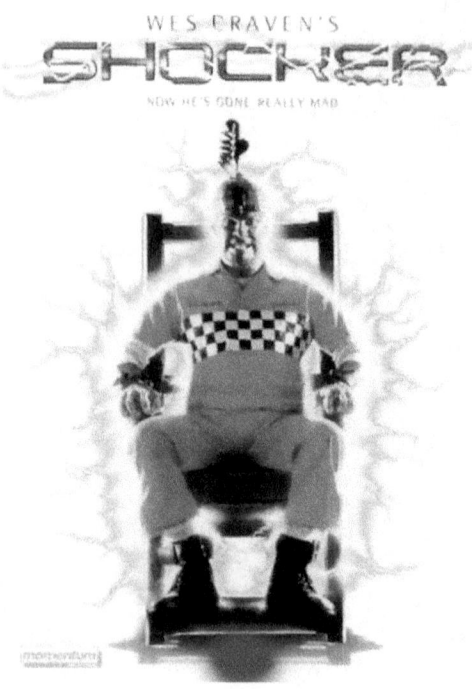

víctimas, entrando y saliendo por los rayos catódicos de la televisión. Todo ello hace que sea muy difícil vencerle, ya que incluso la electricidad le hace más fuerte.

El director Wes Craven, que ya tiene su puesto en el cine como un clásico de películas de terror, logra un filme original, bastante terrorífico y con algunos buenos efectos especiales, especialmente cuando el asesino sale de la televisión para ejecutar su macabro instinto.

LA TUTORA
The guardian 1990

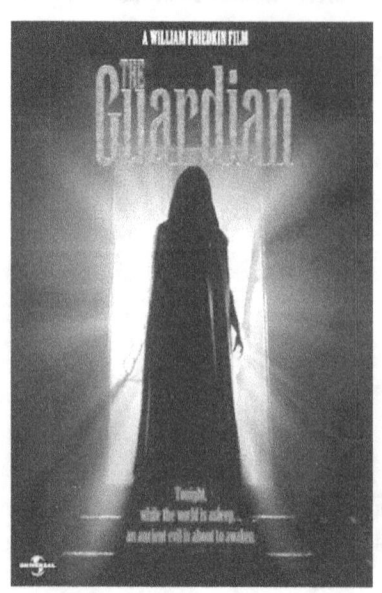

Director: William Friedkin
Guión: William Friedkin

Intérpretes:
JENNY SEAGROVE: Camilla
DWIER BROWN: Phil
CAREY LOWELL: Kate

La guapa niñera llega a esa tranquila vivienda casi como Mary Poppins, después de conseguir que el resto de las aspirantes abandonen por causas ajenas a su voluntad. Ella es dulce, habla poco y hasta cuida al bebé con cariño, pero aprovecha las noches para acostarse con el joven marido que no acaba de creerse tal acontecimiento. Pero

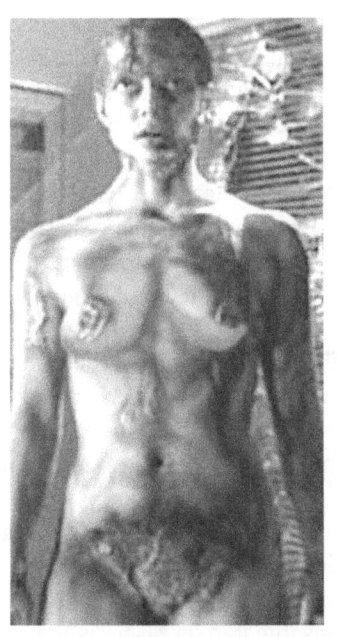

después se quita la careta y demuestra que detrás de ese bello rostro está una aspirante a Satán, cuya morada se encuentra en un árbol escondido en el bosque. Allí están los cadáveres de los niños asesinados con anterioridad.

Inquietante y bien llevada, la película transcurre poniendo en la duda del espectador cuál será el destino final del recién nacido. Varios desnudos integrales de la protagonista, escenas de amor sombrías, y correctamente adiestrados los perversos lobos, proporcionan un resultado bastante favorable.

EL SILENCIO DE LOS CORDEROS
The silence of the lambs 1991

Director: Jonathan Demme

Intérpretes:
JODIE FOSTER
ANTHONY HOPKINS
SCOTT GLENN
KASI LEMMONS
LAWRENCE A. BONNEY

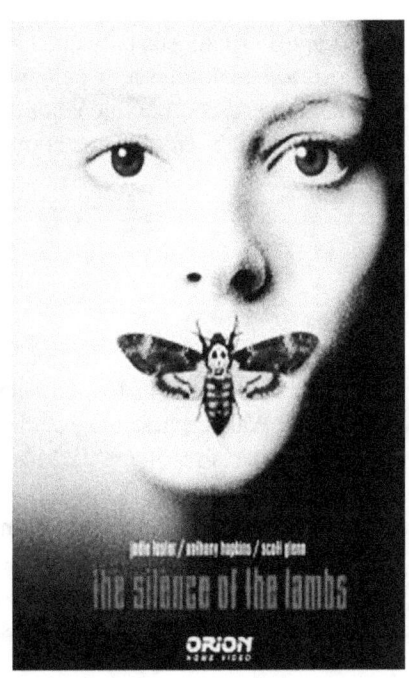

Una aventajada alumna del FBI, va tras la pista de un asesino apodado Búfalo Bill, pero para descubrirle debe recurrir a Hannibal Lecter, un prestigioso psiquiatra condenado a cadena perpetua por espantosos crímenes y actos de canibalismo. Entre tan inquietante personaje y la agente se establece una ambigua relación.

Aunque las películas de horror están enfocadas a mostrar las nuevas maneras de desmembrar, decapitar y castrar a las víctimas en la pantalla, el género está convirtiéndose en uno de los métodos más intelectuales para aterrar y cautivar al espectador. Esta película de miedo y ansiedad del director Jonathan Demme (basada en la novela de Thomas Harris), nos lleva al mundo del horriblemente retorcido y sociópata encarcelado Hannibal "El caníbal" Lecter.

"El silencio de los Corderos" es una extraña película de terror, pues se aprovecha más del pánico psicológico que del físico, generando un nuevo sistema para hacernos temblar. Esto es debido en parte al delirantemente argumento de la novela de Harris, fielmente trasladada a la pantalla por el dramaturgo Ted Tally, así como la inspirada dirección de Demme.

"Yo creo que hemos reproducido fielmente el libro -dice Demme-. Además, y aunque el espectador haya leído la novela, conseguiremos que se quede pegado al asiento." Demme es un alumno de la New World Pictures desde los años 70, y rápidamente asumió las técnicas de Roger Corman en cuanto a dirigir con bajo presupuesto y en un tiempo récord. Sin embargo, y al contrario que en los filmes de Corman, que buscaba ante todo impactar con las escenas, Demme siguió la dirección opuesta y los mezcló con los dramas y los sentimientos. "El silencio de los Corderos" es la primera vez que Demme se aventura en el lado oscuro del cine, y demuestra ser capaz de servirnos una dosis saludable de vísceras y sangre, así como gran cantidad de cadáveres desollados en múltiples posiciones.

Neófito en la arena del género de terror, Demme intentó equilibrar los elementos espantosos para que no predominaran demasiado, pues intentaba crear un ritmo psicológico a la película. "Cualquier director de cine tiene una relación continuada con la violencia en la pantalla, pero si cuidamos esa violencia, inevitablemente inculcaremos el modo afable de resolver los conflictos."

ANTHONY HOPKINS

(1937 -   )

Phillip Anthony Hopkins nació el 13 de diciembre de 1937, en Port Talbot, South Wales, cursando estudios en Cowbridge Grammar School, Glamorgan, Wales; Welsh College de Música y Drama, Cardiff, Wales, y la Real Academia de Arte Dramático, Londres.

Considerado a menudo como el sucesor de Richard Burton, Hopkins era ya un actor famoso en el Teatro Nacional británico mucho antes de dedicarse al cine. De la mano de otro no menos magnífico actor, Sir Laurence Olivier, consiguió interpretar las obras de Shakespeare durante los años 60, haciendo su primera aparición con "Julio César" y posteriormente alcanzó gran éxito en "Pravda", Madame Butterfly" y "El rey Lear". Durante tres años de trabajo intenso se dedi-

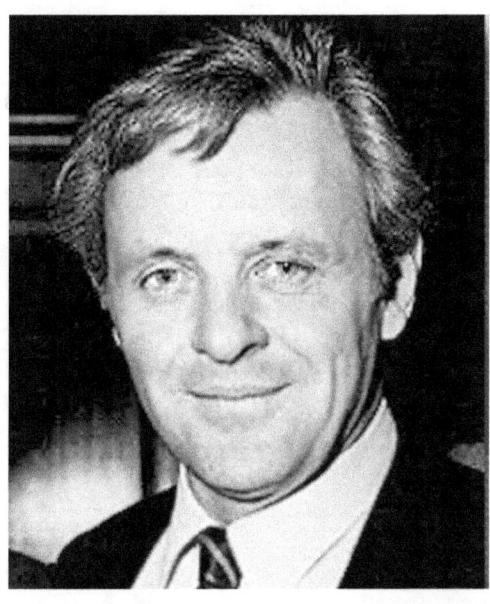

có al teatro británico, consiguiendo gran renombre cuando hizo "Marco Antonio y Cleopatra".

Su primera película fue "El león en invierno" en 1968, junto a Peter O'Toole y Katharine Hepburn, interpretando el personaje de Ricardo Corazón de León, aunque en esta ocasión el popular rey se mostraba débil y con ciertas dosis de homosexualidad.

Hopkins ganó varios premios en 1975 durante su paso por los teatros de Broadway con la obra "Equus", en la cual interpreta a un psiquiatra que cuestiona el significado de su propia vida cuando trata a un hombre joven, apasionado y perturbado, que además de asesino siente una pasión enfermiza por los caballos. Irónicamente, Burton tuvo más éxito en el cine con esta película, que Hopkins en la producción de Broadway, la cual sirvió para promocionar el filme.

Hopkins ha interpretado personajes obsesionados, como el ventrílocuo en "Magic" en 1978 o el Capitán Bligh en "Motín a bordo" de 1984. También le vimos en papeles de hombres reprimidos y poco habladores, y como personas apacibles. En televisión alcanzó igualmente grandes éxitos con obras como "Guerra y paz", "El búnker" y "Mussolini y yo".

Su gran salto a la fama lo logró con el papel de Hannibal Lecter, el asesino en serie inteligente, en la película dirigida por Jonathan Demme "El silencio de los corderos" (1991), que le proporcionó su primer Oscar como el Mejor Actor del año.

Hopkins siguió ya imparable su ascenso al prestigio como actor cuando interpretó al mítico caza vampiros Val Helsing en la adaptación de Ford Coppola de la obra de Bram Stoker "Drácula" (1992), una versión con mucho lujo y efectos especiales que rompía todos los moldes sobre el célebre vampiro.

Actuación igualmente importante y que proporciona una gran solidez al filme, fue como el padre herido en la epopeya familiar norteamericana "Leyendas de pasión" (1995), junto a Brad Pitt, filme que realizó unas semanas antes de encarnar al 37th Presidente norteamericano, Richard Nixon, en la polémica obra de Oliver Stone "Nixon" (1995.)

Hopkins dirigió con bastante acierto "August" (1996), una adaptación del "Tío Vanya" de Chekhov y posteriormente le hemos visto encarnando al pintor español Pablo Picasso, en el biopic "Sobrevivir a Picasso" dirigido por James Ivory en 1996. Realizó igualmente una interpretación memorable en "El balneario de Battle Creek" (1996), en donde interpreta la vida real del inventor de los célebres cereales "Kellog", además de ser autor también de la manta eléctrica y la mantequilla de cacahuete. Acompañado en esta ocasión por Bridget Fonda y Matthew Broderick, nos recrea las propiedades curativas de los métodos del doctor John H. Kellogg en su Instituto del Oeste para la recuperación de la Salud.

Filmografía esencial: "El león en invierno" (1968), "El enigma se llama Juggernaut" (1974), "Las dos vidas de Audrey Rose" (1977), "Un puente lejano" (1977), "El hombre elefante" (1980), "Motín a bordo" (1984), "El silencio de los corderos" (1991), "Drácula" (1992), "Chaplin" (1992), "Leyendas de pasión" (1995), "Amistad" (1997.)

ESO
It 1990

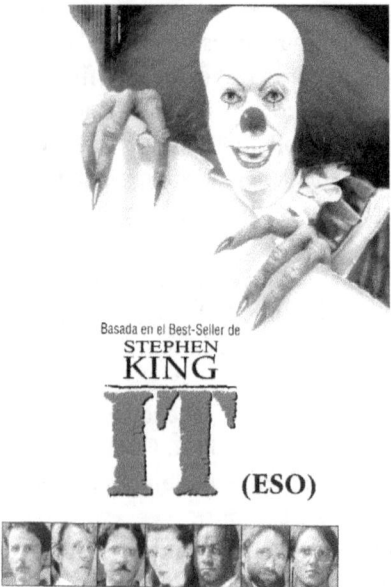

Director: Tommy Lee Wallace
Guión: Lawrence D. Cohen
Basada en una novela de: Stephen King

Intérpretes:
HARRY ANDERSON
DENNIS CHRISTOPHER
TIM CURRY
OLIVIA HUSSEY
RICHARD THOMAS

Elaborada para la televisión, tuvo su mejor triunfo en la pantalla grande y posteriormente en el mercado del vídeo. Nos cuenta la historia de un pueblo donde ocurren unas extrañas muertes, debidas a la presencia de un maléfico payaso que solamente pueden ver unos niños. 30 años después, esa misma fuerza vuelve para seguir ejerciendo su horror, hasta que esa antigua pandilla regresa, ya convertidos en adultos, para hacerle frente en su propia morada. Ahora todo es distinto, pues tienen madurez y experiencia, pero el monstruo ha crecido en maldad y eficacia, por lo que consigue seguir haciéndoles daño, además de introducirse en el subconsciente de sus víctimas, donde es el dueño y señor.

Lograda y tensa película de terror que no consiguió el merecido reconocimiento, a pesar de que se trata de una de las mejores versiones cinematográficas de los relatos de Stephen King.

EL SÓTANO DEL MIEDO
The People Under The Stairs 1991

Director: Wes Craven

Intérpretes:
BRANDON ADAMS: El Loco
EVERETT MCGILL
WENDY ROBIE

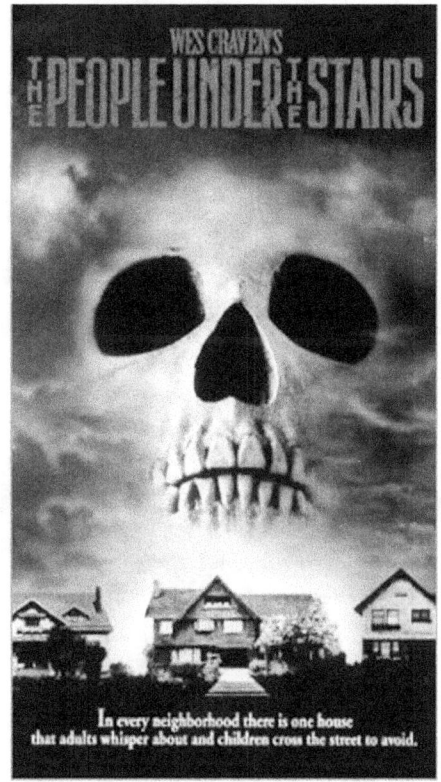

Basada en unos hechos reales, el experto en cine de terror Wes Craven nos cuenta los deseos de un matrimonio de perturbados por encontrar a un hijo modelo, pero al no conseguirlo secuestran niños y los encierran en el sótano de su siniestra mansión. Allí deberían adoctrinarles para convertirles en niños perfectos, pero realmente les torturan y mantienen hacinados en un lugar oscuro y sin ventilación, donde poco a poco sucumben. Los intentos de algunos de los jóvenes del pueblo por desenmascararles no dan los resultados apetecidos e incluso sus vidas corren serio peligro.

Con algunos viejos tópicos de siempre jóvenes buenos, mayores malísimos la historia provoca la inquietud necesaria para sentir pena por los niños encerrados, odio por el matrimonio y miedo por los que intentan resolver todo el enigma.

El director, famoso por la serie de Freddy Krueger y otras películas terroríficas, sabe cómo mantener la atención del espectador en la pantalla, aunque sea empleando escenas que rayan lo desagradable.

CANDYMAN
Candyman 1992

Director: Bernard Rose
Guión: Bernard Rose
Basada en la historia: "The Forbidden" de Clive Barker
Efectos especiales: Bob Keen

Intérpretes:
VIRGINIA MADSEN: Helen Lyle
TONY TODD: Candyman
XANDER BERKELEY: Trevor Lyle

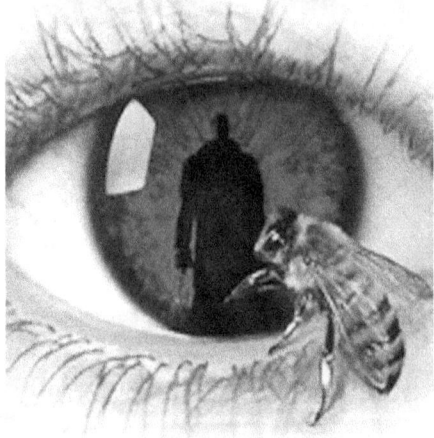

Candyman es un ser poderoso sobrenatural que frecuenta Cabrini Green, un extraño lugar al oeste de Chicago. Atrae a dus víctimas con dulces, o pone hojas de navaja de afeitar en la Víspera de Todos los Santos, mientras que las víctimas no saben si todo es un sueño o realidad. Pronto, un detective (Madsen) decide investigar unos asesinatos en serie que le llevan directamente a Candyman.

La protagonista, Helen, ha escogido como tema de su tesis a *Candyman*, una leyenda local a la que los habitantes de una de las zonas conflictivas de la ciudad atribuyen varias muertes y que se supone que aparece si susurras su nombre cinco veces frente a un espejo, para matarte con su garfio. Helen no cree en estas leyendas, pero mientras investiga en esa zona, se suceden varias muertes. Lo que aún no sabe es que cuando descubra que el culpable de alguna de ellas es un pandillero, comenzarán sus problemas, pues *Candyman* no va a permitir que la gente deje de creer en él.

Triunfadora en la taquilla de 1992, comenzó con una sencilla ganancia de 5 millones de dólares, aumentando hasta los 26 millones de dólares en poco tiempo. No obstante, no ha podido desbancar a su rival *Hellraiser*, otra buena muestra de cine de terror popular.

LA MITAD OSCURA
The Dark Half 1992

Director: George A. Romero
Argumento: Stephen King
Guión: George Romero

Intérpretes:
TIMOTHY HUTTON: Beaumont George Stark
MICHAEL ROOKER: Sheriff Alan Pangborn
AMY MADIGAN: Liz Beaumont
JULIE HARRIS: Reggie Delesseps

Un novelista aficionado a las novelas truculentas y con abundantes matanzas, se ve obligado a planear el asesinato de un chantajista, lo que le convierte en un personaje igual al de sus novelas. Como si de un Mr. Hyde se tratase, el escritor se transforma en otro de sus personajes de ficción y siembra el terror incluso entre sus amigos.

Aunque no es de las mejores películas de Romero, se le nota su maestría y sobretodo su habilidad a la hora de buscar el efecto terrorífico en el espectador. De todas maneras, todavía seguimos esperando nuevas películas sobre zombis, su tema preferido. A destacar, el rescate para el cine de Julie Harris.

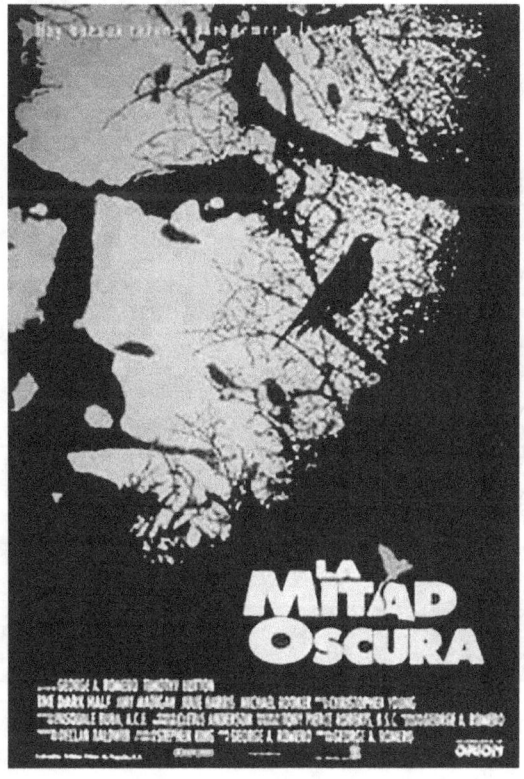

SCREAM
1998

Director: Wes Craven

Intérpretes:
DAVID ARQUETTE: Dewey
NEVE CAMPBELL: Sydney
COURTENEY COX: Gale

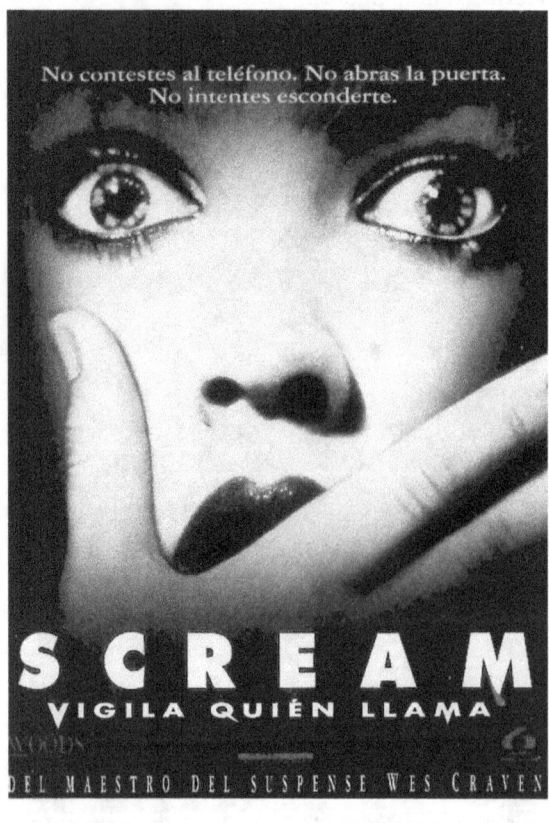

Una muchacha adolescente (Neve Campbell) se convierte sin motivo aparente en el blanco de un asesino en serie que se ha acercado furtivamente hasta ella y ha matado a uno de sus compañeros de clase. Una periodista especializada en noticias extrañas (Courtney Cox) está determinada a destapar la verdad e insiste que el hombre que violó y mató a la madre de Campbell un año antes, es el mismo que está aterrorizándola ahora. El novio de Campbell (Skeet Ulrich) se convierte en el primer sospechoso.

Parecía increíble, pero esta película que sigue los pasos de "Viernes 13" y "Halloween", donde los asesinatos no están nunca justificados y el monstruo aparece siempre en los lugares más inverosímiles, ha triunfado. Nadie nos explica su extraña habilidad para materializarse en cualquier lugar sin ser visto, ni de dónde saca tanta maldad y fuerza, pero los sustos están asegurados una y otra vez. Hubo dos secuelas más con el mismo éxito comercial, igualmente dirigidas por Wes Craven, director experto en cine de terror y que se hizo popular con su personaje Freddy Krueger. Que "Scream, vigila quién llama" llevara su firma era ya un punto a favor de la película, además del hecho significativo de

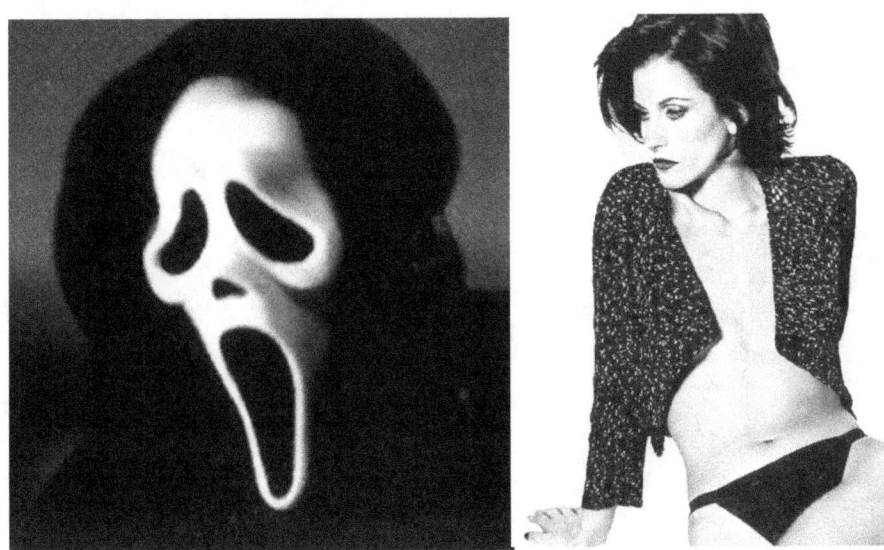

que la propia Drew Barrymore le pidiera un pequeño papelito en el film sólo por-que quería trabajar con él. Para una mejor aceptación en el público juvenil se contrataron a chicas y chicos muy de moda: Neve Campbell, Courteney Cox (famosísima sex-symbol en esos momentos por su papel de Monica Geller en la serie *Friends*), David Arquette, y otras jóvenes promesas como Skeet Ulrich, Matthew Lillard, Rose McGowan, Jamie Kennedy, y un ya más consolidado Liev Schreiber.

EL DIRECTOR: WES CRAVEN

Wesley Earl Craven nació el 2 de agosto de 1949 en Cleveland (Ohio), EEUU. Se licenció en Humanidades en la Universidad John Hopkins y consiguió trabajo de profesor en el colegio Westminister (Pensilvania) y en el Clarkson, ambos en el estado de Nueva York.

Buscando acercarse más a lo que le gustaba, se despide del trabajo y consi-gue un empleo como mensajero en oficinas cinematográficas locales, pero no contento con su puesto trabaja a destajo hasta formar parte del equipo de Sean S. Cunningham (Viernes 13) en 1970. Su primera película, "La última casa a la izquierda" la produce el propio Cunningham.

Después rueda "Las colinas tienen ojos" con ciertas influencias de otras pelí-culas de terror (como "La matanza de Texas", película de culto) que tendrá más partes. A pesar de que estos dos títulos son significativos en su currículo, será el personaje de Freddy Krueger quien le de la popularidad y el prestigio que le

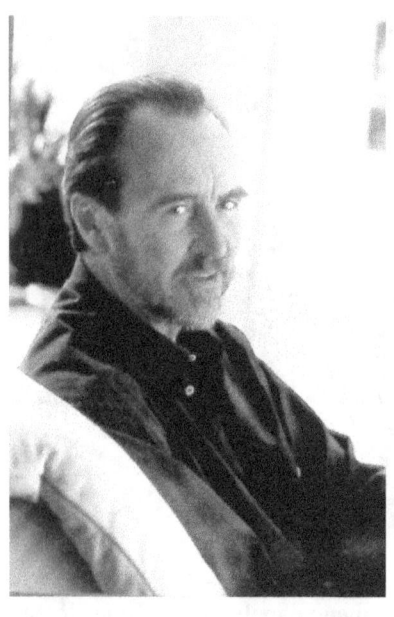

seguirá hasta la actualidad.

Hubo (y puede que siga habiendo) toda una saga de Freddy Krueger en su falsa pacífica Elm Street, el barrio donde los adolescentes no tienen derecho a dormir. En 1984 y 1985 se hicieron las dos primeras "Pesadilla en Elm Street" dirigidas ambas por Craven y para la televisión rodó en 1991 la serie titulada "El café de las pesadillas" donde de nuevo trabajaba con él el actor Robert Englund, quien daba vida a Freddy Krueger. En 1994 volvió a trabajar con el asesino del jersey de rayas y el guante de cuchillas para ofrecer "La nueva pesadilla de Wes Craven", donde la chica (Heather Langekamp) era la protagonista inicial de la serie. En 1999 a alguien se le ocurrió que sería magnífico enfrentar a Freddy Krueger con otro asesino conocido a nivel mundial (y también ficticio) por sus matanzas de "Viernes 13", Jason, filme estrenado en 2003.

De momento Wes Craven lleva unos años de racha afortunada debido sin duda a su genialidad, pues habiendo abandonado a un personaje como Freddy Krueger no ha perdido la creatividad, y lo curioso es que no ha hecho nada excepcional, pero ha dado en el clavo. Hablamos de su nueva -ya- trilogía, *Scream.*

¿Qué tiene esta saga de filmes de Wes Craven que la haga tan espectacular? Pues en realidad no mucho. Es una adecuada elección en casting (chicos jóvenes y guapos, y sobre todo de moda), jugar con un personaje -en este caso más que un personaje una careta y un disfraz- que ya conocen todos, y poner algo de humor a la cinta. Es una producción de terror típica y llena de tópicos, pero Craven consiguió, no obstante, salir con éxito de la trilogía. Por algo será.

No obstante hay algunos otros títulos de Craven que se salen de lo normal y que más que estar inspirados, suelen ser copiados por otros (por supuesto remodelando trama y personajes). Por ejemplo, Craven fue el creador de "Shocker", cinta donde un tipo consigue la inmortalidad (algo típico de sus películas, ya sea en el mismo personaje como en una sucesión de poder de uno a otro) gracias a una alianza con seres de otro plano astral.

A Craven le gusta jugar no sólo con seres inmortales, sino también con poderes de otro mundo. Aparte de "Shocker" ya estaba en su currículo "La serpiente y el arco-iris" (1987) donde utiliza el vudú como medio de terror. La película estaba basada en el libro homónimo de Wade Davis y en ella se creaban zombis con sólo espolvorearle unos polvillos provenientes de los sacerdotes del vudú.

Aparte de esto también realizó algo no muy visto: la de rodar una película con actores negros (o de color, lee lo que prefieras) como "Un vampiro suelto en Hollywood" (1995) donde se daban cita Eddie Murphy, un descontrolado Kadeem Hardison (*Un mundo diferente*) y Angela Bassett.

Otras curiosidades sobre Wes Craven:

En su faceta artística tocó también la de interpretación, apareciendo en la producción "Body bags" rodada por algunos de sus amigos (John Carpenter y Tobe Hooper), anteriormente se realizó un pequeño papel en "Shocker", y se interpretó a sí mismo en "La nueva pesadilla de Wes Craven" e incluso apareció en "Scream 2".

En 1998 se introdujo en otra forma de creación, la de un video-juego, el "Wes Craven's fear", que comercializó Asylum Entertainment. En 1999 se alejó totalmente del terror para rodar "Music of the heart".

EN LA BOCA DEL MIEDO
In the Mouth of Madness 1994

Productor: Sandy King
Director: John Carpenter
Guión: Michael De Luca
Basada en textos de: H.P. Lovecraft

Intérpretes:
SAM NEIL: John Trent
JULIE CARMEN: Linda Styles
CHARLTON HESTON: Jackson Harglow
DAVID WARNER

Ahora John Carpenter nos cuenta las desventuras de un escritor de novelas de terror llamado Sutter Cane, cuyo último libro ha causado problemas en algunos de sus lectores. El libro ha sido un éxito de ventas pero las manifestaciones en su contra aumentan todos los días, incluso entre quienes no lo han leído.

La inquietud aumenta cuando un detective llamado John Trent (Sam Neill), quien está investigando los fraudes a los seguros, está sentado cómodamente en una cafetería y en ese momento aparece un hombre enfurecido por-

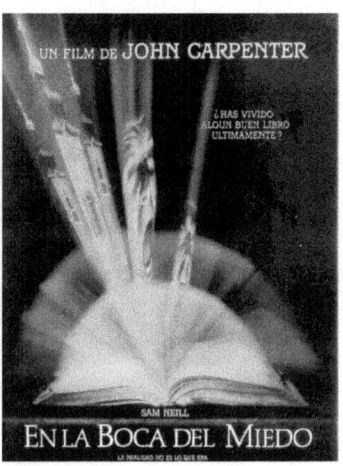

UN FILM DE JOHN CARPENTER

¿HAS VIVIDO ALGÚN BUEN LIBRO ÚLTIMAMENTE?

SAM NEILL

EN LA BOCA DEL MIEDO

tando un hacha. Suena un disparo, el demente muere, y después sabemos que ha sido un antiguo compañero de Sutter. Neill relaciona este suceso con una novela y acude a un pequeño pueblo de Nueva Inglaterra en el cual también ocurren cosas extrañas.

SCREAM 2
1997

Director: Wes Craven
Guión: Kevin Williamson
Fotografía: Peter Deming
Música: Marco Beltrami

Intérpretes:
NEVE CAMPBELL: Sidney Prescott
DAVID ARQUETTE: Dewey Riley
COURTENEY COX: Gale Weathers
JAMIE KENNEDY: Randy Meeks
SARAH MICHELLE GELLAR: Cici Cooper

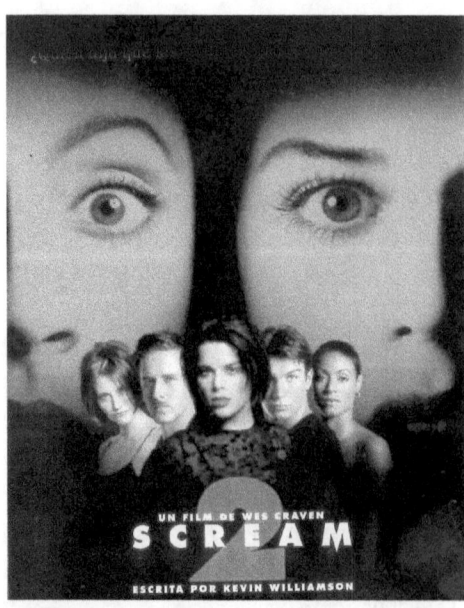

La continuación de "Scream, Vigila quien llama" incluye una película sobre los sucesos que aterrorizaron en la primera parte a un grupo de jóvenes. Los que lograron sobrevivir y algunos nuevos, tendrán que enfrentarse nuevamente a un psicópata que pretende acabar con todos ellos.

A Wes Craven le gusta divertirse con películas en las que se juega con el cine dentro del cine (o dentro de su propio cine, lo cual es toda una vuelta de tuerca). En Scream 2 lo vuelve a hacer y es eso precisamente el principal aliciente de la película.

Cuando en 1997 volvió a aparecer en las pantallas "Scream" en su segundo título, la técnica fue la misma: nada de sorpresas y un casting elegido a base de

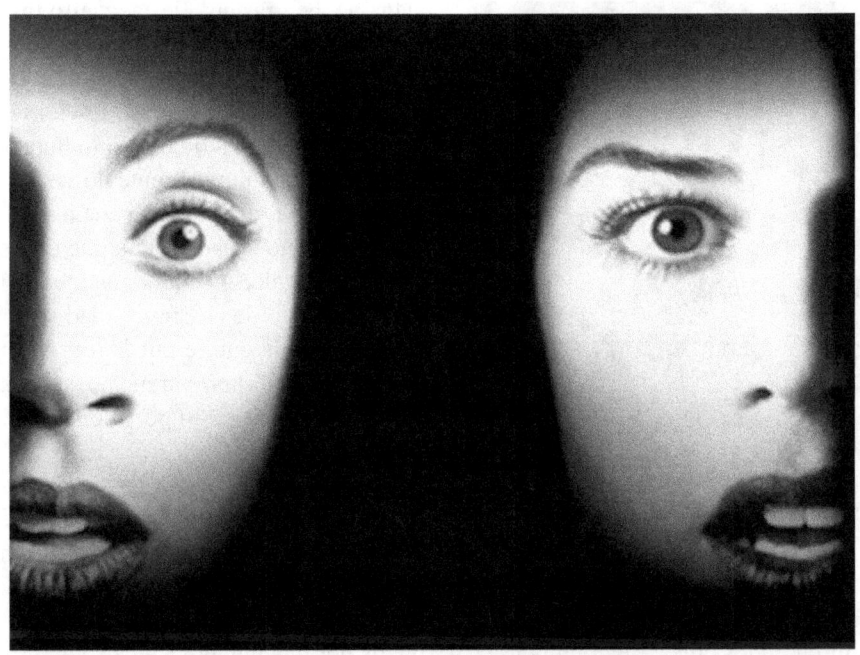

chicas de moda (pero manteniendo a antiguos protagonistas como Neve Campbell, Courteney Cox, Jamie Kennedy, Lieb Schreiber y David Arquette) como Sarah Michelle Gellar (*Buffy, la cazavampiros*), Rebecca Gayheart y Tori Spelling (*Sensación de vivir*), Portia de Rossi (*Ally McBeal*), Heather Graham (*Perdidos en el espacio*), Jada Pinkett (esposa de Will Smith), Jerry O'Connell (*El cuchitril de Joe*)... y la veterana Laurie Metcalf (*Roseanne*).

SÉ LO QUE HICISTEIS EL ÚLTIMO VERANO
I know what you did last summer 1997

Director: Jim Gillespie
Guión: Kevin Williamson
Fotografía: Denis Crossan
Música: John Debney

Intérpretes:
JENNIFER LOVE HEWITT: Julie James
SARAH MICHELLE GELLAR: Helen Shivers
RYAN PHILLIPPE: Barry Cox
BRIDGETTE WILSON: Elsa Shivers

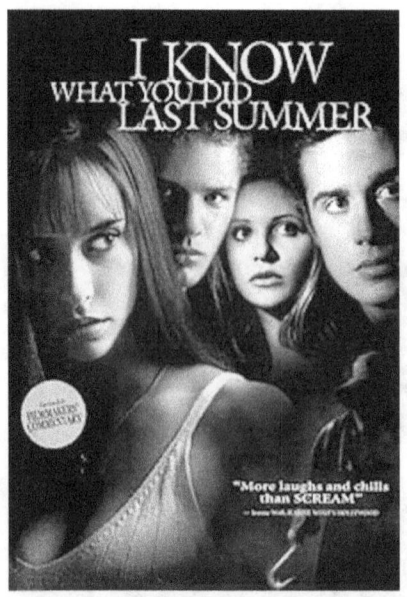

Una noche, tras una fiesta, cuatro jóvenes atropellan a una persona. Tras discutir un desenlace adecuado para la tragedia, deciden tirar el cuerpo al mar, descubriendo que aún estaba vivo cuando lo hundieron. Se prometen mutuamente no volver a hablar del tema, ni contarle nada a nadie. Acaba el verano y cada uno sigue con su vida por separado. Al año siguiente, Julie vuelve al pueblo de la Universidad y recibe una nota en la que se puede leer "Sé lo que hicisteis el último verano". Asustada, Julie decide reunir al grupo y contarles lo sucedido.

A la sombra del éxito de *Scream*, el guionista Kevin Williamson (que también lo fue de la citada *Scream*) adapta al cine una novela de Lois Duncan. Pese a que el film es notablemente inferior a la película de Wes Craven, consigue un éxito similar en los cines estadounidenses. Arropada por una potente banda sonora y la participación de estrellas de la televisión como Anne Heche o Sarah Michelle Gellar, el film causa furor entre el público adolescente americano, hasta el punto de que sólo un año después se estrena una secuela titulada *"Aún sé lo que hicisteis el último verano"*.

EL PROYECTO DE LA BRUJA DE BLAIR
The Blair Witch Project 1998

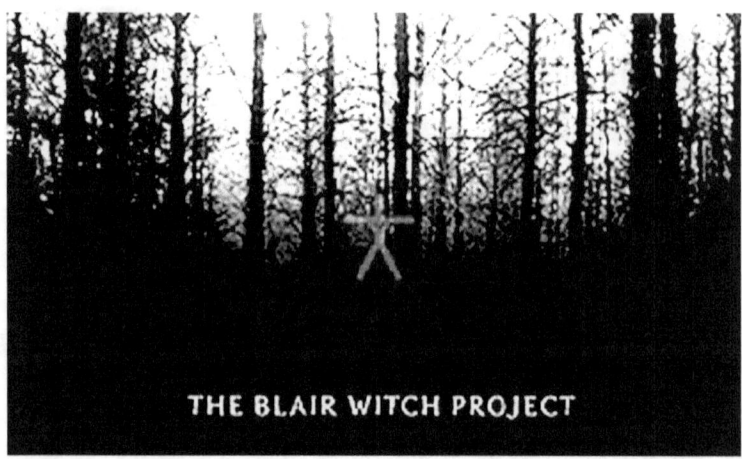

Fotografía: Neal Fredericks
Música: Antonio Cora
Escrita, y dirigida: Daniel Mytrick y Eduardo Sanchez

Intérpretes:
HEATHER DONAHUE: Heather Donahue
MICHAEL WILLIAMS: Michael Williams
JOSHUA LEONARD: Joshua Leonard

Con un guión de apenas 35 páginas, con las frases totalmente improvisadas durante el rodaje y con el apoyo manual de la cámara al hombro, estos dos estudiantes de cinematografía se pusieron manos a la obra para realizar un simple experimento visual. La idea era rodar un documental real en Maryland, con el fin de averiguar sobre el terreno ciertos acontecimientos reflejados en la crónica de sucesos local. Para ello se van a los bosques de Burkittesville y cámara al hombro tratan de desentrañar el misterio de la desaparición de varios niños años atrás. El resultado: una de las películas de terror de mayor éxito en los últimos diez años, aunque la continuación supuso casi un fracaso comercial.

SLEEPY HOLLOW
El jinete sin cabeza 1999

Música: Danny Elfman
Fotografía: Emmanuel Lubezki
Guión: Andrew Kevin
Basada en una novela de: Washington Irving
Director: Tim Burton

Intérpretes:
JOHNNY DEPP
CHRISTINA RICCI
MIRANDA RICHARDSON

Nuevamente Tim Burton asombra a sus incondicionales, pues sus historias con una mezcla aparentemente imposible entre cuentos infantiles y el terror clásico, logran un buen resultado. Burton consigue, con una maestría propia de un director único, relajarnos en una escena y asombrarnos en la siguiente. Sus histo-

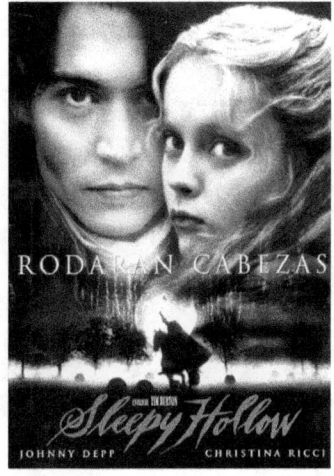

rias fantásticas, especialmente "Eduardo Manostijeras" y "Mars Attacks!" hubieran sido un fracaso en manos de cualquier otro realizador, lo mismo que esta historia del jinete sin cabeza.

La ambientación es perfecta, igual que la fotografía, la luz y los comedidos y ocultos efectos especiales. Lo único que nos mueve al reproche es la elección de Ricci como opositora o amante de Depp, pues la diferencia de edad es irritante, así como el físico y el carácter. No conseguimos encontrar en ellos eso que se denomina "química" y hasta creemos ver en la cara de Depp el mismo desconcierto. Afortunadamente en la historia hay de todo, muertos vivientes, caseríos sombríos, puertas que chirrían y una clara influencia del cine de la Hammer, logrando entre todo una gran majestuosidad en la película.

SCARY MOVIE
Scary Movie 2000

Director: Keenen Ivory Wayans
Guión: Shawn Wayans
Fotografía: Francis Kenny
Música: David Kitay

Intérpretes:
CARMEN ELECTRA
DAVE SHERIDAN
FRANK MOORE

Nuevamente tenemos una historia protagonizada por sufridos adolescentes perseguidos por un monstruo insensible al desaliento. Ellos son los principales sospechosos de un cruento asesinato, pues ya sabemos que la policía en el cine es un poco torpe, pero los chicos, con su experiencia en el control de los seres del más allá, logran ponerse a salvo una y otra vez. Película para pasar un rato agradable con tantos homenajes al cine de terror, especialmente a "Scream", "Viernes 13" y "Halloween", con algunos chistes interesantes y una buena banda sonora. Hubo dos secuelas más, algo menos interesantes.

SCREAM 3
2000

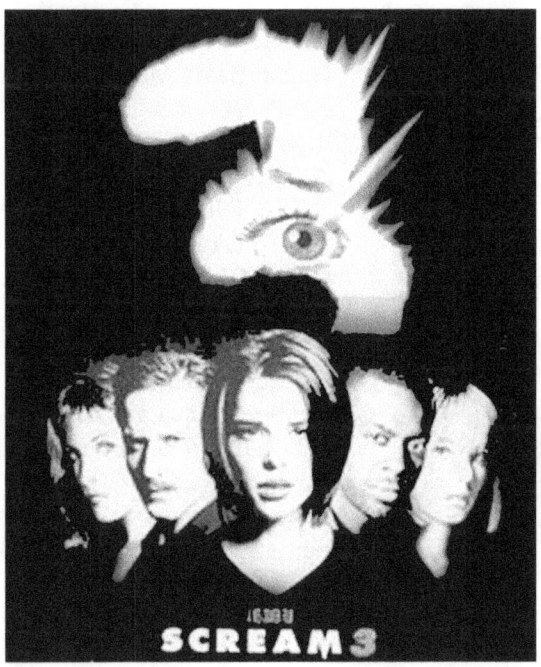

Director: Wes Craven
Guión: Ehren Kruger
Fotografía Peter Deming
Música: Marco Beltrami

Intérpretes:
NEVE CAMPBELL: Sidney Prescott
COURTNEY COX: Arquette- Gale Weathers
DAVID ARQUETTE: Dewey Riley
LIEV SCHREIBER: Cotton Weary
PATRICK DEMPSEY: Detective Kincaid

Y llegó la tercera parte de "Scream" con rostros conocidos y rostros nuevos. Curiosamente Neve Campbell insistió durante un buen tiempo que no haría una tercera parte, pero de nuevo el hecho de que volviera a firmar la cinta Wes Craven (y suponemos que un buen cheque) la convenció para volver a aparecer en la película junto a los ya conocidísimos Courteney Cox y David Arquette. Lógicamente, los sustos están asegurados.

HANNIBAL
2001

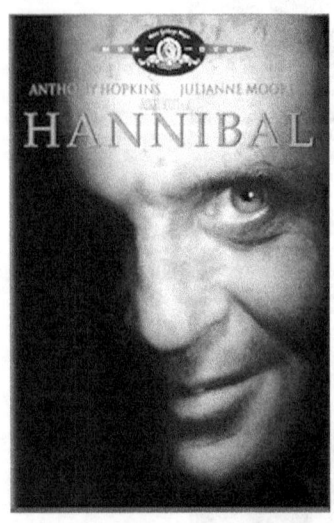

Director: Ridley Scott
Guión: David Mamet y Steven Zaillian

Intérpretes:
ANTHONY HOPKINS: Hannibal Lecter
JULIANNE MOORE: Clarice Starling
RAY LIOTTA: Paul Krendler
GARY OLDMAN: Mason Verger
FRANKIE R. FAISON: Barney

Clarise es una policía envuelta en problemas laborales y antigua víctima del doctor Hannibal, a la cual desfiguró la cara hace diez años, por lo que sus deseos de venganza no han desaparecido. Pero Hannibal es un maestro del buen gusto y su apetencia por la carne humana le hace buscar nuevas víctimas, especialmente a Clarise, a quien desea hace ya diez años.

Esta segunda parte de "El silencio de los corderos" nos trae ahora a Juliane Moore sustituyendo a Jodie Foster y Ridley Scott sustituyendo a Jonathan Demme. Entre sus mejores logros está el magnífico maquillaje que le hicieron a Gary Oldman que interpreta a la victima del doctor Hannibal, mientras que Anthony Hopkins vuelve a estar espléndido. Por supuesto, las escenas de violencia y sangre son abundantes.

JEEPERS CREEPERS
2001

Director: Víctor Salva
Guionista: Victor Salva
Fotografía: Don E. FauntLeRoy
Música: Bennett Salvay

Intérpretes:
JUSTIN LONG: Darryl *'Darry'* Jenner
JONATHAN BRECK: Creeper
PATRICIA BELCHER: Jezelle Gay Hartman
BRANDON SMITH: Sargento David Tubbs
EILEEN BRENNAN: Eliza *'Cat Lady'* Malloy
GINA PHILLIPS: Trish

El argumento, con más sangre que nunca y una bestia que intenta rivalizar con Freddy Krueger, nos habla de dos hermanos tan malavenidos como la mayoría, que se ven involucrados en una pesadilla en la cual nadie cree, salvo ellos y los espectadores. A nosotros nos apetecería intervenir en los personajes para que estuvieran preparados ante ese asesino monstruoso, pero nos tenemos que conformar con pasar miedo, y del bueno.

Los dos hermanos, Trish y Darry, vuelven a casa desde la universidad y deben cruzar en coche el Medio-Oeste americano. Durante su viaje a través de un paisaje inhóspito tienen

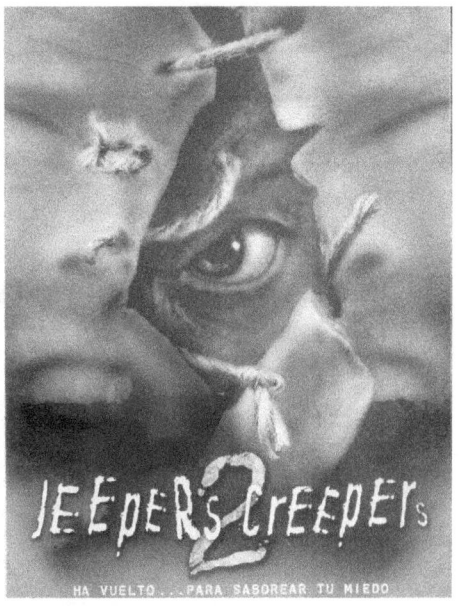

un encuentro terrorífico con un loco que intenta sacarles de la carretera con su camioneta. Poco tiempo después los chicos ven al conductor junto a una iglesia abandonada y observan cómo arroja a una gran tubería abierta lo que parecen ser dos cuerpos envueltos en sábanas. Tras otro violento encuentro en la carretera, deciden regresar a la iglesia y lo que descubren allí es sólo el principio de la pesadilla. Su rutinario viaje a casa se convierte en una carrera desesperada para escapar de una criatura terrorífica que les ha elegido como presa y les persigue implacablemente; una criatura que aparece cada cierto tiempo para alimentarse y que se ha encaprichado con los ojos azules de Darry.

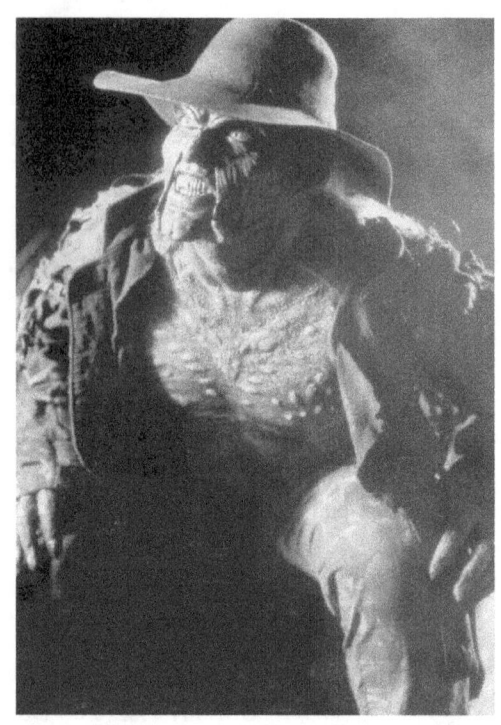

El comienzo de *Jeepers Creepers* es ya claro: no habrá pausa para el espectador en su pesadilla. Victor Salva combina la intriga con el terror de una manera estimable, haciéndonos creer sin problemas que en cualquier lugar apartado de la carretera nos podríamos encontrar con un asesino similar.

En su estreno en Estados Unidos recaudó 16 millones de dólares en tres días, marcando un nuevo récord de recaudación y superando a títulos tan taquilleros como "American Pie 2", "Hora Punta 2" y "Los Otros". Hubo una continuación con resultados económicos y artísticos mediocres.

THE TEXAS CHAINSAW MASSACRE 2
1986
Director: Tob Hoper
Guión: Scott Kosar

Intérpretes:
DENNIS HOPER
CAROLINE WILLIAMS
JIM SIEDOW

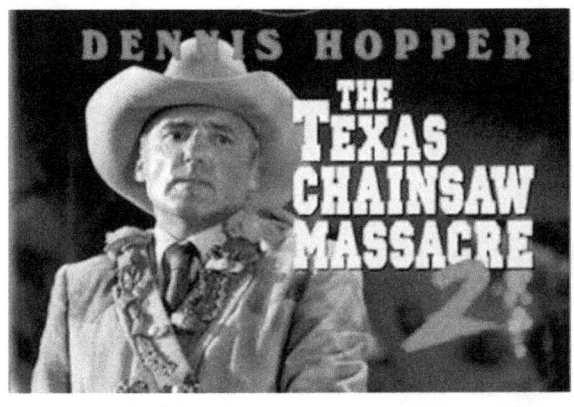

Basada superficialmente en los verdaderos sucesos que inspiraron la original historia "La matanza de Texas con la sierra mecánica" y dirigida por Marcus Nispel, nos llega esta nueva vuelta de tuerca a la célebre película de terror y sangre. La historia es similar, pues nos cuentan que unos amigos llegan hasta un lugar aislado en donde reside una familia de caníbales. La película original no sólo aturdió las conciencias de los espectadores, ya que también fue objeto de no pocos movimientos en contra de mostrar a la juventud este tipo de escenas. Indudablemente, y gracias a ella, el cine de terror alcanzó de nuevo una gran popularidad que comenzó con "Pesadilla en Elm Street" y continuó hasta "Scream". El filme que nos ocupa ahora tuvo un nuevo remake, algo más acertado.

EL DRAGÓN ROJO
2002

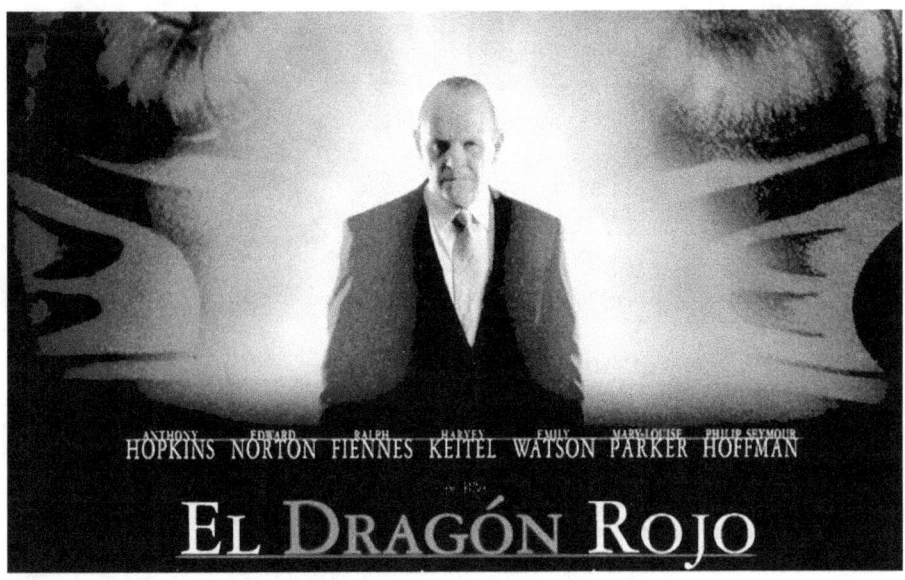

Basada en la novela de: Thomas Harris
Director: Brett Ratner

Intérpretes:
ANTHONY HOPKINS
RALPH FIENNES
HARVEY KEITEL
EMILY WATSON

De nuevo tenemos a Hannibal para recrearnos el mundo de los asesinos en serie, aunque ahora nos lo encontramos en los comienzos, cuando era un oscuro psiquiatra con grandes conocimientos sobre el comportamiento humano. La historia nos lleva antes incluso de "El silencio de los corderos", cuando un avispado agente del FBI que tiene la costumbre de meterse en la mente de los asesinos, consulta a un médico forense llamado Hannibal Lecter. Su interés se convierte en estupor cuando comprueba que el asesino y el doctor tienen un gran parecido en su forma de pensar y actuar, lo que indudablemente pone en peligro su vida. Pasan los años y ahora nos encontramos al policía ya retirado del servicio activo, momento en que su jefe le pide que le ayude para detener a un asesino en serie que mata a familias enteras.

GOTHIKA
2004

Director: Mathieu Kassovitz

Intérpretes:
HALLE BERRY: Miranda Grey
PENELOPE CRUZ: Chloe
ROBERT DOWNEY JR.: Pete
CHARLES S. DUTTON: Doug

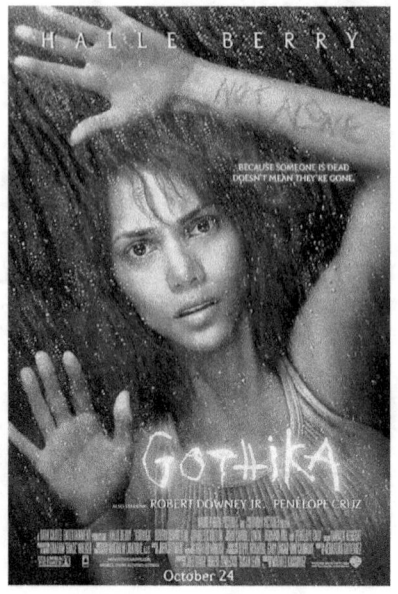

Miranda es una prestigiada doctora, especializada en tratar a pacientes peligrosos y perturbados como Chloe, aunque su falta de sensibilidad hacia los enfermos les causa no pocas angustias. Pero un día tiene una experiencia terrible en la carretera, cuando obligada a desviarse a causa de una zanja sufre un accidente después de tener una visión extraña. La misteriosa aparición corresponde a una joven, pero pronto su asombro llega a ser insostenible cuando la policía la detiene por haber asesinado a su propio marido. Incapaz de explicar todas las pruebas que la inculpan, es recluida en la misma clínica para enfermos mentales en donde trabajaba, mientras nuevas apariciones la hacen creer que está poseída por un ser diabólico.

Halle Berry nos demuestra que es capaz de asumir cualquier papel, aunque la historia en la cual tiene que desenvolverse hace aguas por todas partes. Con numerosos efectos de terror, tan predecibles como el propio argumento, nos muestra a una desacertada Penélope Cruz intentando justificar su papel, mientras que Robert Downey, ya recuperado de su afición a las drogas, nos quiere hacer creer, infructuosamente, que es el perverso autor de todos los sucesos.

KM. 666
Wrong Turn 2003

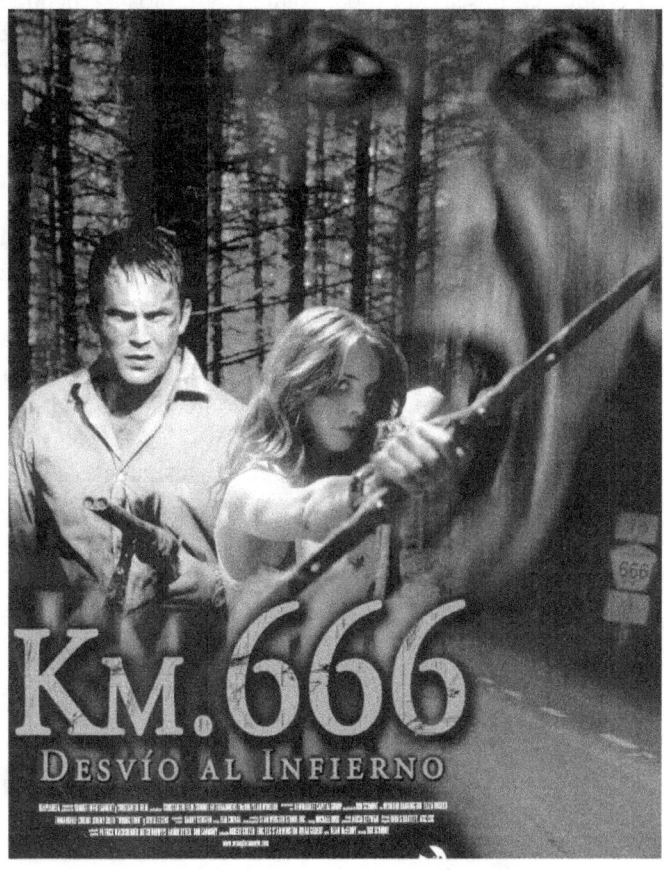

Director: Rob Schmidt
Guión: Alan B. McElroy
Productor: Stan Winston

Intérpretes:
DESMOND HARRINGTON: Chris
ELIZA DUSHKU: Jessie
EMMANUELLE CHRIQUI: Carly
LINDY BOOTH: Francine

Chris tiene una entrevista de trabajo en Raleigh dentro de tres horas, y sentado al volante de su Ford Mustang todo parece marcharle bien en su vida hasta que un camión con productos químicos bloquea la carretera. Decidido a no llegar tarde a la cita, cambia su rumbo y se interna por una carretera comarcal sin asfaltar, pero bruscamente choca contra un coche accidentado. Repuesto del susto, y con la compañía de los ocupantes del otro vehículo, todos emprenden un viaje por el bosque en busca de ayuda. Nadie hay en los alrededores, pero una cabaña de la cual sale humo por su chimenea les indica que allí seguramente podrán pedir ayuda. Por desgracia, el cuadro de horror que contemplan en el interior de la macabra vivienda será solamente el aviso del comienzo de sus desgracias.

Dirigida por Rob Schmidt y contando con la veteranía del experto en efectos especiales Stan Winston, quien nos ha asustado reiteradamente con sus espantosas criaturas, nos llevan por esta escalofriante historia, sin posibilidad alguna para el descanso. Con cierto parecido a "La masacre de Texas", pero con una fuerte personalidad, las secuencias de terror (con las criaturas apenas perceptibles) se suceden a través de bosques, desguaces y casas sombrías, mientras que los protagonistas tratan de sobrevivir para que el espectador no se angustie demasiado. Y así hasta que aparecen los títulos de crédito finales, con sorpresa aterradora incluida, como era obligado para que nadie se levante de la butaca hasta de que el director lo decida.

LA VENTANA SECRETA
Secret Windows (2003)

Director: David Keepp
Guión: David Koepp
Basada en una novella de: Stephen King

Intérpretes:
JOHNNY DEPP: Mort Rainey
MARÍA BELLO: Amy Dowd Rainey
JOHN TURTURRO: John Shooter
TIMOTHY HUTTON: Ted

Al escritor Mort Rainey su musa parece haberle olvidado y aunque intenta escribir una gran historia solamente consigue borrar archivos en su ordenador. Acompañado por su perro, mascullando por el divorcio entablado con su esposa a la que aún quiere, y presionado por su editor, todo parece irle mal, pero no tanto como lo que todavía está por llegar. Ese día, alguien llama a la puerta de su solitaria cabaña: un extraño personaje, muy alto y ataviado con un arcaico sombrero, quien le dice que su último libro es un plagio de una obra suya. También le avisa de que debe restituir su nombre en la portada y que tiene que cambiar el final, pues el suyo era mucho mejor.

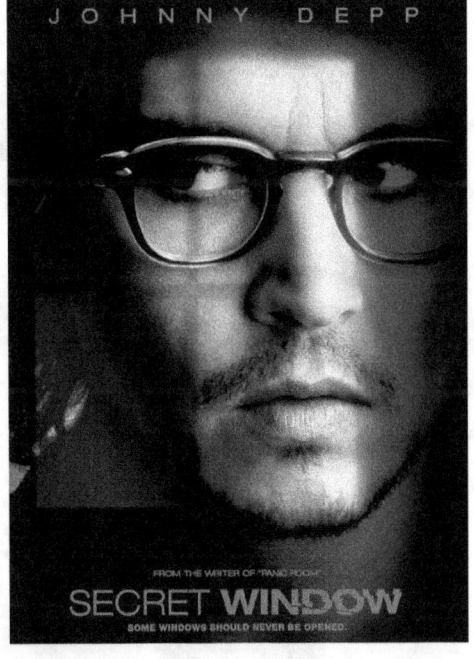

Con este argumento, tan sencillo que no parece que pueda dar lugar a una historia de terror, Stephen King rememora al mismísimo Alfred Hitchcock y nos muestra un desdoblamiento de personalidad que nos deja aturdidos y profundamente disgustados. Mal interpretada por Johnny Depp, intentando dar vida a un personaje sin la profundidad filosófica que un escritor debería tener, mal dirigida y con unos diálogos impropios de tal nombre, solamente la fotografía se salva del despropósito.

EL BOSQUE
The village 2004

Director: M. Night Shyamalan

Intérpretes:
WILLIAM HURT: Edward
SIGOURNEY WEAVER: Alice
BRYCE DALLAS HOWARD: Ivy
JOAQUIN PHOENIX: Lucius
ADRIEN BRODY: Noah

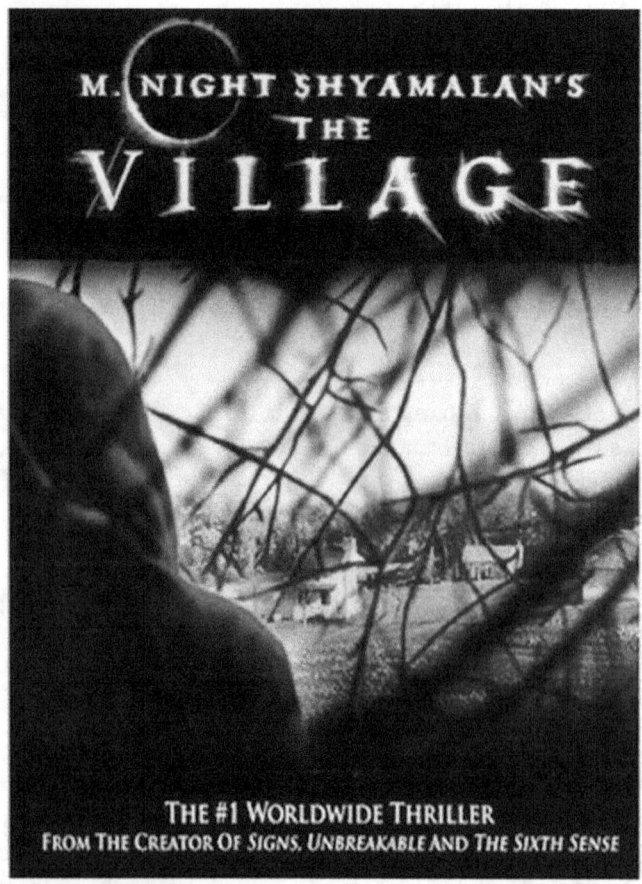

Covington, una pequeña comunidad rural de Pensilvania, mantiene una existencia idílica alejada deliberadamente del resto de la sociedad. Realmente llevan
muchos años manteniendo este exilio forzado, pues a pocos metros de sus lími-

tes, justo cuando comienza un frondoso bosque, unas extrañas criaturas les advierten que no deben traspasar sus límites y permanecer así para siempre. Para que quede clara su advertencia se pasean por las calles durante algunas noches, emitiendo ruidos y rugidos, pintando de rojo las puertas de algunas casas en señal de advertencia. La amenaza es clara: si se aventuran en el bosque morirán, como ya ocurrió anteriormente con otros lugareños.

A Night Shyamalan le debemos ya una buena película como "El sexto sentido", y ahora vuelve a adentrarse en el género de terror con esta obra que es, cuando menos, original. Sin embargo, aquellos espectadores que esperen una película de terror clásica, con sangre y monstruos espantosos, saldrán decepcionados, pues el terror lo proporciona el propio argumento más que las imágenes, dejando para el final un desenlace inesperado. Los monstruos están en boca de los habitantes del pequeño pueblo, pero los describen con tanto horror que el espectador teme que salgan, estando seguro que su aspecto es impresionante, tal y como fugazmente nos muestran en una ocasión. Después, durante la incursión de la chica ciega por el bosque, su presencia se materializa y en ese momento nadie se explica la ausencia de los varones, pues son francamente tenebrosos y la chica necesita ayuda.

CAZADORES DE MENTES
Mindhuntersx 2004

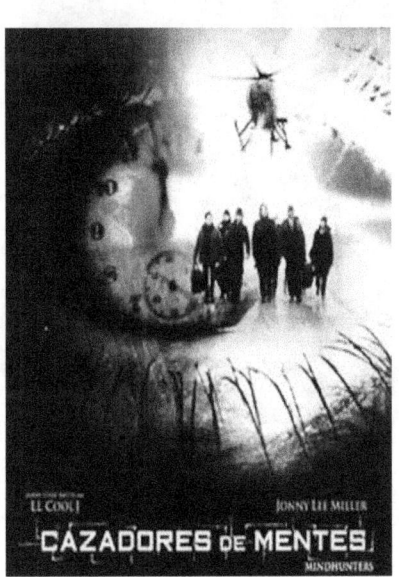

Director: Renny Harbin
Guión: Wayne Kramer
Fotografía: Robert Gantz

Intérpretes:
VAL KILMER
JAMES TODD SMITH
JOHNNY LEE MILLER
CHRISTIAN SLATER

Si todas las pruebas para ser eficaces agentes del FBI son como estas que se relatan en el filme, seguro que esa agencia se quedará en pocos días sin nadie. Y es que resulta difícil admitir que se encierre a ocho inteligentes agentes en un lugar desolado, lleno de humedad y con tantas trampas que nadie podría salir vivo. Lo de menos es quién ha puesto estas trampas, pues el guionista siempre se reserva la gran sorpresa para el final, aunque, como en esta ocasión, sea tan forzado que nos apetece decir eso de: ¡venga ya!

Aparentemente está inspirada en una novela de Agatha Christie, concretamente en "Diez Negritos", pero creemos que la popular escritora era algo más hábil. No obstante, debemos reconocer la alta tensión que se genera en el espectador cuando intenta averiguar cuál será la próxima trampa mortal, recayendo inicialmente todas las acusaciones hacia Val Kilmer. Sin embargo las cosas no son lo que parece, y los agentes van muriendo uno a uno, incluso los presuntos asesinos, y como no existe el mayordomo para acusarle, no nos queda más remedio que pensar en los más inocentes, como ese paralítico en silla de ruedas, o la guapa chica traumatizada por la muerte de su hermana.

Así que y puesto que el verdadero asesino solamente saldrá en los últimos minutos, lo mejor es disfrutar con la tremenda imaginación y morbosidad del guionista, el cual nunca tuvo claro si pretendía relatar una historia de terror o acción.

LA MATANZA DE TEXAS
The Texas Chainsaw Massacre 2004

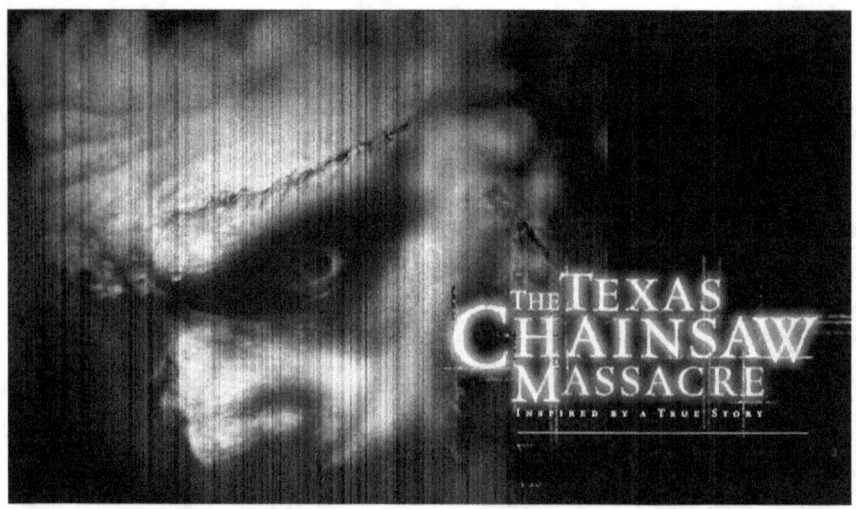

Director: Marcus Nispel
Guión: Kim Henkel, Tobe Hooper, Scott Kosar
Música: Steve Jablonsky, Mel Wesson
Montaje: Glen Scantlebury

Intérpretes:
JESSICA BIEL: Erin
JONATHAN TUCKER: Morgan
ERICA LEERHSEN: Pepper
MIKE VOGEL. Andy

Cuando el 20 de agosto de 1973 la policía llegó a una apartada granja cuyo propietario era Thomas Hewitt, se encontró con un cuadro de horror y sangre inaudito. El propietario, un antiguo matarife del matadero del condado de Travis, Texas, había participado en el asesinato de 33 seres humanos, aunque el mayor causante fue una persona conocida como "Leatherface", quien posteriormente se hizo famoso al salir en la primera página de los diarios portando una sierra mecánica y su cara cubierta por una máscara de cuero. Hay quien asegura que esa careta estaba hecha con la piel de sus víctimas, y ante el mutismo que dicho personaje efectuó durante los interrogatorios, la policía deseosa de calmar a la opinión pública le condenó a muerte.

Muchos años han pasado desde que en 1974 Tobe Hooper dirigiera una de las películas de terror más emblemáticas y la que dio origen a una larga serie de filmes donde la sangre era la principal protagonista. Ahora alguien ha decidido ofrecer a las nuevas generaciones otro remake, protagonizado por actores casi desconocidos, pero intentando mejorar en lo posible el filme original.

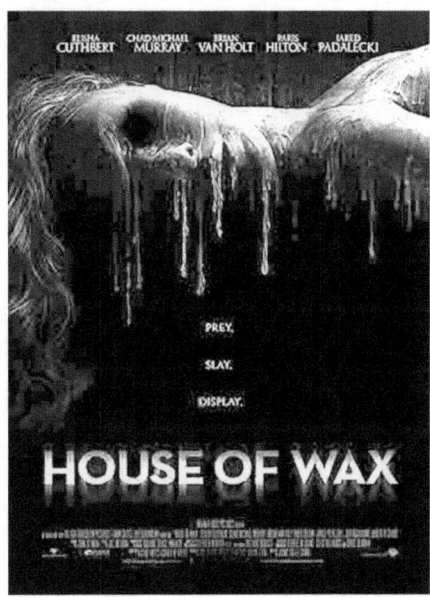

Museo de cera 2005

SATANÁS

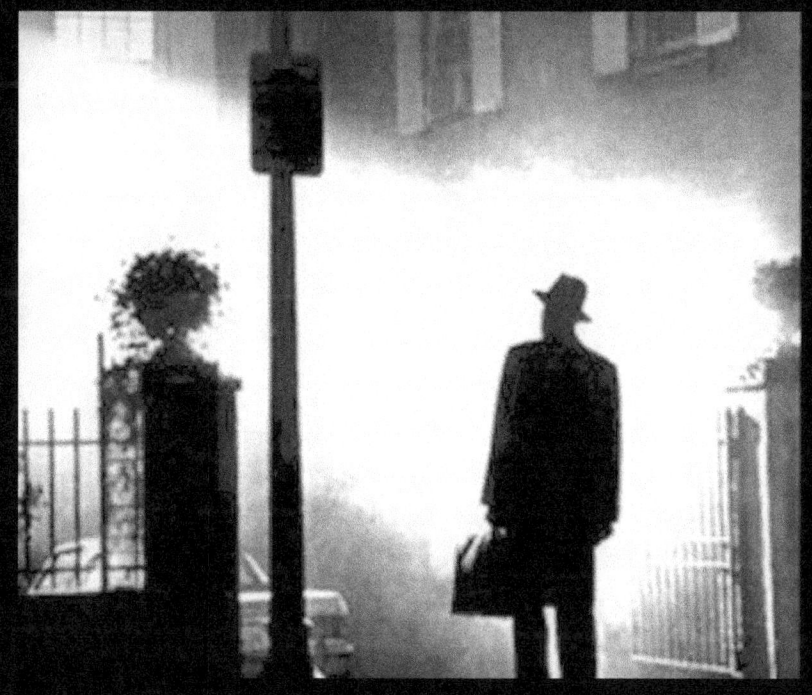

LA SEMILLA DEL DIABLO
Rosemary`s baby 1968

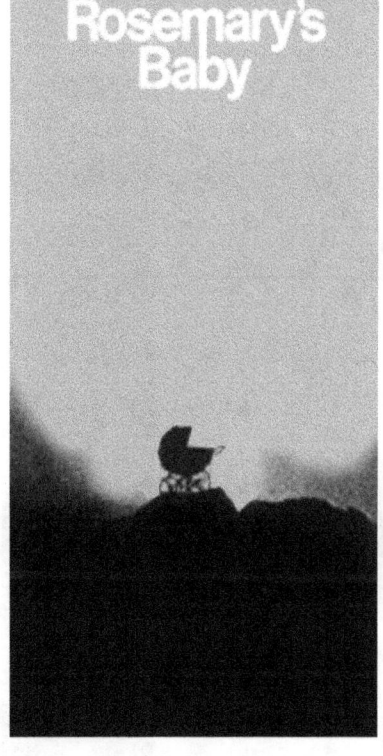

Director: Roman Polanski
Guión: Roman Polanski
Basado en la novela de: Ira Levin
Efectos especiales: Farciot Edouart

Intérpretes:
MIA FARROW: Rosemary Woodhouse
JOHN CASSAVETES: Guy Woodhouse
RUTH GORDON: Minnie Castevet
SIDNEY BLACKMER: Roman Castevet
MAURICE EVANS: Hutch
RALPH BELLAMY: Dr. Sapirstein

El matrimonio Woodhouse parece feliz y la ingenua esposa comenta alborozada a su esposo que está esperando un hijo, lo que les llena de felicidad a ambos. Sin embargo, el interés de sus vecinos por el buen desarrollo del embarazo pone en alerta al marido, pues no comprende ciertos cambios en la actitud de su esposa. Pronto, las sospechas de que algo oscuro está ocurriendo se hacen más intensas, aunque ahora el cerco está ya demasiado cerrado como para salir de él: la joven esposa está envuelta en una secta satánica que quiere que su hijo sea el descendiente del mismísimo Satán.

Esta estupenda película supuso el lanzamiento a la fama de su director y de la por entonces jovencísima Mia Farrow, teniendo un remake para la televisión en 1976. Pero la vida puede ser en ocasiones más terrorífica que el cine y un año después del estreno de la película, Polanski experimentó personalmente el horror. Su esposa, Sharon Tate, junto con su peluquera Sebring, heredera de la empresa Abigail Folger, y algunos otros, fueron asesinados por la banda de Charles Manson, un grupo de fanáticos que consideraban a su líder como divino.

LA PROFECÍA
The omen 1976

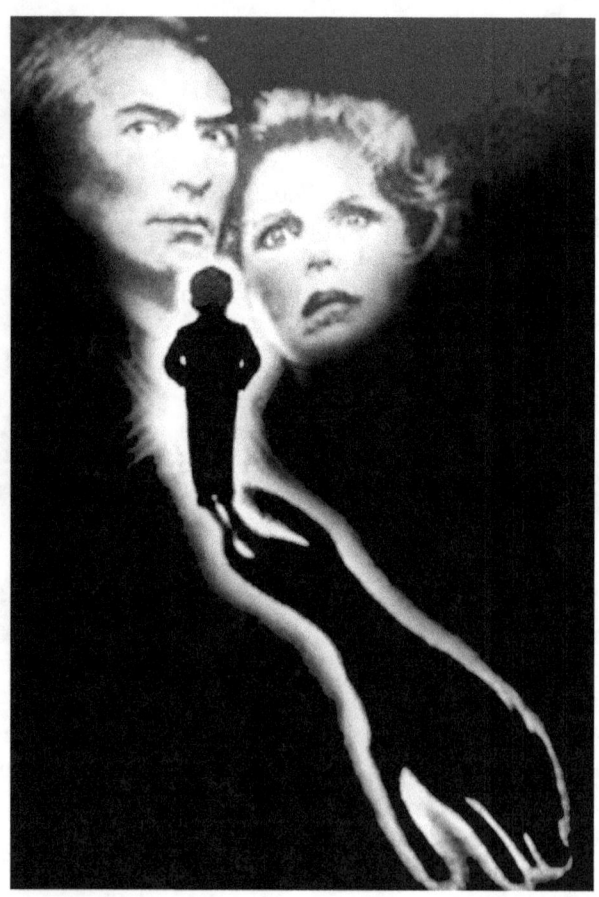

Director: Richard Donner
Guión: David Seltzer
Música: Jerry Goldsmith
Efectos especiales: John Richardson

Intérpretes:
GREGORY PECK: El embajador Robert Thorn
LEE REMICK: Su esposa Katherine
PATRICK TROUGTHON: El sacerdote
DAVID WARNER: El fotógrafo Jennings

Tanta maldad en un niño nos parece imposible, salvo que sea la reencarnación de Satán. Con su mirada penetrante, su esbozo de cínica sonrisa, y el poco amor a sus padres, este pequeño fue capaz de sobrecogernos durante tres películas, aunque en la última tenía ya 32 años.

Contando con dos estupendos actores nos cuentan la historia basada en un maléfico niño, el cual se supone es la reencarnación del diablo. Los padres son inocentes de tener como hijo a ese engendro, y aunque intentan protegerle ellos mismos acaban siendo víctimas de su maldad. Hay dos escenas muy significativas en la película, siendo una aquella en la cual el niño tira a su madre al vacío mientras contempla la escena con una sonrisa; otra, cuando al final el padre intenta matar a su hijo en una iglesia.

LA MALDICIÓN DE DAMIEN
Damien: Omen II 1978

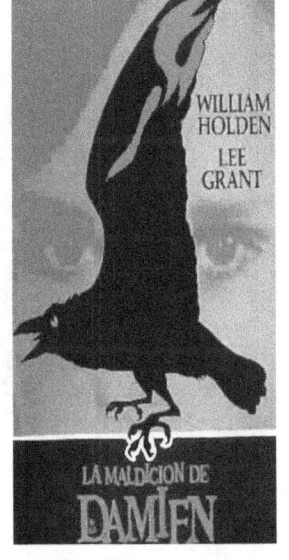

Director: Don Taylor
Guión: Stanley Mann, Mike Hodges
Fotografía: Bill Butler
Música: Jerry Goldsmith

Intérpretes:
WILLIAM HOLDEN: Richard Thorn
LEE GRANT: Ann Thorn
JONATHAN SCOTT TAYLOR: Damien Thorn

Primera secuela de «La profecía» con el mismo terrorífico niño (ahora es un joven) deseando maldecir al mundo. El joven Damien sigue empeñado en hacerse con el poder del mundo entero y para ello mata de mil imaginativas maneras a todos cuantos se cruzan en su camino.

Por si no lo recuerdan, Damien aparecía en la Tierra como el Anti-Cristo después de que se cumplieran tres profecías bíblicas: los judíos devolvieron Sión, un cometa se vio en el cielo, y el Imperio Romano renació de nuevo. Supongo que se habrán extrañado por ese nuevo Imperio Romano, pero quienes defienden la llegada de ese nuevo dios alegan que se refiere al Mercado Común Europeo. Pues, que Dios nos coja confesados.

EL EXORCISTA
The exorcist 1973

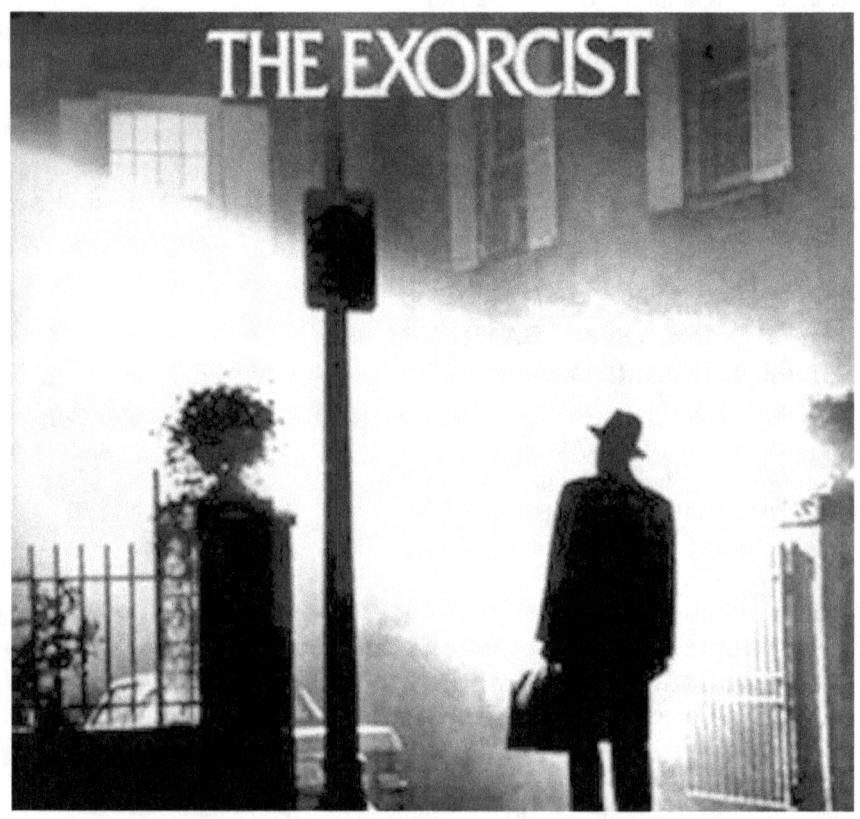

Director: William Friedkin
Guión: William Peter Blatty
Fotografía: Owen Roizman, Billy Williams
Música: Jack Nitzsche

Intérpretes:
LINDA BLAIR: Regan
MAX VON SYDOW: Padre Merrin
ELLEN BURTYN: MacNeil
JASON MILLER: Padre Karras
LEE J. COBB: Kinderman
MERCEDES McCAMBRIDGE: voz del demonio

La historia nos describe a una niña de doce años que muestra una conducta extraña cuando es poseída por el diablo. Regan (Linda Blair) tiene desde ese momento ataques inexplicables de ira y ese comportamiento aturde a su madre, la señora MacNeil (Ellen Burstyn), una persona sin convicciones religiosas específicas, que decide buscar inicialmente ayuda médica. Los doctores se ponen muy serios y examinan repetidamente a la niña, pues están seguros que pronto podrán poner un nombre técnico a tan extraño comportamiento. Pero cuando la pequeña se vuelve más violenta y ataca a su madre, teniendo que ser atada a su cama, debe acudir a un cura, ya que está segura que su problema está relacionado con el Más Allá.

Se trata de una de las películas de terror diabólico más taquilleras de los últimos tiempos, a la que no podemos dejar de reconocer su mérito, aunque ahora la revisemos con bastante dureza. La posesión diabólica de una niña, dotada de un conocimiento perfecto de las debilidades de los humanos, así como las escenas de un terror nuevo hasta entonces, le proporcionaron el aplauso del público.

La película supuso en su momento un escándalo eclesiástico importante, no solamente por la figura del demonio tratada de manera diferente, sino por las burlas que el maligno hace de curas y dioses, y por el erotismo de la niña poseída. Las escenas de la niña vomitando excrementos, la transformación de su cara y, sobre todo, cuando la cabeza gira 360º, constituyeron una sorpresa total para el público.

En las dos secuelas posteriores (trabajaron nada menos que Richard Burton y George C. Scott), el interés del público decayó rápidamente, pues las posesiones diabólicas ya no impresionaban. También hubo una secuela cómica titulada "Reposeída" con Linda Blair igualmente de protagonista, ayudada por el veterano Leslie Nielsen. Treinta años después se estrenó una versión remasterizada y ampliada, con un nuevo montaje efectuado por el director, que sirvió para relanzar el mito de las posesiones demoniacas.

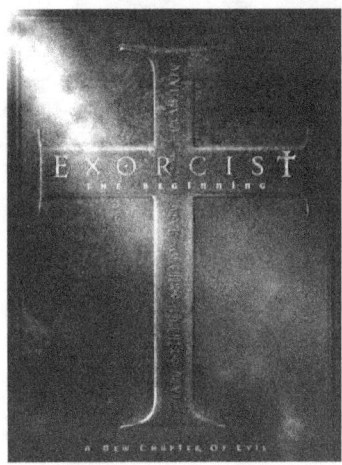

EL ENTE
The ently 1981

Argumento: Frank De Felitta
Director: Sidney J. Furie

Intérpretes:
BARBARA HERSHEY: Carla Moran
RON SILVER

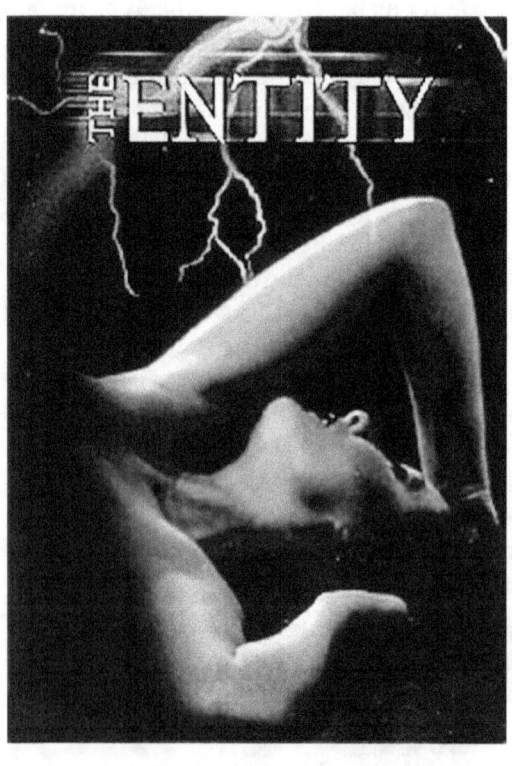

Estrenada en plena época del aperturismo sexual, esta película constituyó un gran éxito, no sabemos si por su calidad o por las repetidas violaciones que realiza "el ente" a la guapa protagonista, algunas de cuyas escenas podrían entrar en la categoría de cine S.

Utilizando el viejo truco de advertirnos que la historia está basada en un hecho real, intentan que el espectador se crea fielmente todo cuanto se le muestra, aunque nosotros simplemente consideramos que está simplemente "inspirada" y que muchas de las posesiones no son sino fantasías sexuales de su protagonista femenina. De cualquier modo, para muchos es considerada el punto de partida sobre películas basadas en hechos reales que puedan dar lugar, al terminar el filme, a numerosos comentarios sobre casos de personas que supuestamente han tenido contactos con los seres diabólicos del más allá.

EL PRÍNCIPE DE LAS TINIEBLAS
Prince of darkness 1987

Director: John Carpenter
Guión: Martin Quatermass
Fotografía: Gary B. Kibbe
Música: Alan Howarth

Intérpretes:
DONALD PLEASENCE: Priest
LISA BLUNT: Catherine
JAMESON PARKER: Brian
VICTOR WONG: Birack

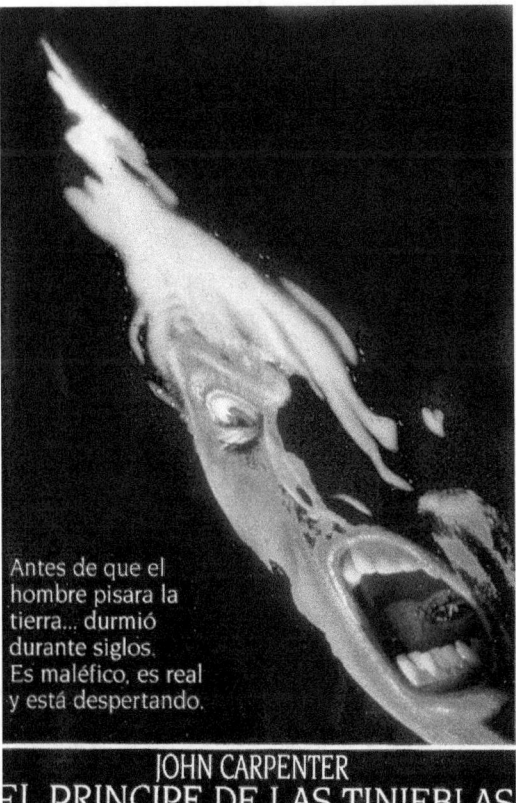

Antes de que el hombre pisara la tierra... durmió durante siglos. Es maléfico, es real y está despertando.

JOHN CARPENTER
EL PRINCIPE DE LAS TINIEBLAS

Como todas las películas de Carpenter, navega entre momentos geniales de gran tensión y terror, a otros llenos de metafísica y problemas psicológicos. Ahora el maligno se encuentra presente en un artefacto de colores depositado en un viejo sótano, desde donde puede influir decisivamente en el equipo de investigación que trata de estudiarle. Poco a poco todos parecen estar poseidos por este ser diabólico, y convertidos en nuevos demonios persiguen a sus compañeros. Desde ese momento, ni las puertas y ni siquiera los muros, son capaces de ponerles a salvo, situación que se agrava cuando se dan cuenta que no pueden escapar al exterior, pues allí solamente hay zombis hambrientos de sangre.

EL CORAZÓN DEL ÁNGEL
Angel Heart 1987

Director: Alan Parker
Guión: Alan Parker
Basada en la novela: Falling Angel de William Hjortsberg

Intérpretes:
ROBERT DE NIRO: Rece
MICKEY ROURKE: Harry Ángel
LISA BONET: Epifanía Proudfoot
CHARLOTTE RAMPLING: Margaret Krusemark

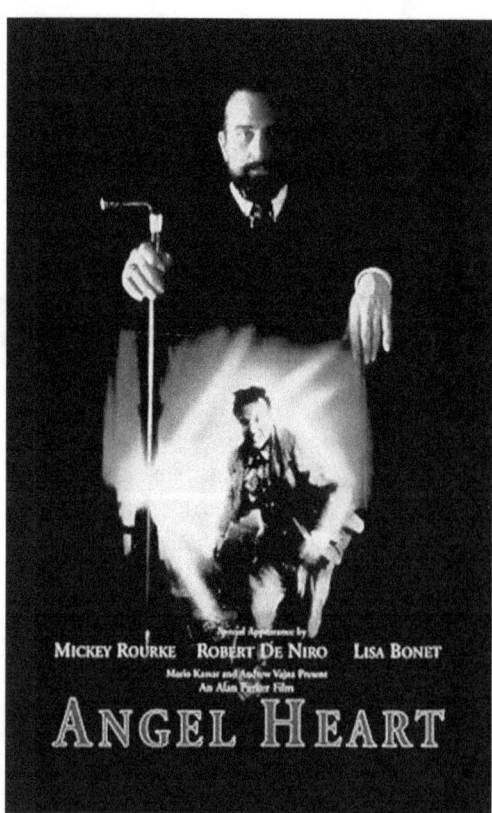

La complicada historia de William Hjortsberg no acaba de encajar al ser llevada a la pantalla y el espectador asiste confuso a un argumento que le traslada en el tiempo en numerosas ocasiones, con tan poca fortuna que no termina de comprender la película. Solamente si consigue verla por segunda vez podrá con certeza saber qué es lo que le están contando.

El argumento tenebroso, oscuro y sangriento del film, llega a aturdir y ni siquiera la presencia de tan buenos actores nos alivia un poco. Abundante en metáforas, insinuaciones y alegorías bíblicas, la película nos mantiene en tensión, aun cuando no podamos disfrutar de ella a causa de un guión poco claro.

El actor Mickey Rourke como Harry Ángel, se nos muestra como habitualmente hace, sin lavarse la cara (el resto no lo sabemos), aunque ahora no importa porque hace funciones de detective privado y debe revolver siempre la basura humana. Un día recibe la llamada de un tipo raro en Harlem que quiere hablar con él. El nombre de esa persona es Louis Cyphre (Robert

DeNiro), y quiere que Ángel busque a una persona que necesita encontrar. Cuando comienza sus pesquisas se encuentra con un asunto muy extraño y con muchos cadáveres frescos. Con el tiempo sabe que está trabajando para el mismísimo diablo.

Esto se parece a un millón de películas sobre detectives privados y, en cierto modo, lo es, pero afortunadamente algunas cosas la hacen diferente, como cierto sentido del humor, buena acción y una correcta dirección.

PACTO DE SANGRE
Pumpkinhead 1988

Director: Stan Winston

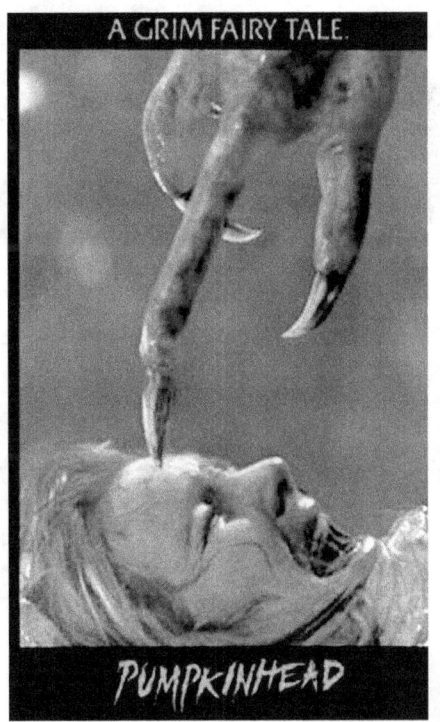

Intérpretes:
LANCE HENRIKSEN: Ed Harley
MATTHEW HURLEY: Billy Harley
JEFF EAST: Chris

Película que permitió el debut como director del buen especialista en maquetas y criaturas monstruosas Winston. La historia nos habla de cómo un niño muere atropellado accidentalmente por unos jóvenes, pero que son exculpados por todo el pueblo al considerarlo como "cosas de chicos". Esta circunstancia trastorna razonablemente la mente del padre y mediante un pacto con el diablo organiza una matanza de todos los culpables, por los cuales no siente piedad alguna. Al final, consciente del horror generado, deberá enfrentarse con el propio diablo. Ni que decir que los efectos especiales son extraordinarios.

CABALLERO DEL DIABLO
Tales From the Crypt Presents Demon Knight 1994

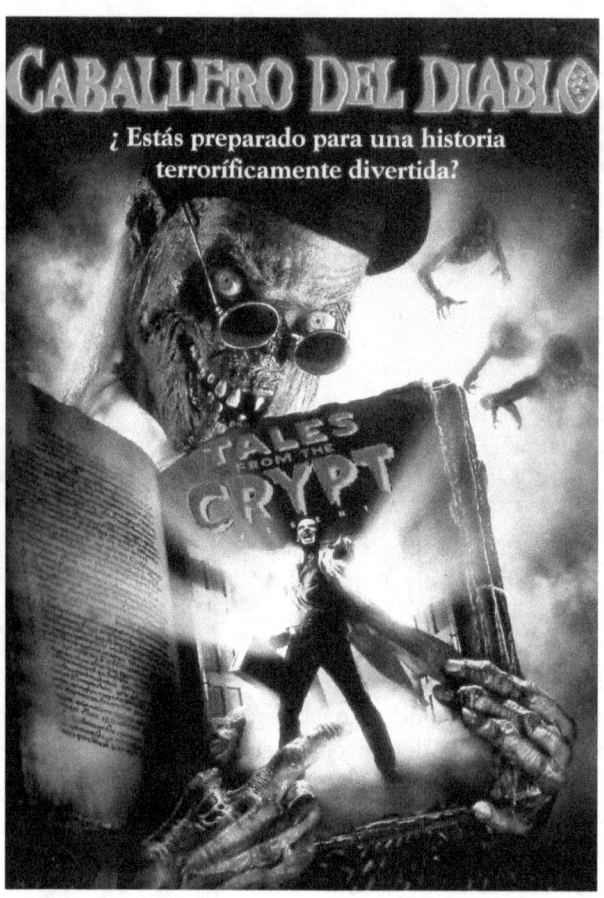

Director: Ernest Dickerson

Intérpretes:
BILLY ZANE
WILLIAM SADLER
JADA PINKETT
BRENDA BAAKE

Delirante historia de terror llevada a la pantalla grande, aprovechando el gran éxito de "Historias de la Cripta". Ahora el protagonista es un guapo pero malvado demonio, sumamente fuerte, que planea una venganza sobre unas personas que se han refugiado en un albergue. Allí se encuentra un talismán imprescindible para que pueda seguir con sus correrías, pero los humanos no están dispuestos a que se lo lleve.

Buenas escenas, estupenda fotografía y adecuada tensión. Advertencia: no se pierdan el principio, es lo mejor de toda la película.

SEVEN
1995

Productor: Arnold Kopelson, Phyllis Caryle
Director: David Fincher
Guión: Andrew Kevin Walker

Intérpretes:
BRAD PITT: Mills
MORGAN FREEMAN: Somerset
GWYNETH PALTROW: Tracy
RICHARD ROUNDTREE: Talbot

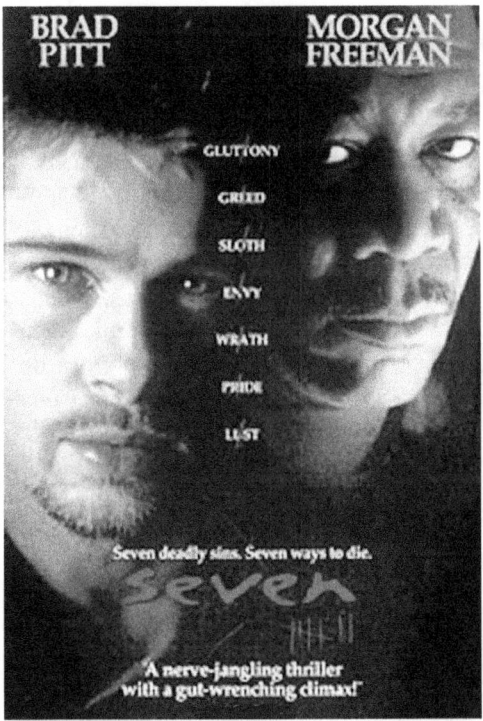

Thriller psicológico y muy enredado, en el cual nos habla de un policía novato que debe trabajar intensamente junto a Somerset, un veterano, para averiguar quién anda detrás de una serie de asesinatos maquiavélicos, enlazados bajo las normas de Los Siete Pecados Capitales.

Excepcionalmente bien narrada, inteligentemente escrita y bien interpretada, la trama nos envuelve en una historia de terror sumamente enloquecida, que llega a ser opresiva en algunos momentos. No hay excesiva violencia mostrada directamente ante las cámaras, lo que es de agradecer, pero la película parece revolcarse apasionadamente en las posibilidades de la depravación humana.

El problema es que para mostrarnos adecuadamente tantos crímenes se hace necesaria mucha oscuridad y solamente en ocasiones vemos algo de luz cuando las linternas eléctricas de los detectives inciden sobre las víctimas. Incluso cuando todas las luces se encienden en los apartamentos de las víctimas, la cámara solamente muestra destellos cortos de los asesinatos, dejando al espectador hambriento de un poco de luz.

LA TIENDA
Needful Things 1993

Productor: Jack Cummins
Director: Fraser C. Heston
Guión: W.D. Richter

Intérpretes:
MAX VON SYDOW: Leland Gaunt
ED HARRIS: Sheriff Alan Pangborn
BONNIE BEDELIA: Polly Chalmers
AMANDA PLUMMER: Nettie Cobb

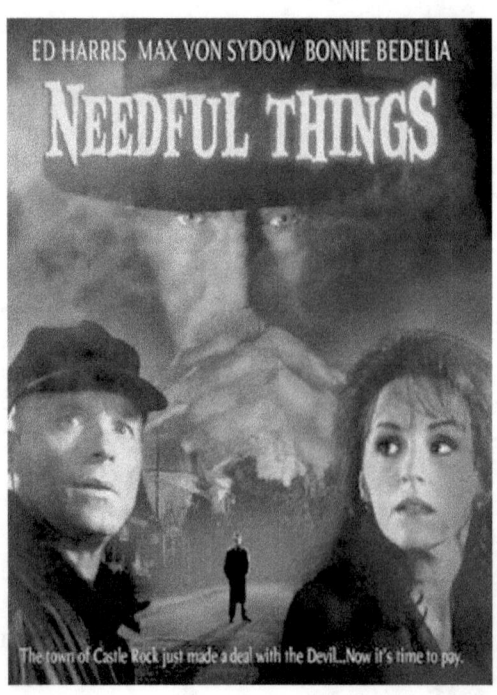

Cuando un nuevo personaje se incorpora a un pequeño pueblo, nadie puede sospechar de quién se trata realmente. Pronto abre una tienda repleta de antigüedades y cosas extrañas, mostrándose muy amable con los clientes, aunque los acontecimientos posteriores son sangrientos. Todos cuantos acuden allí empiezan a sentir la necesidad imperiosa de dar rienda suelta a sus odios y una orgía de sangre trunca la paz de los habitantes. El mismísimo diablo está viviendo entre ellos.

Acertada película de terror que nos permitió ver de nuevo a un actor tan extraordinario como Von Sydow, perfectamente acompañado por Ed Harris.

POSEÍDOS
Lost Souls 2000

Director: Janusz Kaminski
Guión: Pierce Gardner
Fotografía: Muro Fiore
Música: Jan A.p. Kaczmarek

Intérpretes:
WINONA RYDER
BEN CHAPLIN
JOHN HURT
ELIAS KOTEAS

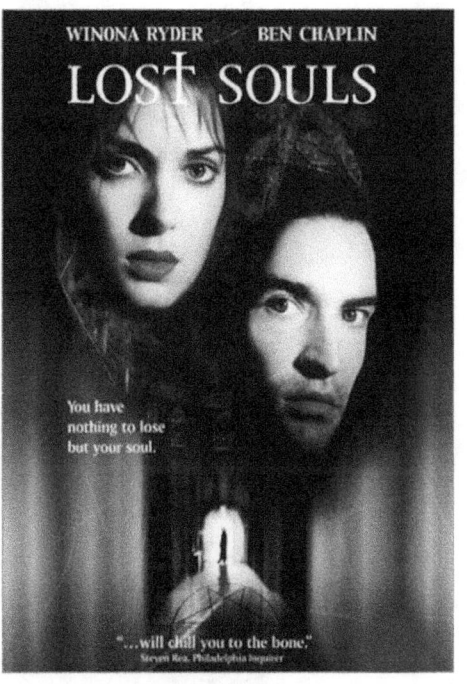

La víctima es ahora Winona Ryder, en cuyo interior moró hace algunos años un espíritu maligno hasta que un exorcista consiguió eliminarlo. Pero eso le ha dado cierto conocimiento sobre Satán, pues sabe lo que quiere y sus debilidades, por lo que se embarca en una cruzada para luchar contra el maligno. Lo que no sabía era que otro cuerpo albergaba ya a Satán y se pasea ahora haciendo de las suyas por las calles de Nueva York.

EL FIN DE LOS DÍAS
End of days (1999)

Director: Peter Hyams
Guión: Andrew W. Marlowe
Música: John Debney

Intérpretes:
ARNOLD SCHWARZENEGGER: Jericó Cane
GABRIEL BIRNEY: Satán
ROBIN TUNNEY: Christine Bethlehem

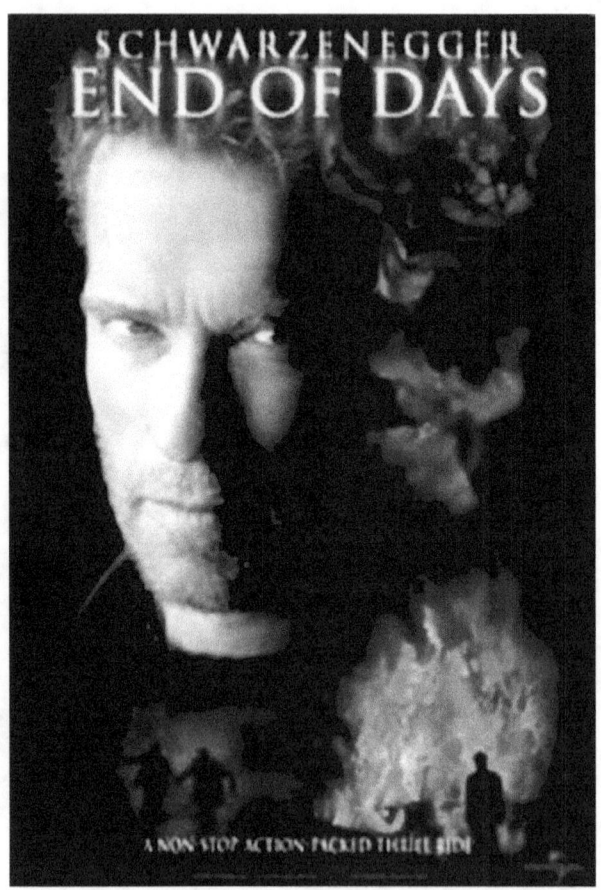

La historia nos lleva a 1976, cuando una niña recién nacida es protegida por Satán para sus fines malévolos. Veinte años después la joven tiene extrañas visiones en las cuales se ve perseguida por un extraño hombre, hechos que coinciden con la muerte de un viejo sacerdote sin hogar a manos del policía Jericó. Satanás dispone precisamente ahora de unos pocos segundos para salir de su eterna prisión, pues si falla deberá esperar una nueva oportunidad, mil años en el futuro. Afortunadamente tenemos al fornido Schwarzenegger, empeñado ahora en no dejar que Satanás controle a todo el mundo, esencialmente al clero, pues parece que tiene una deuda pendiente con este grupo desde que Dios le expulsó del paraíso. Pero poco a poco todos sucumben a sus poderes y las mujeres más bellas caen presas de un delirio sexual cuando las toca, logrando así nuevos adeptos para que le ayuden en su maléfica misión.

EL TERROR SEGÚN
HITCHCOCK

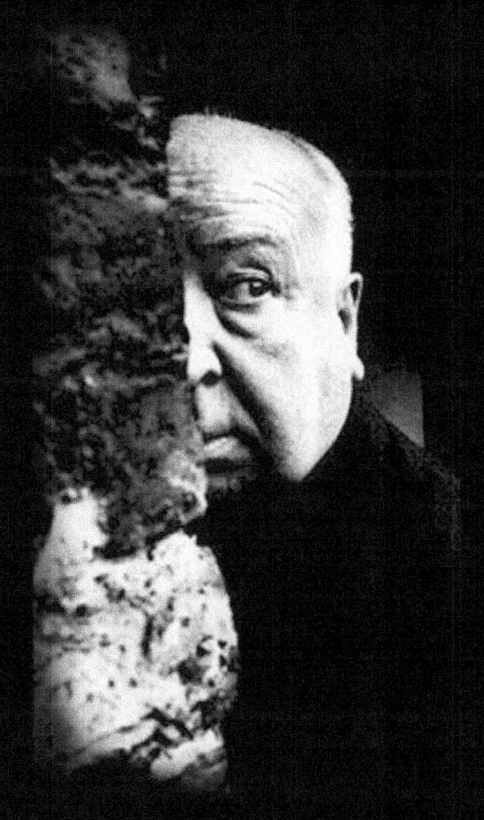

«Nunca he dicho que los actores sean ganado. Lo que digo es que se les debe tratar como si fueran ganado.»

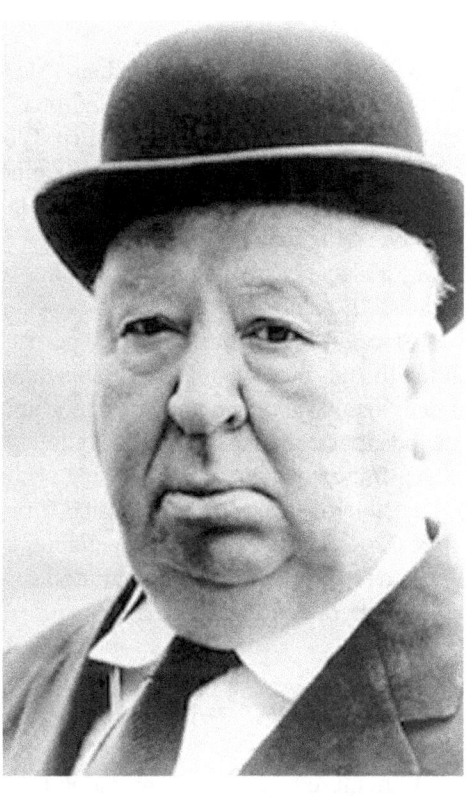

Alfred Hitchcock, nacido en Londres en 1899 y fallecido en Hollywood en 1980, era hijo de un carnicero, lo que indudablemente influyó en sus inclinaciones artísticas llenas de humor negro.

Comenzó a trabajar en la industria cinematográfica en 1920, primero como publicista para la Paramount y después como guionista y ayudante de dirección, hasta que se trasladó en 1925 a Alemania, en donde tuvo la oportunidad de trabajar como ayudante de dirección en los estudios UFA.

En su país de nacimiento rodó su primer éxito "Blackmail", al que siguieron "El hombre que sabía demasiado" (1934) y "39 escalones" (1935) que motivaron el interés de David O. Selznick y con ello su llegada a Hollywood en 1940. Su primer filme en Estados Unidos fue "Rebeca", un éxito rotundo tanto de crítica como de público, comenzando también sus breves apariciones que luego fueron motivo de interés por el público.

Sus argumentos centrados casi siempre en tramas policíacas o de espionaje, pusieron de moda la palabra francesa "suspense", un estado emocional a mitad de camino entre el pánico y el interés. Su idea era captar la atención del espectador con un señuelo, un fuerte o intrigante impacto, para así conducirle poco a poco a la verdadera trama del filme. Como ejemplo, leamos esta corta secuencia de "Vértigo":

"A mitad del camino a través de Vértigo, "Scottie" Ferguson (James Stewart) y Madeleine (Kim Novak) han vagado a través de las secoyas y han llegado al borde de los acantilados. A pesar del hecho de que él es policía, con-

tratado para seguirla a petición de su angustiado marido, entre ambos ha naci-do el amor. Hay un problema, aparte del marido: Madeleine está fascinada y aturdida por ciertas catalepsias mórbidas, aunque para Scottie, un hombre muy lógico, esto es solamente una parte del problema. Él, por su parte, pade-ce vértigo, y su miedo a las alturas le impide efectuar su trabajo de policía con efectividad".

Las influencias del psicoanálisis y de las teorías de Freud aparecen mostradas en películas como "Marnie la ladrona", donde una cleptómana traumática se redime por el amor, mientras que en "Yo confieso" será por motivos religiosos, y en "Los pájaros" se mostrará más simbólicamente. No demasiado aclamado en sus principios, pero intensamente imitado y aplaudido posteriormente, el virtuo-sismo de Hitchcock se hace evidente en el manejo de la cámara, con gran inven-tiva y audacia, y en el montaje, extremadamente fragmentado y estudiado en oca-siones. Ahora algunos de sus recursos nos parecen pueriles y sus modestos efec-tos especiales muy rudimentarios, pero su maestría para contarnos una historia e impedir que nos levantásemos aburridos de la butaca del cine, no han tenido igual. Incluso ahora, cuando ya conocemos perfectamente el argumento y el final de todas sus películas, el interés sigue vigente, y no hay mejor muestra de la valía de un filme que aquel que se puede visionar varias veces sin llegar al tedio.

Posiblemente áspero y despótico, e inclinado por las mujeres rubias de aspec-to más o menos asexuado, sus películas mejoraron cuando pudo convertirse tam-bién en su propio productor, logrando desde los años 50 sus mejores filmes y con ellos el reconocimiento internacional.

FILMOGRAFÍA:

El hombre que sabía demasiado (The Man Who Knew Too Much, 1934)
39 escalones (The Thirty-nine Steps, 1935)
Alarma en el expreso (The Lady Vanishes, 1938)
Posada Jamaica (Jamaica Inn, 1939)
La sombra de una duda (Shadow of a Doubt, 1934)
Náufragos (Lifeboat, 1944)
Recuerda (Spellbound, 1945)
Encadenados (Notorious, 1946)
Extraños en un tren (Strangers on a Train, 1951)
Yo confieso (I confess, 1952)
La ventana indiscreta (Rear Window, 1954)
Pero, ¿quién mató a Harry? (The Trouble With Harry, 1955)
De entre los muertos (Vertigo, 1958)
Con la muerte en los talones (North by Northwest, 1959)

Psicosis (Psycho, 1960)
Los pájaros (The Birds, 1963)
Marnie la ladrona (Marnie, 1964)
Cortina rasgada (Torn Curtain, 1966)
Topaz (1969)
Frenesí (Frenzy, 1972)

LOS PÁJAROS
The Birds 1963

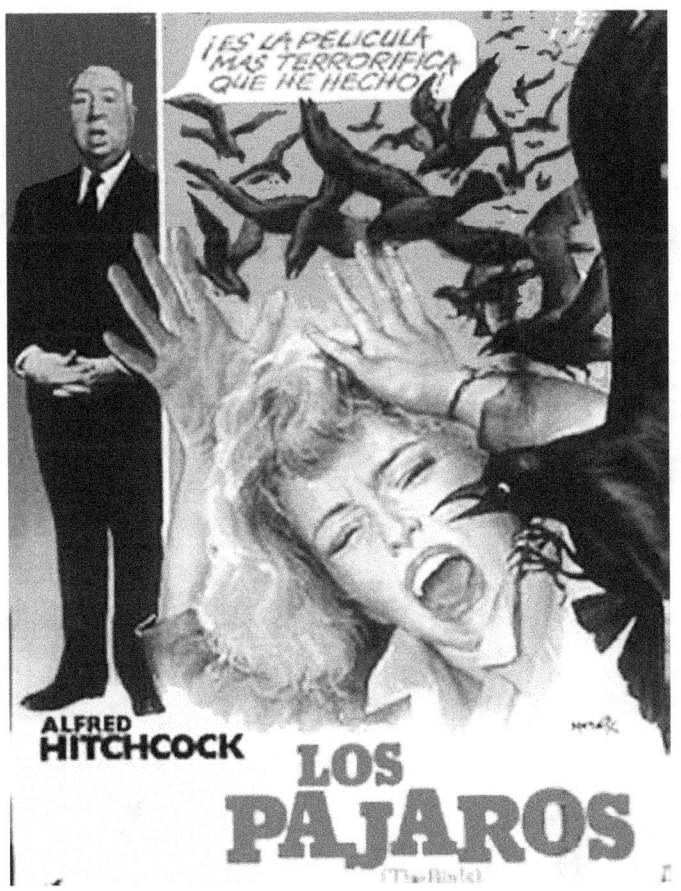

Director y productor: Alfred Hitchcock
Guión de: Evan Hunter
Basada en la novela de: Daphne Du Maurier
Fotografía: Robert Burks
Efectos especiales: Ub Iwerks

Intérpretes:
ROD TAYLOR: Mitch Brenner
JESSICA TANDY: Su esposa
SUZANNE PLESHETTE: Annie Hayworth
TIPPI HEDREN: Melanie Daniels
VERONICA CARTWRIGHT: Cathy Brenner
ALFRED HITCHCOCK: Hombre que está delante de la tienda de
animales domésticos

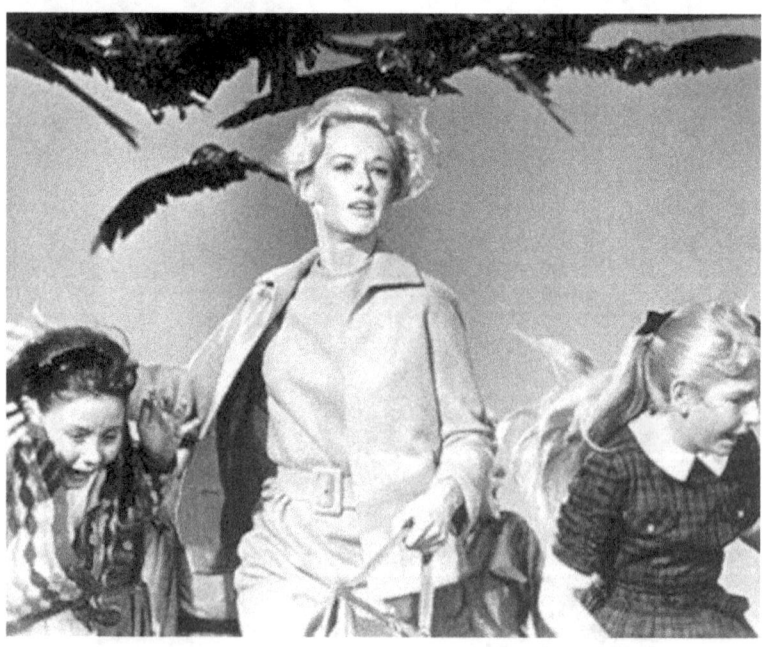

Dicen que fue una de las películas preferidas de su director y no sin razón, ya que una vez más logró aterrorizar al espectador empleando un argumento adecuado y una narrativa extraordinaria. Como en todas sus anteriores películas, los efectos especiales están realizados solamente con ingenio y no con dinero ni medios técnicos, logrando el resultado apetecido. Mezclando dibujos con animales reales, consiguió hacernos creer que había cientos de pájaros asesinos atacando a los protagonistas.

La historia es ciertamente sobrecogedora y nos cuenta cómo los habitantes de un pequeño pueblo llamado Bahía Bodega son atacados por pájaros, gaviotas y cuervos, sin una razón que lo justifique. A pesar de que en circunstancias normales unos animales tan inofensivos no nos darían ningún miedo, la historia está tan bien contada que incluso cuando la gente salía del cine miraba con aprensión los pájaros del lugar y más de uno liberó rápidamente a su canario.

La cámara nos muestra la historia desde el punto de vista de los pájaros, frecuentemente en las alturas, descendiendo veloz hasta sus presas. También lo hace en primera persona, con los ojos escudriñando las esquinas y las sombras, tratando de averiguar si detrás de aquella puerta se encuentra un malvado pájaro.

La debutante Tippi Hedren, aparentemente sofisticada e inexpresiva, hace lo que puede para guardar la compostura ante tanto terror alado, y para compensar la tensión mantiene un romance con el director Hitchcock en las pausas del rodaje. Los niños, sin embargo, fueron más eficaces que ella para transmitir al espectador el terror que estaban viviendo. Muchos años después, la vimos de nuevo en el innecesario remake, con lo cual se magnificó la obra de Hitchcock. Y es que las comparaciones siguen siendo odiosas, especialmente en el cine.

PSICOSIS
Psycho 1961

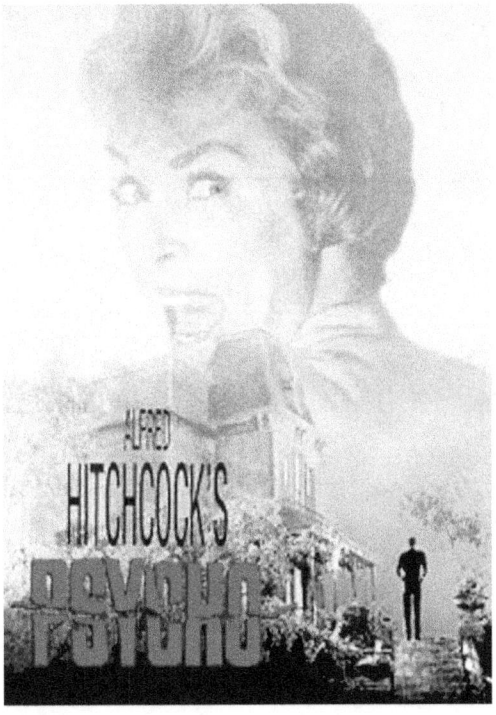

Productor: Alfred Hitchcock
Director: Alfred Hitchcock
Guión: Joseph Stefano
Basado en la novela de: Robert Bloch
Fotografía: John L. Russell Jr.
Efectos especiales: Clarence Champagne

Intérpretes:
ANTHONY PERKINS: Norman Bates
JANET LEIGH: Marion Crane
VERA MILES: Lila Crane
JOHN GAVIN: Sam Loomis
MARTIN BALSAM: Milton Arbogast

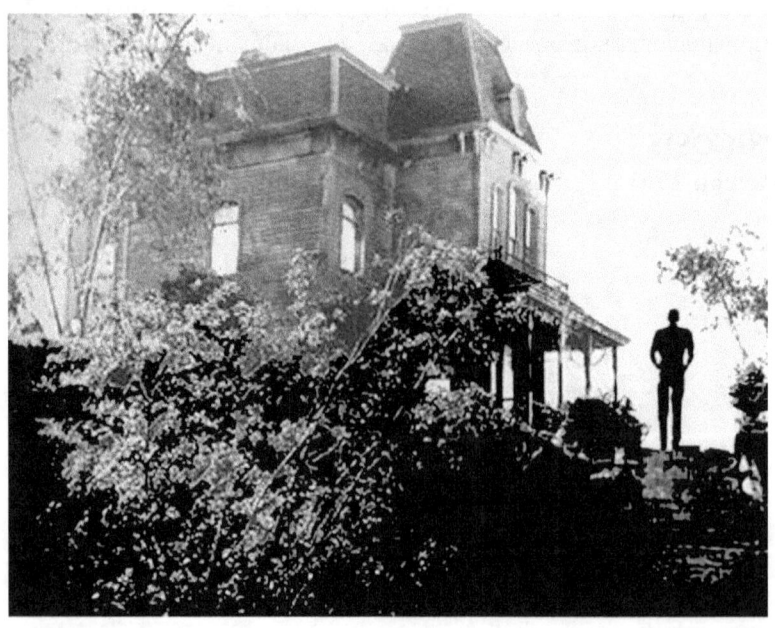

La historia es contada por Hitchcock de manera tradicional e involucra inmediatamente al espectador con los actores y el argumento. Las cámaras nos llevan a Fénix, Arizona, y allí enfocan rápidamente a una ventana del hotel, mostrándonos a Marion Crane llevando sólo un sujetador y reclinándose sensualmente en una cama, mientras su amante Sam Loomis está en pie. Escuchando su conversación comprendemos que no están casados entre sí, que son adúlteros, y que Gavin es demasiado pobre para obtener un divorcio.

La infeliz Marion vuelve a su oficina, donde su jefe George Lowery está de acuerdo en entregar 40.000 dólares a un cliente rico, pero en un momento de debilidad Marion roba el dinero y decide iniciar una nueva vida para ella. Compra un nuevo automóvil, pero su manera de conducir llama la atención de un policía estatal que la sigue y cuando la encuentra dormida en el arcén le avisa de que no debe hacerlo, que es peligroso. Marion conduce durante la noche hasta que llega a un motel de carretera, el Motel de Bates. Allí está como propietario Norman Bates, un tímido y larguirucho joven, quien asesorado por su fallecida madre en cuanto a la perversidad de las mujeres, no duda en acuchillar a inocentes jovencitas mientras se duchan.

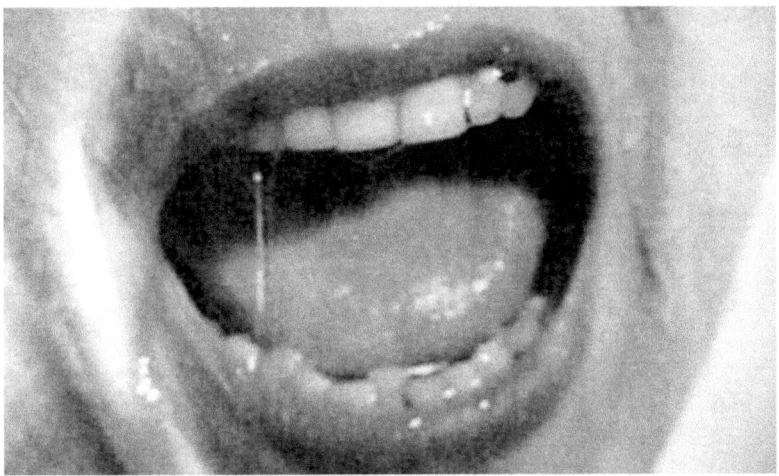

En esta ocasión, Hitchcock nos aporta la novedad inédita hasta entonces de matar a la protagonista al principio del film, lo que despista enormemente al espectador. Existen en la película escenas antológicas, como es el asesinato en la bañera (casi 100 cortas escenas memorables) y las discusiones madrehijo sin que se vean a ambos. También fueron importantes los problemas con la censura, primero cuando Janet Leigh se pasea en sujetador durante diez largos minutos por una habitación, mientras Gavin la mira con ojos libidinosos. Ese sujetador nos parece ahora propio de una monja de clausura y apenas deja entrever el ombligo, pero antes debió encender la ira de algún censor. La otra escena, más polémica aún, fue la de la ducha, pues el desnudo nunca debía mostrar las llamadas partes eróticas de la chica, en ocasiones una doble.

Dado que esta película ha pasado con justicia a la historia del cine de terror, nada nuevo podemos añadir, salvo que supuso el lanzamiento del entonces desconocido Anthony Perkins, quien consiguió anular totalmente al resto de los actores con su increíble carisma.

Hubo dos secuelas más, ambas protagonizadas por Perkins, las cuales fueron bien acogidas por el público y menos por la crítica. Dado que habían pasado ya 22 años entre ellas, se construyó una fiel reproducción del hotel de Bates para darle más continuidad al argumento.

Una nueva versión, protagonizada por Vince Vaughn y dirigida por Gus Van Sant, fielmente basada en la original, ha sido estrenada sin causar ningún entusiasmo.

EL TERROR CON

ROGER
CORMAN

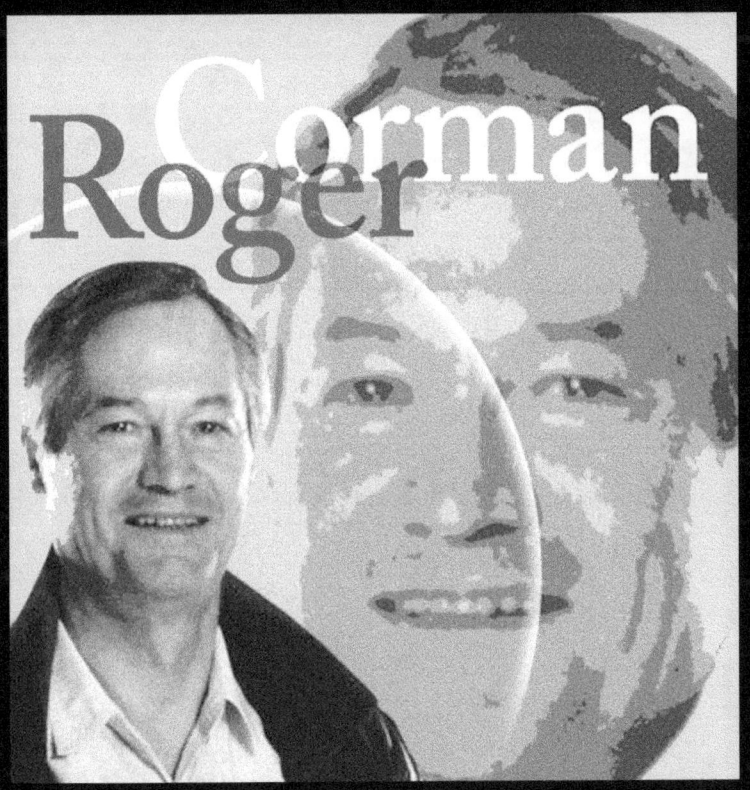

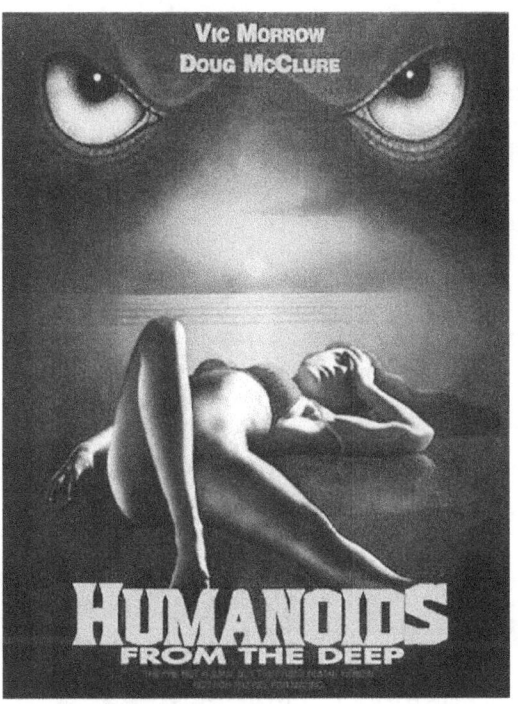

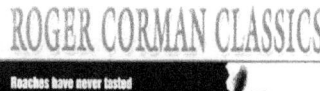

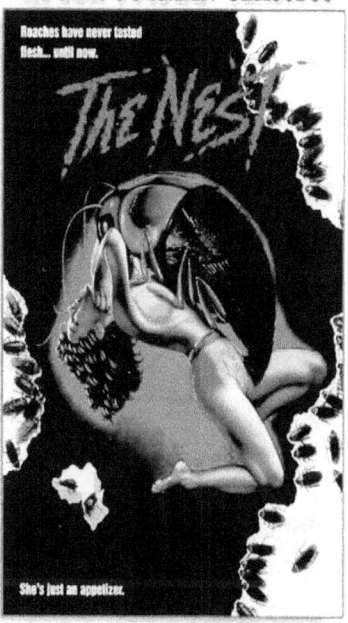

Su filmografía es tan amplia, sea como productor, director o actor (se contabilizan casi 400 filmes), que necesitaríamos un libro dedicado solamente a este prolífico hombre del cine. Antiguo estudiante de ingeniería, Roger Corman entró en el negocio del cine como un simple mensajero y terminó siendo un popular productor/director, aunque antes tuvo tiempo de estudiar historia en la Universidad de Oxford. Cuando retornó a Hollywood, se dio cuenta de las grandes posibilidades que había de ganar dinero haciendo, paradójicamente, películas de bajo presupuesto y mucha imaginación. Quería llegar solamente a los cines de barrio, a las matinales de los domingos, pues sabía que allí el público no era muy exigente. Tan exiguos fueron sus presupuestos, que muchas de sus películas apenas costaron 50.000 $, cantidad suficiente para sus necesidades.

"Five Guns West", "Apache Woman", "The Day The World Ended" o "It Conquered The World", fueron algunas de sus películas, por otra parte suficientemente indicativas. Muchas apenas sobrepasaban los 60 minutos y hasta podían ser en blanco y negro, circunstancia esta que favorecía su distribución, o al menos así opinaba el empresario Samuel Z. Arkoff, un cineasta convertido en su mejor aliado.

A principios de los 60, Corman comenzó a adaptar las novelas de Edgar Allan Poe y a incorporar actores como Vincent Price, así como a rodarlas en color, lo

221

que le convirtió poco a poco en un director respetable. Tanto es así, que tuvo como alumnos a personas tan importantes hoy en día como Francis Ford Coppola, Curtis Harrington y Robert Towne, aunque para muchos su eficacia como director disminuyó en la medida en que logró mejores presupuestos. A sus órdenes han trabajo también Jack Nicholson, Robert De Niro, Charles Bronson y Dennis Hopper.

LA CAÍDA DE LA CASA USHER
House of Usher 1960

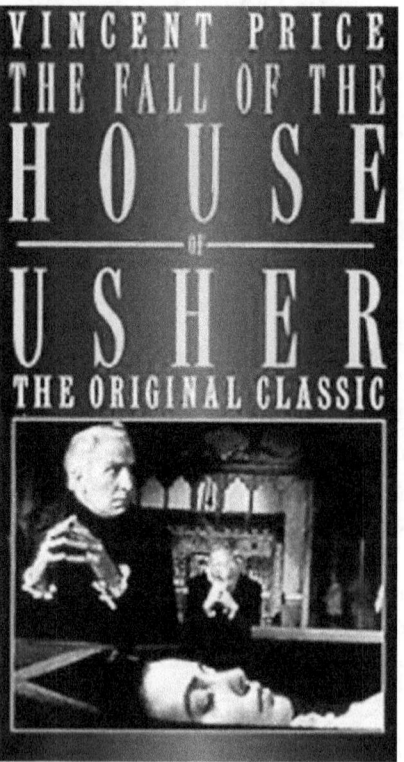

Productor: Roger Corman
Director: Roger Corman
Guión: Richard Matheson
Argumento: Edgar Allan Poe

Intérpretes:
VINCENT PRICE: Roderick Usher
MARK DAMON: Philip Winthrop.
MYRNA FAHEY: Madeline Usher
HARRY ELLERBE: Bristol

El gran Vincent Price logra una estupenda interpretación en esta adaptación de la novela de Edgar Allan Poe, en la cual nos cuenta la historia de Phillip (Mark Damon), un hombre que acude a una sombría mansión en busca de su amante, a la que considera presa de un maleficio por parte de su hermano. Cuando el novio de la guapa chica llega para pedir su mano en matrimonio, las puertas de la casa se abren al mismo tiempo que el terror.

Roderick (Price) está convencido de que la casa y su propio linaje están malditos por algo perverso que hicieron sus antepasados, y por ello jura que hará todo lo posible para que su hermana no pueda continuar con el maleficio.

Este filme, con numerosas escenas retrospectivas que generan confusión en el espectador, aunque el conjunto es acertado, fue la primera de las ocho adaptaciones para el cine de las novelas de Edgar Allan Poe.

Roger Corman recibió el permiso de sus productores para rodar su primera película en color y con una estrella popular, pero al mismo precio que dos de sus películas en blanco y negro habituales. El resultado fue una sorpresa para críticos y público, y gracia a ella Corman hizo siete más.

HISTORIAS DE TERROR
Tales of terror 1962

Productor: Roger Corman
Director: Roger Corman
Guión: Richard Matheson
Efectos especiales: Pat Dinga

Intérpretes:
VINCENT PRICE: Locke, Fortunato, Valdemar
PETER LORRE: Montresor
DEBRA PAGET: Helene
BASIL RATHBONE: Carmichael
MAGGIE PIERCE: Lenora

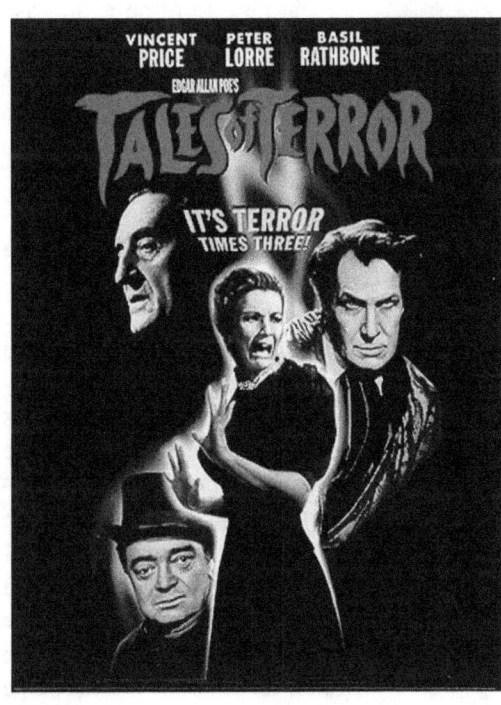

Estos tres episodios, basados en los populares relatos de Edgard Allan Poe, están realizados con la corrección que es habitual en Corman, quien no pretende otra cosa que la atención y diversión del espectador. El contar con actores de gran categoría, dos de ellos expertos en el cine de terror, es motivo suficiente para ver la película.

El primero de los episodios, "Morella," nos habla de una mujer joven (Maggie Pierce) visitando a su padre (Price) en su derruido castillo. El siguiente es un cuento corto tragicómico, adaptado de "El gato negro" (The Cask of Amontillado), en el cual sobresale el trabajo de Peter Lorre en el papel de un sinvergüenza ebrio que empareda vivos a su esposa (Joyce Jameson) y su amante (Price) en el sótano. Finalmente "El caso del Mr. Valdemar" es una historia a medida de Basil Rathbone, en su papel de un doctor que usa el hipnotismo para hablar con su paciente recién muerto.

LA PEQUEÑA TIENDA DE LOS HORRORES
The Litte shop of Horrors 1960

Director y productor: Roger Corman
Guión: Charles B. Griffith

Intérpretes:
DICK MILLER
JACK NICHOLSON
JACKIE JOSEPH
MEL WELLES

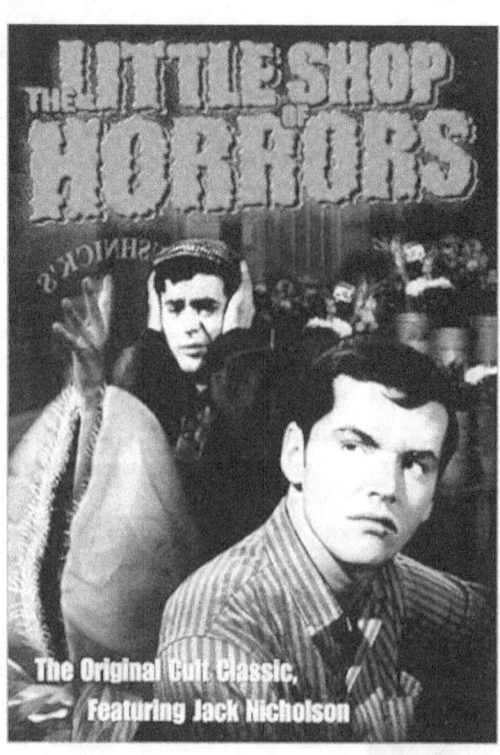

Se dice que Corman apenas empleó más de dos días en el rodaje de este filme y, aun así, consiguió una película extraordinaria. La historia nos habla de un tímido florero llamado Jonathan, quien tiene como auxiliar a una torpe muchacha de nombre Seymour, ambos trabajando para que el dueño de la tienda les pague un mísero sueldo. Un día, todo cambia cuando aparece una planta extraña, tan rara que crece grandemente y prefiere la carne cruda a los abonos. El problema es que se trata de una planta muy hambrienta y todas las noches abre sus enormes mandíbulas exigiendo a Jonathan que le traiga comida, aunque a cambio le asegura prosperidad. Con un guión de Charles Griffith, esta comedia negra es sumamente alegre y demuestra las grandes ideas que siempre han adornado a Corman. Vemos a un joven Jack Nicholson haciendo el papel del masoquista paciente dental, trabajo que en el remake musical interpretó Bill Murray. Este último filme, contó con una acertada banda sonora, una recreación de la gran planta carnívora superior a su predecesora, y unas interpretaciones ciertamente meritorias.

LA CARRERA DE LA MUERTE DEL AÑO 2000
Death race 2000 1975

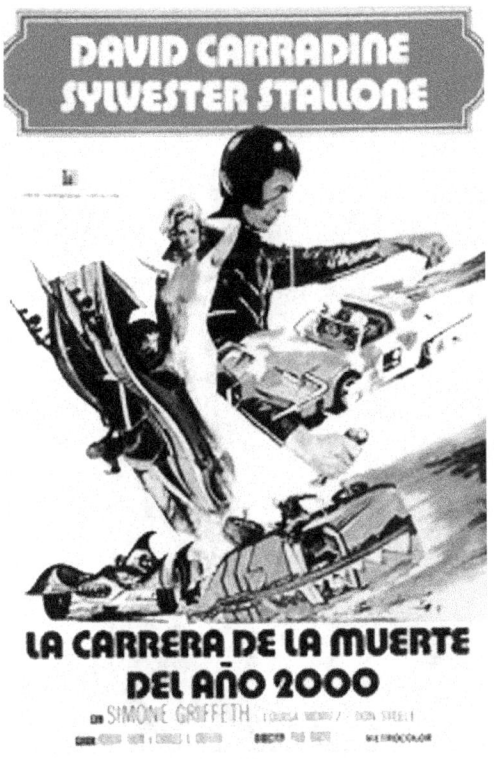

Director: Paul Bartel
Productor: Roger Corman
Guión: Robert TOM

Intérpretes:
DAVID CARRADINE
SYLVESTER STALLONE

Película con un fuerte humor negro y violencia desbocada que nos habla de un futuro inmediato en donde la mejor de las diversiones son las carreras de coches, alcanzando mejor clasificación quien ocasione más muertes entre los espectadores y los competidores.

El conductor más eficaz atropellando personas (especialmente ancianos) es Frankenstein (David Carradine), el cual cuenta, además, con el coche más potente y mortífero. Su cuerpo cibernético le hace muy atractivo para las mujeres, aunque todo se vuelve en su contra cuando sus opositores tratan de tenderle una trampa.

Fuertemente criticada por la censura en su momento y la causa de que no pudiera tener una distribución adecuada, el filme es ahora punto de referencia para muchas otras películas de coches, e incluso de no pocos videojuegos.

PIRAÑA
Piraña 1978

Productor ejecutivo: Roger Corman
Director: Joe Dante
Guión: John Sayles
Basada en la historia de: Richard Robinson
Efectos especiales: Jon Berg, Pat O'Neill

Intérpretes:
 BRADFORD DILLMAN
 HEATHER MENZIES
 KEENAN WYNN

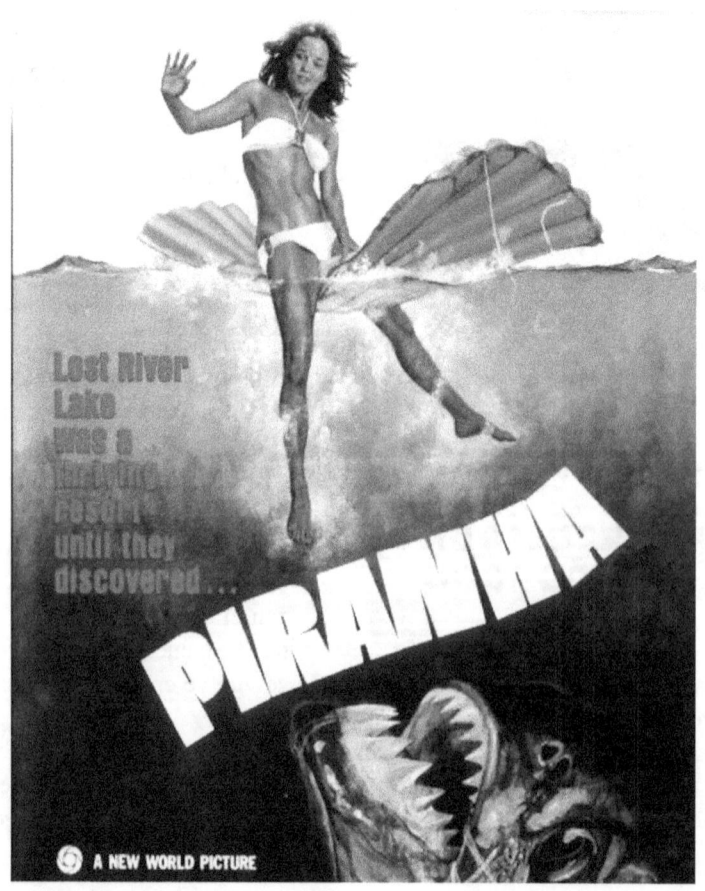

Película sorpresa que proporcionó el descubrimiento de un novísimo director y una realización que en principio parecía solamente una copia a la sombra de "Tiburón". Con marcado matiz ecológico, cierta dosis de erotismo, y numerosas alusiones al cine de terror de los 50, Roger Corman logra un triunfo con pocos dólares de presupuesto, como siempre.

Una factoría piscícola alberga en sus piscinas a unas pirañas que pueden sobrevivir en cualquier tipo de agua y clima, las cuales se comen con avidez todo lo que se baña en ellas, especialmente si son jovencitas. Aunque apenas logramos ver a tan sangrientos pececitos, los presentimos en cada secuencia, lo que es un mérito.

La historia de la película es principalmente una excusa por mostrar a las personas que manipulan las aguas de riego y cuyas consecuencias pueden ser imprevisibles. Junto a ellos vemos a los habituales financieros sin escrúpulos que tratan de evitar cualquier pánico colectivo que les impida vender sus terrenos. En esta ocasión, uno de los vendedores niega la presencia de pirañas en sus tierras, justo cuando una pareja de enamorados acaba de ser devorada por estos terribles peces.

PODERES
TELEQUINÉSICOS

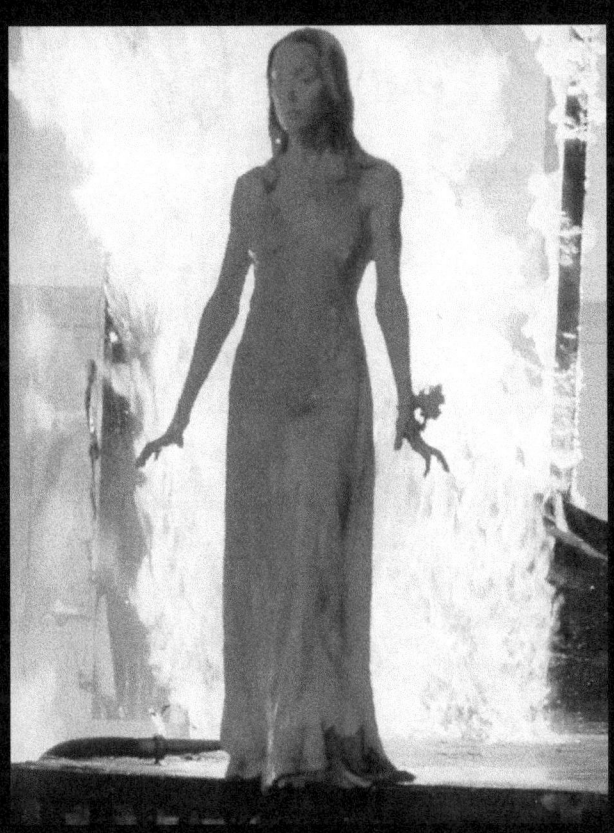

CARRIE
Carrie 1976

Director: Brian De Palma
Guión: Larry Cohen
Basado en la novela de: Stephen King
Música: Pino Donaggio
Efectos especiales: Greg Auer y Ken Pepiot

Intérpretes:
SISSY SPACEK: Carrie White
PIPER LAURIE: Margaret White
WILLIAM KATT: Tommy Ross
JOHN TRAVOLTA: Billy Nolan
NANCY ALLEN: Chris Hargenson

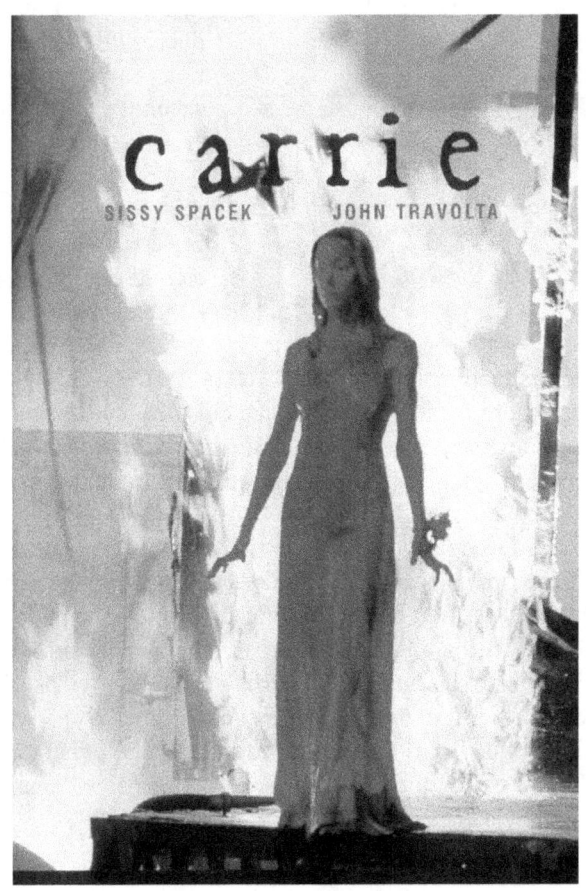

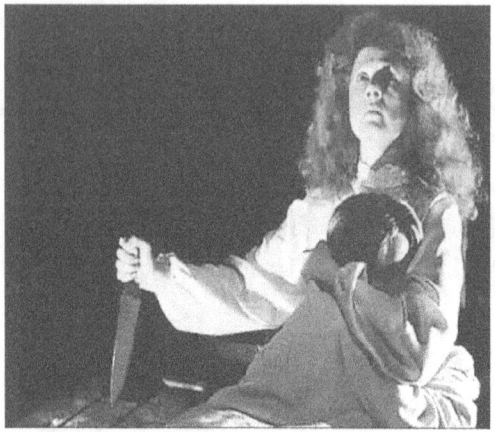

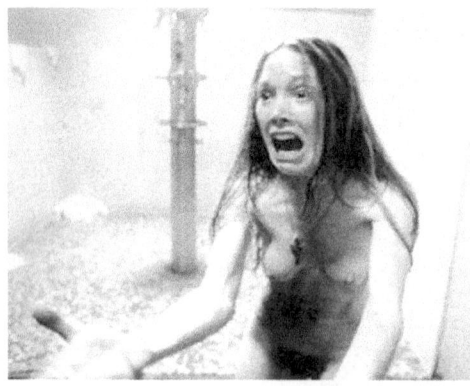

"Carrie" de Brian de Palma, es una película de terror fascinante, con un final que provocó no pocos desmayos y que fue copiado hasta la saciedad por otros directores. Una escena similar la podemos ver cuando el gigantesco escualo de "Tiburón" brincó hacia uno de los protagonistas y nos hizo levantar a todos de nuestras butacas. También es (y esto es lo que la hace mejor) un retrato muy acertado sobre el comportamiento humano. Esta muchacha llamada Carrie no es otro estereotipo producto de la línea de producción del cine de terror; ella es una estudiante de la escuela secundaria, tímida, bonita, y que vive la misma vida complicada que nosotros hemos vivido cuando teníamos su edad. La diferencia con la realidad, sin embargo, es que ella posee telequinesia, la habilidad para manipular las cosas sin acercarse a ellas. Es un poder que descubrió gradualmente, y lo liberó en contestación al fanatismo religioso e histérico de su madre. Se manifiesta de maneras pequeñas, como cuando se mira en un espejo y se rompe. Entonces piensa que debe corregir esa tendencia, pero cuando su madre intenta pegarla la lanza atrás contra una cama. Pero entonces, en la noche del baile de graduación...

Bueno, lo que sucede en los últimos veinte minutos de la película afianza todo el argumento anterior y la tensión crece implacable, tan inevitablemente, que la palabra fin aparece casi sin darnos cuenta. Ésta no es una película de terror tradicional, puesto que nos muestra una crisis familiar y social muy habitual, con situaciones que hemos vivido varias veces en nuestras vidas. Por ello, cuando Carrie usa totalmente su extraño poder, nosotros sabemos por qué y la justificamos. Suponiendo que usted no haya visto la película, evitaré contarle cómo se desarrolla el clímax para que pueda disfrutar con los acontecimientos.

Hubo una secuela en 1999.

SCANNERS
1980

Director: David Cronenberg
Guión: David Cronenberg

Intérpretes:
STEPHEN LACK: Cameron Vale
MICHAEL IRONSIDE: Darryl Revok
JENNIFER O'NEILL: Kim Obrist
LAWRENCE DANE: Braedon Keller

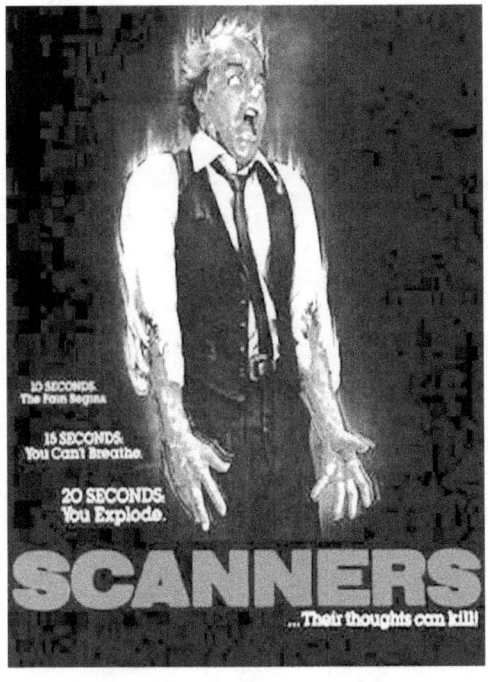

Una organización se dedica a inyectar una fórmula a mujeres embarazadas, para que sus hijos desarrollen poderes mentales. Una vez que los niños son adultos, se forma un ejército de asesinos psiónicos, capaz de controlar el mundo. Pero el doctor Ruth intenta acabar con la organización, reclutando para ello a Cameron Vale, un "scanner" renegado. Comienza una lucha entre ambos grupos para acabar con el contrario.

Pieza clave en la filmografía de Cronenberg, más bien debido a lo impresionante de alguna de sus escenas, ya que el film es bastante inferior a otros largometrajes del director. No obstante, la película es entretenida, y no se deja arrastrar por el tópico de "chico bueno" contra "chico malo", además de contar con unos buenos efectos especiales. El estallido de la cabeza, una escena mítica del cine fantástico.

Las secuelas, mejor no verlas.

ZOMBIS Y OTROS NO-MUERTOS

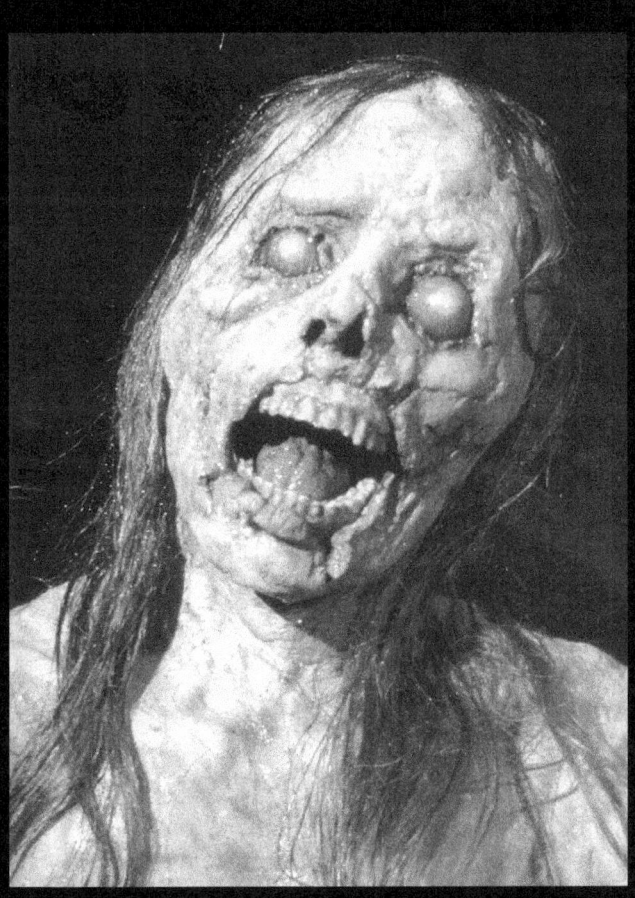

LA NOCHE DE LOS MUERTOS VIVIENTES
Night of the living dead 1968

Director: George Romero
Guión: John A. Russo
Basada en la historia de: Romero
Fotografía: George Romero
Efectos especiales: Regis Survinski y Tony Pantanello

Intérpretes:
JUDITH O´DEA: Bárbara
DUAN JONES: Ben
KEITH WAYNE: Johnny.
KARL HARDMAN: Harry Cooper
KEITH WAYNE: Tom

La película que lanzó a la fama a su director y le convirtió, de la noche a la mañana, en uno de los mejores realizadores del cine de terror. Con un sorpresivo argumento, el uso inteligente del blanco y negro, actores desconocidos, y una música apenas perceptible, esta obra de Romero es ya un clásico en el género. El ambiente claustrofóbico se contagia al espectador desde los primeros instantes, haciéndole víctima virtual de los acontecimientos insólitos. El mismo director realizó, aunque fue dirigida por otro, 22 años después una nueva versión en color, bastante fiel al original, que ya no tuvo apenas repercusión entre los aficionados, a pesar de estar hecha con casi la misma corrección que la primera.

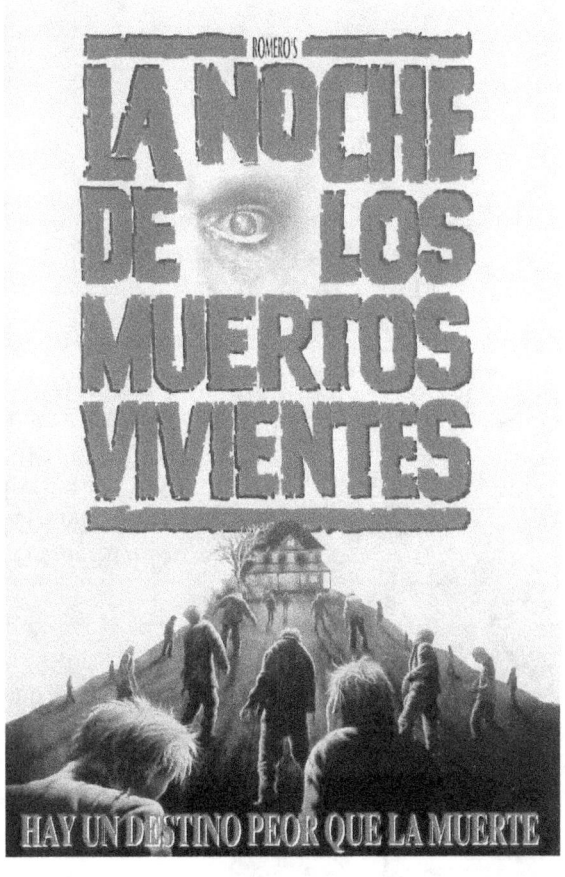

237

La historia comienza bruscamente, con Bárbara (Judith O'Dea) y su hermano, Johnny (Russell Streiner), que son atacados por un hombre extraño mientras visitaban la tumba de su padre en un cementerio remoto. Ella consigue librarse y huye a una granja abandonada. Allí se encuentra con Ben (Duane Jones), a quien también le han perseguido esos extraños seres. Pronto organizan la defensa y fortifican la casa clavando tablas encima de las puertas y ventanas, aunque Bárbara no participa por haberse quedado loca.

Mientras trabaja, Ben explica que la mayoría de los pueblos cercanos están infectados por esos maníacos, y muchas personas han sido asesinadas por ellos. Después de afianzar la puerta y el suelo, descubre que un grupo de personas estaban ocultas desde el principio en el sótano, dirigidas por un hombre llamado Harry Cooper. Allí están su esposa Helen Cooper y una pareja de adolescentes, Tom y Judy, a quien ya han mordido las criaturas.

Las noticias de la televisión anuncian que las personas asesinas no son locos, sino muertos que han regresado a la vida para comer carne con la cual vivir. Encerrados en esa casa, los miembros de ese pequeño grupo se preparan para sobrevivir.

ZOMBI
Dawn of the dead 1978

Director: George A. Romero
Guión: George Romero
Música: Darío Argento
Vestuario: Josie Caruso

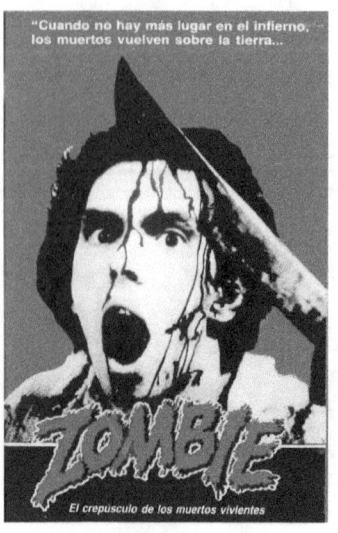

"Cuando no hay más lugar en el infierno, los muertos vuelven sobre la tierra..."

ZOMBIE

El crepúsculo de los muertos vivientes

Intérpretes:
DAVID EMGE: Stephen
KEN FOREE: Peter
SCOTT REINIGER: Roger
GAYLEN ROSS: Francine
GEORGE ROMERO: director de televisión

Con el deseo de recoger su anterior éxito sobre zombis, Romero realiza la mejor de sus películas y quizá la única que demuestra cuál es su verdadero talento. Con un planteamiento inicial sin explicaciones previas, nos encontramos con la Tierra dominada casi totalmente por los zombis, engendros en otro tiempo guapos humanos, que necesitan comer carne viva para apaciguar sus dolores. Los supervivientes se refugian en un supermercado y vemos entonces mezclados el terror para no ser devorados vivos, las disputas entre ellos y una crítica social a cargo de los mismos zombis. Dentro de esa fortaleza del consumo los supervivientes parecen a salvo, pero la astucia de los zombis, agudizada por su necesidad imperiosa de comer carne fresca, les hace encontrar lugares oscuros de entrada y el peligro acecha pronto en cualquier esquina.

Terror asegurado, maquillaje excelente y un final plenamente lógico.

MUERTOS Y ENTERRADOS
Dead and buried 1980

Director: Gary Sherman
Productor: Ronald Shusett, Robert Fentress
Guión: Ronald Shusett, Dan O'Bannon
Basada en la historia de: Jeff Millar, Alex Stern
Efectos especiales: Stan Winston

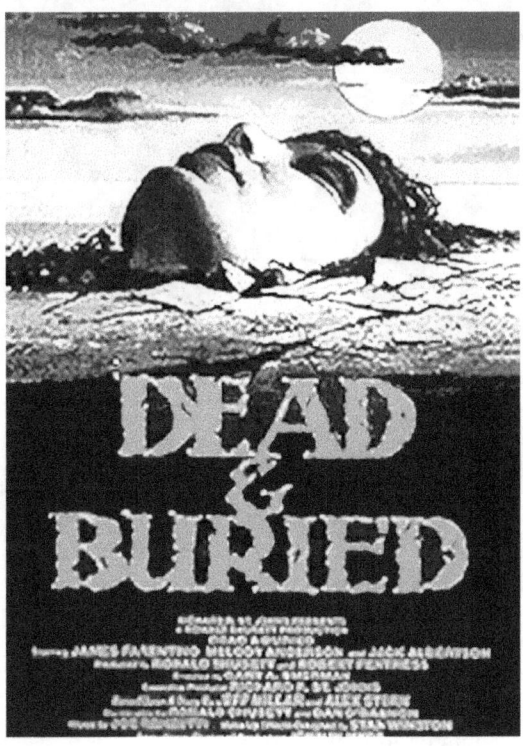

Intérpretes:
JAMES FARENTINO: Dan
MELODY ANDERSON: Janet
JACK ALBERTSON. Dobbs
ROBERT ENGLUND: Harry

Angustioso argumento sobre los habitantes de un pueblo que vuelven a la vida gracias a las habilidades de un científico embalsamador. Con un arranque extraordinario, aunque quizá demasiado sangriento y despiadado, la película transcurre sin dar respiro al espectador, hasta que se produce el sorprendente final que no le contaremos por si aún no la han visto. Nuestro amigo Robert Englund (Freddy Krueger) tiene una corta existencia en este filme, pues cae víctima de su inconsciencia.

RE-ANIMATOR
Re-animator 1985

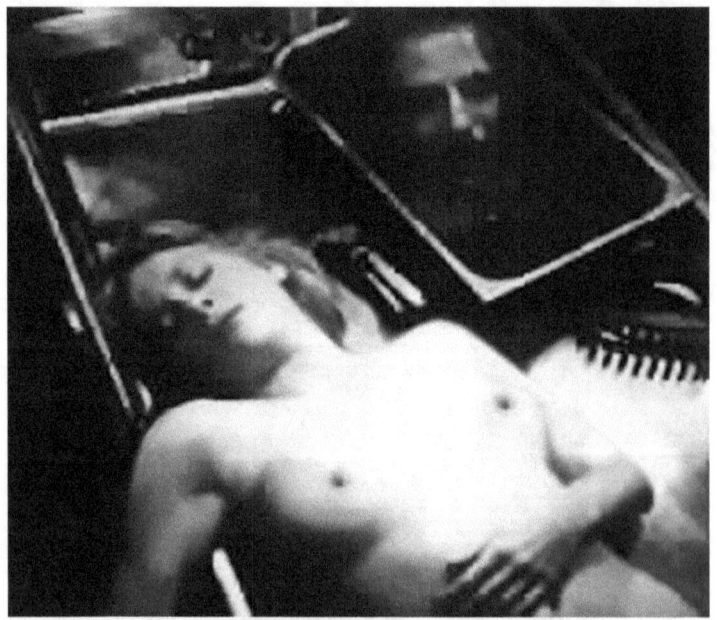

Director: Stuart Gordon
Argumento: "Herbert West" de H.P. Lovecraft
Efectos especiales: Anthony Doublin
Guión: Dennis Paoli, Stuart Gordon

Intérpretes:
JEFFREY COMBS: Herbert West
BRUCE ABBOTT: Dan Cain
BARBARA CRAMPTON: Megan Halsey

Nuevo concepto del cine de zombis, contando con un buen relato original, en el cual nos hablan de unos científicos empeñados en devolver a la vida a los muertos con un suero especial, experimento que se les hace incontrolable desde los primeros momentos. Allí dentro, en los sótanos del lugar, los muertos vivientes se adueñan de la situación, pues ahora son más ágiles y veloces que en otras ocasiones, posiblemente por que les han inyectado ese suero energético que les hace inteligentes y muy agresivos.

La película cuenta con una escena que posiblemente fuera la que más contribuyó a su gran popularidad, en la cual la cabeza de uno de los resucitados se empeña en realizar un beso íntimo a los genitales de la protagonista, quien había sido desnudada previamente por el zombi descabezado. Ella, cuando se despierta, no da crédito a lo que siente y ve, pues esa cabeza parlanchina y de lengua vivaz, pertenecía a uno de los científicos del lugar. El contraste nos lo ofrecen cuando vemos a otra muerta, seccionada en dos partes, bastante menos agraciada, pero con muy mal genio en su lenguaje.

Convertida ya en un clásico ampliamente imitado, hubo una espantosa secuela, "La novia de Reanimator" que se vio solamente en vídeo.

EL DIA DE LOS MUERTOS
The day of the dead 1985

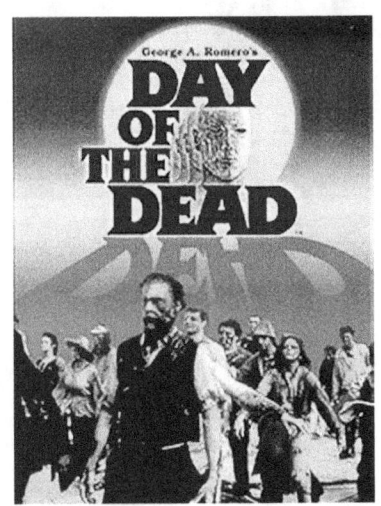

Director: George A. Romero
Guión: George Romero

Intérpretes:
LORI CARDILLE: Sarah
TERRY ALEXANDER: John
RICHARD LIBERTY: Dr. Logan
HOWARD SHERMAN: Bub, el Zombi

Tercera parte de la trilogía sobre zombis, pero esta vez tratando de encontrarles el lado bueno a estos imcomprendidos no-muertos. El resultado es que terminamos perdiendo miedo a los zombis, se nos hacen casi humanos, y hasta parecen sufrir por culpa de los vivos. No obstante, y aunque la película ha sido muy criticada, se nota la mano maestra de Romero y hay momentos con buenos sustos.

Ahora los zombis han acorralado a los protagonistas en una zona militar enclavada en las entrañas de una montaña y su supervivencia depende de que logren comunicarse con ellos. Un alborotado médico encuentra la manera de domesticar a los muertos, pero algunos de sus compañeros prefieren matarles de nuevo a balazos.

EL REGRESO DE LOS MUERTOS VIVIENTES
Return of the living dead 1985

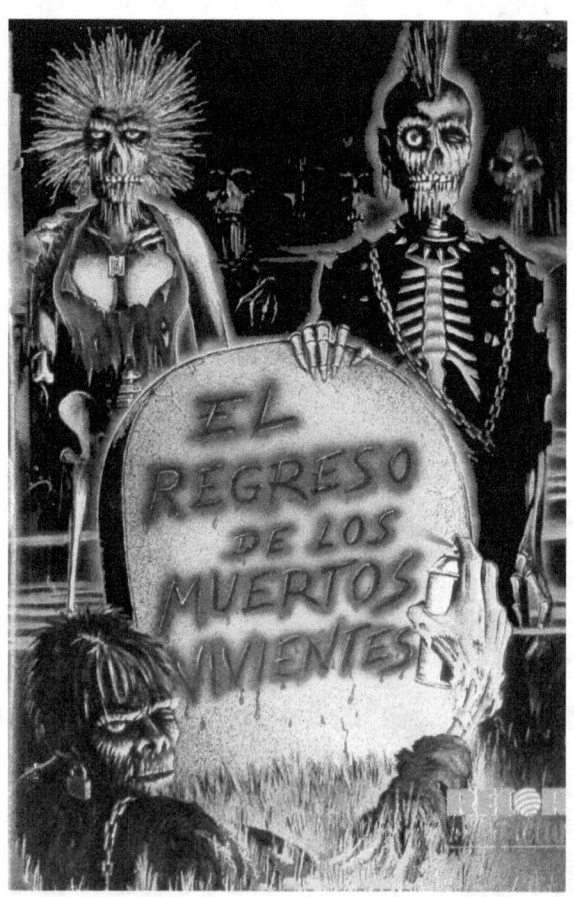

Director: Dan O'Bannon

Intérpretes:
CLU GULAGER: Burt
JAMES KAREN: Frank
DON CAFA: Ernie
BEVERLY RANDOLPH: Tina

Podría haber sido una digna secuela de "La noche de los muertos vivientes" y se convirtió simplemente en una parodia. Mal interpretada y con diálogos indignos de tal nombre, solamente una correcta dirección y maquillaje logran salvar el filme. Aún con ello, el entretenimiento está asegurado, lo mismo que una buena ración de sustos, ya que alguien se debió tomar en serio su trabajo, posiblemente el maquillador.

Los muertos están ahora en el cementerio, como es habitual, pero una nube tóxica se filtra por sus tumbas y eso les reaviva su sistema nervioso, saliendo rápidamente con una sola intención: comerse el cerebro de los humanos. Mientras tanto, un grupo de jóvenes organizan una orgía de sexo y alcohol encima de sus tumbas, inconscientes de lo que muy pronto les llegará. Entre ellos hay una chica alocada, con cierta dosis de ninfomanía, que no encuentra mejor diversión que desnudarse encima de una tumba y bailar una danza del vientre pidiendo que se la coman viva. Su deseo pronto se convierte en realidad, pues conscientes los zombis de que se trata de un postre exquisito, se abalanzan sobre ella para hacer efectivo su deseo. No volvió a salir más en toda la historia, lo que es una pena.

RE-SONATOR
From beyond 1986

Basada en la novela de: H.P. Lovecraft "From beyond"
Director: Stuart Gordon
Guión: Dennis Paoli, Brian Yuzna,   Stuart Gordon

Intérpretes:
JEFFREY COMBS: Crawford Tillinghast
BARBARA CRAMPTON: Dra. Katherine McMichaels
TED SOREL: Pretorious

Una vez que Re-animator cosechó el éxito en todo el mundo, se volvieron a reunir los mismos autores del guión para proporcionar unos resultados similares.

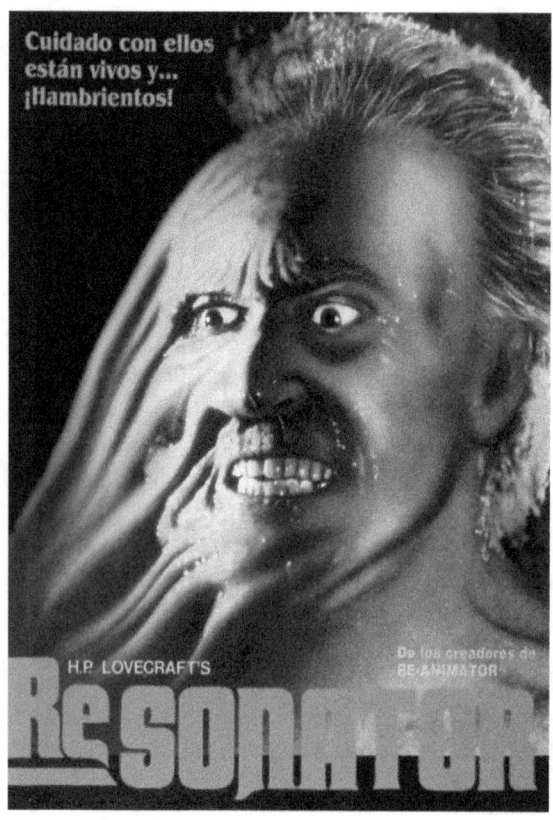

El éxito no les acompañó, y eso que de nuevo la historia de Lovecraft poseía ingredientes sumamente novedosos.

Ahora unos experimentos atraen a nuestro mundo los monstruos de otra dimensión, hasta el punto en que uno de los científicos se ve involucrado en ese nuevo mundo. La sexta dimensión se nos muestra como un espacio poblado por criaturas que consideran a los intrusos humanos como carne fresca, y cualquiera que la traspase acabará siendo devorado. Solamente un científico quiere controlar ese mundo y mezclarse con él, lo que le permitirá alcanzar un poder infinito. La guapa protagonista es pronto seducida por ese hombre y vemos un romance erótico entre ellos que resulta cuando vemos insólito.

MAL GUSTO
Bad taste 1987

Director: Peter Jackson

Intérpretes:
PETER JACKSON: Derek
MIKE MINETT: Frank
PETE O'HERNE: Barry
TERRY POTTER: Ozzie

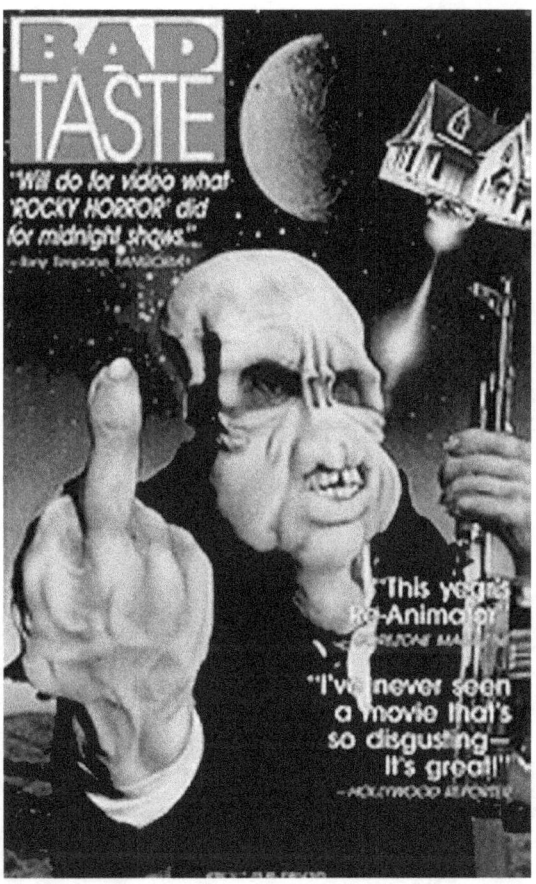

La llegada a un pequeño pueblo de un grupo de extraterrestres ávidos de sangre humana pone en guardia a sus habitantes, quienes deciden librarse cuanto antes de ellos.

Su éxito comercial sorprendió a todos, e incluso hasta la crítica la acogió con simpatía y mucha benevolencia. Aunque el título tiene bastante que ver con el argumento de la película, es un espectáculo diferente al habitual a pesar de su indudable falta de coherencia, a lo que debemos sumar unos diálogos increíbles.

Película esencialmente de autor, puesto que Peter Jackson ejerce prácticamente todas las funciones del equipo técnico, con lo cual estamos seguros que el presupuesto fue ínfimo, mucho más si también ejerció como actor principal. Aunque entonces no era un director muy conocido, le vimos posteriormente en "Agárrame esos fantasmas" con Michael J. Fox y dirigiendo con éxito la trilogía de "El señor de los anillos".

LA DIVERTIDA NOCHE DE LOS ZOMBIS
Return of the living dead II 1987

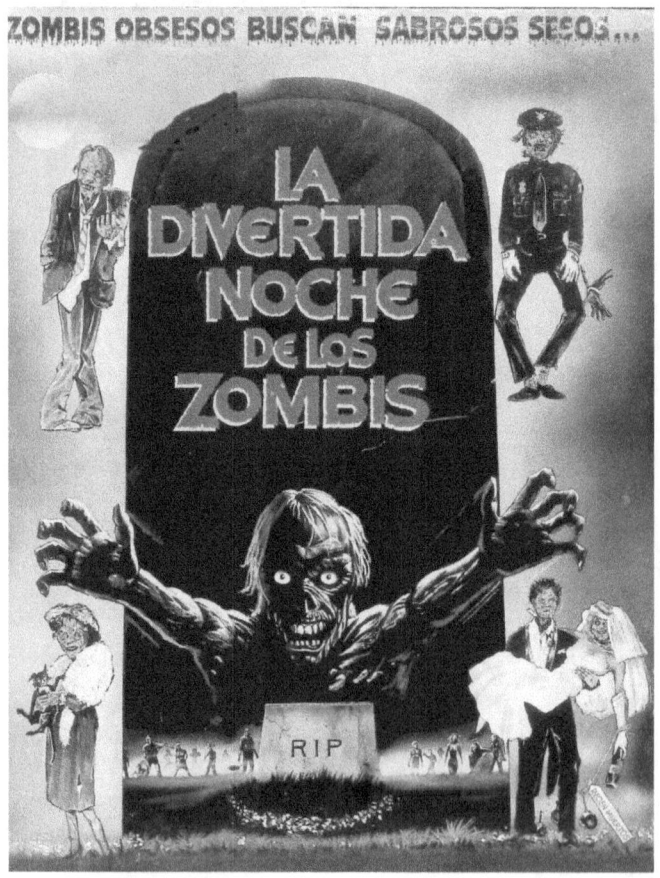

Director: Ken Wiederhorn
Guión: Ken Wiederhorn
Maquillaje: Kenny Myers

Intérpretes:
JAMES KAREN
THORM MATHEWS
MARSHA DIETLIN

Con los actores que aún no fueron comidos por los zombis en "El retorno de los muertos vivientes", se realiza esta película aprovechando el buen éxito de la anterior. Aunque el tono cómico trata de conseguir que el público juvenil se interese en este tipo de filme (y para eso se utilizan protagonistas jóvenes), lo cierto es que la abundancia de sangre se pasea durante toda la película.

Buenas escenas de terror, adecuada la caracterización de los zombis, y alegorías al mundo de la música pop, además de los inevitables jovencitos desecebrados, constituyen la base para el entrenimiento.

PHANTOMS
Miramax
110 minutos

       Director: Joe Chappelle
       Guión: Dean Koonitz
       Basada en la novela de: Dean Kloonitz

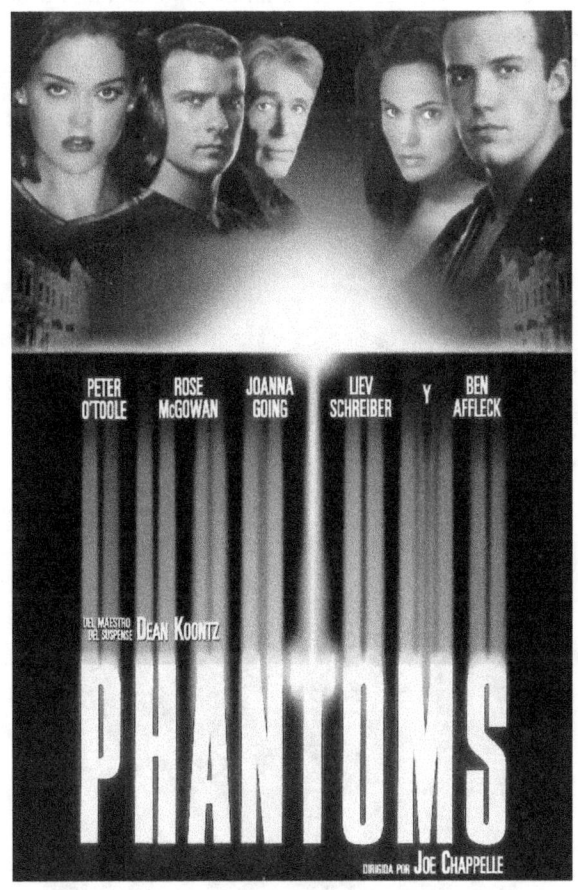

Intérpretes:

PETER O'TOOLE
ROSE MCGOWAN
JOANNA GOING
LIEV SCHREIBER

Una fuerza desconocida permanece oculta en La Tierra durante años, hasta que un día decide salir de nuevo para darse un festín. Es un ser diabólico que gusta ser como un dios, pero asustando y destrozando a los sufridos mortales. Afortunadamente hay dos guapas chicas que están haciendo turismo en ese pueblo y en lugar de bailar deciden hacerle frente con la ayuda del sheriff. Pronto llegan al lugar fuerzas especiales del ejército, pero solamente sirven como sabroso alimento para el maligno, quien por razones desconocidas no acierta a hincar el diente en ninguna de las preciosas chicas.

Hábilmente dirigida y sin demasiados efectos especiales, el filme transcurre provocando el necesario interés y terror en el espectador. A destacar, el rescate para el cine de esa leyenda que es Peter O'Toole, quien sigue conservando su aureola de buen actor desde que interpretó "Lawrence de Arabia".

BONES
2001

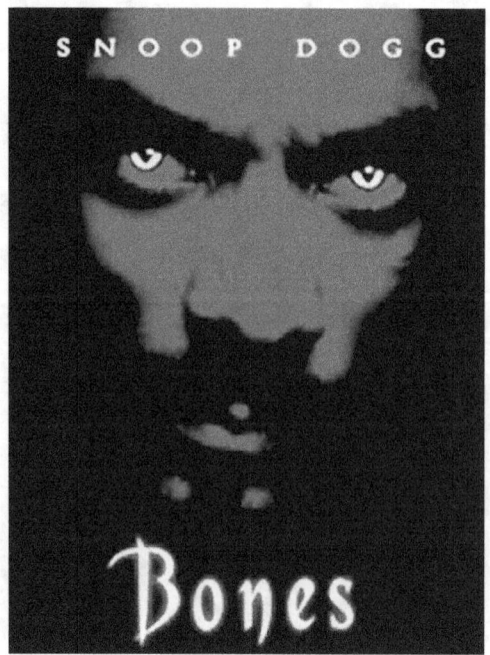

Director: Ernest R. Dickerson
Guión: Adam Simon & Tim Metcalfe
Música: Elia Cmiral
Fotografía: Flavio Martínez Labiano

Intérpretes:
SNOOP DOGG: Jimmy Bones
PAM GRIER: Pearl
MICHAEL T. WEISS: Detective Lupovich
CLIFTON POWELL: Jeremiah Peet

Jimmy Bones es el rey del sur de Chicago, pues con su pandilla controla y protege la zona. Este bienestar se les termina cuando un policía corrupto y un traficante tratan de alterar la calma del barrio, hechos que les llevan a matar al propio Bones con la ayuda de sus propios compañeros. Pero algunos años más tarde el espíritu de Bones sigue presente (como antes lo hiciera El Cuervo y otros muchos zombis) y con ganas de venganza, lo que no le resulta difícil dada su condición de no-muerto. La masacre comienza precisamente en un club de hip-hop, donde unos jóvenes propietarios serán testigos de escenas aterradoras llenas de sangre, mucha sangre.

RESIDENT EVIL
2002

Director: Paul Anderson
Guión: Paul Anderson
Fotografía: David Jonson
Música: Marco Beltrami, Marilyn Manson

Intérpretes:
MILLA JOVOVICH
MICHELLE RODRÍGUEZ
ERIC MABIUS
JAMES PUREFOY

Un experimento secreto en una fortaleza inexpugnable situada en las entrañas de la tierra. Allí hay un virus moral, pues convierte a las personas en zombis hambrientos, cómo no, de carne humana. Se trata de un error fatal en el Centro de Investigación La Colmena, organizado por la empresa Umbrella Corporation, un consorcio bio-genético sin rostro. Un comando militar debe entrar en la

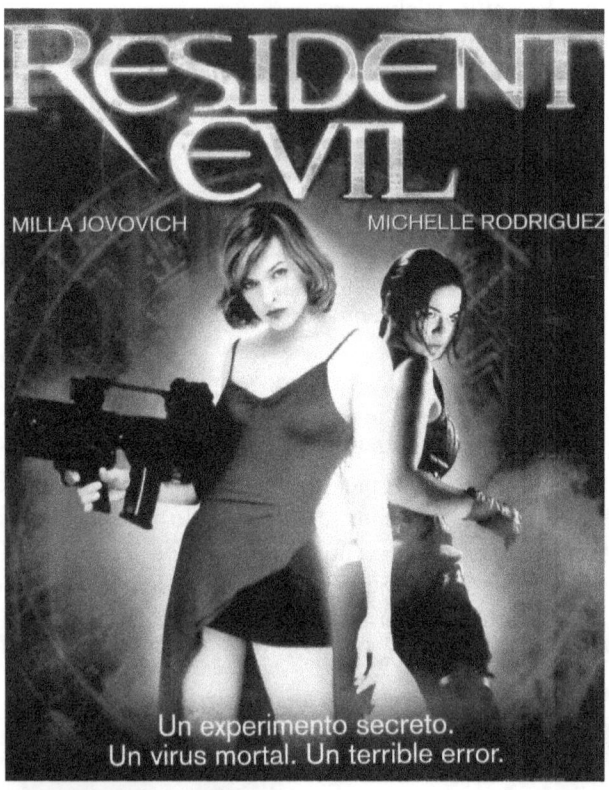

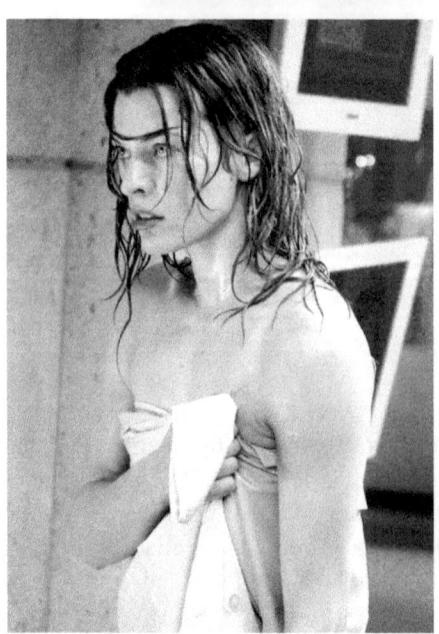

Colmena con tal de esclarecer lo sucedido y allí se encuentra Alice (Milla Jovovich), sumamente despistada pues ha perdido la memoria. Por fortuna conserva sus reflejos como experto soldado y es capaz de machacar las cabezas de los zombis sin problemas, al menos cuando no tiene una pistola en sus manos. Ella es tan guapa que no nos extraña que los muertos-vivientes quieran comérsela, incluso sus propios compañeros intentan lo mismo cuando son contagiados por el virus.

Y así, entre zombi y zombi, nos llevan al espectador a una frenética misión en la cual apenas si tenemos un respiro para reponernos de tanto susto.

Indudablemente se trata de una más que fiel reproducción del juego que ya va por la tercera versión, en la que no falta la sangre y las vísceras, aunque, justo es reconocerlo, el filme es de lo mejorcito que hemos visto últimamente. Diversión y sustos asegurados, además de un ambiente claustrofóbico extraordinario

28 DÍAS DESPUÉS
28 Days Later 2002

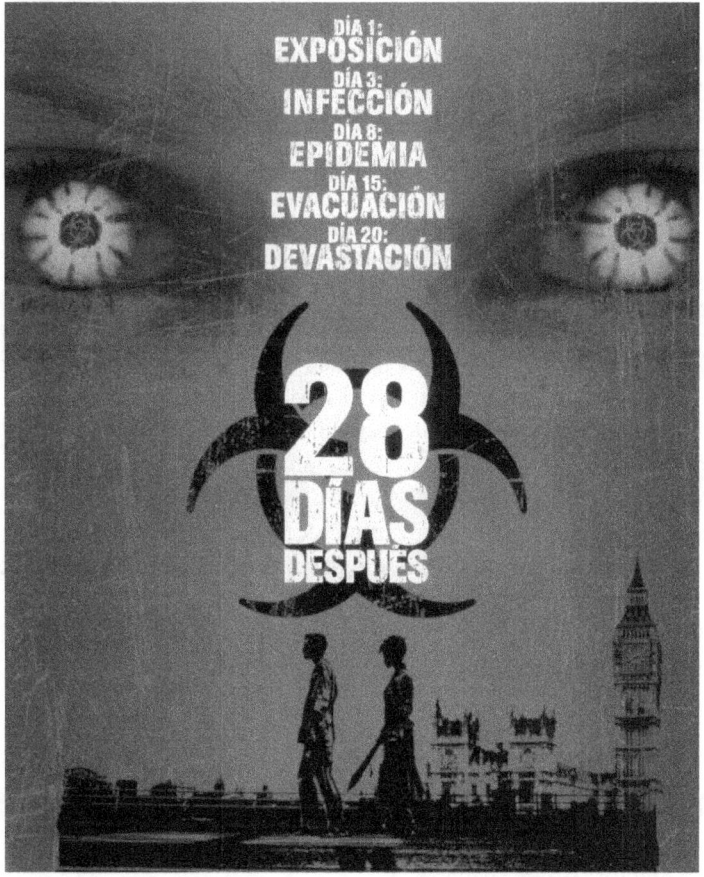

Director: Danny Boyle
Guión: Alex Garland
Música: John Murphy
Fotografía: Anthony Dod Mantle

Intérpretes:
CILLIAN MURPHY: Jim
NAOMIE HARRIS
MEGAN BURNS
BRENDAN GLEESON

Londres, la ciudad que hace tan sólo unos días tenía sus calles abarrotadas, está ahora desierta. Con sus tiendas vacías, muchas saqueadas, reina un silencio total solamente roto por el ruido espeluznante que genera una invasión de zombis tras sobrevivir a un virus que acabó con la mayor parte de la población de la tierra. El origen de la mutación está en un laboratorio, donde un grupo de defensores de los derechos de los animales ocasionó involuntariamente la liberación de un mortífero virus que afectó al comportamiento humano, convirtiendo a los afectados en máquinas de matar, en zombis sin sentimientos.

Basada en un guión de Alex Garland, cuya novela "The Beach" (La playa) ya fue adaptada por Boyle a la gran pantalla con Leonardo DiCaprio como protagonista, este director inglés (autor también de "Trainspotting") se embarca ahora en una apocalíptica película fantástica de terror. Puesto que las historias basadas en una novela poseen al menos un mejor soporte argumental, los personajes y las razones que les mueven son más razonables, llegando a la conclusión de que ahora nos toca vivir una época de total intolerancia. La idea de que la creación de virus sintéticos pueda ocasionar escenas como las aquí contempladas se nos hace creíble y por ello el horror es más intenso.

Esta producción británica irrumpe con fuerza para competir contra el poderoso mercado norteamericano y lo hace con eficacia, al menos si tenemos en cuenta el gran éxito mundial que tuvo. Adornada con filosofía, escenas para reflexionar y bastante poesía, la influencia europea solamente nos da un respiro justo al final, con un desenlace optimista.

BEYOND RE-ANIMATOR
2003

Director: Brian Yuzna

Intérpretes:
JEFFREY COMBS
JASON BARRY
ELSA PATAKY
SIMON ANDREU

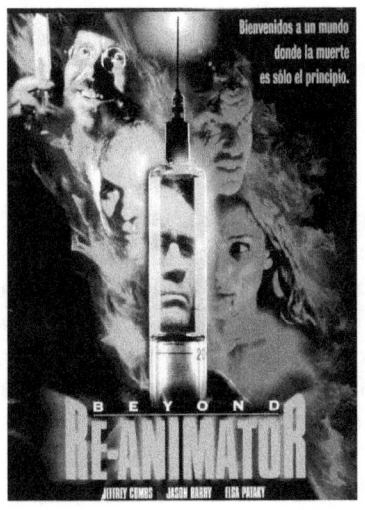

Hace veinte años Yuzna intervino como productor en el clásico de terror Re-animator, y ahora retoma el personaje bajo su dirección y nos obsequia con esta truculenta historia de zombis y no-muertos.

Contando de nuevo con la presencia de Jeffrey Combs en el papel del científico Herbert West, le vemos ahora encerrado en prisión a causa de sus anteriores y fallidos experimentos para reanimar a los cadáveres. En esta ocasión, y ayudado por el médico de la prisión, vuelve a realizar los experimentos que le dieron fama, aunque no prestigio, y nos obsequia con más sangre y vísceras que en la anterior película.

HOUSE OF THE DEAD
(2003)

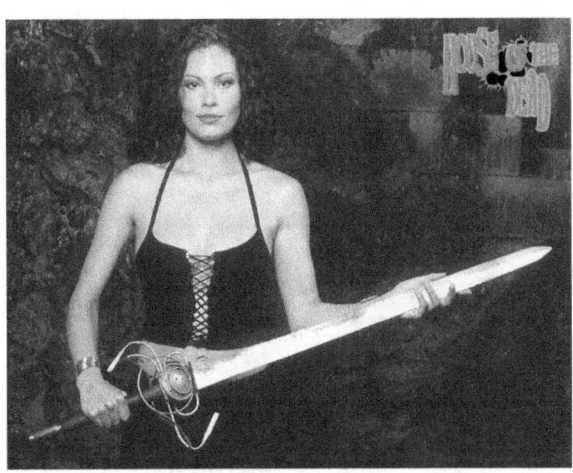

Director: Uwe Boll
Guión: Mark A. Altman y Dave Parker; basado en el videojuego.
Música: Reinhard Besser.
Fotografía: Mathias Neumann.
Vestuario: Lorraine Carson.

253

Intérpretes:
ONA GRAUER: Alicia
JONATHAN CHERRY: Rudy
TYRON LEITSO: Simon
ENUKA OKUMA: Karma

En una isla desierta situada en el estrecho San Juan, la gran fiesta que allí se celebra, a la que han acudido un grupo de jóvenes en una embarcación alquilada, será el escenario de un horror inconcebible. Renombrada con acierto como "Isla de la muerte" por los lugareños, cada sombra presagia el comienzo de una gran masacre en la que los humanos serán las víctimas. Pronto, una legión de muertos vivientes salen de sus tumbas y el único sitio para esconderse es una estructura arquitectónica escondida en la selva conocida como La casa de los muertos.

Este argumento, por llamarlo de algún modo, procede de un popular videojuego, por lo que no espere el espectador ningún diálogo que sea digno de tal nombre. El lenguaje de los personajes, posiblemente sacado del manual "Cómo ser estúpido en dos horas", incita a la desbandada incluso de los zombis, pues los espectadores así lo decidieron en la primera media hora. Al final, cuando aparecen los hombres de negro y miran a la guapa chica, con el cuerpo atravesado por una espada, sangrando y sostenida en pie gracias a los musculosos brazos del único varón superviviente, simplemente preguntan: "¿Ella está bien?". ¡Jo, con los guionistas!

AMANECER DE LOS MUERTOS
Dawn of the dead 2004

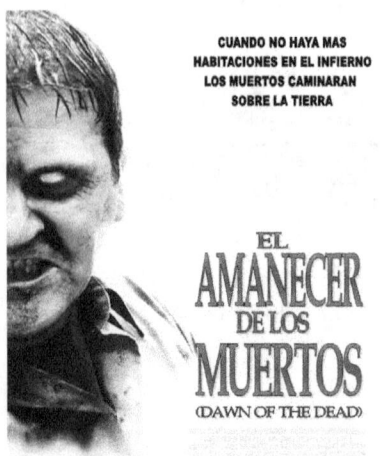

CUANDO NO HAYA MAS HABITACIONES EN EL INFIERNO LOS MUERTOS CAMINARAN SOBRE LA TIERRA

Director: Zack Zinder
Guión: James Jun
Basad en una historia de:
George Romero

Intérpretes:
SARAH POLLEY: Ana
VING RHAMES: Kenneth
JAKE WEBER: Michael
MEKHI PHIFER: Andre

Adecuado remake de "Zombi", el clásico de George Romero, en donde nos vuelven a recordar que cuando la vida se acabe los muertos caminarán por la tierra. De nuevo, unos pocos humanos, valientes y deseosos de no permitir que los no-muertos les hinquen los dientes, se refugian en un gran centro comercial para sobrevivir. Allí están un oficial de policía, un vendedor de equipos electrónicos, y el vecino de la calle Andre con su embarazada esposa, reforzando puertas y claraboyas para impedir que los zombis entren.

Y el resultado de taquilla ha sido lo previsto, pues estrenada en 2.745 salas de Estados Unidos recaudó nada menos que 26.722.575 dólares en sólo tres días.

RESIDENT EVIL 2
Resident Evil Apocalipse 2004

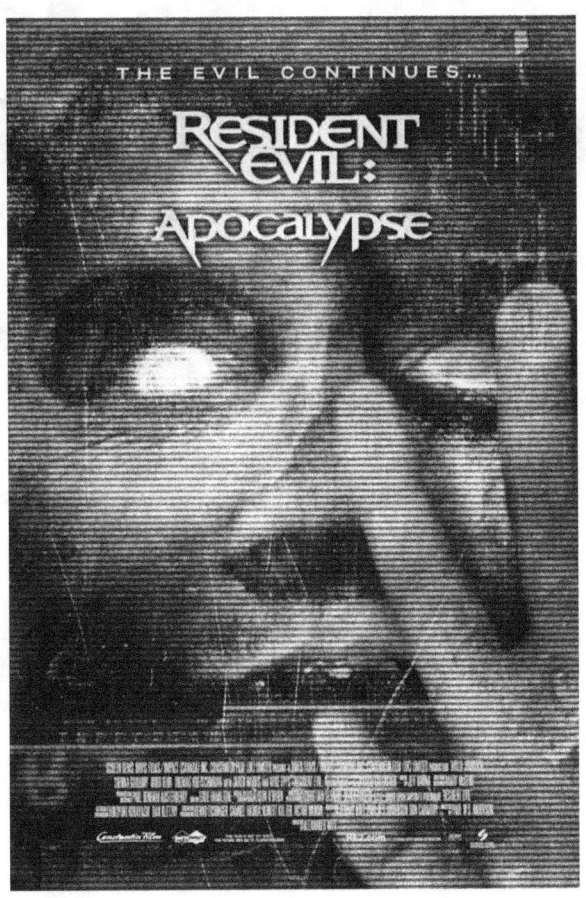

Director: Thomas UIT
Guión y prosducción: Paul W.S. Anderson

Intérpretes:
MILLA JOVOVICH
SIENNA GILLORY
ODED FEHR
ERIC MABIUS

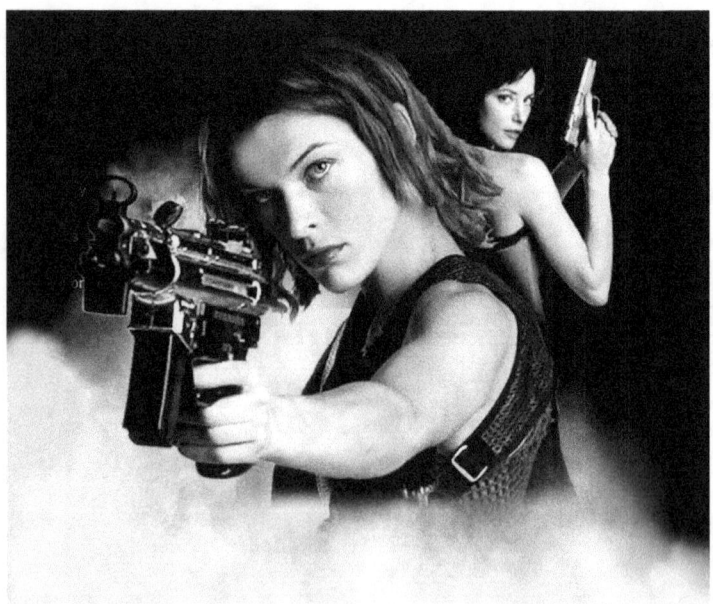

Nuestra heroína ha conseguido sobrevivir a la historia anterior y ahora se nos muestra más dura y eficaz si cabe, pues conoce a los muertos como si los hubiera parido. Comienza a explorar la ciudad en busca de supervivientes, pues sabe que un nuevo engendro llamado Némesis, ha sido creado en un laboratorio.

Jovovich ha logrado, simplemente gritando con eficacia, tener varias docenas de clubes de fans por todo el mundo. Ella, además de guapa, es valiente, y aunque suele salir despeinada, sudorosa, y con trajes raidos, sigue estando sexy, pues debajo de esos andrajos se percibe un cuerpo de infarto, y perdonen la paradoja al tratarse de un filme de terror.

MYCHAEL
MYERS

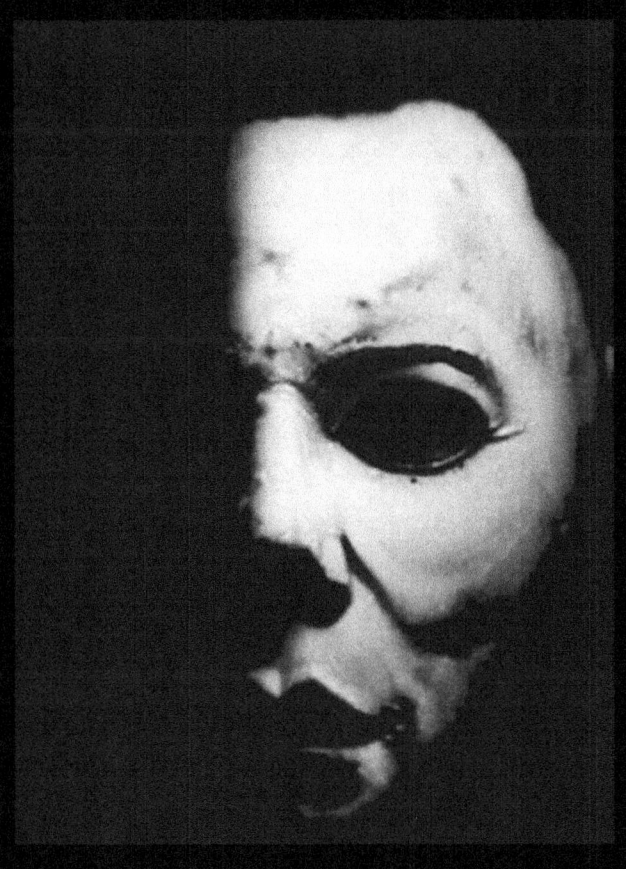

Michale Myers nació en Haddonfield y con tan solo seis años quedó al cuidado de su hermana Judith, justo en la noche de Halloween de 1963. Pero la chica no prestaba mucha atención a su hermano, ya que estaba muy atareada besando a su novio. Esto provoca la ira del pequeño Michael, y aprovechando un descuido de ambos le clava al chico un enorme cuchillo en la espalda, mientras su cara muestra una máscara de payaso. Mata también a su hermana y cuando llegan sus padres deciden meterle en un hospital psiquiátrico, dejando ordenado que nunca más le dejen salir de allí. Olvidado por su familia, y con solamente paredes blancas como horizonte, sus ansias de venganza no pasan desapercibidas para el doctor Lommis, quien está convencido de que en sus ojos se esconde el mismísimo diablo.

Una lluviosa noche de 1978, un accidente provoca la huida de todos los enfermos, y a pesar de todos sus esfuerzos no logra encontrar a Michael, quien planea una nueva venganza la noche de Halloween.

Como anécdotas, diremos que la primera persona que se puso la máscara de Myers fue William Shatners, el popular capitán Kirk de Star Trek, mientras que Jaime Lee Curtis se convirtió pronto en la actriz que mejor gritaba del mundo.

La primera vez que vemos al malvado Myers sin cara muestra al actor Tony Moran, aunque posteriormente fue sustituido por Will Sandin y Tommy Wallace, en otro albergó el cuerpo de una fornida mujer.

LA NOCHE DE HALLOWEEN
Halloween 1978

Director: John Carpenter
Guión: Debra Hill y John Carpenter
Fotografía: Dean Cundey
Compositor: John Carpenter

Intérpretes:
DONALD PLEASENCE: Dr. Loomis
JAIME LEE CURTIS: Laurie
NANCY LOOMIS: Annie
P.J. SOLES: Lynda

Supuso la presentación en público de una desconocida Jamie Lee Curtis, quien estuvo de suerte dada la buena acogida que esta película tuvo entre los aficionados. Ella tenía ya cierta experiencia gritando de terror al lado de su madre Janet en "La niebla", por lo que dar nuevos gritos le resultaba familiar, especialmente si el asesino lleva una careta y porta un descomunal cuchillo.

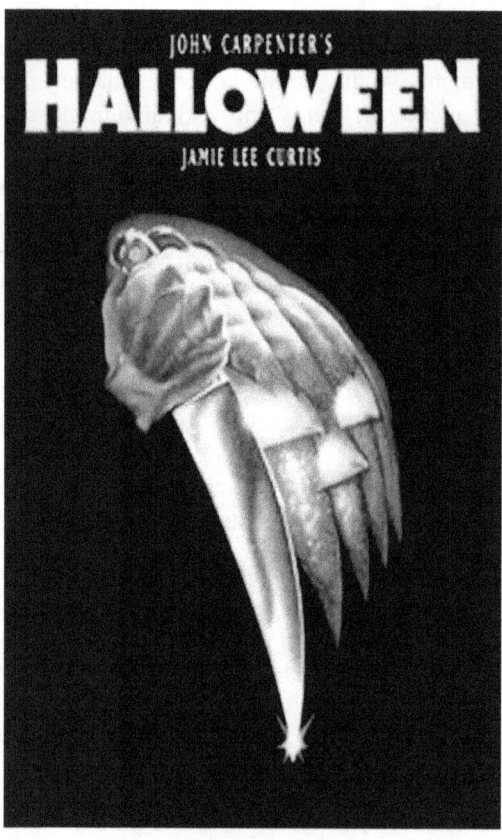

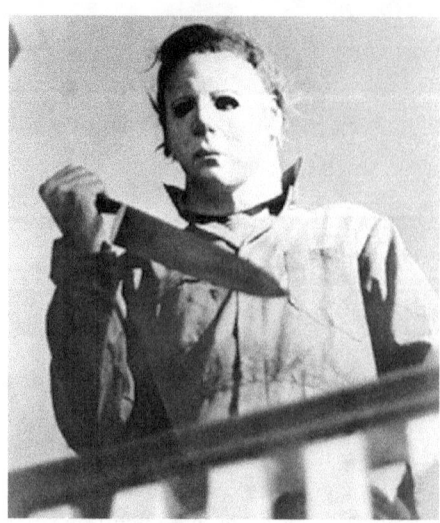

La trama es tan sencilla como efectista: un psicópata asesino, Michael Myers, solamente puede calmar sus ardores matando sin piedad a guapas muchachas, algunas de las cuales incluso se muestran desnudas ante él ignorantes del destino que las aguarda. Decidido a saciar su hambre de sangre inocente, realiza un breve pero atroz recorrido por algunas casas de un pequeño y sombrío pueblo, amparándose en las sombras y su facilidad para no hacer ruido cuando camina.

Halloween es ante todo un experimento visceral para probar la capacidad de reacción del espectador, experiencia que también se ha efectuado con éxito con "La matanza de Texas" y "Viernes 13", además de "La colina tiene ojos", y "Los chicos del maíz". Lo que básicamente se pretende es asustar, a cualquier precio. Si a usted no le gustan las películas de terror le pedimos que no la vea, pero si insiste, aquella otra película titulada "La última casa a la izquierda" le parecerá ya un cuento infantil.

Hubo una gran cantidad de personas que escribieron a los diarios preguntándoles cómo era posible que apoyaran semejante basura. El resultado de esas cartas no fue el deseado, puesto que generaron un mayor interés hacia el filme. La conclusión de esto es

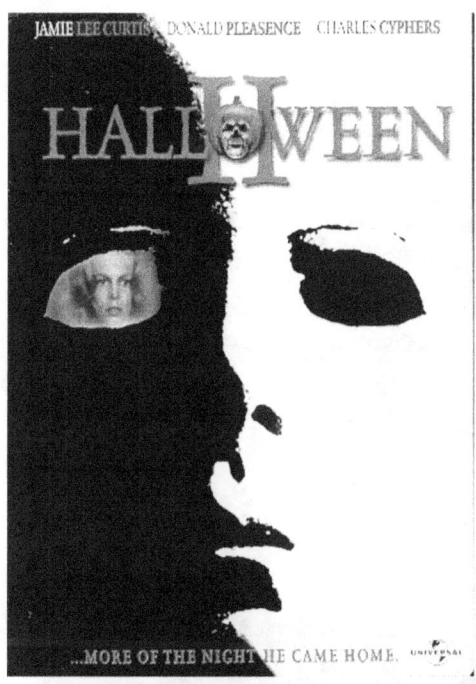

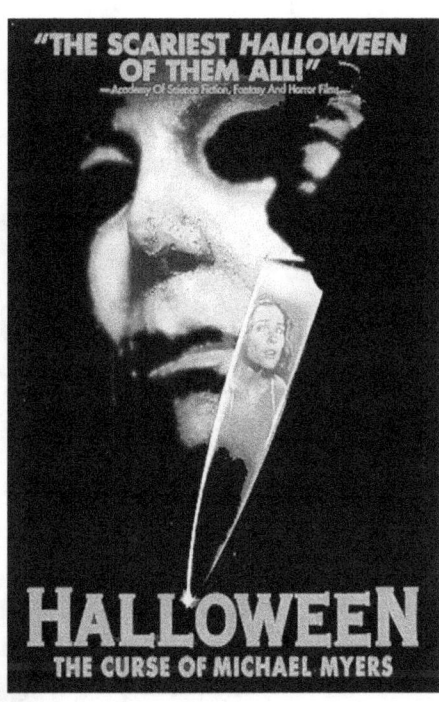

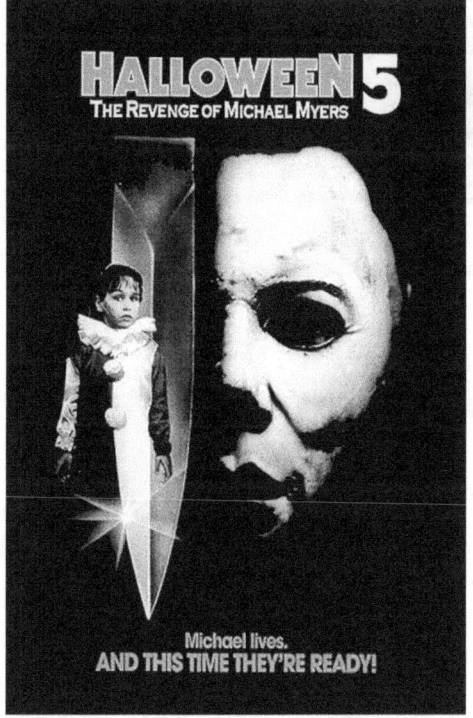

sencilla: el terror visceral, con matanzas sangrientas, sigue siendo comercial, pues hay numerosas personas que, paradójicamente, disfrutan más cuanto más miedo sienten. Reconocemos la habilidad de algunos directores, como es el caso de John Carpenter, para asustarnos, pues eso demuestra que conocen bien las debilidades del ser humano.

HALLOWEEN: H20
1998

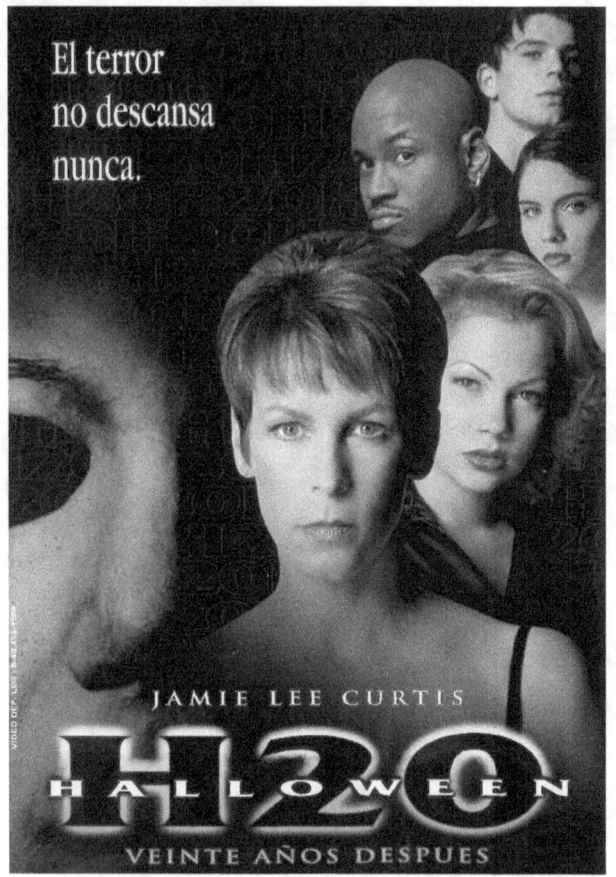

Director: Steve Miner
Fotografía: Daryn Okata

Intérpretes:
JAMIE LEE CURTIS: Keri Tate
MICHELLE WILLIAMS:
ADAM HANN-BYRD
JODI LYN O'KEEFE
JANET LEIGH

Parecía increíble, para ya tenemos, muchos años después, de vuelta al malvado enmascarado Jason intentando matar a la única persona que ha podido librarse de él, la sagaz y bella Laurie. Ya sabemos que Lee Curtis grita como nadie, y creíamos que se había quedado afónica para esta nueva secuela, pero todavía sigue conservando su potente voz y bella figura, así como su eficacia para librarse del abrazo mortal de Michael Myers. Dice que fue un honor el que contaran con ella para esta nueva entrega de terror, casi veinte años después de la primera, y aún más que también lo hicieran con su madre Janet Leigh. Sin tener en cuenta la imagen que de ella tiene actualmente el espectador más joven, tan seductora y sexy, nos quiere demostrar que puede volver a su juventud, aunque ahora es una madre madura con un hijo de 17 años que ejerce como profesora en una escuela privada.

Nuestro amigo Jason es invencible, no sabemos cómo lo consigue, pero ahora quiere arreglar viejas cuentas del pasado y comienza por hacer una masacre a unos jóvenes que han decidido irse de camping sin darse cuenta del cruel destino que les espera.

Hubo una secuela que solamente se mostró en DVD.

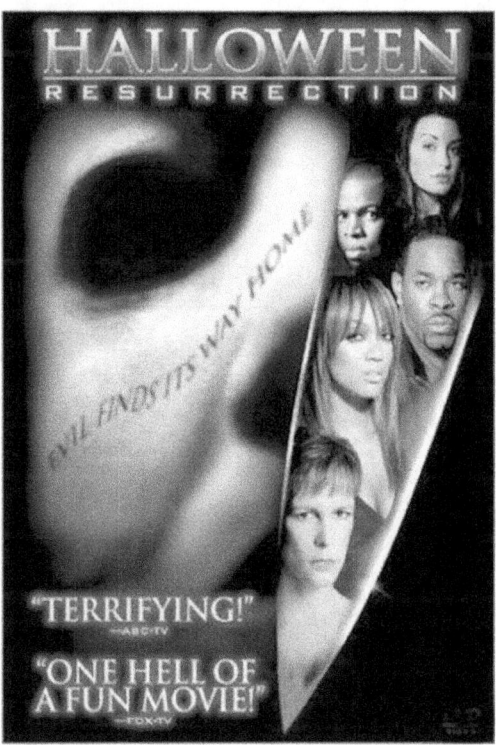

Halloween: resurrection 2002

JASON

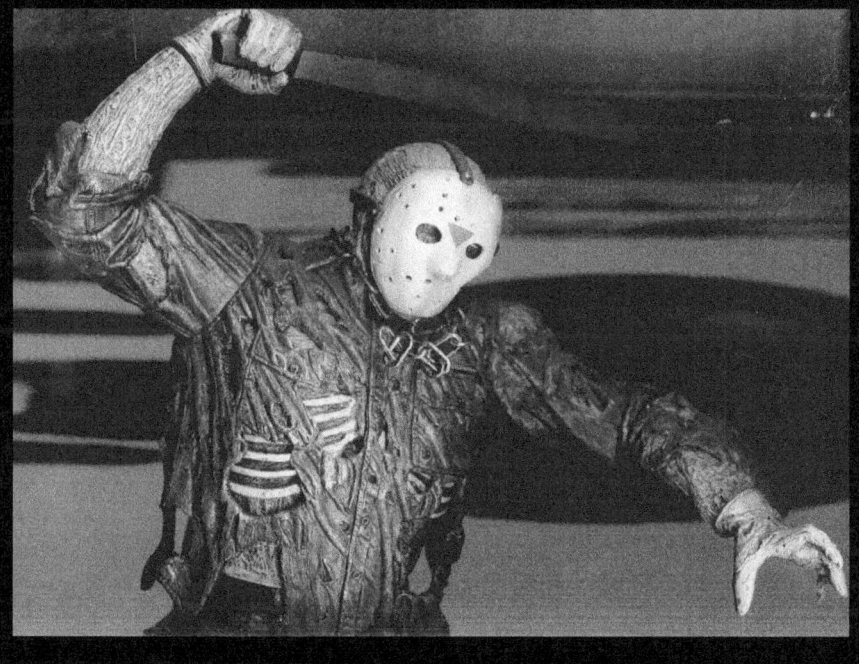

JASON VOORHEES

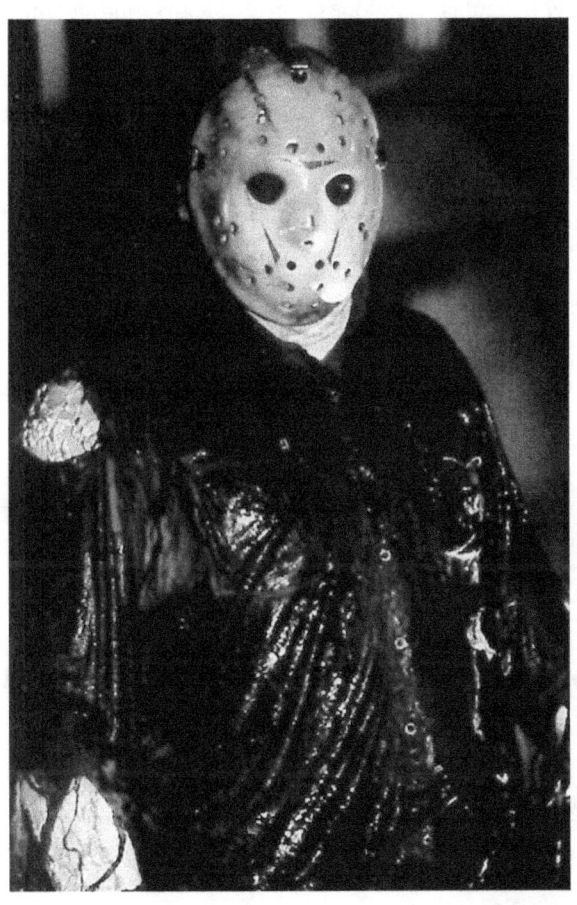

Dicen que mala hierba nunca muere, y nadie mejor que Jason Voorhees, nuestro asesino de la máscara de jockey, para demostrarlo. Porque Jason lleva más de veinte años muriendo y volviendo a la vida para amargar la existencia a todo aquel joven campista o estudiante feliz que encuentra en su camino. Y si además puede hacerle pedacitos, mucho mejor.

La leyenda de Viernes 13 comienza en 1957, en Crystal Lake (New Jersey): en ese lago muere ahogado el joven Jason. Lo que podría haberse quedado en un simple accidente desata una oleada de crímenes sangrientos, cometidos por nuestro muerto viviente favorito por un afán de venganza.

A Jason se le atribuye una larga lista de víctimas que ya quisiera para sí cualquier asesino en serie. El loco de la máscara tiene el detalle de variar de forma y de arma cada vez que acaba con la vida de alguien: sus favoritas son el hacha y un cuchillo de hoja larga y bien afilada, pero ha llegado a utilizar una guitarra eléctrica o un atizador de chimenea.

Las víctimas predilectas del asesino de "Viernes 13" suelen ser jóvenes estudiantes que veranean en los alrededores de Crystal Lake, y con más razón si son chicas y están de buen ver. Todos sus asesinatos son dignos del mejor estilo gore: la saga no escatima en violencia, sangre y vísceras, aunque Jason no es el único responsable de esas matanzas, ya que también han participado en ellas su madre o algún que otro inocente poseído por su espíritu.

Durante estos veinte años, el loco de la máscara de jockey se ha convertido en un auténtico mito del cine de terror. Son muchas las referencias que se han hecho a Jason en series de TV, películas, canciones, libros, juegos y hasta anuncios. También ha participado en varios cómics e incluso ha logrado fundirse en una película con su homólogo Freddy Krueger, el asesino de las pesadillas en Elm Street.

LA SAGA

VIERNES 13
Friday the 13th 1980

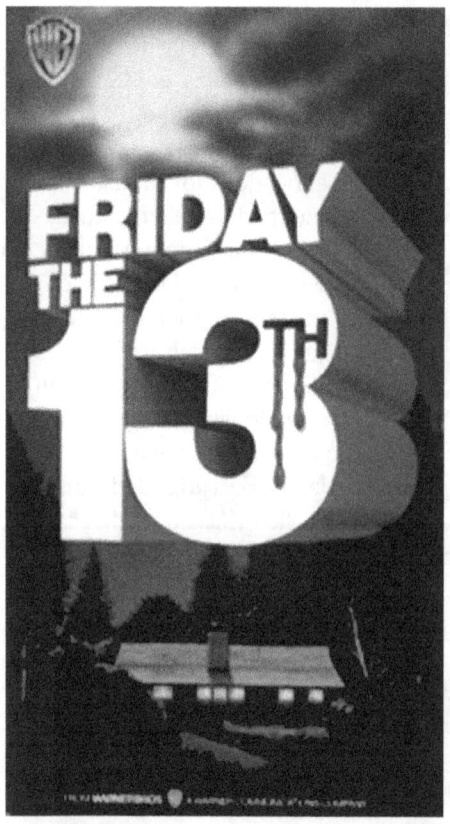

Director: Sean Cunnigham

Intérpretes:
BETSY PALMER
ADRIENNE KING
ROBBING MORGAN

El campamento de verano de Crystal Lake reabre sus puertas tras permanecer varios años cerrado a raíz de un accidente. A partir de ese momento, empiezan a aparecer muertos en extrañas circunstancias varios de los jóvenes que han acudido allí a pasar sus vacaciones y los hechos parecen estar relacionados con la muerte de un joven ahogado años antes.

Las andanzas del malísimo Jason en pos de inocentes víctimas, a las cuales mata de las maneras más increíbles, supusieron un éxito increíble de público, sediento parece ser de sangre y muerte. De esta interminable serie, de la que se hicieron diez películas (hasta ahora), surgió una nueva escuela para el cine de terror, en la cual lo importante era la manera de matar, el sufrimiento de la víctima, y no el móvil o la justicia final.

VIERNES 13 II
1981

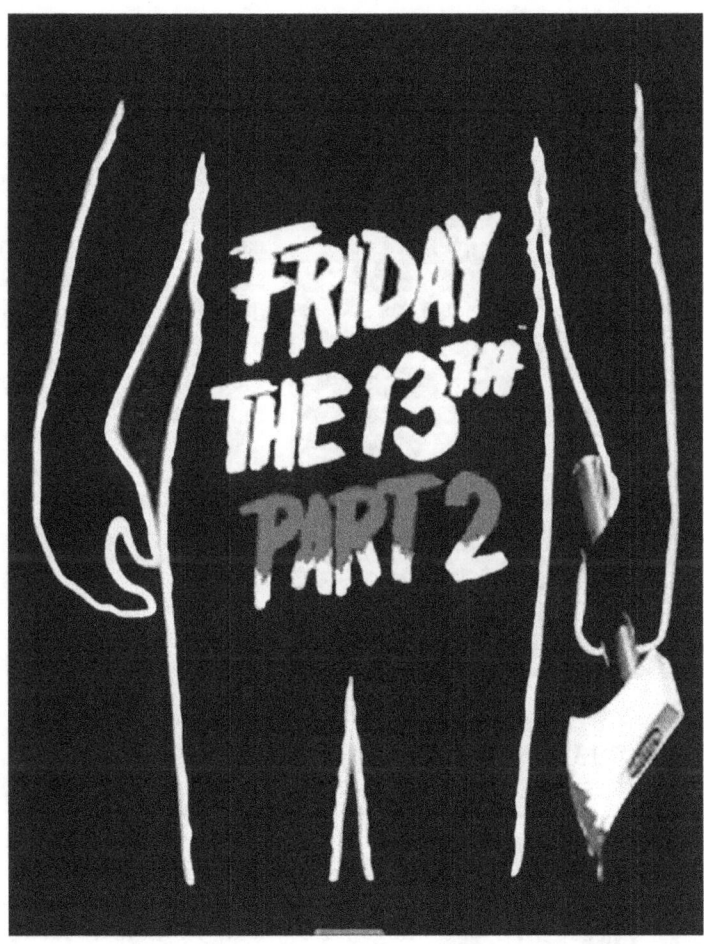

Cinco años después de la masacre de Crystal Lake, un nuevo campamento de verano se abre en la zona. Entre sus miembros circula la leyenda de que Jason Voorhees, el chico ahogado en el lago, sigue vivo y ha regresado para vengar la muerte de su madre. El rumor comienza a cobrar forma cuando se descubren nuevos asesinatos en el campamento.

VIERNES 13 III
1982

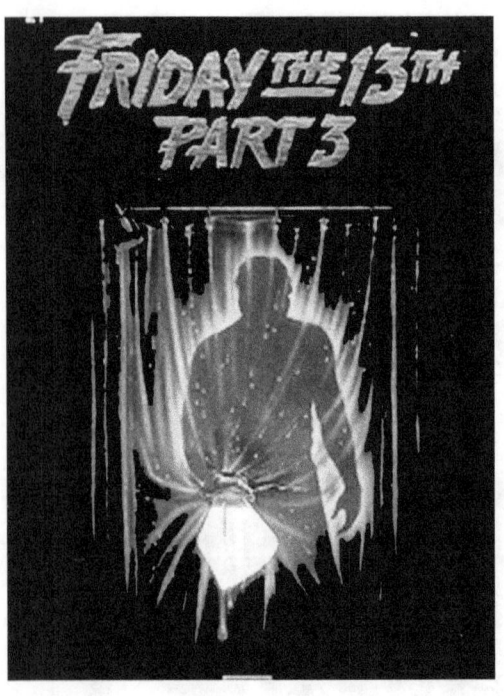

Dos novedades en la saga de Jason: además de estar filmada originalmente en 3D, la nueva entrega de la serie sitúa al asesino de la máscara en un escenario diferente. Jason abandona los campamentos de Crystal Lake y se refugia en una granja solitaria, donde se empeña en ampliar su particular lista de asesinatos. Sus víctimas son ahora una banda de motoristas.

VIERNES 13 IV: CAPÍTULO FINAL
1984

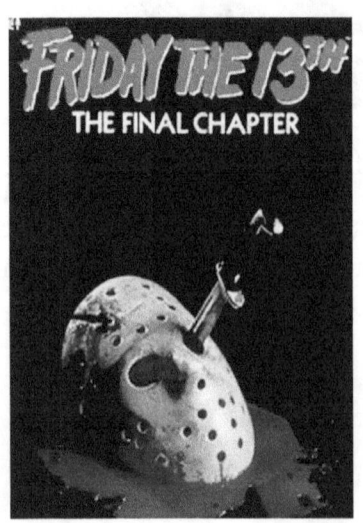

Ahora sabemos que era mentira, que no suponía el final de Jason, pues ahora regresa al hogar. De vuelta en Crystal Lake, Jason la toma de nuevo con los habitantes de la zona y en esta ocasión entra en escena Tommy Jarvis, un niño de doce años que vive en una casa cerca del lago. El asesino de la máscara irá matando a su familia y a sus vecinos uno por uno.

VIERNES 13 V: UN NUEVO COMIENZO
1985

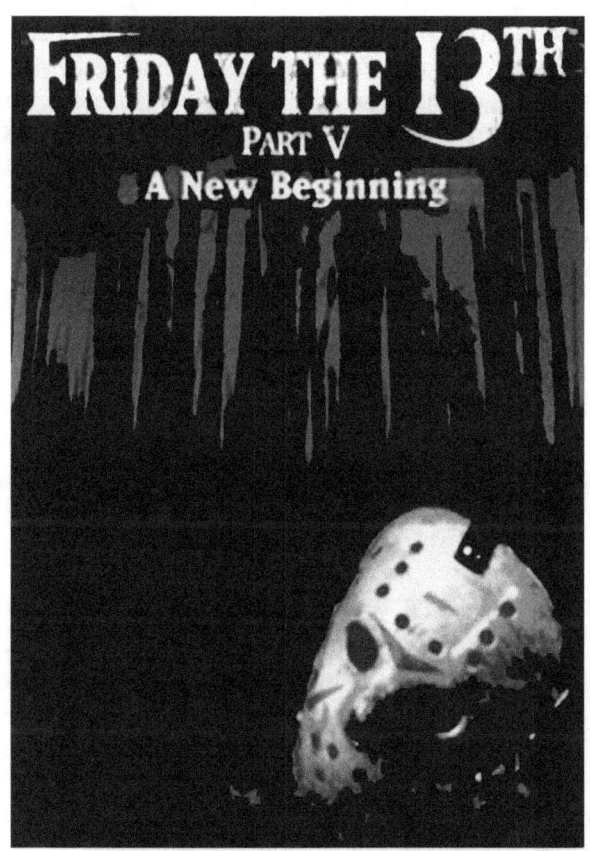

Jason parece haber muerto, pero Tommy, el niño protagonista de la entrega anterior, no puede olvidar su encuentro con él, así que es ingresado en una institución mental en la que intentan ayudarle a superar el trauma. El problema surge cuando alguien comienza a asesinar a los pacientes siguiendo los métodos del loco de la máscara, y todos los indicios apuntan a Tommy.

Ahora Jason se ha refinado y casi podríamos asegurar que mata a sus víctimas siguiendo un orden escrupuloso, casi con un gusto exquisito, pero no puede evitar que quede un superviviente. Afortunadamente ya

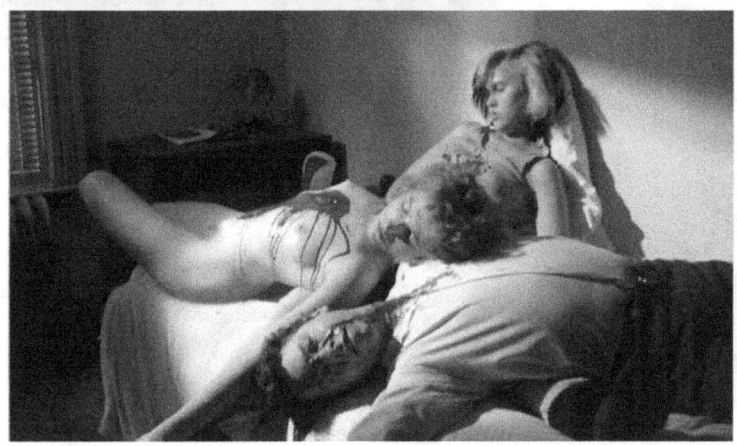

hemos comprobado que la policía en el cine es tonta, y como no creen en zombis ni asesinos enmascarados, le dejan seguir su mortífera costumbre hasta que ya es demasiado tarde.

¿Es esta la peor película de la serie? Bien, ninguna es especialmente buena, pero siempre procuran sacarnos alguna forma nueva de efectuar una cadena de asesinatos, ahora adornados con una adecuada secuencia de rayos y truenos. La razón por la cual la gente tiene aversión hacia esta película es principalmente debido al hecho de que Jason Voorhees no es el asesino de la historia, y quizá ahí está su mérito. Ello da lugar a algunas escenas interesantes, delirantes según quién las juzgue, pero creo que estos aspectos parecidos a una comedia de horror se agradecen y la menos aporta cierta frescura.

La representación de John Shepherd como Tommy, pasando de ser un joven seriamente afectado por los sucesos anteriores, hasta ahora, demostrando miedo, cólera, tristeza y paranoia, así como un intenso deseo de sobrevivir, es sumamente correcta.

VIERNES 13 VI: JASON VIVE
1986

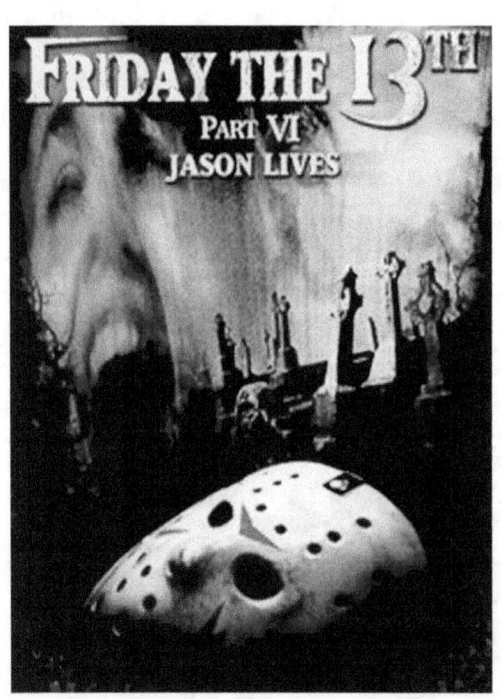

Tommy ha pasado gran parte de su adolescencia en la institución mental en la que le encerraron. Lo primero que quiere hacer al salir de allí es asegurarse de que Jason está realmente muerto, pero lo que hace en realidad es resucitarle accidentalmente.

Ahora deberá convencer a todos de que el asesino sigue vivo, y tendrá que acabar con él de nuevo.

VIERNES 13 VII: SANGRE NUEVA
1988

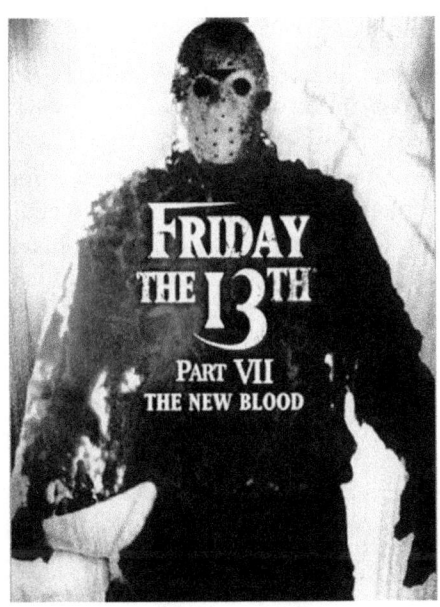

Tina Shepard, una chica con poderes mentales, se siente culpable por la muerte de su padre años antes en Crystal Lake, y su psicólogo decide regresar con ella al lugar del accidente para que se enfrente a sus temores. Allí, Tina libera por error a Jason con sus poderes y le devuelve a la vida, por lo que más tarde tendrá que utilizar esos mismos poderes para enfrentarse a él.

VIERNES 13 VIII: JASON TOMA MANHATTAN
1989

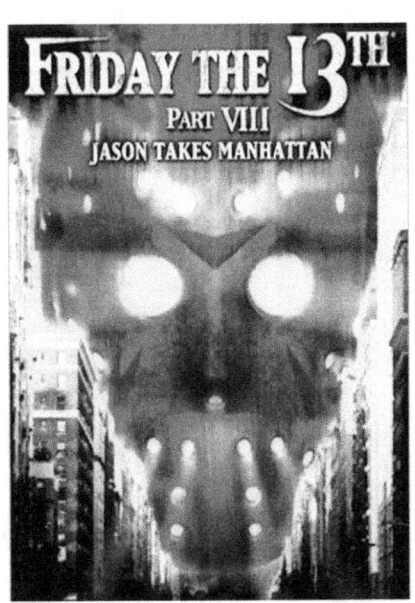

Un grupo de jóvenes en el último curso de instituto viaja en un crucero rumbo a Nueva York. Rennie, una de las estudiantes, sufre varias visiones en las que es atacada por un joven Jason. Pronto las visiones se convierten en realidad: el loco de la máscara dejará un rastro de víctimas en el barco y perseguirá a los chicos por las calles de Manhattan.

VIERNES 13 IX: EL VIERNES FINAL
1993

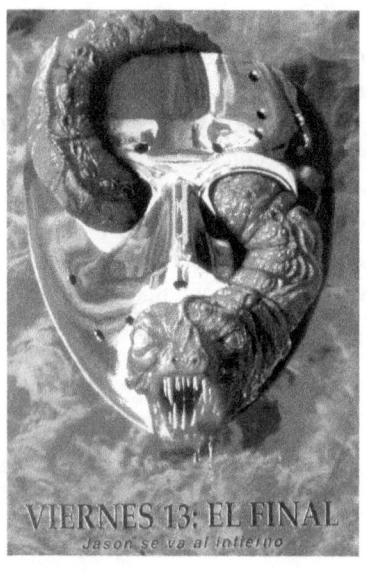

Una vez más, Jason resucita para incrementar su lista de víctimas, pero en esta ocasión por fin se descubre el secreto de su resistencia: el corazón diabólico del asesino posee a una persona tras otra para cometer sus brutales crímenes. El último descendiente de los Voorhees, la familia de Jason, deberá acabar con él antes de que se haga inmortal y se vuelva imparable.

JASON X
2001

Director: James Isaac
Guión: Todd Farmer y Victor Miller
Productor ejecutivo: Sean S. Cunningham
Música: Harry Manfredini

Intérpretes:
KANE HODDER: Jason Voorhees
LEXA DOIG: Rowan
LISA RYDER: Kay-Em 14
JONATHAN POTTS: Profesor Lowe
DAVID CRONENBERG: Dr. Wimmer

Como siempre, nos muestran que en el futuro la Tierra ya no es habitable y para sobrevivir los humanos tienen que ir al espacio exterior. Ahora, una nave encuentra en una pequeña estación abandonada a dos cuerpos helados, crionizados para más detalles, uno de ellos una guapa chica que cuando se despierta en lugar de manifestar estupor pega una bofetada a quien la mira desnuda. Bien,

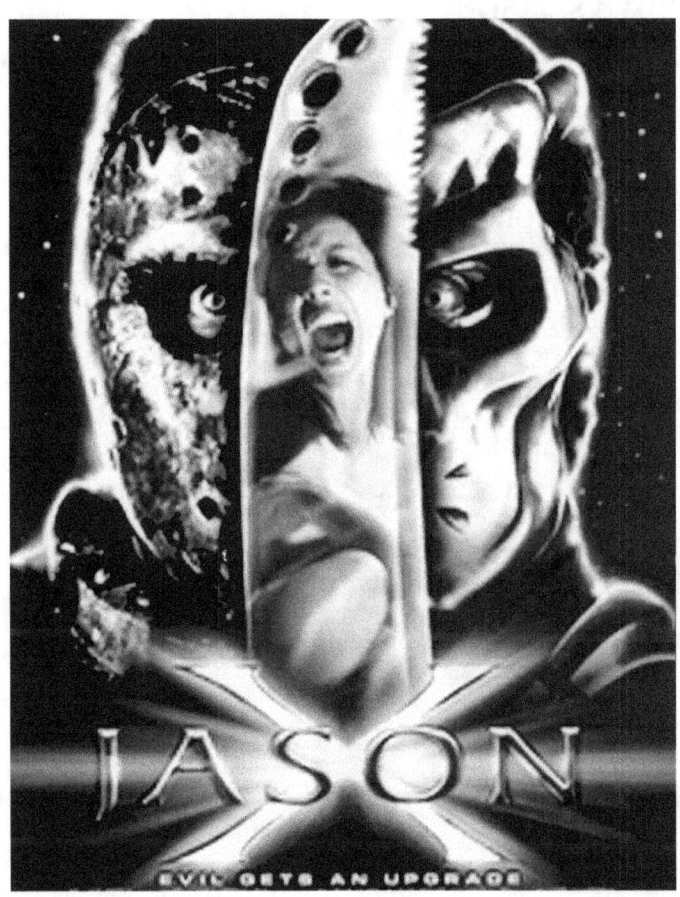

pues el otro elemento es nada menos que Jason Voorhees, a quien todos conocemos simplemente por Jason, el malvado asesino con la careta de un jugador de jockey. En la anterior secuela, la número 9, parecía muerto, pero eso era solamente para despistar a los aficionados, ya que ahora está más vivo que nunca y portando su largo machete sigue cortando cabezas y otras partes corporales.

Después llega un androide femenino, una cibor cuyos pechos no tienen pezones porque a su creador se le olvidó este detalle, y aunque creemos que solamente está para relaciones sexuales, cuando se desmadra planta cara al mismísimo Jason. Pronto acaba descompuesta y sin novio, ya que termina con la cabeza cortada, pero, aun así, logra poner en marcha una computadora.

Y es que este Jason ya es más invulnerable que Superman y así la película pierde interés, algo que nos ocurre a los cinco minutos de proyección, justo cuando vemos a la tripulación compuesta por chicas con el ombligo al aire y jovencitos listos para acudir a la discoteca.

FREDDY VS. JASON
2003

Director: Ronny Yu

Intérpretes:
ROBERT ENGLUND: Freddy Krueger
KEN KIRZINGER: Ken Kirzinger
JASON RITTER
MONICA KEENA

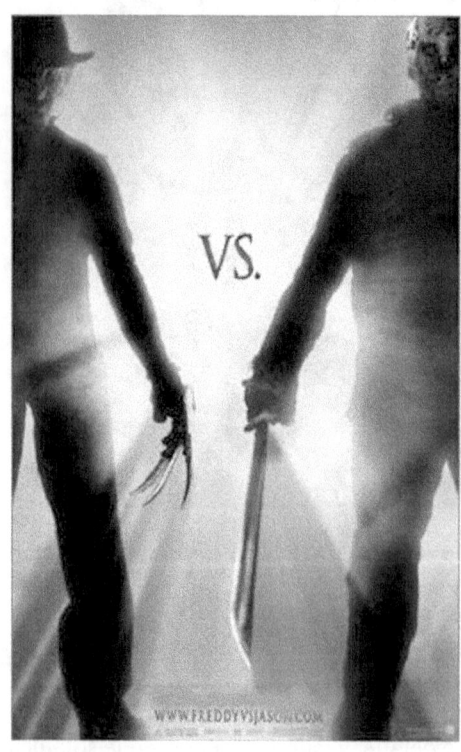

Han sido casi 10 años desde que ese siniestro personaje del terror, denominado como Freddy Krueger, invadiera nuestras pantallas y sueños. Ahora vuelve desde los infiernos con un aliado tan espantoso como él, el legendario Jason, quien con su careta de jugador de jockey ha sido capaz de matar a docenas de personas sin dar ninguna explicación, pues todavía no conseguimos escuchar el sonido de su voz. Nuestro 'entrañable' Freddy ha entrado en los sueños de ese monstruo y entre los dos titanes se establece la más espantosa de las batallas, con la sangre salpicando sin pudor las butacas de los cines. Ni un solo aficionado quedó defraudado con esta mezcla tan insólita de malvados.

Freddy Krueger está en el auténtico infierno pagando por sus errores y por eso su recuerdo ha sido sistemáticamente borrado en el pueblo donde decidió efectuar su macabra venganza. La solución consistió en drogar a sus posibles contactos para impedir que sueñen, dejando sin una puerta de entrada al engendro de las pesadillas. También han eliminado su miedo y esto representa una tortura extrema para él, ya que había conseguido con el paso de los años convertirse en una leyenda.

Pero la imaginación de Freddy es sumamente fértil y logra resucitar a Jason Voorhees, el loco protagonista que dio origen a la maldición del Viernes 13. Con su colaboración ha encontrado el medio perfecto para volver a aterrorizar a los habitantes de Elm Street y le permite salir de su infierno particular. Dotado de mayor inteligencia que Jason, consigue manipularle con suma facilidad y le engaña para que viaje a Springwood para iniciar otro reinado de terror. El problema es que resulta más indomable de lo previsto y aunque inicialmente el número de cadáveres es importante, poco a poco se dan cuenta que sus diferencias son absolutas y comienzan una pelea entre ellos, alternando entre el mundo de los sueños y la realidad.

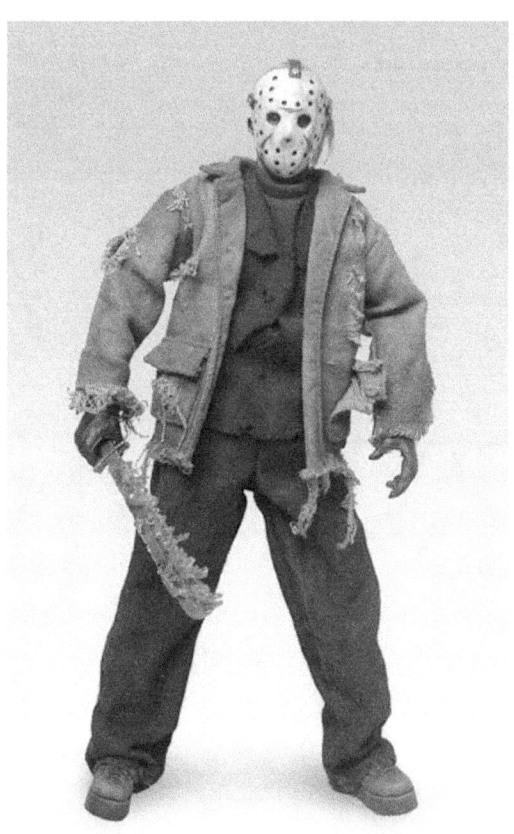

FANTASMAS Y ESPÍRITUS

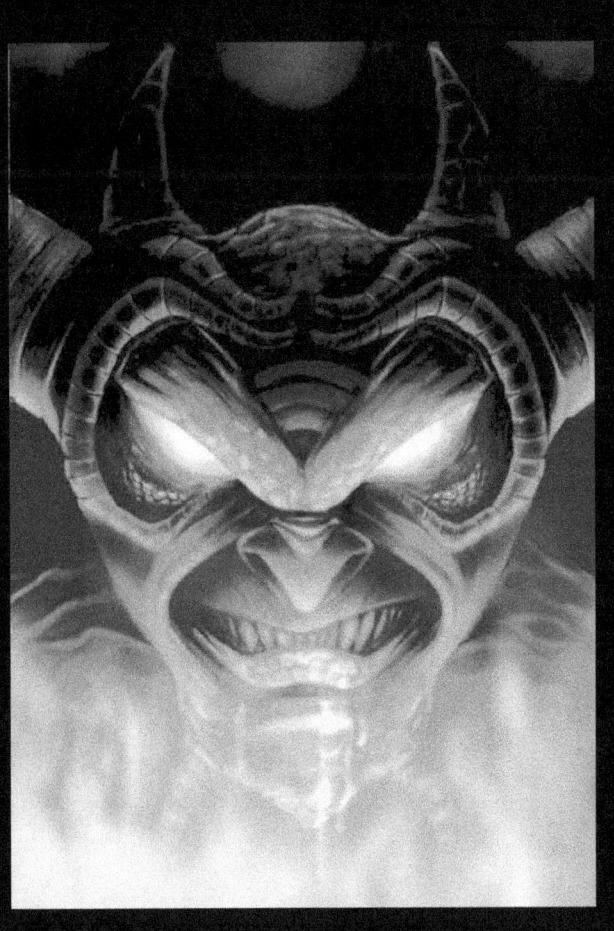

LA NIEBLA
The Fog 1979

Director: John Carpenter
Productor: Debra Hill
Guión: John Carpenter, Debra Hill
Fotografía: Dean Cundey
Música: John Carpenter
Efectos especiales: Richard Albain Jr.

Intérpretes:
JANET LEIGH: Kathy
JAIME LEE CURTIS: Elizabeth
NANCY LOOMIS:
TOM ATKINS: Nick Castle
HAL HOLBROOK: Fr. Malone
ADRIANNE BARBEAU: Stevie Wayne

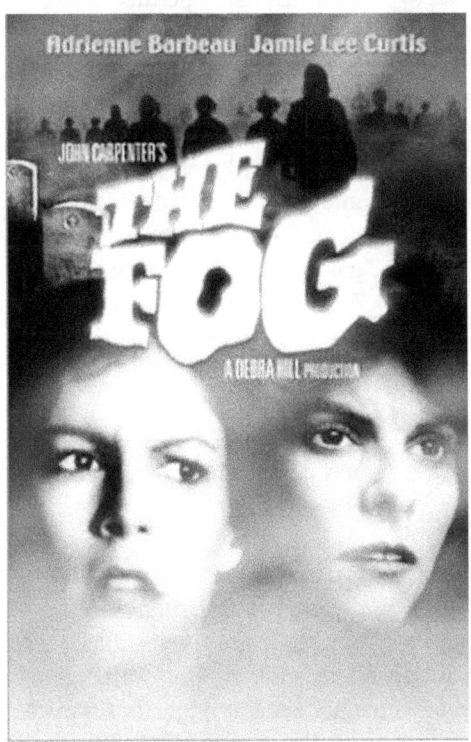

Lograda película de Carpenter en la cual el pueblo marinero Anthony Bay se ve atacado, sin posibilidad de defensa, por los espíritus vengadores de un barco hundido al que nadie ayudó. Los espíritus avanzan entre la niebla, apenas son visibles, pero el espectador pronto siempre pánico, especialmente cuando ve acorraladas a madre e hija. Sin embargo, y cuando todo presagia un final espantoso, los pocos supervivientes se refugian en la iglesia, donde son rodeados por los espectros más tenebrosos de la historia. En ese momento el miedo se transforma en terror.

AL FINAL DE LA ESCALERA
The changeling 1979

Director: Peter Medak
Guión: William Gray, Diana Maddox
Basada en la historia de: Russell Hunter
Efectos especiales: Gene Grigg

Intérpretes:
GEORGE C. SCOTT: John Russell
MELVYN DOUGLAS: Senador Joe Carmichael
JOHN COLICOS: DeWitt

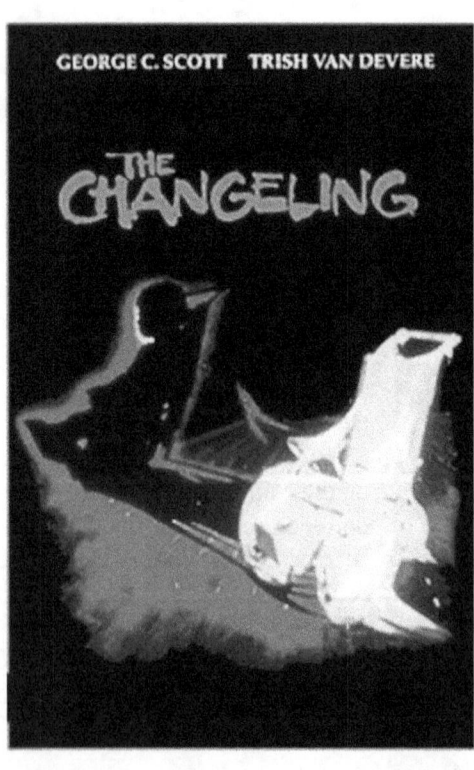

Un profesor de música y compositor cambia su domicilio a una mansión que llevaba 12 años sin ser habitada, en busca de tranquilidad, tras haber perdido a su esposa y su hijo en un accidente de tráfico. A medida que va pasando tiempo en la casa comienza a experimentar extraños sucesos, que le hacen presentir algún oscuro acontecimiento en el pasado. Con la ayuda de una amiga, comenzará a investigar quiénes fueron sus anteriores dueños, y qué ocurrió entre sus paredes. Todo apunta a que el espíritu del niño muerto está situado al final de la escalera, lo que indudablemente se confirma cuando los acontecimientos se hacen más tenebrosos.

El húngaro Peter Medak (*Species 2*) dirigió este film canadiense con 7 millones de dólares, consiguiendo convertirla en un clásico del cine que hace referencia a las casas encantadas. Bien ambientada y mejor interpretada por George C. Scout, consigue generar angustia sin rastro de escenas sangrientas, ni efectos especiales o maquillajes complejos. Todo tan sencillo que parece imposible.

PHANTASMA
Phantasm 1979

Producida, escrita y dirigida por: Don Coscarelli

Intérpretes:
MICHAEL BALDWIND: Michael
ANGUS SCRIMM: El Hombre alto
KATHY LESTER: Lavender
BILL THORNBURY Jody Bill

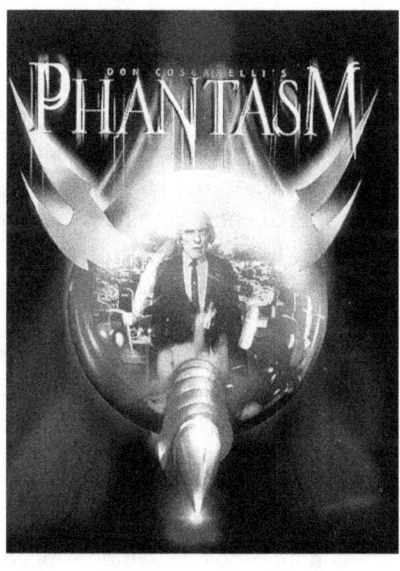

Película en principio de serie B estrenada en la floja temporada veraniega y que fue aplaudida tanto por el público como por un sector de la crítica, convirtiéndose ya en un clásico. A pesar de estar realizada con el ánimo de tocar sin reparos el miedo del espectador de la manera más tradicional, los aciertos del film son tantos como sus errores.

La historia nos lleva hasta un cementerio, lugar idóneo para que los fantasmas y espíritus se muevan sin problemas, en donde existe una entrada a un mundo fantástico y tenebroso. Pero cuando los humanos intentan penetrar en ese lugar y averiguar qué se esconde tras esos seres del más allá, un hombre alto, de andares amplios y pausados, auxiliado por una bola que se mueve por el aire en pos de sus víctimas, les da la primera señal de alarma: no es un mundo para ellos.

Hubo tres secuelas posteriores, las dos primeras con el título de «Phantasma II» y «Phantasma, el regreso», pero solamente ésta última conservaba parte de los ingredientes de la primera, siendo la otra una parodia del cine de terror. No obstante y a pesar de que el maligno volvía a estar encarnado por el mismo actor, la película copiaba demasiado los efectos terroríficos de la primera y no resultó.

Más recientemente, la cuarta entrega, titulada "PHANTASMA, EL PASAJE DEL TERROR" se estrenó con gran publicidad, pero la figura terrorífica del "hombre alto", ya no impresionaba.

CREEPSHOW
1982

Argumento: Stephen King
Director: George A. Romero

Intérpretes:
HAL HOLBROOK: Henry Northrup
ADRIENNE BARBEAU: Wilma Northrup
LESLIE NIELSEN: Richard Vickers
E.G. MARSHALL: Upson Pratt
VIVECA LINDFORD: Aunt Bedelia
ED HARRIS

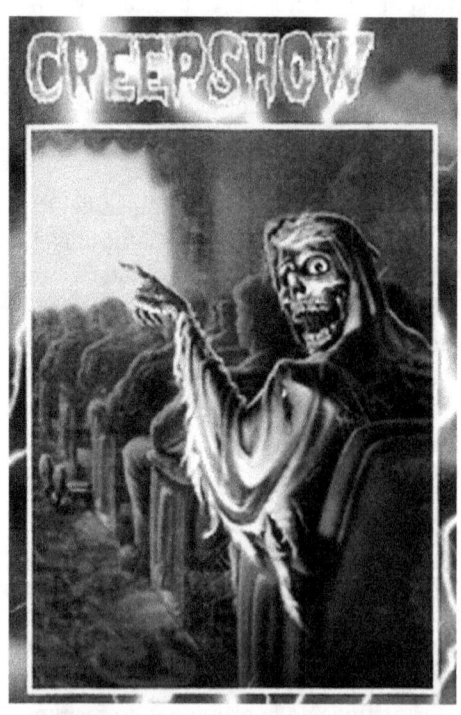

Romero y King se han acercado a esta película con humor y afecto, así como con una apreciación comedida por lo macabro. Ambos han conseguido colocar ingredientes visuales y mezclarlos con las historietas originales, empezando cada sketche con varios dibujos del cómic, y disolviendo poco a poco los grabados hasta dar paso a una realidad que refleja exactamente el dibujo. Como es habitual en este tipo de películas, cada capítulo goza más que otros del gusto del público y siempre sale uno al final con la sensación de que el conjunto nos ha sabido a poco. Prender en el interés del espectador con tan poco espacio de tiempo es tarea difícil, pero siempre existe un truco: al final, la mejor de todas las historias. De este modo retorna uno a casa con un buen sabor de boca. Especialmente interesante es el capítulo del hombre que se convierte poco a poco en vegetal por haber tocado un meteorito, adecuadamente interpretada por el propio Stephen King, en una de las escasas intervenciones que hizo en la pantalla como protagonista. También es adecuado el capítulo de las cucarachas que atacan al millonario sin escrúpulos, aunque ya nos gustaría saber cómo han conseguido tantos y tan bien domesticados bichejos.

Posteriormente e igualmente basada en el cómic "Creppy" de tanto éxito mundial, se realizó una segunda parte que ya no tuvo el éxito de la anterior, quizá porque no contó con la mano experta de George Romero. Salvamos el capítulo en el cual unos jóvenes son atacados por un organismo gigante que vive en una laguna.

EN LOS LÍMITES DE LA REALIDAD
The twilight zone 1982

Directores: John Landis, Joe Dante, George Miller y Steven Spielberg

Intérpretes:
VIC MORROW: Bill
KATHELEEN QUINLAN: Helen Foley
LARRY CEDAR: La Criatura
ABBE LANE

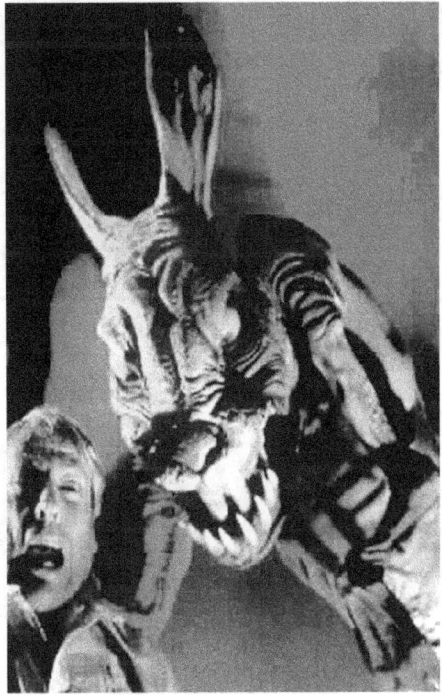

Tomando como base una serie de televisión de gran éxito en todo el mundo, "Dimensión desconocida", se realizan de nuevo aquellos episodios de mayor éxito y se juntan para la pantalla grande, contando todos con el adecuado sentido del humor como para que el espectador no sufra demasiado. Este aspecto, sin embargo, es quizá su punto más flaco, pues si bien en la televisión las escenas truculentas deben ser comedidas, en la pantalla grande no debe haber piedad para el espectador. No obstante, los episodios son dignas muestras del talento de sus directores y el resultado es válido, especialmente el primero en el cual el protagonista, miembro del KKK, es perseguido por los nazis por sus opiniones judeocomunistas.

POSESIÓN INFERNAL
Evil dead 1982

Director: Sam Raimi
Guión: Sam Raimi
Fotografía: Tim Philo, Joshua M. Becker
Música: Joseph LoDuca
Efectos especiales: Tom Sullivan, Bar Pierce

Intérpretes:
BRUCE CAMPBELL: Ash
ELLEN SANDWEISS: Cheryl
BETSY BAKER: Linda

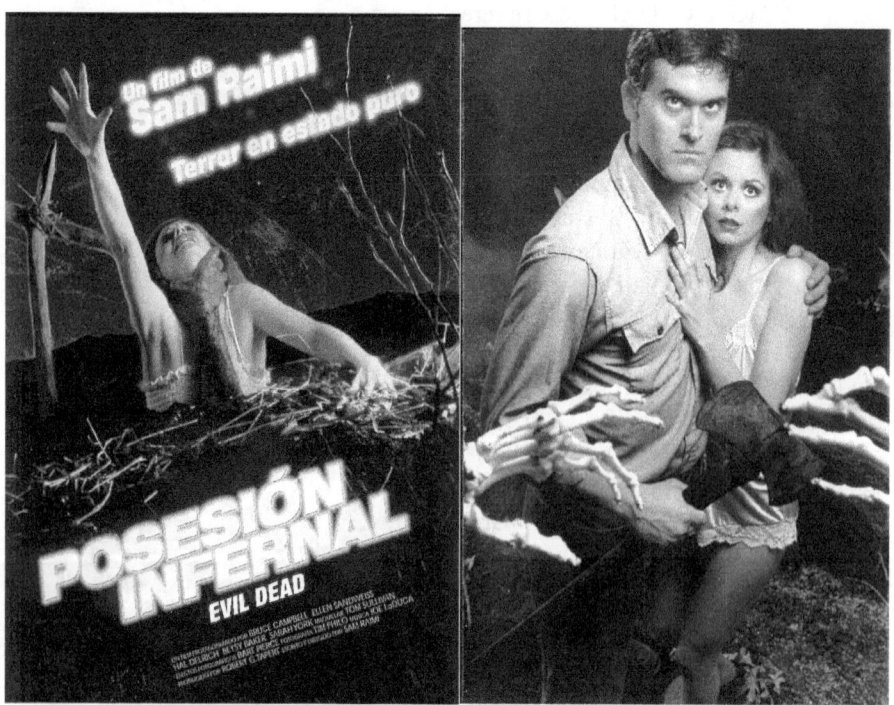

Cinco jóvenes que habitan una cabaña abandonada se ven involucrados por las fuerzas maléficas que allí habitan y deben ponerse a salvo para evitar ser aniquilados. Los ágiles movimientos de cámara siguen a las víctimas y en ocasiones suplen los ojos de la bestia, por lo que el espectador termina siendo un protagonista más de la gran masacre. Afortunadamente, nuestro amigo Ash, aunque con más torpeza que eficacia, logra sobrevivir, pues le quedaban todavía dos secuelas más.

Nos encontramos con una película de bajo presupuesto correctamente elaborada, realizada por simples estudiantes de cinematografía, y que dio lugar a dos secuelas igualmente válidas. Fue el inicio de una trilogía por la que nadie apostaba, pero que hoy en día es objeto de culto y que proporcionó a su director no pocas alegrías. Extremamente elegante, esta película terminó proporcionándonos un delirantemente viaje imaginativo al mundo de los muertos.

TERRORÍFICAMENTE MUERTOS
1987

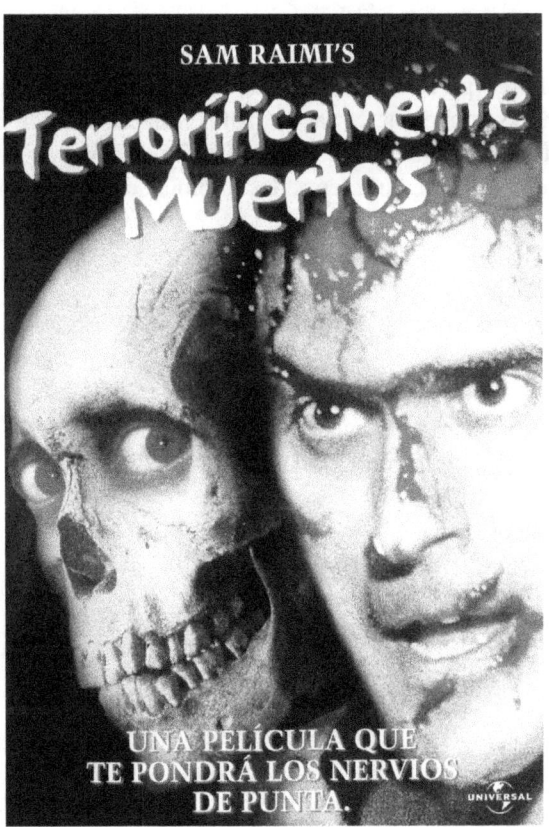

Director: Sam Raimi
Guión: San raimi, Scout Spiegel
Efectos especiales: Doug Beswick

Intérpretes:
BRUCE CAMPBELL
SARAH BERRY
DAN HICKS
WESLEY KASSIF

En una granja aparentemente abandonada, Ash, quien anteriormente ya había luchado con el espíritu invasor, descubre una grabadora en la cual está registrada la voz del profesor Knoby, uno de los traductores del Libro de los Muertos. Sus experimentos le llevaron a unos resultados tenebrosos, pues cuando pronunció las palabras mágicas desató la ira del espíritu del Mal, un engendro que tiene la facultad de poseer a los humanos. Pronto, Ash debe luchar contra sí mismo y en los ratos libres pelear contra los espantosos fantasmas que aparecen por doquier. Cuando se tiene que cortar la mano, comienza el verdadero horror…

Esta segunda entrega de "Posesión infernal" asumió el éxito de su predecesora, y es también objeto de culto entre los aficionados al cine gore.

BITELCHUS
Beetlejuice 1988

Director: Tim Burton
Guión: Michael McDowell, Warren Skaaren
Basada en la novela de: McDowell y Larry Wilson

Intérpretes:
ALEC BALDWIN: Adam Maitland
GEENA DAVIS: Barbara Maitland
MICHAEL KEATON: Betelgeuse
WINONA RYDER: Lydia Deetz

La película arranca con la muerte accidental de la pareja protagonista, los cuales, convertidos ya en espíritus, ven que gente odiosa quiere quedarse con su casa. Solamente una inconformista niña puede verles y les ayuda a expulsar a los intrusos. La joven pareja difunta están muy enamorados y quieren seguir viviendo en su casa como fantasmas, por eso se sienten ofendidos cuando unos intrusos quieren redecorar sus habitaciones y ridiculizan sus gustos. Pero como no

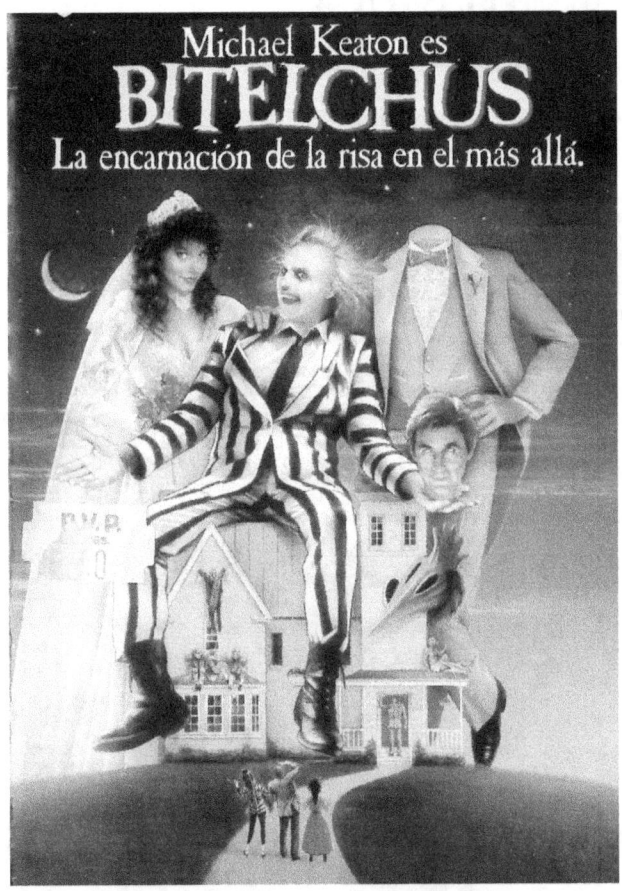

tienen experiencia asustando a los mortales, deben contratar los servicios de un demonio pequeño llamado Bitelchús. Michael Keaton aparece ahora para advertirnos que el delirio solamente acaba de empezar y la blanda historia se transforma en una comedia loca sumamente inspirada.

El director Tim Burton, como es habitual, mezcló elementos irracionales e incongruentes, y logró transformar la estupidez en una obra maestra, aunque con la ayuda de unos buenos efectos especiales.

A descubrir bajo el extraordinario maquillaje a Michael Keaton como Bitelchús y a una entonces desconocida Winona Ryder. También fue un acierto incluir la canción que popularizó Harry Belafonte, "Banana Joe". Delirante la oficina de empleo del más allá, con muertos degollados, mujeres con el cuerpo partido por la mitad y empleados hartos de su trabajo. Vamos, que si no la han visto no se la pueden perder.

EL CEMENTERIO VIVIENTE
Pet sematary 1989

Argumento: Stephen King
Director: Mary Lambert

Intérpretes:
DALE MIDKIFF
DENISE CROSBY
FRED GWYNNE

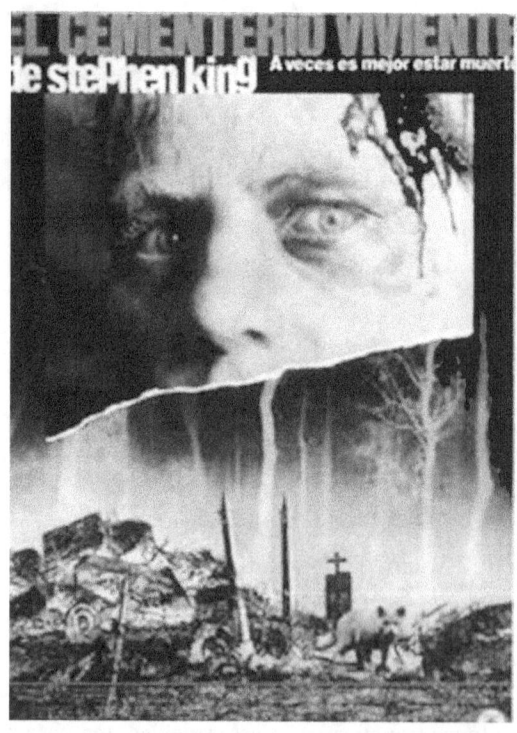

La historia arranca con el atropello de un niño por un camión y el dolor tan fuerte que siente su padre, ya que es testigo del accidente. El matrimonio se asusta cuando descubre que existe un escondite que supone un peligro para los niños en los alrededores de su casa rural recientemente comprada. Allí está un cementerio en el cual algo o alguien extraño se mueve.

Los incondicionales de King estuvieron satisfechos con esta historia, aunque ahora el argumento se nos muestre poco elaborado y con un énfasis desmedido en la tragedia y posterior locura del protagonista.

EL EJÉRCITO DE LAS TINIEBLAS
Army of Darkness 1993

Producción: Dino de Laurentiis
Director: Sam Raimi

Intérpretes:
BRUCE CAMPBELL: Ash
EMBETH DAVIDTZ: Shila
RICHARD GROVE: Duke Henry.

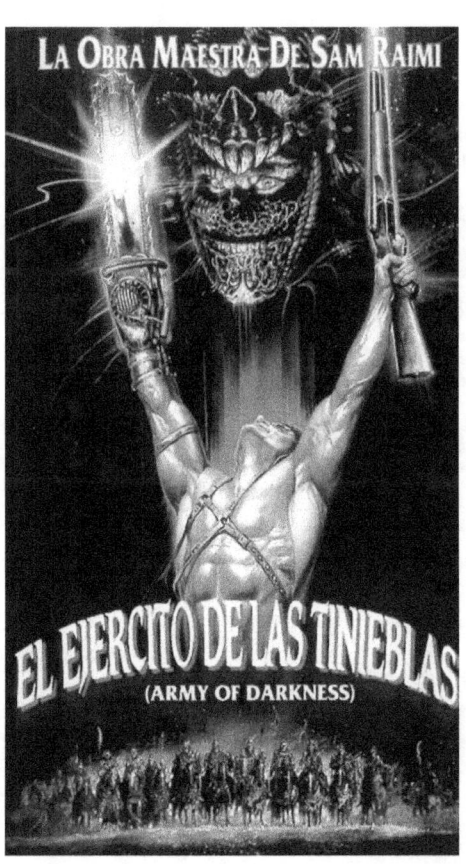

El método de la película es simple: mucha acción y otros tantos clisés de horror como sean posibles, además de realizar homenajes al cine de terror clásico. La película nos lleva desde nuestra época actual, en un simple supermercado, hasta la mitología medieval, con sus brujas, engendros y lugares lúgubres. Es como si el tiempo se hubiera detenido y estuviéramos viendo una estupenda película de los años 50, en color y con buenos efectos especiales. Nuestro héroe, además, es diferente, pues dispara con una escopeta de caza con los cañones recortados, a la cual nunca se le acaban las balas. Nadie nos dice que sea un mago, pero allí lo parece.

También se enamora de la guapa chica Sheila (Embeth Davidtz) pero cuando ella se convierte en la más fea de las brujas prefiere matarla para que le deje en paz. Alguien le ha puesto en sus manos el Libro de los Muertos, el Necronomicón, aunque no consigue recordar las palabras mágicas que dijo Klaatu en "Ultimátum a la Tierra". Todos los espectadores le decimos mentalmente que son: *Klaatu barada nikto*, pero Ash no las recuerda nunca correctamente.

Esta tercera secuela de «Posesión Infernal», bastante más acertada que "Terroríficamente muertos", nos muestra una idea argumental muy original, con nuestro protagonista transportado al año 1300 portando una sierra mecánica, un rifle y un Olsmobile del 73 como vehículo. Allí tiene que combatir con las fuerzas del Mal, entre ellos un ejército de esqueletos, dando lugar a unas de las escenas más increíbles en el mundo de los efectos especiales. Ni siquiera los esqueletos de Ray Harryhausen, con toda su perfección, lograron igualar a los de esta película.

AGÁRRAME ESOS FANTASMAS
The Frighteners 1996

Productor ejecutivo: Robert Zemeckis
Director: Peter Jackson
Guión: Fran Walsh, Peter Jackson
Vestuario: Barbara Darragh

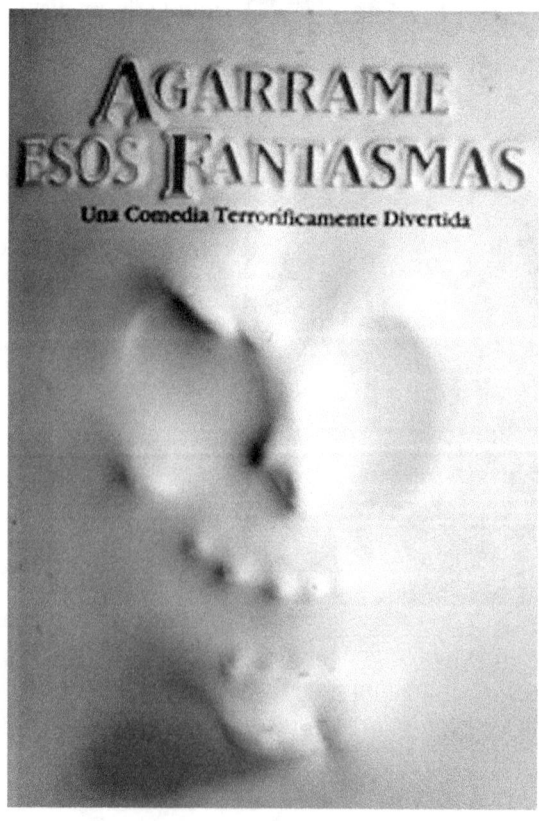

Intérpretes:
MICHAEL J. FOX: Frank Bannister
TRINI ALVARADO: Lucy Lynskey
PETER DOBSON. Ray Lynskey
DEE WALLACE STONE: Patricia Bradley

Nuevamente el incombustible Michael J. Fox, quien llevaba el camino de convertirse en un remake de Mickey Rooney, interpreta esta original mezcla de fenómenos paranormales, terror, y numerosos ingredientes pertenecientes al género negro. Fox es ahora un investigador y exterminador de fenómenos extraños, un cazafantasmas, quien busca en el otro mundo a un asesino en serie. Después de una larga serie de experiencias terroríficas logra encontrarle, aunque sus problemas aumentan considerablemente.

Ahora sabemos que Fox tiene una enfermedad incurable del sistema nervioso que le mantiene apartado de las cámaras cinematográficas, lo que lamentamos seriamente.

LOS OTROS
2001

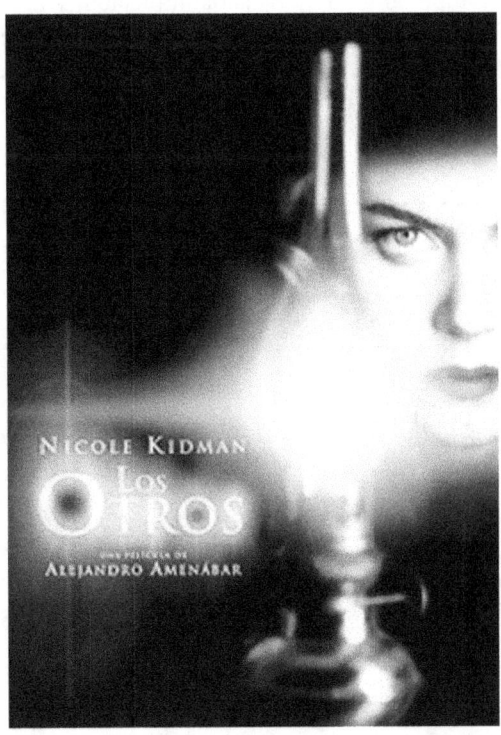

Fotografía: Javier Aguirresaro
Dirección, guión y música: Alejandro Amenábar

Intérpretes:
NICOLE KIDMAN
FIONNULA FLANAGAN
ALAKINA MANN
JAMES BENTLEY
ERIC SYKES

Aunque la historia nos recuerda, justo al final, demasiado a "Sexto sentido", todo en ella nos lleva a un tipo de cine que parecía olvidado. Sin efectismos, ni toques de terror exagerados, los espectadores asistimos aturdidos a las extrañas manipulaciones y neuras de una madre, recluida voluntariamente en una gran mansión, en donde los niños no pueden ver la luz del día. Ellos padecen una terrible enfermedad fotosensible, y su angustiada madre debe procurar que todas las cortinas estén siempre bien cerradas; pero cuando comienzan a percibirse la presencia de seres extraños, y los golpes y sonidos se repiten en cualquier lugar, todos creemos que algún espíritu vengativo vive entre sus húmedos muros.

Con este bien elaborado guión, una sabia dirección, y la soberbia interpretación de Nicole Kidman, tan recatada que se nos hace imposible pueda ir tan tapada durante todo el filme, Amenábar nos demuestra que existen en nuestro país directores que son capaces de proporcionar aplausos en cualquier lugar.

13 FANTASMAS
Thir13en ghosts 2002

Director: Steve Beck
Guión: Neal Stevens
Fotografía: Gale Tattersall
Música: John Frizzell

Intérpretes:
TONY SHALHOUB: Arthur Kriticos
EMBETH DAVIDTZ: Kalina Seyler
MATTHEW LILLARD: Dennis Rafkin
SHANNON ELIZABETH: Katherine "Kathy" Kriticos
F. MURRAY ABRAHAM: Cyrus Kriticos

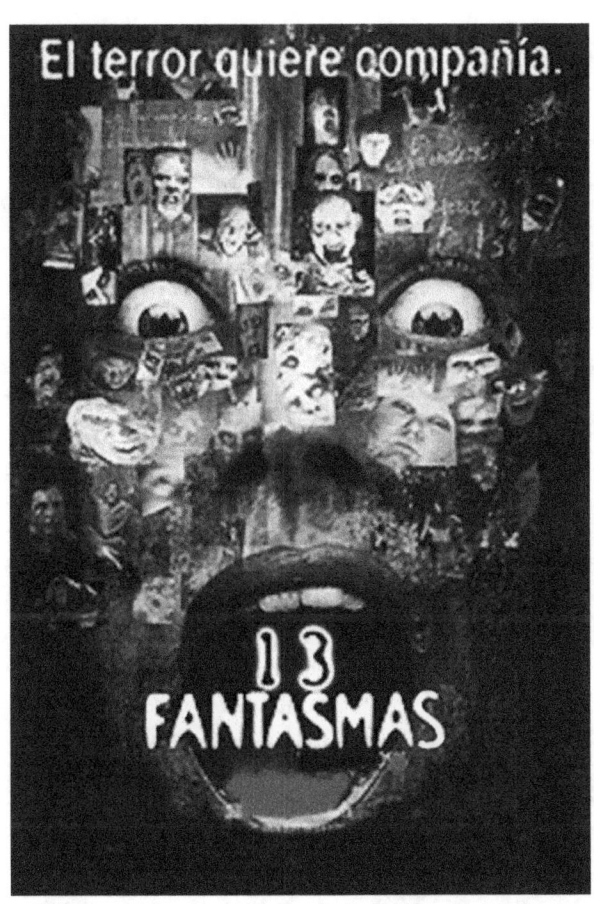

Arthur y sus dos hijos, Kathy y Bobby, sólo se tienen los unos a los otros tras haberlo perdido todo. Jean, mujer de Arthur y madre de sus hijos, murió en un incendio, dejando a la familia sin nada. De repente, Arthur hereda una extraña casa de su misterioso y excéntrico tío Cyrus. El edificio está hecho de acero y cristal y es una maravilla de la arquitectura moderna, con muchos espacios abiertos, impoluta y de líneas rectas. Al llegar a la nueva casa, a Arthur y los chicos les cuesta creer en su golpe de buena suerte al admirar la elegancia de sus paredes de cristal, pero lo que no saben es que la casa de la luz guarda un oscuro y terrorífico secreto.

Dirigida por un experto en efectos especiales, Steve Beck, quien tiene en su haber películas tan importantes como "Indiana Jones y la Última cruzada", "La caza del octubre rojo" y "Abyss", hemos disfrutado con este remake de la película del mismo título dirigida en 1960 por William Castle. Nuestros protagonistas al principio no creen en los fantasmas, como casi todos, pero cuando comienzan a verles gracias a unas gafas especiales, el miedo les invade, lo mismo que las ganas de correr para salir de aquella casa. Pero su inventor la creó precisamente para albergar eternamente a los 13 fantasmas, y su resistente estructura de cristal les hace imposible la huída.

Se trata de la segunda película de la productora Dark Castle Entertainment, compañía creada en 1999 por Robert Zemeckis y Joel Silver, y los resultados son más que honestos.

FANTASMAS DE MARTE
Ghost of Mars 2001

Dirección y guión: John Carpenter

Intérpretes:
NATASHA HENSTRIDGE: Melanie Ballard
ICE CUBE: Desolación Williams
CLEA DUBAI: Bashira Kincaid

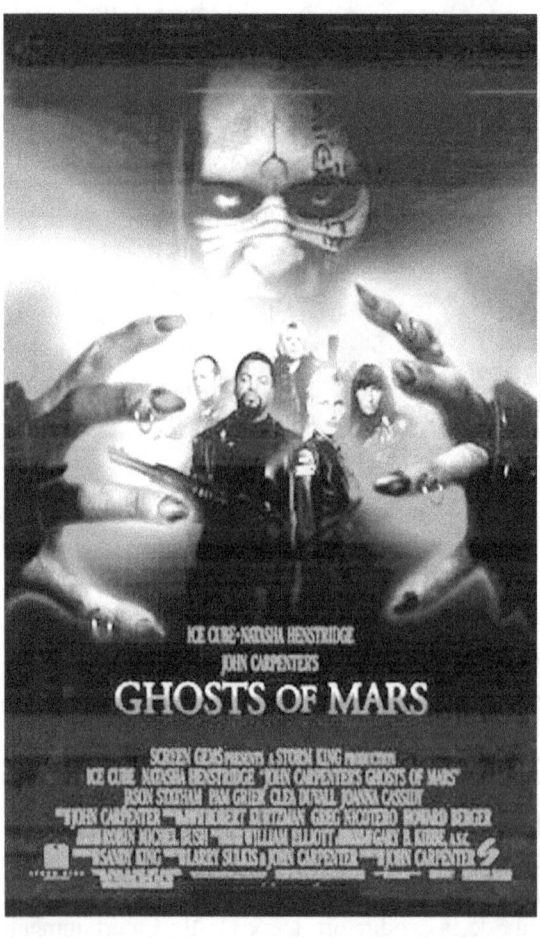

Nos encontramos en Marte, en el año 2176, aunque bien podría ser cualquier lugar de la Tierra. Indudablemente el planeta sigue rojo, pero con una ligera atmósfera que permite que los terrestres puedan respirar mediante una dosis extra de oxígeno en pastillas. Allí se encuentra una mina llena de minerales interesantes, además de un convicto acusado de ser un asesino despiadado. Realmente no nos parece nada sangriento cuando le conocemos y hasta tiene cara de buen chico, pues el sobrenombre de Desolación Williams nos habla de soledad, no de sangre. Luego llega esa guapa y poderosa teniente Melanie, encarnada por Natasha Henstridge, a quien los aficionados recordarán por su papel en "Species" y su interés por mostrarnos sus abundantes pechos.

El planeta rojo ya no tiene buena fama en el cine, ni es tan romántico como la Luna, pues además ahora nos lo han llenado de unos habitantes fantasmales que necesitan introducirse en un cuerpo humano para andar por la vida. Y por eso, cuando nuestros amigos policías llegan hasta el planeta se encuentran con los espectros más pavorosos de la historia, a quienes combaten con sus inagotables armas.

La historia no parece que da para mucho, pero el bueno de Carpenter es capaz de evitar que nos inunde el sopor de los primeros 30 minutos y justo cuando habíamos decidido irnos del cine nos introduce en un ambiente claustrofóbico, obligándonos a disfrutar del resto. Y es que su secreto en la dirección parece estar en eso, en despistar al espectador haciéndole creer que todo está mostrado, que la historia es vulgar, pero finalmente sabemos que nunca es así. Los efectos especiales rudimentarios, con maquetas en tropel, pero si somos un poco miopes ni nos daremos cuenta.

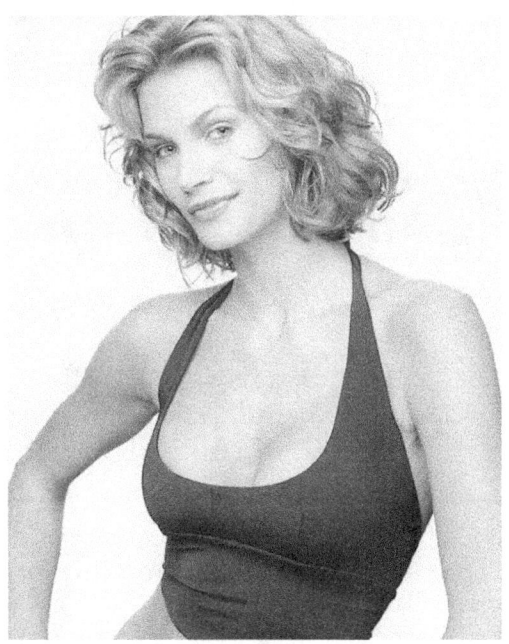

HARRY POTTER Y EL PRISIONERO DE AZKABAN
Harry Potter and the prisoner of Azkaban 2004

Director: Alfonso Cuarón
Guión: Steven Kloves
Basada en la novela de: J.K. Rowling
Música: John Williams
Fotografía: Michael Seresin

Intérpretes:
DANIEL RADCLIFFE: Harry Potter
EMMA WATSON: Hermione Granger
RUPERT GRINT: Ron Weasley
GARY OLDMAN: Sirius Black

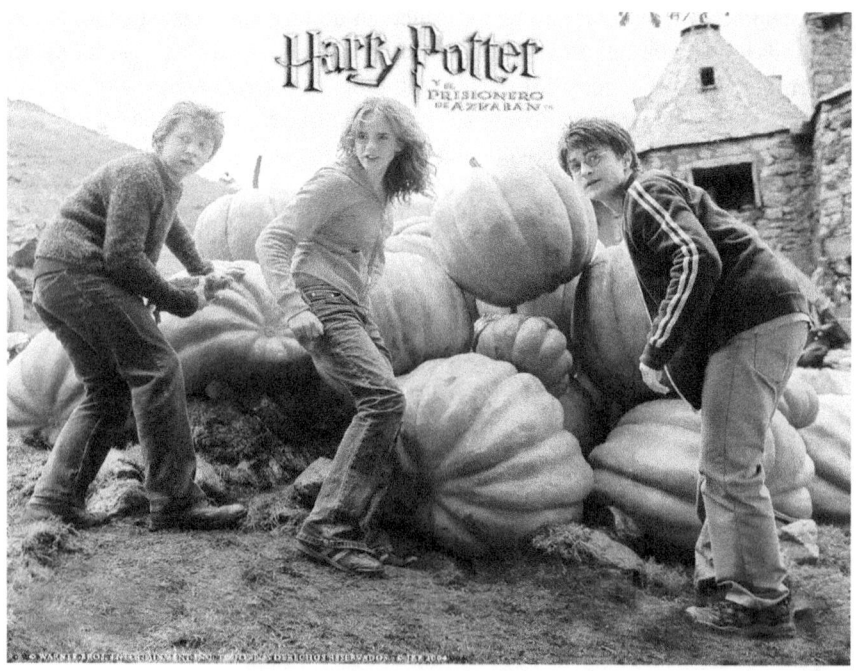

Esta tercera entrega del joven personaje merece estar en un tratado sobre el cine de terror, pues son más los momentos lúgubres que los cómicos. Cuando Harry Potter y sus amigos vuelven para pasar su tercer año en el Colegio Hogwarts de Magia y Hechicería, deben hacer frente a sus más oscuros temores enfrentándose a un peligroso prisionero evadido y a los terribles Dementores.

Acogido bajo el amparo del Ministro de magia Cornelius, pasa su primera noche en el caldero Chorreante, donde permanecerá oculto del mago Sirius Black, responsable de la muerte de sus padres y que ahora trata de matar también a Harry. Por si fuera poco, en Hogwarts se alojan los Dementores, quienes absorben las almas de sus presas y sienten una especial atracción por Harry. Con tantos problemas monstruosos no es extraño que Harry Potter y sus amigos comiencen a buscar soluciones mágicas para evitar el temible desenlace.

Rodada en los estudios Leavesden, en Hertfordshire, Inglaterra, y en exteriores seleccionados de todo el país, incluida Escocia, nos encontramos con nuevos actores como Gary Oldman y Julie Christie, así como con un buen supervisor de efectos especiales como Roger Guyett, quien ya se encargó de "Harry Potter y la piedra filosofal" y "Salvar al soldado Ryan". Los decorados estuvieron a cargo del tres veces ganador de un premio de la Academia Stuart Craig, a quien recordamos especialmente por "Las amistades peligrosas", albergándose la mayoría de ellos en la antigua fábrica de aviones de Rolls Royce, ahora conocida como los Estudios de Cine Leavesden. El diseñador de maquillaje y efectos de criaturas es Nick Dudman (La guerra de las galaxias - Episodio 1: La amenaza fantasma, La momia, El regreso de la momia).

Indudablemente esta nueva entrega supera en decorados, vestidos y, por supuesto, efectos especiales, a sus antecesoras, pero el argumento nos parece solamente una sucesión de escenas de terror y magia, pero carente del estudio de los personajes que se requiere. Al estar basada en una popular novela, tal y como ocurre con "El señor de los anillos", todo esto se da por hecho, pero mucho nos tememos que la escritora J.K. Rowling tiene mucha prisa por seguir sacando novelas antes de que el fenómeno decaiga y sus continuaciones carecen del necesario interés. El guionista, por su parte, no mejora el texto original, empeñado en dotar al filme de un ritmo desenfrenado para que los espectadores no se aburran ni un instante, lo que consigue en su mayor parte.

ENGENDROS

DIVERSOS

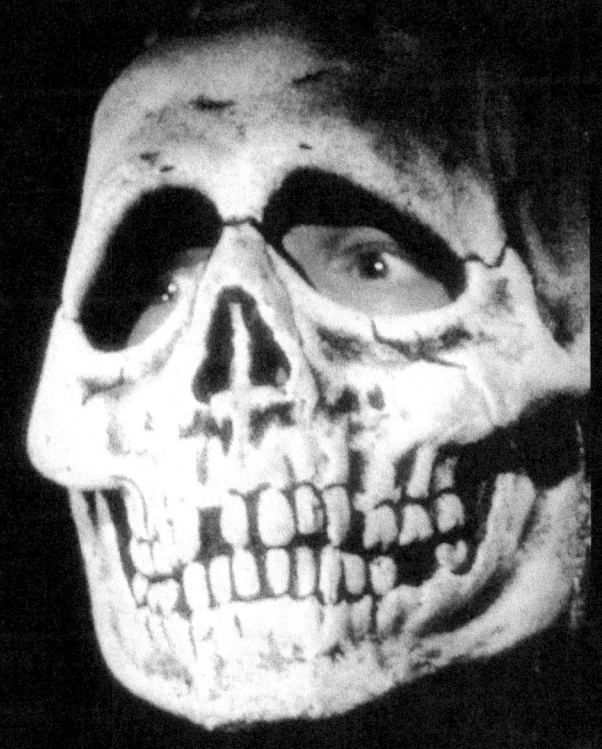

TIBURÓN
Jaws 1975

Música: John Williams
Director: Steven Spielberg
Guión: Peter Benchley, Carl Gottlieb
Basada en la novela de: Benchley
Efectos especiales: Robert A. Mattey

Intérpretes:
ROY SCHEIDER: Jefe de policía Martin Brody
ROBERT SHAW: Quint
RICHARD DREYFUSS: Matt Hooper
LORRAINE GARY: Ellen Brody

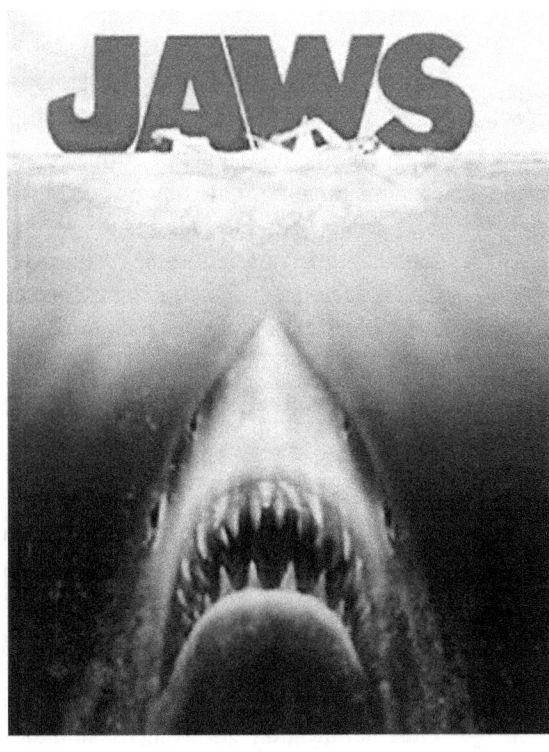

Los chicos se desnudan en una solitaria playa, pues la luz de la luna invita al amor, aunque ella es más rápida y consigue nadar con rapidez para gozar de la plácida y acogedora agua salada. Deseosa de disfrutar de este momento idílico, se relaja tanto que no percibe que en el interior del mar, apenas ya a unos pocos metros de ella, algo grandioso dotado de poderosas mandíbulas se mueve veloz a su encuentro. Pronto su placer se transforma en horror, especialmente cuando siente la primera dentellada en sus piernas. Aturdida, quiere gritar y salir huyendo, pero pronto es arrastrada al fondo de la oscuridad sin que nadie, ni siquiera su novio, pueda darse cuenta de la tragedia. La música nos indica que el comienzo del horror llegará pronto al espectador.

La magia de Spielberg se muestra en este filme con el máximo esplendor, a lo que contribuyeron numerosos factores, como la extraordinaria música de Williams, los estupendos monstruos mecanizados, así como el buen trabajo interpretativo de Dreyfuss y Scheider.

Hubo unas cuantas secuelas, una de ellas en 3D, de las cuales solamente podemos destacar la segunda en la que repite Roy Scheider como el jefe de policía.

EL ALIMENTO DE LOS DIOSES
Food of the goods 1976

Director: Bert I. Gordon
Argumento: H.G. Wells

Intérpretes:
PAMELA FRANKLIN
MARJOE GORTNER
IDA LUPINO

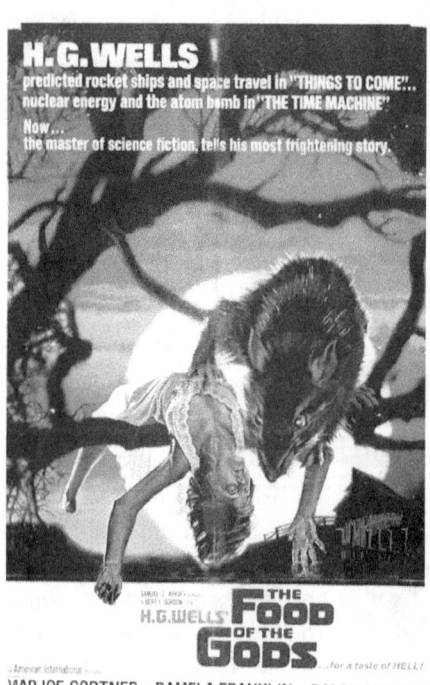

Las historias de H. G. Wells son un buen argumento para el cine, pues aportan imaginación, datos científicos creíbles y unos personajes humanos perfectamente descritos. Ahora nos muestra el sueño de un científico, quien deseoso de solucionar el hambre del mundo diseña una sustancia que provoca animales de granja gigantescos, entre ellos algunas gallinas cuyos huevos podrían alimentar a un barrio entero. Pero algo sale mal cuando los depredadores comen de ese alimento mágico, y pronto una oleada de abejas gigantes y ratas hambrientas se dispersan por los alrededores en busca de animales de sangre caliente. Encerrarse en una granja parece ser la solución para los protagonistas, pero las ratas demuestran que son los animales con mayor inteligencia de la historia, y cuando cae la primera de las puertas nada podrá salvarles.

LA ISLA DEL DOCTOR MOREAU
The island of Dr. Moreau 1977

Director: Don Taylor
Guión: John Herman Shaner, Al Ramrus
Basada en la novela de: H. G. Wells
Efectos especiales: John Chambers, Tom Burman, Cliff Wenger
Maquillaje: Eric Cord, Tony Epper

Intérpretes:
BURT LANCASTER: Dr. Moreau
MICHAEL YORK: Andrew
BÁRBARA CARRERA: María

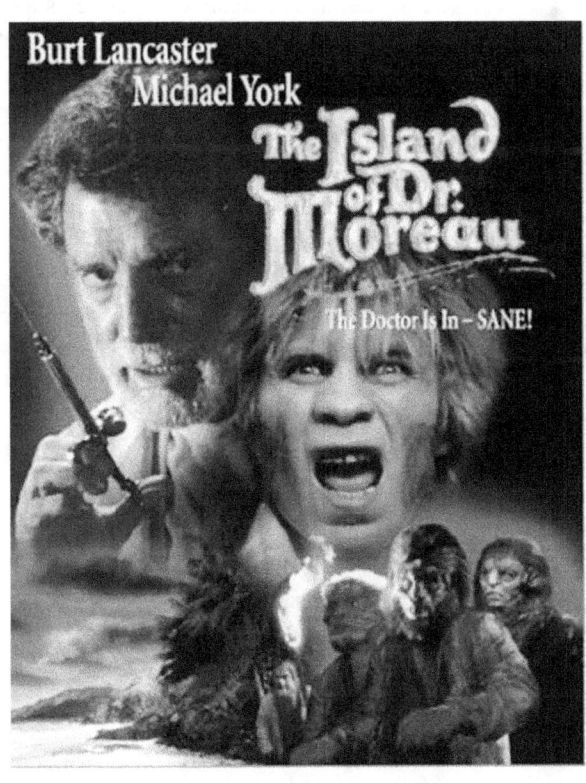

Estupenda película basada bastante fielmente en el argumento de H. G. Wells, mezcla del mito de la licantropía, los zombis y la reconstrucción de humanos. Con un plantel de extraordinarios actores y la belleza de Bárbara Carrera, se logra una película inquietante que cuenta, además, con unos maquillajes que dejaron la línea marcada para "El planeta de los simios".

En esta ocasión, un doctor criticado por sus colegas conservadores se ve en la obligación de refugiarse en una isla desierta para continuar sus experimentos de transmutación. Su intención es mezclar genéticamente animales con seres humanos, pero los resultados no son los esperados y las criaturas buscarán venganza. La secuela protagonizada por Marlon Brando no gozó del aplauso de los críticos.

EL BESO DE LA PANTERA
Car people 1981

Director: Paul Schrader

Intérpretes:
NASTASSIA KINSKI: Irene
MALCOLM MSDOWELL: Paul
JOHN HEARD: Oliver.

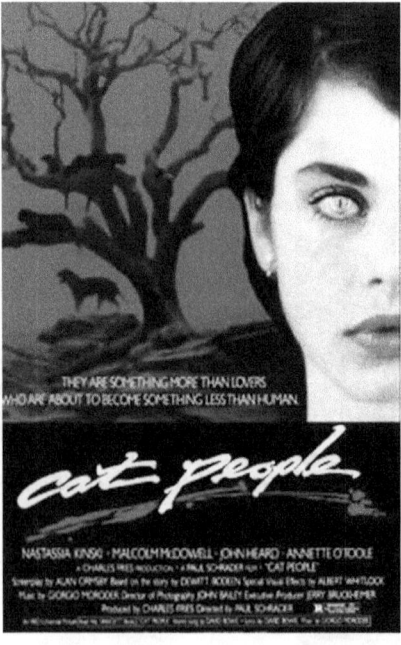

Si son admiradores de Nastassia Kinski no se pierdan esta película. Nos la presentan en todas sus facetas: desnuda, con sangre en la boca, inocente, sexual y tremendamente agresiva. Si pueden superar su presencia y concentrarse en el resto, verán una película de terror digna, la cual tuvo bastante más éxito con posterioridad a su estreno, cuando el tiempo la hizo justicia.

El filme nos cuenta las transformaciones que sufren dos hermanos que se convierten en sendas panteras negras, y la imposibilidad de ambos por evitar su destino, ya que para perpetuar la especie deben aparearse juntos, algo en lo que nuestra hermosa protagonista no está de acuerdo.

CHRISTINE
1983

Director: John Carpenter
Basada en una novela de: Stephen King
Guión: Bill Phillips

Intérpretes:
KEITH GORDON: Arnie
JOHN STOCKWELL: Dennis
ALEXANDRA PAUL: Leigh

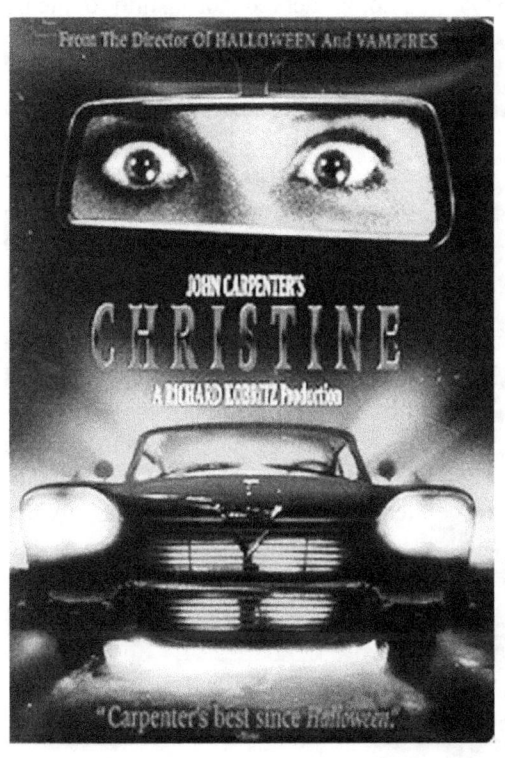

El automóvil se llama Christine y se trata de un Plymouth del 58, rojo intenso, uno de esos automóviles que llaman la atención por sus aletas de la cola. Ha sido totalmente restaurado por su dueño y quizá por ello le ha dotado de alma, aunque pronto empieza a comportarse extrañamente. Su primera acción es matar a un tipo desagradable, algo que a nadie le importa, luego mutila a otro y cuando el joven Arnie decide controlarle todo se vuelve aun más tenebroso. Arnie es un chico delicado, tímido, acomplejado, que aguanta los chistes de sus compañeros y por ello no tiene éxito con las chicas de su escuela, pues a ellas les gustan los bravucones. Pero desde que ha comprado ese coche algo cambia en su vida y aquel día consigue salir con la chica más guapa y eso pone muy celoso a Christine, su coche rojo. Ahora debe decidir entre hacer el amor a la chica y enviar el coche al desguace, o seguir como estaba: compuesto y sin novia.

CUJO
1983

Argumento: Stephen King
Director: Lewis Teague

Intérpretes:
DEE WALLACE STONE: Donna
DANNY PINTAURO: Tad
DANIEL HUGH KELLY: Vic

Tan grande y afectuoso, el gran perro San Bernardo tiene la desgracia de ser mordido por un animal que le contagia la rabia, convirtiéndose en un eficaz ase-

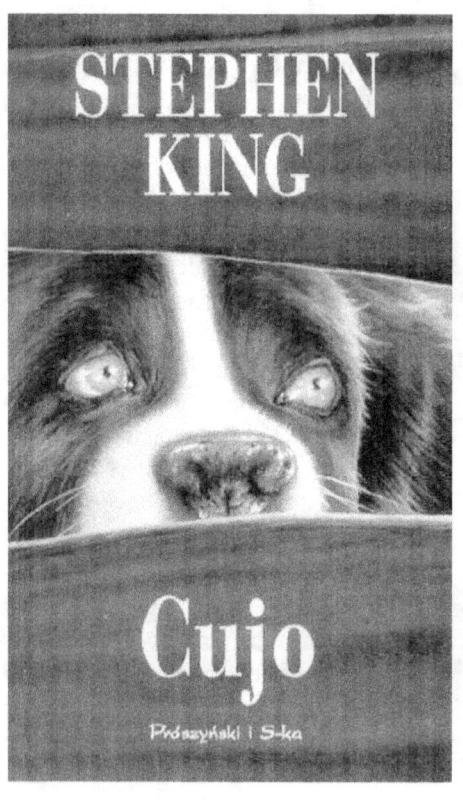

sino, un depredador instintivo que no conoce el miedo. Y es que desde las misteriosas muertes ocasionadas por el perro de Baskerville hemos pasado al ataque de los Doberman, y ahora a este gran coloso de las tierras nevadas; historias todas que nos demuestran que, con frecuencia, el perro no es el mejor amigo del hombre.

El clima de terror está asegurado, aunque sepamos inmediatamente que el destino del perro será la muerte. El filme fue criticado por los admiradores de King, pues le acusaron de cómico, predecible, repugnante y violento, especialmente cuando involucra a los niños en las escenas más dramáticas.

GREMLINS
Warner 1984

Director: Joe Dante
Productor: Steven Spielberg
Guión: Chris Colombus

Intérpretes:
HOYT AXTON: Rand Peltzer
ZACH GALLIGAN: Billy
PHOEBE CATES: Kate
SCOTT BRADY: Sheriff Frank
POLLY HOLLIDAY: Mrs. Deagle

La película entera es una serie furtiva de efectos buenos y malos, inspirada en escenas del cine clásico tratando de llegar hasta nuestro subconsciente. Por ejem-

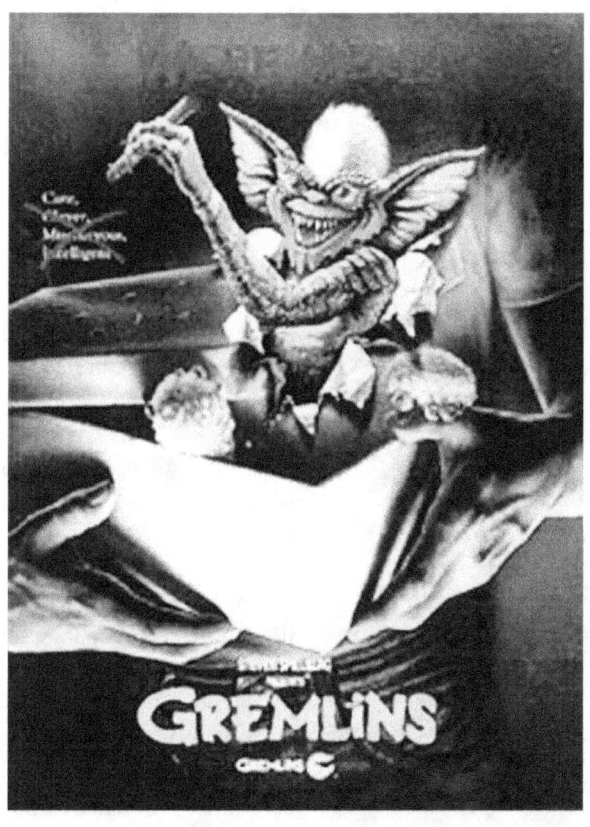

plo, la escena de la apertura involucra una visita a la misma tienda que nos muestran en "Chinatown", donde, como todos nosotros sabemos, no sirven las reglas ordinarias del universo visible pues allí todo es magia. Después, un padre compra a su hijo un gremlin pequeño, muy listo, tal y como suelen hacer en Navidad al adquirir un cachorro. La única advertencia del vendedor no es que le cuide de manera diferente; simplemente le advierte que no le moje ni le proporcione comida después de las doce de la noche.

La película tuvo un éxito extraordinario de público, al menos infantil, y reunía indudables aciertos. Con grandes dosis de humor, evitando así un terror excesivo, los pequeños monstruos asesinos se hicieron pronto populares. En GREMLIS 2 el final se decanta por la nostalgia mientras un monstruito canta "New York, New York" vestido de Frank Sinatra. También hay alegorías al cine de terror con el pequeño homenaje a "El fantasma de la ópera" y hasta por el amor imposible cuando un monstruo hembra acaba enamorando a uno de los protagonistas.

LA TIENDA DE LOS HORRORES
Little shop of horrors 1987

Director: Frank Oz
Guión: Howard Ashman
Música: Howard Ashman, Alan Menken, Miles Goodman
Efectos especiales: Bran Ferren

Intérpretes:

RICK MORANIS: Seymour
ELLEN GREEVE: Audrey
STEVE MARTIN: Orin
JAMES BELUSHI: Patrick Martin
JOHN CANDY: Wink Wilkinson
BILL MURRAY: Arthur Denton

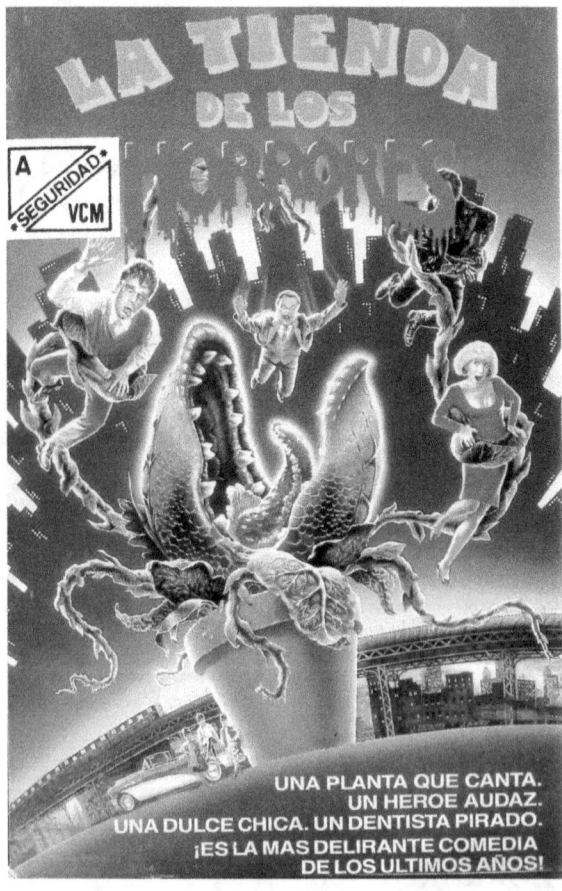

Delicioso remake de la película de Roger Corman (escrita por Charles B. Griffith), esta vez con una partitura musical de Howard Ashman y Alan Menken que quita el sueño. La historia está basada en un argumento que nos habla de una semilla venida del espacio, la cual se transforma en una planta parlanchina y carnívora que necesita sangre para crecer (y vaya si crece). El problema es que esa nueva planta, que llega a la vida de Seymour como si fuera su talismán de la buena suerte, poco a poco se convierte en un Frankenstein hambriento.

Las interpretaciones de Rick Moranis, apoyado por Ellene Greene (en un papel cuya voz sería difícil de plagiar) son extraordinarias, apoyadas por los otros no menos eficaces secundarios. Por supuesto y además de los buenos actores, la estrella es la planta carnívora, dotada incluso de un agudo sentido del humor que nos lleva continuamente del miedo a la sonrisa.

Esta comedia fue posteriormente objeto de numerosos musicales en los escenarios de todo el mundo, pues su buena partitura era apta para ser representada en teatro.

HELLRAISER, LOS QUE TRAEN EL INFIERNO
Hellraiser 1987

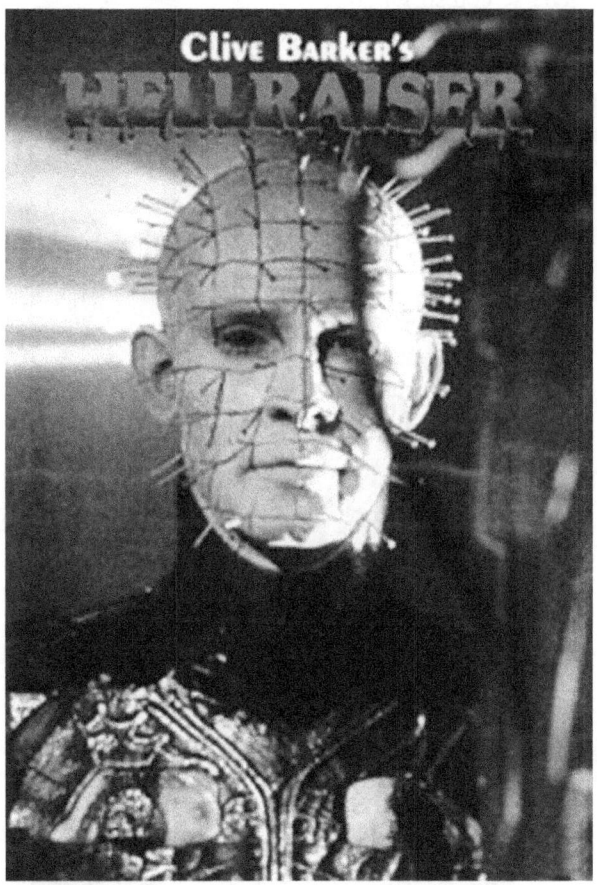

Director: Clive Barker
Productor: Christopher Figg
Guión: Clive Barker
Basada en la novela: The Hellbound Heart

Intérpretes:
ANDREW ROBINSON: Larry Cotton
CLARE HIGGINS: Julia Cotton
ASHELY LAURENCE: Kirsty Swanson

Robinson y Higgins llegan a una morada británica espaciosa, pues allí está su hermano y anterior amante de la esposa, escondido arriba bajo un estado gelatinoso; casi una bestia que les obliga a que atraigan a los hombres perdidos para que él pueda llenarse con su sangre.

Creemos que esta película ha sido sobrevalorada por los críticos, sospecha que se confirma por su escaso éxito en taquilla. Mezclando problemas psicológicos, adulterios, sexo y demonios de ultratumba, se consigue una película confusa y hasta en ciertos momentos desagradable.

EL MONSTRUO: PINHEAD

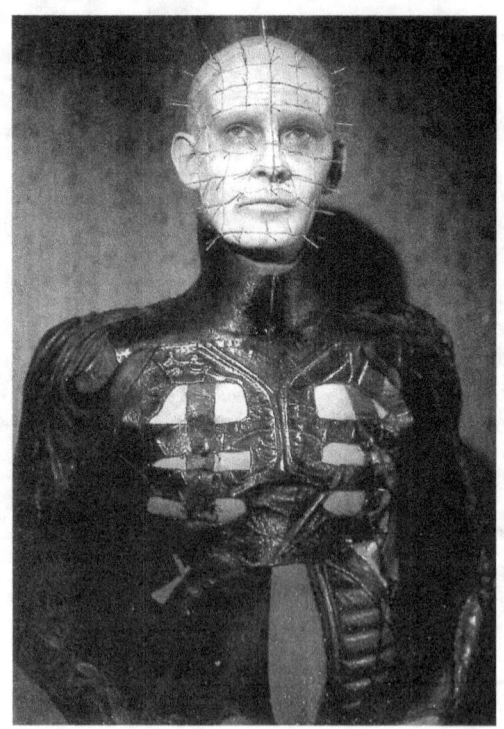

Con una cara surcada por docenas de agujas, como si estuviera sometido a un incruento tratamiento de acupuntura, ofrece a sus víctimas la posibilidad de adquirir poderes más allá de la muerte, aunque cuando decide quitárselos lo hace de la forma más dolorosa que se pueda imaginar.

ATRACCIÓN DIABÓLICA
Monkey shines 1988

Director: George A. Romero

Intérpretes:
JASON BEGHE: Allan Mann
JOHN PANKOW: Geoffrey Fisher
KATE MCNEIL: Melanie Parker

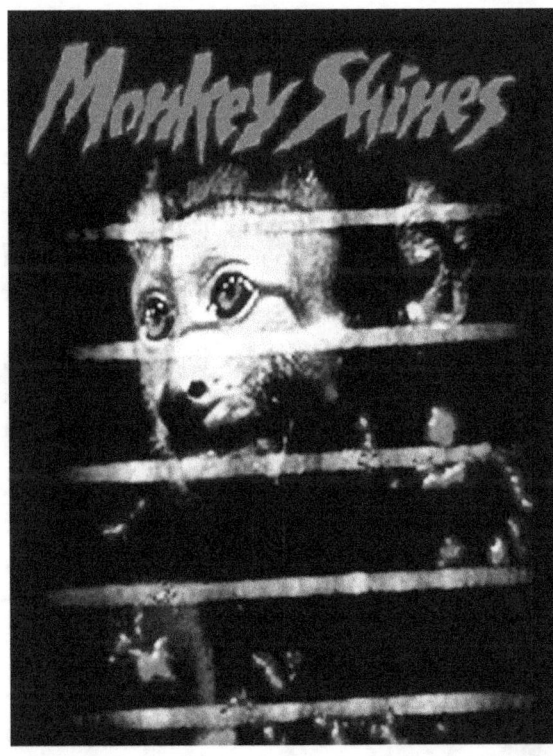

La película comienza con una ilustración del libro "Teoría de un Día Perfecto" que enseña que cuando una historia comienza con una escena gloriosa de un día soleado en la vida del héroe, la alegría siempre es un preludio a la tragedia. En este caso Allan, el héroe, entra y corre, es golpeado por un camión y se despierta inválido en el hospital.

En una película ordinaria su tragedia habría sido, a su vez, una señal para una historia de ternura y lágrimas, y hasta de valor por sobrevivir, y nosotros saldríamos del cine deseando no ser atropellados nunca; pero en este caso es una excusa para mostrarnos la semejanza entre los monos y los humanos, en especial cuando los celos nublan la mente de las personas.

Aunque el protagonista es un mono inteligente dotado de unos celos que le llevan al asesinato, la trama se convierte en angustiosa, pues parece tan humano que se comporta como el más eficaz y despiadado de los asesinos. El público se debate toda la película entre sentir simpatía o repulsión hacia el mono asesino, pero la maestría de Romero se deja sentir y el resultado final aunque discreto, es interesante.

313

EL MUÑECO DIABÓLICO
Child's Play 1988

Director: Tom Holland
Guión: Don Mancini, John Lafia y Tom Holland

Intérpretes:
CATHERINE HICKS: Karen Barclay
CHRIS SARANDON: Mike Norris
ALEX VINCENT: Andy Barclay
BRAD DOURIF: Charles Lee Ray
DINAH MANOFF: Maggie Petterson

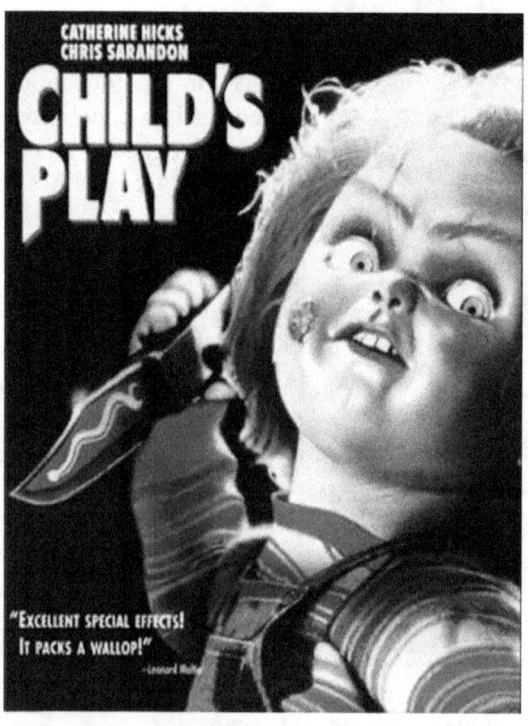

Un despiadado asesino, llamado Charles Lee Ray, se refugia en una fábrica de muñecos huyendo de la policía, que le ha herido de gravedad. Viéndose atrapado, utiliza un ritual vudú para transferir su alma a un muñeco del almacén, el cual irá a parar a manos del joven Andy. Pero pronto el juguete cobrará vida bajo el control del espíritu de Charles, pues sabe que para recuperar su forma humana deberá transferir su alma a la de Andy, ya que el niño es la primera persona que ha conocido la situación del criminal.

Después del éxito de "Noche de miedo" el mismo equipo decide realizar otra película con niño, pero ahora acompañado del terrible muñeco Chucky, un malvado juguete que sabe matar con bastante habilidad. Estaba previsto que se convirtiera en el juguete del siglo después de presentar la película, pero algunas asociaciones de padres se opusieron a tal truculenta pretensión.

Dirigida por Tom Holland y protagonizada por Chris Sarandon, nos llevan a un nuevo éxito mundial, con el cual iniciaría una saga algo menos lograda. El

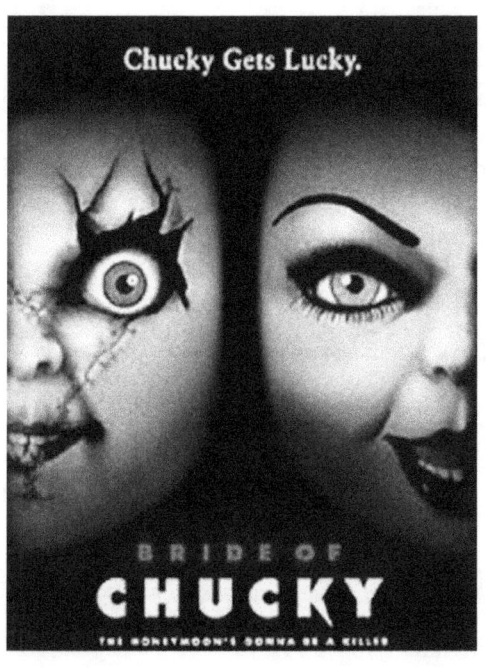

acierto es conseguir que un simple muñeco, regordete, y con apenas un palmo de altura, sea capaz de llevarnos durante hora y media por una historia escalofriante con animaciones discretamente conseguidas.

Hubo varias secuelas (la mayoría llegaron solamente al mercado del vídeo), y una de discretos aciertos, la delirante "La Novia de Chucky", así como "La semilla de Chucky".

LEVIATÁN
1989

Productor: de Laurentiis
Música: Jerry Goldsmith
Director: George P. Cosmatos

Intérpretes:
PETER WELLER: Deck
RICHARD CRENNA: el doctor
AMANDA PAYS: Witlle
ERNIE HUDSON: Jones

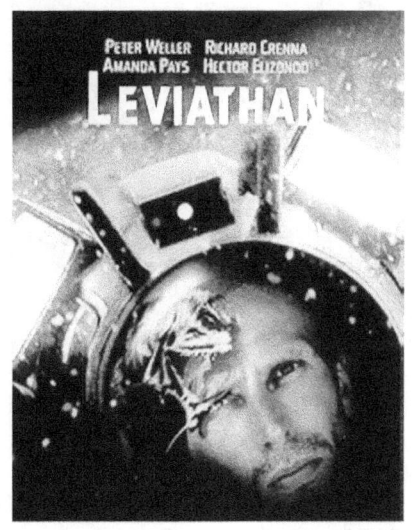

La aventura se centra ahora en el Atlántico, en donde un grupo de mineros oceánicos tratan de completar su recolección de minerales y volver a casa. En su exploración se encuentran un navío soviético hundido, en cuyo interior se ha establecido una mutación genética que tiene la propiedad de aprender de cada ser que devora.

Dejando a un lado similitudes con otras películas similares, como son "Abyss" o "Profundidad seis", y sin contarnos una historia original, la trama se sigue con cierto interés, aunque lleguemos a esperar cada secuencia.

Pocos efectos especiales de laboratorio, un monstruo que permanece casi siempre oculto o en las sombras y la oportunidad de ver a Peter Weller sin su traje de "Robocop", son los alicientes más importantes de esta película.

ARACNOFOBIA
Arachnophobia 1990

Productor: Steven Spielberg
Director: Frank Marshall

Intérpretes:
JEFF DANIELS: Ross Jennings
JOHN GOODMAN
JULIAN SANDS: James Atherton.

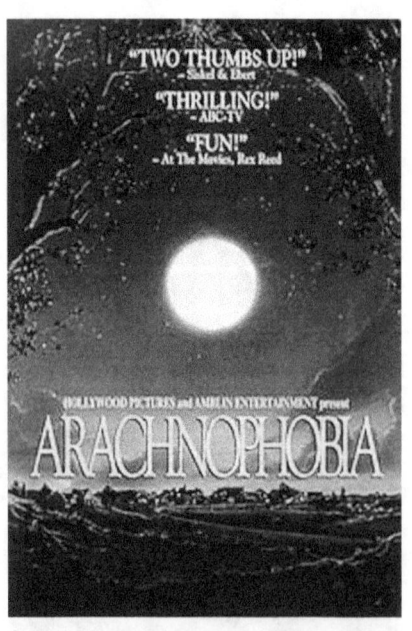

Las arañas están ahora consideradas entre las más elegantes criaturas de Dios, con sus delicadas y largas patas, y su gran paciencia para tejer sus redes mortales. Por eso, cuando vemos una pequeña tela de araña una mañana soleada, con las gotas del rocío aún colgado, no sentimos miedo, pues sabemos que el universo sigue funcionando en orden. El problema es que ahora arañas tenebrosas asolan un pequeño pueblo americano, cuyos habitantes al principio no acaban de creer que las muertes sean debidas a las venenosas arañas. Si la ven no se pierdan a un increíble John Goodman haciendo el papel de exterminador de arañas.

Película para la temporada de verano, en la cual se supone que el público es poco exigente. Por ese motivo y si es incondicional de Spielberg, seguro disfrutará en grande, aunque no espere novedades ni grandes efectos especiales.

LOS TOMMYKNOCKERS
1993

Música: Christopher Franke
Fotografía: Danny Burstall
Guión: Lawrence Cohen
Basada en la novela de: Stephen King
Director: John Power

Intérpretes:
JIMMY SMITS
MARG HELDENBERGER
JOANNA CASSIDY

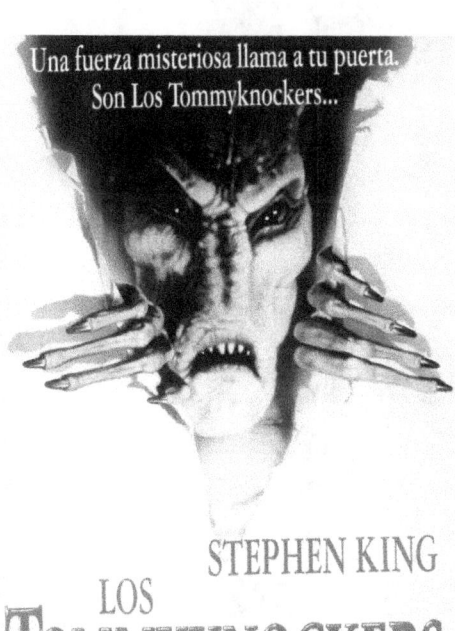

Una fuerza misteriosa llama a tu puerta.
Son Los Tommyknockers...

STEPHEN KING
LOS
TOMMYKNOCKERS
JIMMY SMITS
"Gringo Viejo"
"La Ley de los Angeles"

Hay un pueblo pequeño que hasta hoy vivía una existencia tranquila, pero cuando llegan al bosque cercano unos extraños seres toda la población se transforma. En realidad están poseídos, hipnotizados por unos alienígenas que quieren apoderarse del planeta (lo habitual), aunque unos pocos se dan cuenta de ello y tratan de impedirlo. Con el paso de los días solamente Gard logra evitar ser poseído por los intensos poderes mentales de los extraños y debe aniquilarles antes de que consigan su propósito.

JUEGO MORTAL
Brainscan 1994

Director: John Flynn

Intérpretes:
EDWARD FURLONG: Michael
FRANK ANGELA: Hayden
T. RYDER SMITH: el espectro

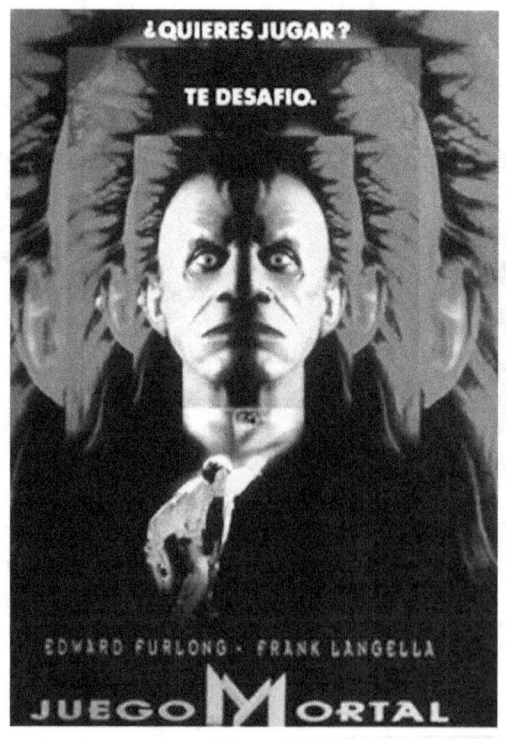

El argumento de la película podría parecer una obra solamente fantástica, pero a raíz de los asesinatos cometidos por jugadores de rol, en los cuales los participantes tienen que interpretar toda clase de personajes, incluidos los asesinos, esta historia nos tiene que hacer pensar. El protagonista es un joven de 16 años que siente pasión por la realidad virtual y los vídeo-juegos interactivos, llegando a confundir realidad con ficción. Un cerebro prodigioso que vive dentro del mismo ordenador es el causante de unos actos sangrientos, pero como ocurre habitualmente la policía no cree las supuestas fantasías del joven protagonista y los asesinatos siguen produciéndose.

LA ISLA DEL DR. MOREAU
The Island of Dr. Moreau 1996

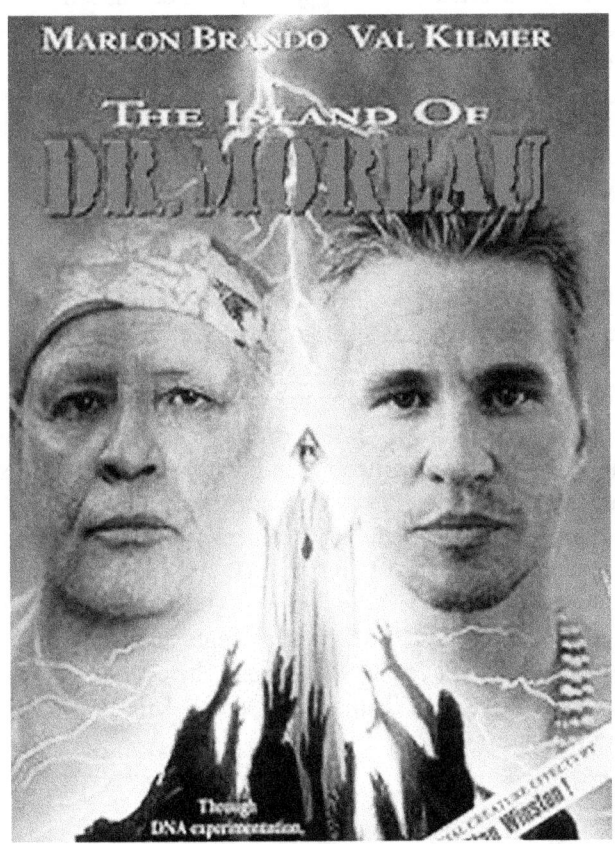

Basada en la novela de: H.G.Wells
Director: John Frankenheimer
Guión: Richard Stanley, Ron Hutchinson
Maquillaje: Stan Winston
Vestuario: Norma Moriceau

Intérpretes:
MARLON BRANDO: Dr. Moreau
VAL KILMER: Montgomery
DAVID THEWLIS: Douglas
FAIRUZA BALK: Aissa
MARK DACASCOS

1996 marca el centenario de la novela de H.G. Wells "La Isla del Dr. Moreau" y también la tercera versión cinematográfica. La Paramount en 1933 hizo "The Island of Lost Souls" y hoy la consideramos como un acertado thriller de 70 minutos con una atmósfera pegajosa, y la presencia inestimable de Charles Laughton. Posteriormente, y con más y mejores medios técnicos y económicos, se hizo en 1977 una segunda versión con Burt Lancaster como el Dr. Moreau, igualmente tenebrosa y acertada. Para final, el director John Frankenheimer recrea de nuevo la historia de Moreau, con mucho acierto, pero con bastante más confusión.

La acción comienza nuevamente cuando un viajero llega a una tierra extraña. En esta ocasión es un hombre inglés (David Thewlis) con una pacífica misión, ya que él está equipado para tratar de demostrar los fallos sobre la naturaleza bestial del Homo Sapiens y deplorar la presunción divina de los científicos que quieren crear una raza mejor. También nos describe el dilema existencial y espiritual de las criaturas, incluyendo el interrogatorio formal de dos monstruos, uno de ellos que pregunta a su padre, "¿Quién soy? ¿Qué soy? ¿Por qué soy así?".

La presencia de Brando es casi como un invitado de lujo al que se le proporciona una caracterización increíble y ciertamente desagradable, al menos si la comparamos con el papel más seductor de Burt Lancaster en la versión anterior. Brando se mueve pausadamente y la mayoría de las veces es transportado en una silla por sus criaturas, mientras lleva una traje blanco inmaculado que pronto acaba manchado de sangre. No es esta precisamente una película para las veteranas admiradoras de Marlon Brando, el guapo chico de "Un tranvía llamado Deseo". A su lado corretea Val Kilmer, que parece demostrar con su mirada su hostilidad real a Brando.

DEEP REESING
Misterio en las profundidades 1998

Música: Jerry Goldsmith
Efectos especiales: Dream Quest Images
Escrita y dirigida por: Stephen Sommers

Intérpretes:
ANTHONY HELAD: Simon
KEVIN J. O'CONNOR: Joey
WES STUDI: Hannover
DERRICK O'CONNOR: El capitán

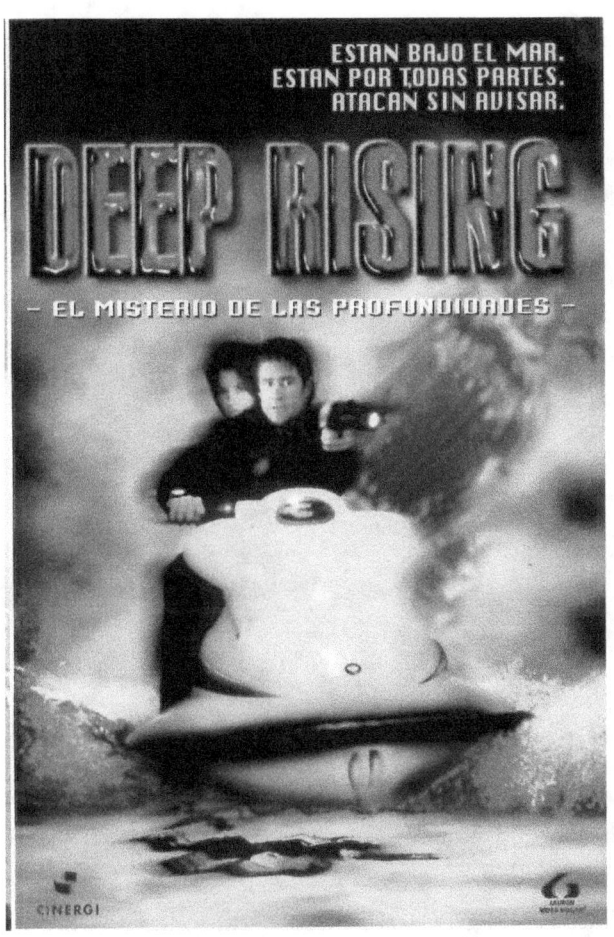

Nadie sabe hasta entonces los motivos para que ese enorme buque de recreo, un lugar en donde había cientos de millonarios, esté ahora desierto, justo cuando una banda de piratas modernos acaba de asaltarlo para robar. Con ellos van los propietarios del pequeño barco que les ha llevado hasta allí, sin preguntar nada más, pues ese es su trabajo. Pero cuando se dan cuenta que son cómplices de unos bandidos quieren escapar, justo cuando el origen del misterio se empieza a desvelar. Algo terrorífico vive ya en ese barco, un ser que tiene mucha fuerza y hambre, pues devora todo lo que encuentra y no hay puerta que sea capaz de detenerle.

"Deep Rising" puede recordar a filmes como "La aventura del Poseidón", con sus catástrofes en alta mar, y a Alien, con su peculiar criatura y sus decorados claustrofóbicos, diseñados especialmente para crear tensión, amén de otros detalles irónicos y divertidos como el chiste del final, que hacen de Deep Rising una película altamente original. La principal atracción de la película se centra en las criaturas, omnipresentes a lo largo de toda la proyección. El alarde de efectos especiales y técnicas digitales de última generación consiguen dar apariencia real a unos seres que eclipsan el protagonismo de los actores humanos y que, junto con el escalofriante sonido diseñado por Leslie Shatz, logran resultados espectaculares.

THE FACULTY
1998

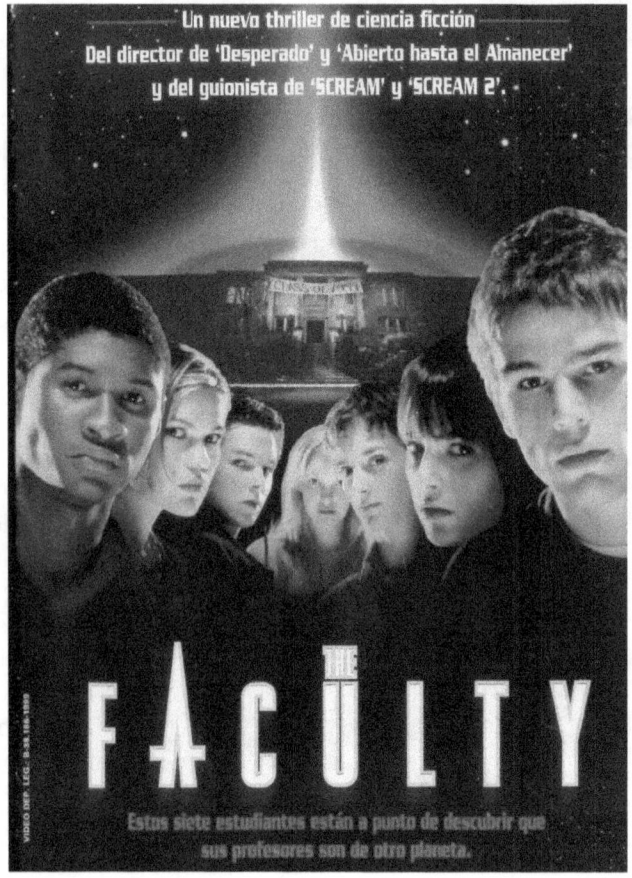

Guión: Alex Syermark
Director: Robert Rodríguez

Intérpretes:
JORDANA BREWSTER
CLEA DUVAL
LAURA HARRIS
JOSH HARTNETT
PIPER LAURIE

Los alumnos de la escuela Harrington tienen los mismos problemas que los demás, pues deben aprobar las asignaturas, sus amores se van con otros y los profesores no terminan de comprenderles. Pero ahora todo es aun peor cuando un terrible mal se adueña de la mayoría de sus habitantes y les convierte en súbditos malvados de una extraña fuerza. Transformados así en zombis vivientes, persiguen implacables a los pocos que aún quedan sin contaminar, pues les necesitan para completar su misión. Y es que dentro de esa facultad existe una monstruosa criatura que les impulsa a ello, aunque un pequeño grupo de chicos, muy hábiles y listos, se percatan del problema e intentan matar al jefe.

DEEP BLUE SEA
1999

Guión: Duncan Kennedy
Música: Trevor Rabin
Director: Renny Harlin

Intérpretes:
THOMAS JANE: Carter Blake
SAFFRON BURROWS: Dra. Susan McAlester
SAMUEL L. JACKSON: Russell Franklin

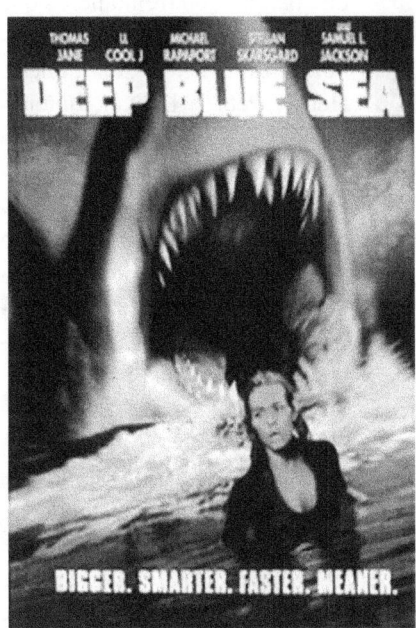

De nuevo los tiburones se ponen en acción, hartos de no poder comer carne fresca humana, y aprovechando que en la costa de Méjico un equipo de científicos locos buscan la solución para el Alzheimer, se dedican a una masiva destrucción gracias a sus implantes cerebrales.

En el filme hay muchos tiburones auténticos, pues se trata de dar el mayor realismo posible, pero los mayores depredadores son puramente informáticos, muy alejados de aquel escualo de "Tiburón"

EL CAZADOR DE SUEÑOS
Dreamcatcher 2003

Director: Lawrence Kasdan
Efectos especiales: IL&M
Basada en una novela de: Stephen King

Intérpretes:
MORGAN FREEMAN
THOMAS JANE
JASON LEE
DAMIAN LEWIS

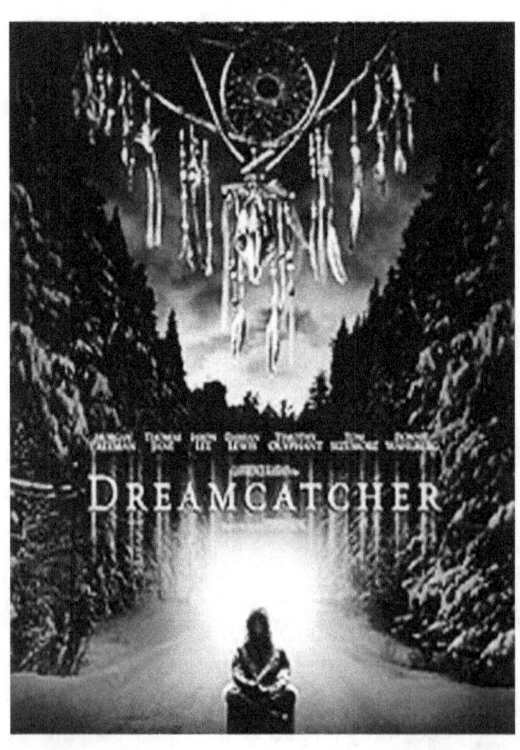

Dirigida por Lawrence Kasdan, a quien recordamos por "Fuego en el cuerpo", nos recrea esta historia que resulta un cruce entre "La invasión de los ladrones de cuerpos" y "Reencuentro", pero ahora con evidente muestra del más puro cine gore. Los protagonistas son una pandilla de treintañeros que comparten ciertos poderes paranormales. Ellos son Jonesy, Henry, Pete y Beaver, quienes hace veinte años, en la pequeña localidad de Maine, encontraron el valor para salvar a un extraño muchacho llamado Duddits. Este niño les transmitió extraños poderes, uniéndolos más allá de una amistad normal. Ahora los cuatro son adultos con vidas separadas y problemas diferentes, obsesionados por el recuerdo de su heroísmo y con unos poderes que son más una carga que un don. Pero cuando se reúnen para su visita anual en una cabaña de caza de los bosques del norte, se ven sorprendidos por la constante proximidad del peligro. Primero aparece un cazador perdido que ignora la terrible enfermedad que porta, luego una violenta tormenta arrasadora y por último una fuerza extraterrestre destructora, que obligará, a los cuatro amigos, a recurrir a su olvidada fortaleza y enfrentarse a un horror sin precedentes.

La bien construida historia de King comienza ya desde los primeros minutos, cuando la personalidad de los personajes se refleja como una cara en el agua. Pronto y sin que parezca existir una relación, nos llevan a una historia de terror en la cual los malvados son –nuevamente- los alienígenas, decididos una vez más a establecerse para siempre en nuestro planeta. La historia comienza entonces una escalada de intriga, horror y sangre, que envuelve ya al espectador y que no se ve libre de ello hasta justo al final, cuando, por fin, el desenlace es como deseamos todos: los extraterrestres aniquilados. Vaya, les he contado el final sin darme cuenta.

OPEN WATER
(2004)

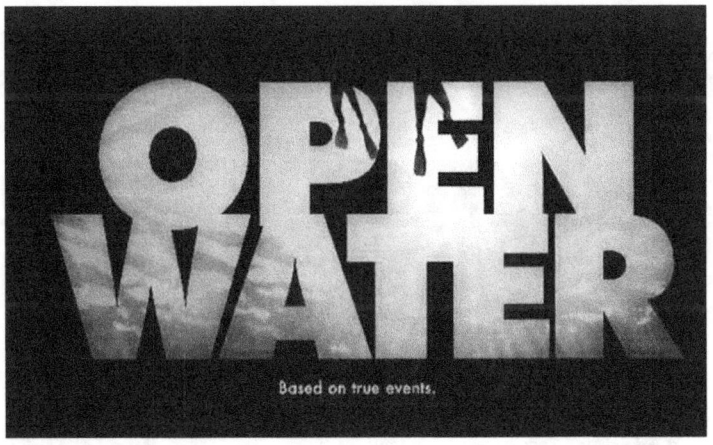

Director: Chris Kentis

Intérpretes:
BLANCHARD RYAN
DANIEL TRAVIS
SAUL STEIN
ESTELLE LAU

Hay quien decide pasar sus vacaciones en alguna playa del Caribe, más que nada para mitigar su estrés, y para completar los días soleados lo mejor es bucear un poco en sus profundas aguas. Nuestros protagonistas son una pareja de norteamericanos que tienen la mala suerte de quedarse aislados en alta mar, pero rodeados por tiburones hambrientos, como es normal, pues siempre parecen tener hambre a pesar de la cantidad de peces que hay a su alrededor. Y es que esa pareja de enamorados en discordia ha tenido la mala suerte de que sus compañeros de viaje se hayan olvidado de ellos y los han dejado dándose un chapuzón sin darse cuenta que los depredadores estaban muy cerca. Sus esperanzas de vida son prácticamente nulas, pero como se supone que son más inteligentes que estos grandes peces, damos por hecho de que cuando aparezca la palabra fin se habrán salvado, que para eso les pagan.

El director Chris Kentis nos aseguró que todo había sido filmado en escenarios reales, con tiburones incluidos, más que nada porque no había presupuesto para grandes efectos especiales. Tampoco había dobles para los actores, por lo que para que los tiburones no se los comieran tuvieron que aprender técnicas de supervivencia marina, entre ellas quedarse inmóviles cuando los escualos aparecían.

LA SEMILLA DE CHUCKY
Seed of Chucky 2004

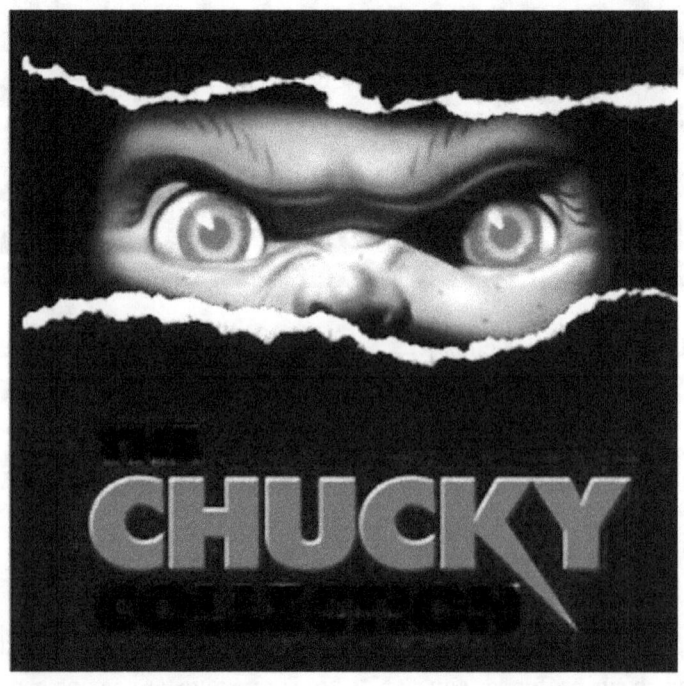

Dirección y guión: Don Manzini
Música: Pino Donaggio
Fotografía: Vernon Layton

Intérpretes:
BRAD DOURIF: voz Chucky
JENNIFER TILLY: voz Tiffany
DEBBIE LEE CARRIGTON: Debbie
STEPHANIE CHAMBERS: Mum

Nuestro muñeco preferido (siempre y cuando no lo pongamos en el dormitorio), vuelve a las pantallas para enganchar a las nuevas generaciones de aficionados. En esta ocasión ya no es una marioneta que se mueve con cierta soltura por los platós, sino una adecuada animación digital, con lo cual sus diabluras son más eficaces; algo razonable porque el guión vuelve a estar escrito por Don Mancini, el mismo de todas las anteriores secuelas.

Las sorpresas no son muchas y los sustos tienen menos sangre que antes, seguramente porque el código de censura en Norteamérica es cada vez más severo, tal y como era en los años 50. Así que no espere el aficionado padecer los retortijones de estómago de películas anteriores, pero a cambio encontrará una mejor realización, una música insólita y unos actores que parecen disfrutar con su trabajo.

ELLOS
They 2004

Director: Robert Harmon
Guión: Brendan William Hood
Fotografía: Rene Ohashi

Intérpretes:
LAURA REGAN
MARC BLUCAS
ETHAN EMBRY

Dirigida por Robert Harmon, de quien recordamos especialmente "Carretera al infierno", y apoyado por Wes Craven, el tozudo director que nos aterrorizó varias veces con Freddy Krueger, nos llevan por esta historia psicológica, en donde la mente es la protagonista, jugándonos malas pasadas. Todos sabemos que hay un monstruo escondido en el armario, y por eso siempre hemos dejado

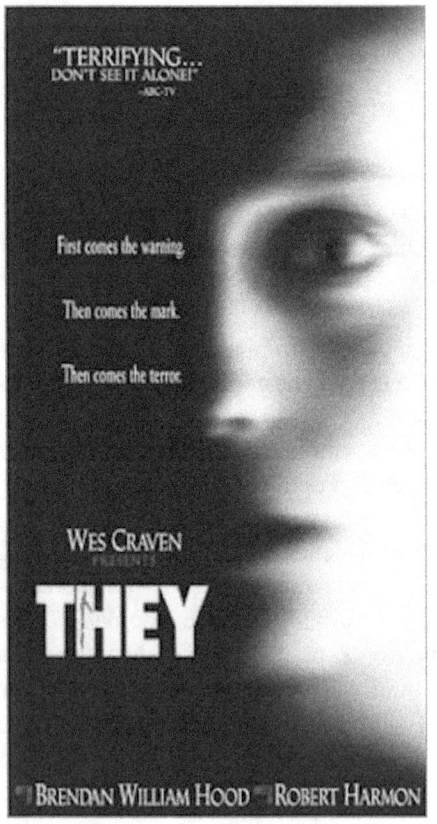

que sea nuestra madre quien lo abra; así sabremos si está allí escondido en ese momento o ha salido a tomar una cerveza.

El problema es que ahora los monstruos también se aparecen a los adultos, pero solamente a aquellos que llevan una marca en su cuerpo, algo así como una señal que les indica en qué momento podrán atacar. Por eso no les dejan vivir en paz, ni en la piscina, en el metro o en su propia casa, aterrorizándoles con sus ruidos, hasta que un día deciden atacar y llevárselos sabe Dios donde, pues nadie ha vuelto nunca de ese tenebroso mundo. El espectador también está nervioso, ya que no hay nada que les pueda hacer frente, salvo la luz, y como las salas de cine están a oscuras, pues no queda más remedio que mirar de reojo a nuestro alrededor.

KOMODO
2004

Director: Michael Lantieri

Intérpretes:
HILL HENNESSY
BILLY BURKE
KEVIN ZEGERS
PAUL GLEESON

Una bestia creada por el mismo especialista en efectos especiales que nos asombró con "Hulk", "Parque jurásico" y "Monority Report", nos lleva ahora hasta una isla en donde una raza de reptiles se ha convertido en depredadores implacables. Unos dragones de la especie Komodo, muy agresivos, pero hasta

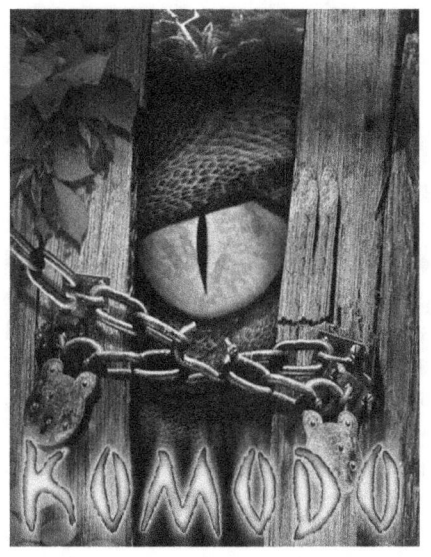

entonces controlados por los humanos, atacan a una familia matando a los padres y dejando huérfano al pequeño Patrick, quien nunca olvidaría ese trauma. Una vez crecido, su psiquiatra le recomienda que para estabilizar su mente debe ir de nuevo hasta esa isla maldita, pero allí se encuentra con una compañía petrolífera tan maquiavélica e insensible como los animales. Indudablemente la recomendación de ese psiquiatra es digna de un demente, pero nuestro protagonista le hace caso, va a la isla de nuevo, y nos hace pasar un mal rato con esta pésima película. No siquiera esos dragones digitales logran impedirnos el bostezo continuado.

ALONE IN THE DARK
2005

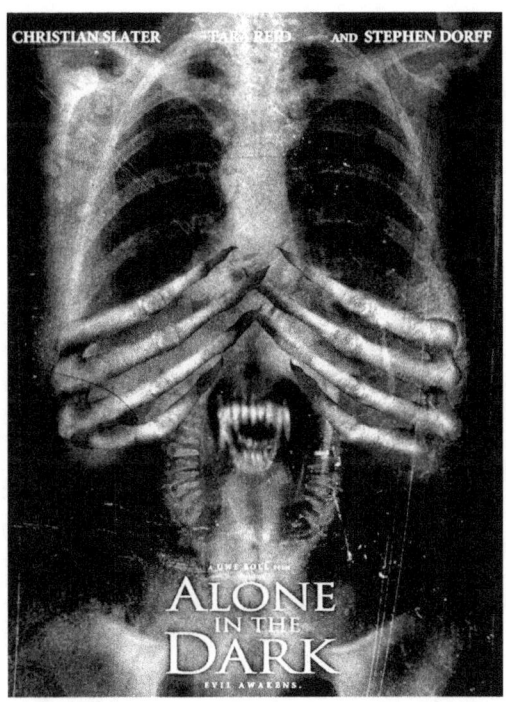

Dirección: Uwe Boll
Guión: Michael Roesch, Peter Scheerer

CHRISTIAN SLATER: Edward Carnby
TARA REID: Aline Cedrac
STEPHEN DORFF: Richard Burke

Un investigador privado, especializado en fenómenos paranormales inexplicables, busca por los lugares y esquinas más oscuras del mundo restos ocultos de civilizaciones antiguas. Pero en su andar se topa con un enemigo terrible al cual tendrá que hacerle frente. Para ayudarle cuenta con un amigo y una guapa chica, pues sin ella la historia no tendría momentos bellos, y todos se dan cuenta de un principio elemental: el que no crean en algo, no quiere decir que no exista.

El director Boll nos había torturado anteriormente con esa otra adaptación conocida como "House of the dead", pero ahora parece haber aprendido la lección y al menos sabemos que el filme dispone de un esbozo de guión, lo que no es poco en una historia de terror. Bueno, el conocido actor Slater hace lo que puede para no parecer un robot siguiendo las marcas indicadas en el suelo, aunque su cara nos demuestra el esfuerzo que realizó para entender de qué iba la historia.

FREDDY KRUEGER

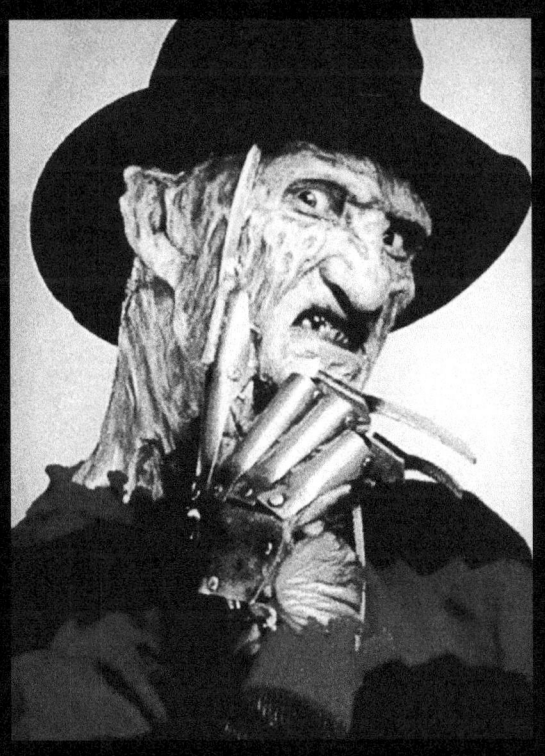

SU HISTORIA

Este monstruo moderno, surgido de las más espantosas pesadillas del hombre, es quizá el único villano, además de Hitler, que cuenta con multitud de club de fans repartidos por el mundo entero. Como con otros tantos fenómenos populares, los críticos apenas ahora han comenzado a reconocer las virtudes que se encontraban ocultas en estas historias y anteriormente las han acusado de sangrientas, poco imaginativas (¡), catalogando a sus fieles aficionados como una secta hambrienta de violencia gratuita. Pues a pesar de ello, el asesino de los sueños participó en cinco películas, murió en la sexta, fue resucitado en una nueva pesadilla, otra vez de la mano de Wes Craven, y terminó, de momento, peleando con Jason. También tuvo una larguísima serie de televisión que duró dos años titulada "Las pesadillas de Freddy", en la cual apenas si salía el temible personaje limitándose a presentarnos cada capítulo. Como recordatorio, su famosa garra circuló (y aún circula) por todas las jugueterías y tiendas gore.

Asesino sin piedad, rápido, sádico y muy creativo en su crueldad, no perdona ni siquiera a las guapas mujeres desnudas que se le ofrecen e incluso le gusta meterse con ellas en la bañera, disfrutando sobremanera diciendo palabras soeces a monjas y niñas. No respeta a Dios alguno, no cree en el diablo, su venganza no tiene límites en el tiempo y ni siquiera tiembla con los ajos, la luz, ni el crucifijo. Drácula a su lado es ciertamente más vulnerable y mucho más seductor.

Por lo que sabemos nació el 2 de noviembre de 1984 en Sprigwood (Ohio) producto de la violación de su madre por un sádico, acto mucho más condenable si tenemos en cuenta que era monja y su violador uno de los pacientes del psiquiátrico que ella cuidaba con tanto amor. Con el tiempo se hizo mayor, no

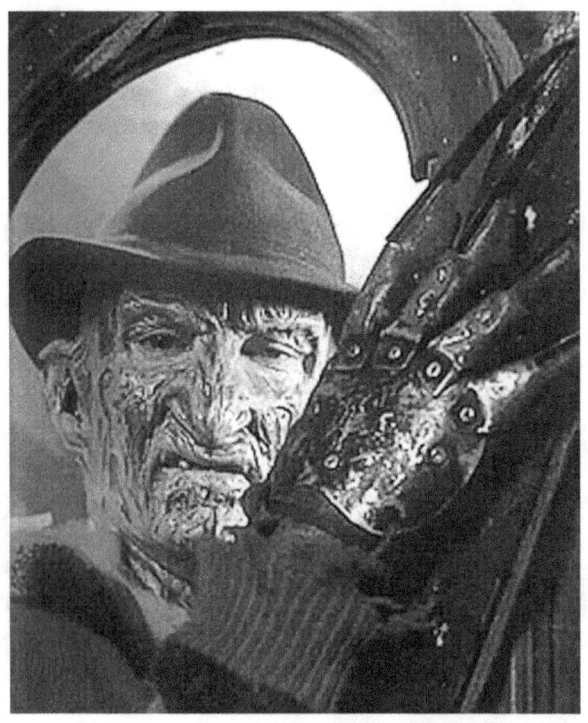

solamente en edad como es lógico, sino en rencor, agudizado por el hecho de trabajar como conserje en un colegio en donde veía diariamente cómo todos los niños tenían su familia y él estaba sólo. Su odio hacia esas criaturas tan felices le llevó a raptarlas y matarlas, hasta que al fin fue capturado por la gente de Elm Street, los cuales se tomaron la justicia por su mano y le tiraron vivo a una caldera de carbón ardiente. Pero puesto que era el mismísimo demonio, el calor le debió sentar fenómeno y revivió como sólo un engendro puede hacerlo: en las pesadillas. Para aterrorizar no utiliza nada más que el sadismo y unas tenebrosas garras metálicas que hace rechinar por donde camina. Con su sombrero negro de jardinero, su pantalón arrugado, un jersey rojo cruzado con rayas negras y una cara surcada de cicatrices, ha conseguido sobrevivir a cuantos críticos de cine le maldijeron y hoy podemos considerar que se ha hecho acreedor a la simpatía de miles de jóvenes. La fealdad triunfa.

EL DIRECTOR WES CRAVEN

Wes Craven nació el 2 de agosto de 1949 en Cleveland (Ohio) de padres muy rígidos en sus principios morales, como corresponde a los seguidores de la religión bautista. No obstante, Wes fue expulsado del colegio religioso en el cual estudiaba a causa de su concepción liberal de las religiones. Afectado a los 17 años de una enfermedad que le paralizó durante tres días y que le mantuvo al borde de la muerte, le sirvió como amarga experiencia y le dio al mismo tiempo un análisis muy concreto sobre la vida y la muerte. También le agudizó el gran sentido del humor que ya tenía, un poco negro, eso sí.

Fue al cine por primera vez justo en el momento en que se incorporó a la

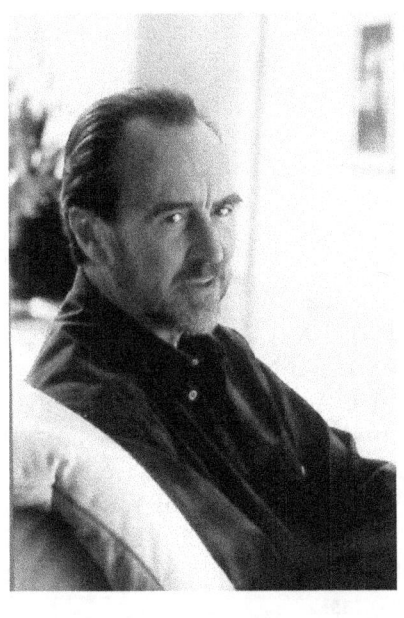

Universidad y desde ese día decidió que lo suyo era el cine, aunque antes tuvo tiempo de ser guitarrista, licenciarse en Filosofía y Letras, y enseñar Ciencias Humanistas.

En 1972, Sean Cunningham, quien le introduciría en el cine como asistente montador, le proporcionó 90.000 dólares para que rodase una película en 16 milímetros. El guión era de Craven y se titulaba "La última casa a la izquierda", la cual recaudó entonces nada menos que 20 millones de dólares.

Un año después dirige "La colina tiene ojos", que obtiene el Premio a la mejor Película de Terror de la Academia de Cine Fantástico y ciencia-ficción de Los Angeles. Después, en 1978, tiene un serio fracaso con "Las dos caras de Julia" que le obliga a estar inactivo tres años, hasta que le proponen rodar "Bendición mortal" con una joven Sharon Stone y la segunda parte de "La colina tiene ojos".

Posteriormente y basada en un cómic-book de gran popularidad, pero con guión suyo, Craven dirige "La cosa del pantano", película que ni siquiera se estrenó en Europa, aunque fue repuesta en 1985 en el Festival de Sitges y posteriormente exhibida en televisión.

Y por fin, después de pasarse tres años recorriendo las productoras para que le financiasen el guión, los estudios New Line Cinema le dan su gran oportunidad. En esa época, en 1984, había terminado un guión sobre el mundo de los sueños e inspirándose en "El hombre del saco", ese personaje con el que nos aterrorizaban en nuestra niñez, nos saca a Freddy Krueger, un despiadado asesino al que es casi imposible matar, al menos de una manera definitiva.

Cuando algún crítico le ataca por mostrar el horror tan crudamente y sin justificaciones posibles, Craven se defiende diciendo que el horror está en nuestra vida cotidiana mucho más acentuado y que él lo único que hace es mostrarlo bajo un prisma fantástico, mucho más aceptable que la realidad misma. Por eso, en la película "La colina tiene ojos" se ve cómo una pandilla de lunáticos asesina a una familia y se queda con todas sus pertenencias, mientras esperan la llegada de las próximas víctimas. El argumento estuvo basado en un hecho real ocurrido hace algunos años en Santa Mónica, de la misma manera que es verídico lo contado en "El sótano del miedo", en donde una pareja tenían encerrados de por vida a unos niños.

Para suavizar la truculencia de las imágenes, Craven dota a sus películas de cierto humor o al menos ridiculiza a sus malvados personajes para que el público no les tenga excesivo miedo. El público joven al que va dirigido sus filmes obliga a ello. Su violencia nunca es trivializada sino fantástica, lo más posible alejada de la realidad, aunque actualmente la realidad es mucho más sangrienta que cualquiera de sus películas.

Considerado por muchos como el sucesor de Roger Corman, un director que ya es historia en el cine fantástico, este antiguo profesor de literatura prefiere que le comparen a John Carpenter o a George Romero, ya que sus filmes están algo más cerca de los gustos actuales.

Recordemos algunas de sus películas más importantes, antes y después de saltar a la fama con "Pesadilla en Elm Street": LA ULTIMA CASA A LA IZQUIERDA (The last house on the left) 1972; LA COLINA TIENE OJOS (The hills have eyes 1) 1977; LAS DOS CARAS DE JULIA (Summer of fear) 1978; BENDICIÓN MORTAL (Deadly blessing) 1981; LA COSA DEL PANTANO (Swamp Thing) 1982; LA COLINA TIENE OJOS II (The hills have eyes II) 1984; AMIGA MORTAL (Deadly friend) 1986; LA SERPIENTE Y EL ARCO IRIS (The serpent and the rainbow) 1987; SHOCKER 100.000 VOLTIOS DE TERROR (Shoker) 1990; EL SÓTANO DEL MIEDO (The people under the stairs) 1992; y la trilogía de SCREAM, entre otras.

ROBERT ENGLUND ALIAS FREDDY KRUEGER

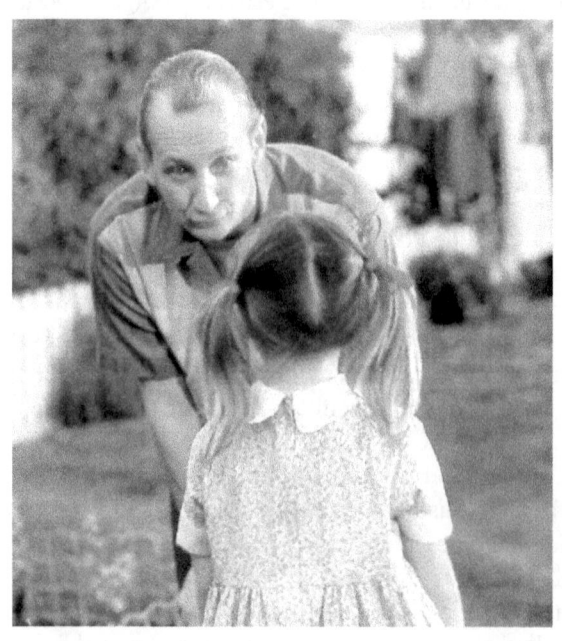

Robert Englund nació en California y fue precisamente allí donde se inició en el mundo de la interpretación al participar en varias obras teatrales juveniles, afición que continuó durante su estancia en la Universidad, en donde aprovechó para hacer un curso de interpretación. Una vez finalizados sus estudios se une a un grupo de amigos y compagina su afición al teatro con el mundo de las drogas y el alcohol, lo que le lleva en más de una ocasión al borde de la ruina. El cine le rescata de tan oscuro destino y en

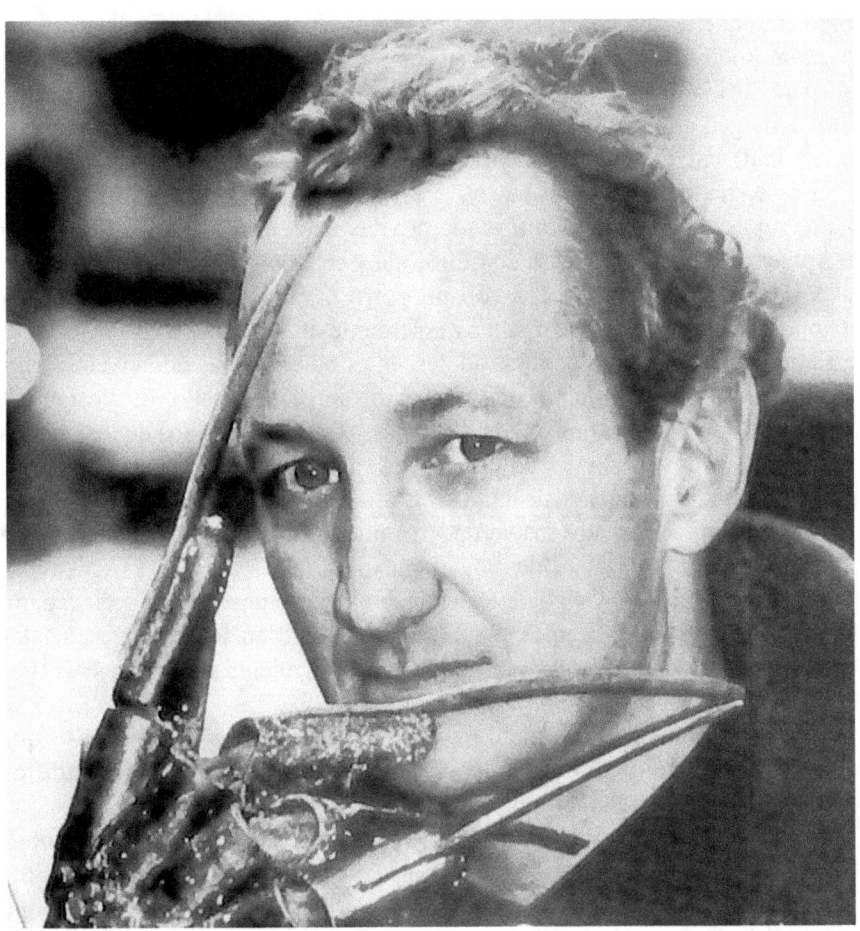

1974 interviene en "Buster and Billie", film desconocido en España; "Stay Hungry" con el popular Arnold Schwarzenegger; "Last of the cow-boy" con Henry Fonda y "El gran miércoles". Su incorporación al cine fantástico lo hace en "Muertos y enterrados", en la cual intervienen numerosos especialistas del género y en "La galaxia del terror", una truculenta película de la factoría de Roger Corman. En esa misma época le llega su primera gran oportunidad al hacer un papel importante en el serial televisivo "V", en el cual ya empieza a saborear las delicias del maquillaje, ya que es uno de los extraterrestres con aspecto de lagarto. Inmediatamente se incorpora como protagonista en "Pesadilla en Elm Street" y aunque hace el papel de asesino, su popularidad supera al resto de los actores y causa un gran impacto entre la juventud.

Según comenta, nunca deseó dedicarse solamente a su personaje de Freddy, aunque hoy día apenas se le reconoce por otra labor y eso que lo intentó dirigiendo películas o interpretando al mismísimo "Fantasma de la ópera".

"Yo creo que estaba harto de mi cara de buen chico y quería que la gente me tuviera un poco más de respeto. Sabía que Wes Craven estaba buscando a un actor para su nueva película de terror y me ofrecí voluntario para el papel de Freddy Krueger, aun sabiendo que no era lo suficientemente corpulento ni poseía una mirada enigmática como Christopher Lee. Creo que lo que le convenció fue mi deseo de realizar el personaje".

"Por supuesto yo no soy en mi vida privada nada terrorífico y en las horas libres practico el surf en mi casa de California y cuando vivo en mi otra casa, en Hollywood, suelo pasear mucho con mi perro y mi mujer Nancy. Una vida mucho más sencilla de lo que mis fans esperan de mí".

"El que yo sea un ídolo para los adolescentes no es porque deseen convertirse en asesinos. Está bien claro que mi personaje es inventado, de ficción. El secreto puede que esté en que en mis películas se reflejan muchos de los miedos y traumas de los jóvenes, y Freddy Krueger lo que hace es agudizarlos más con el fin de que alguien les ayude de una vez. Los adolescentes necesitan mitos, pero también que alguien muestre sus verdaderos miedos a los adultos, no solamente la imagen de jóvenes ansiosos de drogas y sexo".

"En mis películas me vengo de los elementos más odiosos de la sociedad, no solamente mato a los inocentes. Suelo concentrarme en los parásitos, en las jovencitas de cabeza hueca, en los jóvenes vagos y violentos, y en los jefes tiranos".

"Creo que soy un personaje al que el público puede odiar sin problemas y que muestra a todos que el futuro no será nada halagüeño sino luchas contra los demonios. El que no lucha termina sucumbiendo".

"Lo peor fue ese maquillaje de David Miller, muy efectista, pero que me obligaba a tenerlo encima durante al menos cuatro horas diarias ya que era muy difícil de quitar. Después me envejecieron un poco más en cada película, aunque creo que al final me sacaron más guapo que en el primer film".

"En mis películas trato de sacar siempre aquello que más aterroriza a las personas. Sé que hay mucha gente que le dan pavor las cucarachas, otros el fuego, otros la noche, los pasos, los gritos o los cuchillos. No hay duda de que hay miedo para todos y nadie se queda a salvo. Algunos tienen miedo a los navajeros, otros a volar, las chicas a las violaciones y también a los padres. Pues bien, todos esos miedos quedan reflejados en mis filmes".

"Aunque a los críticos les parezca horroroso, sé que los niños yugoslavos se divierten contando chistes de Freddy (aunque ahora tienen un horror mayor para contar) y en la India le consideran como el nuevo hombre del saco".

"Espero que no me entre el "síndrome de Boris Karloff" y acabe creyéndome Freddy Krueger, aunque el hecho de llevar esa máscara durante tantos años condiciona bastante en este sentido".

"Lo que pocos fans saben es que interpreté el papel de una mujer en una película rodada en Rusia en la cual estaba caracterizado de bailarina. No les diré el título para no desilusionarles. Para compensarles, les recuerdo que también hice el papel terrorífico en `El fantasma de la ópera la nueva versión de Menahem Golan".

PESADILLA EN ELM STREET
A nightmare on Elm Street 1984

Director: Wes Craven
Guión: Wes Craven
Efectos especiales: Jim Doyle
Maquillaje: David B. Miller

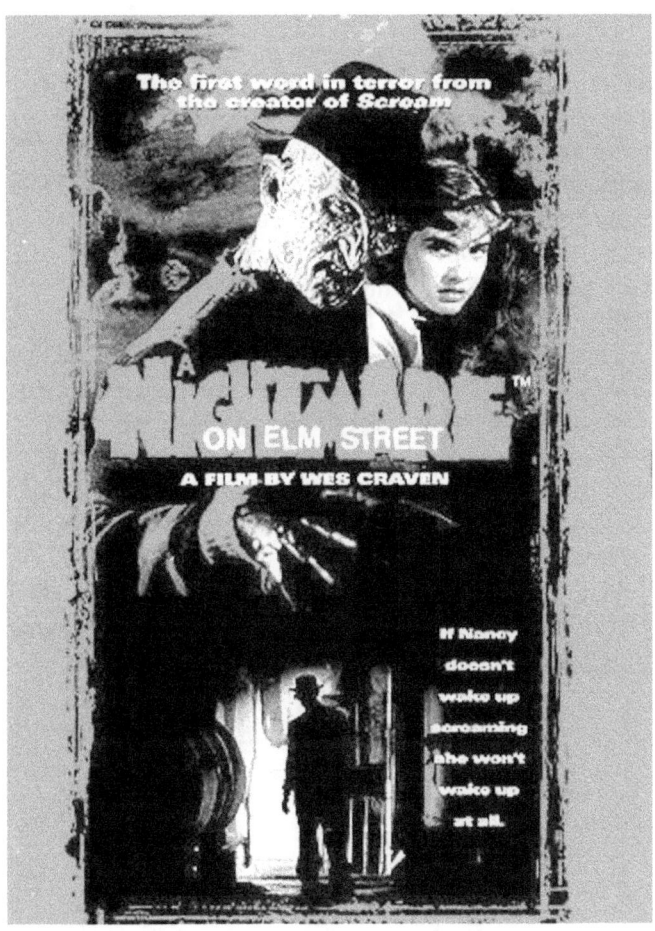

Intérpretes:
JOHN SAXON: Teniente Thompson
RONEE BLAKLEY: Marge Thompson
HEATHER LANGENKAMP: Nancy Thompson
JOHNNY DEPP: Glen Lantz
ROBERT ENGLUND: Freddy Krueger

Varios adolescentes descubren que todos ellos tienen iguales pesadillas en las cuales sale siempre el mismo personaje, Freddy Krueger, quien después se revela como un fantasma que puede entrar en sus sueños a voluntad y matarles de modo macabro. La adolescente superviviente Nancy debe intentar detenerlo, pero para ello ni siquiera cuenta con la ayuda de su padre, un miembro de la policía local.

Película sorpresa hasta para todo el equipo técnico y artístico, especialmente por el extraordinario éxito de público. Recreándose el argumento en la terrible posibilidad de que nuestros terrores soñados puedan formar parte real de nuestras vidas y hasta de que los monstruos salgan de nuestros sueños, se realiza una de las películas de terror más interesantes de todos los tiempos. Tal es así que con ella se inicia una serie al parecer interminable, en la cual el personaje de Freddy Krueger (encarnado por Robert Englund), es matado una y otra vez, no sin antes torturar de mil maneras a sus víctimas.

Con Freddy, resucitado sin el menor reparo durante 6 veces en el cine y muchas más en la televisión, se inicia una nueva era en las secuelas cinematográficas y se monta un mercado accesorio, en el que no faltan clubes de fans, revistas y miles de fetiches, incluidas las célebres garras de Freddy.

A pesar de que las secuelas fueron vapuleadas duramente por la crítica, el mito ha pasado a la historia y hay pocos adolescentes que no sepan ya quién es Freddy Krueger.

La película titulada "La muerte de Freddy" no fue, aunque pudiera parecerlo, el fin de la serie, ya que se le resucitó de nuevo varias veces para regocijo de sus fans.

PESADILLA EN ELM STREET 2
La venganza de Freddy (A Nightmare on Elm Stre Part 2) 1985

Director: Jack Chaskin

Intérpretes:
MARK PATTON
KIM MYERS
ROBERT ENGLUND
ROBERT RUSLER

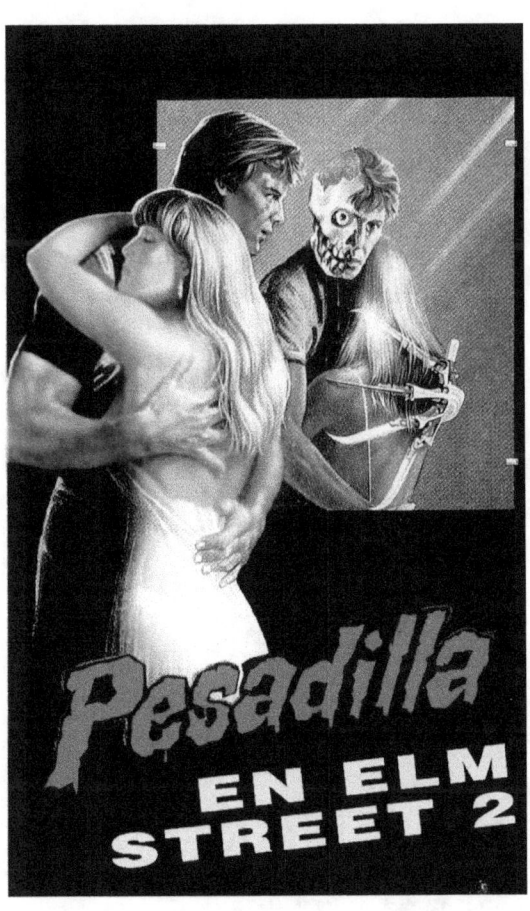

Una que Wes Craven se negó a dirigir la secuela de "Pesadilla en Elm Street", se designó a Jack Sholder como el sustituto, pues había tenido un éxito discreto con "Solos en la oscuridad". Indudablemente ninguno era consciente del fenómeno que habían creado, y es posible que Sholder no se tomara en serio su trabajo, pues los fallos argumentales son notorios. Se rumorea que no pudo dirigir la escena de la piscina sin reírse, y prefería delegar ese trabajo en sus ayudantes. ¿Por qué un director despreciaría tanto ese trabajo? Hay quien asegura que esta es la peor entrega de toda la serie, aunque parte de este desmérito se lo debemos al guión de David Chaskin, quien lo escribió rápidamente, sin detalles, y lo iba cambiando durante el rodaje. Tampoco los productores confiaban en el filme, pues le dedicaron solamente 3 millones de dólares, lo que es una insignificancia comparado con los 29.9 millones que generó en su estreno.

Ahora han pasado cinco años desde el horror anterior, y la familia de Nancy se ha mudado para evitar los encuentros con el engendro de los sueños. Pero cuando un chico de diecisiete años comienza a tener pesadillas, todos presienten que algo diabólico está en la casa. Las cosas parecen tener vida propia, la cocina que bruscamente estalla, un pájaro que ataca a la familia y estalla, y finalmente las pesadillas de sus habitantes no acaban ni siquiera cuando los afectados despiertan. Indudablemente, Freddy Krueger ha vuelto con ganas de venganza.

PESADILLA EN ELM STREET 3
Dream Warriors 1986

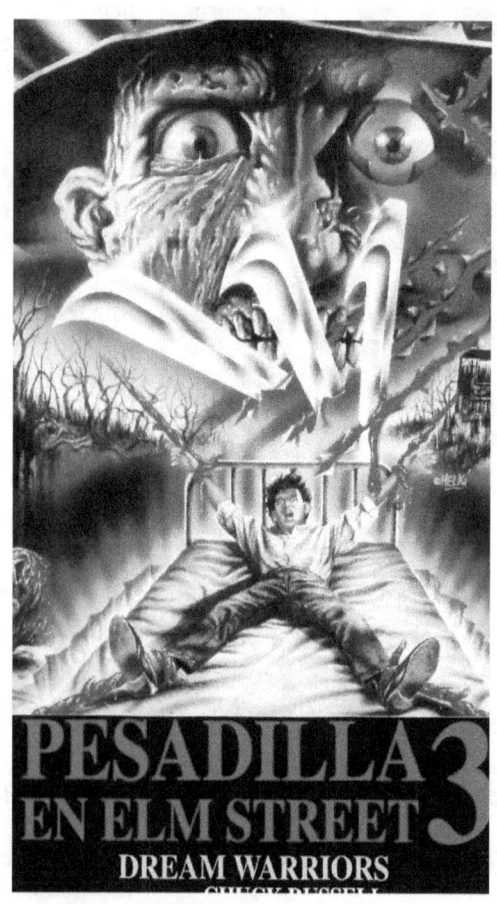

Director: Chuck Rusell
Guión: Wes Craven
Fotografía: Roy Wagner

Intérpretes:
ROBERT ENGLUND: Freddy Krueger
PATRICIA ARQUETTE: Kristen Parker
HEATHER LANGENKAMP: Nancy Thompson

Los acontecimientos comienzan en una clínica para enfermos mentales, donde los antiguos supervivientes a Freddy están tratando de recuperarse del trauma. Su obsesión es mantenerse despiertos, pues están seguros de ser asaltados en sus sueños por el asesino de la garra. Nancy conoce en la clínica a una chica que canturrea una canción infantil en la cual menciona a Freddy, lo que ocasiona su entrada en el mundo de los sueños y con ello el comienzo de su pesadilla.

La historia parece más coherente que la anterior, y en ello se nota la mano de Craven, retornando ya la mayoría de los personajes emblemáticos, aunque introduce novedades como el cambio de las cuchillas por jeringuillas y a Freddy convertido en serpiente. Los decorados son más elaborados y una de las escenas, concretamente la del infierno, requirió dos meses de rodaje. También se contó con la participación de actrices como Patricia Arquette y Zsa Zsa gabor, así como una estupenda banda sonora compuesta por Ángelo Badalamenti, autor de "Twin Peaks".

PESADILLA EN ELM STREET 4
The Dream master 1988

Director: Renny Harlin
Guión: Brian Helgeland y Scott Pierce
Fotografía: Stepehn Fierberg
Música: Craig Safan

Intérpretes:
ROBERT ENGLUND: Freddy Krueger
RODNEY EASTMAN: Joey
DANNY HAZLE: Danny
ANDRAS JONES: Rick

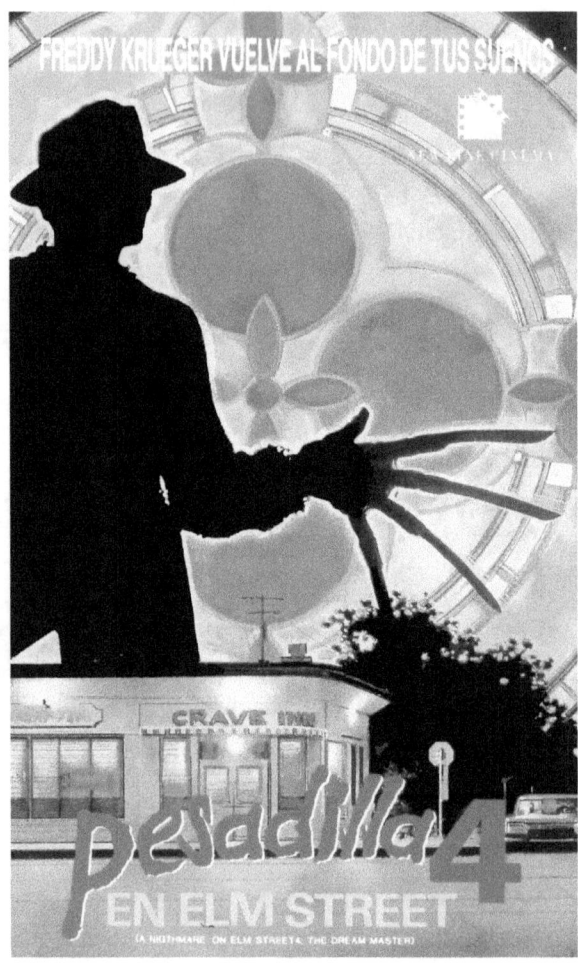

Un temblor de tierra deja al descubierto los restos enterrados de Freddy Krueger y eso origina la reestructuración de sus restos. Poco después, un joven muere atravesado por un puñal y otro tiene una pesadilla mortal después de soñar con una chica desnuda que le seduce desde un póster y que le termina dando un zarpazo mortal.

Ese planteamiento es el inicio de no pocas emociones, en un filme plagado de efectos especiales, escenarios surrealistas y con un protagonismo de Freddy muy superior a los anteriores. El éxito fue tal que recaudaron diez veces el coste del rodaje.

PESADILLA EN ELM STREET 5
1989

Director: Stephen Hopkins
Guión: John Skip, Craig Spector, Leslie Bohem
Música: Jay Ferguson

Intérpretes:
ROBERT ENGLUND
LISA WILCOX
DANNY HASSEL
WHITBY HERFORD

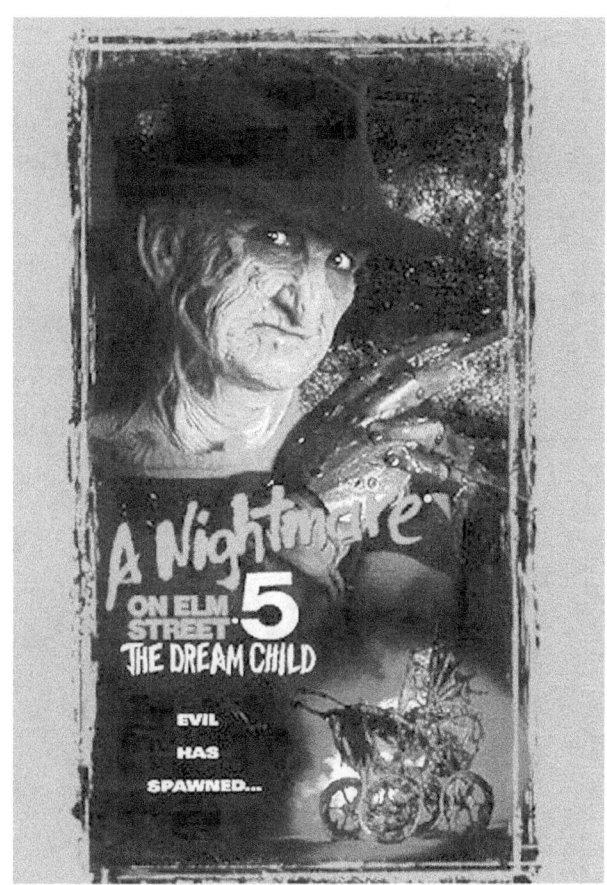

Deseoso de apartarse de las líneas marcadas por los otros directores, Hopkins intenta aproximarse a Roger Rabbit y nos mezcla lo tenebroso con el humor, proporcionándonos una aventura plagada de emociones.   Los resultados son tan asombrosos que es difícil saber si nos encontramos con una buena película o un desequilibrio técnico del director. No obstante, los aficionados a Freddy la recibieron con alborozo y aunque sabemos que nunca muere realmente y que las pesadillas continuaron, es quizá una de las obras de esta interminable saga que merece revisarse con mayor serenidad.

La historia no aporta nada nuevo, ya que ahora el alma de Freddy quiere reencarnarse en el futuro hijo de Alice y Dan, pero el espíritu de Amanda Krueger (la madre) les advierte del peligro desde el más allá.

PESADILLA FINAL
La muerte de Freddy 1992

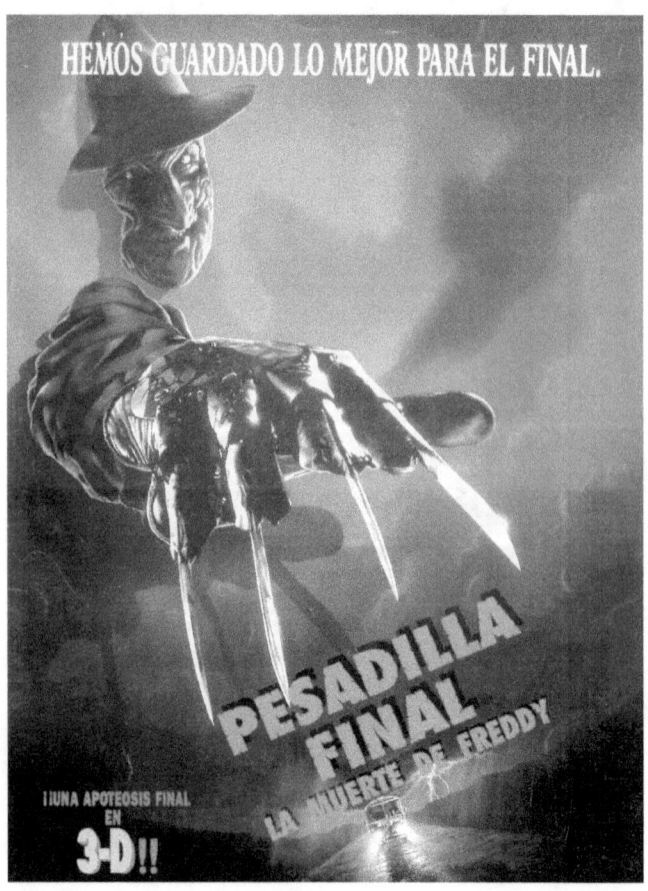

Director: Rachel Talalay

Intérpretes:
ROBERT ENGLUND: Freddy
LISA ZANE: Maggie
SHON GREENBLATT: John
TOM ARNOLD
JOHNNY DEEP

Debería haber sido la última película sobre Krueger, pero no contaban con la habilidad de nuestro amigo de la garra metálica para sobrevivir. En esta ocasión, la persecución hacia el malvado asesino de los sueños es más eficaz, y aunque mata a una gran cantidad de adolescentes, por fin logran aniquilarle. Anteriormente se infiltra en los sueños de Maggie, una guapa psicóloga infantil dedicada a explorar el mundo de las pesadillas, las cuales la llevan hasta Springwood, en donde tendrá que intentar matar al monstruo de la garra afilada.

El filme cuenta con el aliciente añadido de 10 minutos finales filmados en el tradicional sistema 3-D (rojo y azul) que debería haber añadido nuevas notas de terror cuando Freddy se pasease por el patio de butacas. Nada de esto ocurrió y en su lugar el filme tuvo que soportar las peores críticas de toda la serie. A descubrir a un joven Johnny Depp entre el reparto.

LA NUEVA PESADILLA
Wes Craven's New Nightmare 1994

Director: Wes Craven
Guión: Wes Craven
Efectos especiales: William Mesa
Maquillaje: Ashlee Peterson, Berger EFX Group

Intérpretes:
ROBERT ENGLUND: Freddy Krueger
HEATHER LANGENKAMP: ella misma
MIKO HUGHES: Dylan
WES CRAVEN: él mismo

Fue anunciada como la última y definitiva película sobre Freddy, aunque ahora ya sabemos de esa continuación en la cual mezclan a los dos malvados de más éxito en el cine, Freddy y Jason. Una vez que Wes Craven decidió tomar las riendas de su personaje creado hace diez años, con gran habilidad mezcla al actor

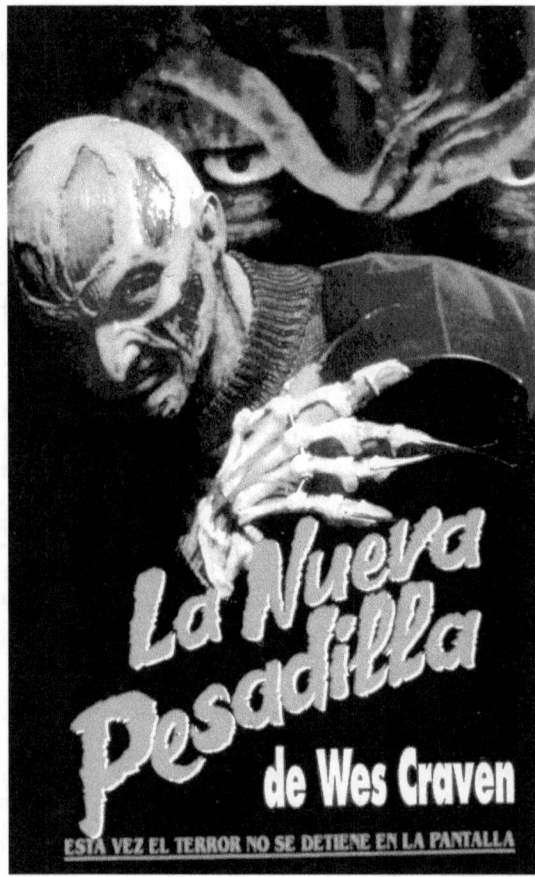

Robert Englund interpretándose a sí mismo, además de rescatar a la actriz de la primera entrega Heather Langenkamp, a John Saxon, y reservarse un papel para él mismo.

En esta ocasión, vemos a Heather teniendo pesadillas sobre el asesino Freddy Krueger, el personaje de ficción. Pronto llega a la aterradora conclusión que un demonio monstruoso ha asumido la personalidad de Freddy y trata de efectuar en la vida real las mismas escenas de la ficción.

Indudablemente el malvado Freddy ha logrado traspasar las fronteras de la ficción y está aterrorizando a todo el equipo cinematográfico que le creó.

Interesante argumento que proporciona, al menos, una película ingeniosa, inteligente y con abundantes escenas de terror. Con buenos efectos especiales y rodando incluso durante el terremoto real que aconteció, así como empleando los escenarios reales de Los Ángeles y los estudios New Line, se podría considerar casi como el digno epitafio de esta serie.

El éxito fue superior al esperado, pues recaudó en los primeros tres días nada menos que 7 millones de dólares en los Estados Unidos.

FREDDY VS. JASON

Director: Ronny Yu

Intérpretes:
ROBERT ENGLUND
KEN KIRZINGER
JASON RITTER
MONICA KEENA

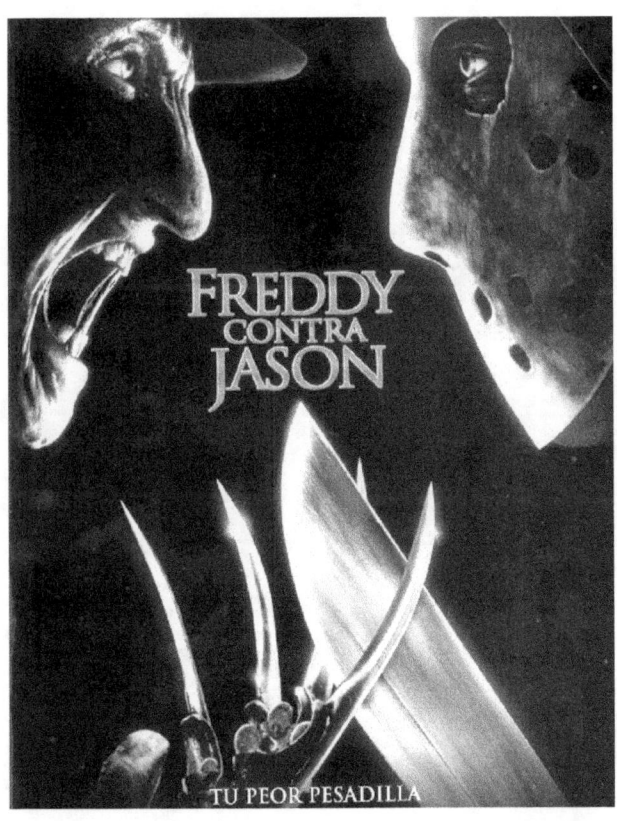

Ha sido casi 10 años desde que ese siniestro personaje de terror, denominado como Freddy Krueger (Englund), invadiera nuestras pantallas y sueños. Ahora vuelve desde los infiernos con un aliado tan espantoso como él, el legendario Jason, quien con su careta de jugador de jockey ha sido capaz de matar a docenas de personas sin dar ninguna explicación, pues todavía no conseguimos escuchar el sonido de su voz. Nuestro 'entrañable' Freddy ha entrado en los sueños de ese monstruo y entre los dos titanes se establece la más espantosa de las batallas, con la sangre salpicando sin pudor las butacas de los cines. Ni un solo aficionado quedó defraudado con esta mezcla tan insólita de malvados.

ALIENÍGENAS

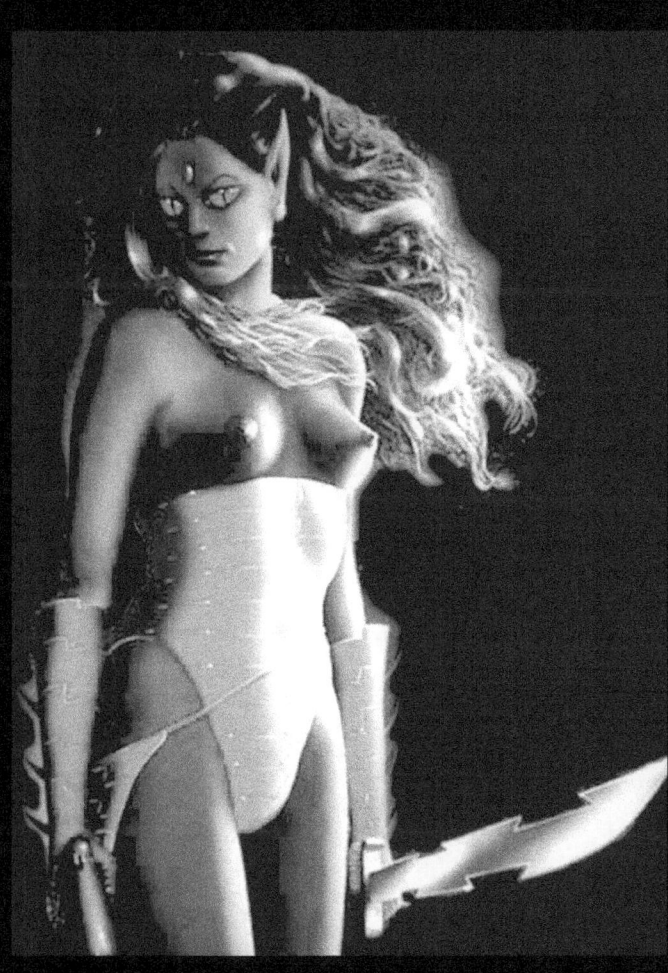

ALIEN, EL OCTAVO PASAJERO
Alien 1979

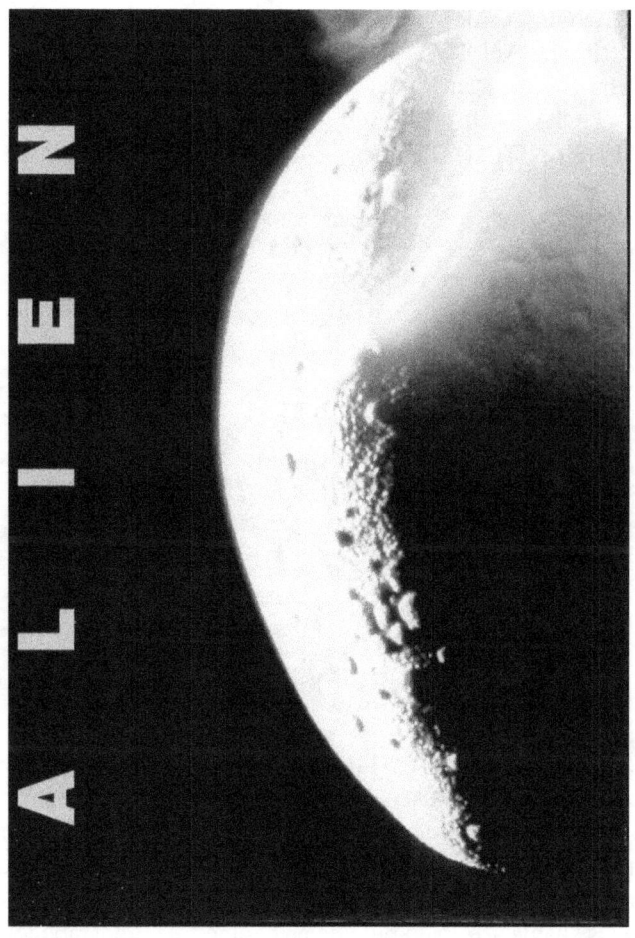

Director: Ridley Scott
Guión: Dan O'Bannon
Basada en la historia de: O'Bannon y Ronald Shusett
Fotografía: Derek Vanlint
Música: Jerry Goldsmith
Efectos especiales: Carlo Rambaldi, Bernard Lodge
Criatura: John Mollo, H.R. Giger, Roger Dicken

Intérpretes:
  TOM SKERRITT: Dallas
  SIGOURNEY WEAVER: Ripley
  VERONICA CARTWRIGHT: Lambert
  HARRY DEAN STANTON: Brett
  JOHN HURT: Kane
  IAN HOLM: Ash
  YAPHET KOTTO: Parker

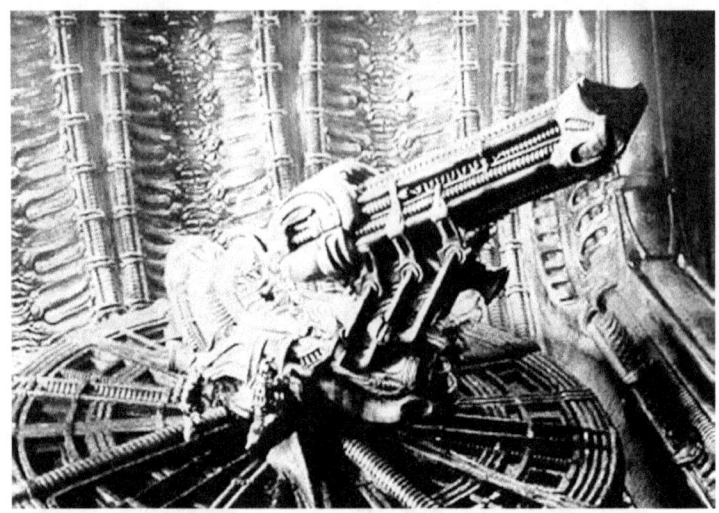

En 1975 un grupo de personas amantes del cine de ciencia-ficción, entre ellos Dan O'Bannon y Ronald Shusett, elaboraron las bases maestras de un argumento para el cine titulado "Memory", basado en una aventura centrada en la Alemania nazi, aunque fue cambiado pronto por "Star Beast" y debía desarrollarse ahora en el espacio y en una época futura. Era la época en la cual "La guerra de las galaxias" había arrollado pujante en el cine y se preparaba una nueva edad de oro para el cine de ciencia-ficción.

Presentaron su proyecto de una bestia alienígena que habita en una nave espacial a la compañía Brandywine, propiedad de Gordon Carrol, David Giller y Walter Hill, quien haría a su vez de director. Ese hombre estaba ahora finalizando el rodaje de "Warriors: los amos de la noche" y ante la incógnita sobre la finalización de la película, decidieron contratar a Ridley Scott, quien había triunfado recientemente con "Los duelistas".

Entusiasmado Scott por la ciencia-ficción, vio que esta era su oportunidad para introducirse en el tema y con un presupuesto de apenas ocho millones de dólares comenzó el rodaje en los estudios londinenses de Shepperton y se finalizó en los Estudios Bray, también en Londres.

La película debería seguir la línea marcada en "El enigma de otro mundo", en la versión de 1951 de Howard Hawks, aunque era necesario dotarla de un mayor suspense y terror, algo en línea con la literatura Lovecraft. El extraterrestre debería ser, por supuesto, aterrador, silencioso y apenas visible, con lo cual el espectador podría imaginarse el terror a su modo, como en un sueño. Los primeros dibujos hablaban de un pulpo extraño, mezcla de cocodrilo, pero se pensó que tenía que ser único, nunca visto. Para ello se recurrió al suizo Hans Rudi Giger, un creador de dibujos irreales y tenebrosos, quien también manejaba con acierto las maquetas por su profesión de decorador.

SUS CREADORES

En 1979 y cuando aún coleaba el éxito de "la Guerra de las Galaxias", un casi desconocido director llamado Ridley Scott, es contratado para dirigir una nueva película de ciencia-ficción, ahora dirigida a un público adulto más ávido de emociones fuertes.

Tomando numerosos elementos de la mítica "El enigma de otro mundo", el guionista Dan O'Bannon realiza las líneas básicas de una historia que estaba inspirada así mismo en un relato de Ronald Shusett. La trama, un alienígena que se introduce en el cuerpo de un humano para desarrollarse y que luego tiene que matar para sobrevivir y conseguir llegar así a La Tierra, es una base lo suficientemente interesante como para que un hábil director consiga sobrecoger al espectador.

En la primera película "Alien", el monstruo apenas se dejaba ver y su presencia solamente se intuía o era detectada por el aparato de radar. Apenas unos cortos y sombríos planos dejaban al descubierto un gigantesco ser mezcla de insecto y humano, el cual era capaz de matar con despiadada eficacia.

Lo curioso de esta película, es que ni siquiera las productoras británicas Brandywine Pictures y Shusett Productions confiaban en que fuera algo más que una aceptable serie B y para evitar gastos suntuosos contrataron a una serie de actores procedentes del teatro inglés y unos pocos secundarios sin ningún prestigio, hasta entonces. Además, para cambiar un poco lo que era habitual en el cine de acción, no sería un varón quien pondría las cosas en su sitio sino una mujer, una desconocida actriz llamada Sigourney Weaver, la cual con su gran estatura debía imponer respeto al espectador, lo que ciertamente consiguió. Sin ninguna concesión al erotismo, salvo un memorable esbozo de strip-tease espacial, Sigourney Weaver consiguió que su papel de teniente Ripley fuera tan importante como el mismo Alien, algo que solamente era factible en la fábula de La Bella y la Bestia.

La película contaba con una acertada y discreta banda sonora obra del experto Jerry Goldsmith, con unos efectos especiales elaborados por Carlo Rambaldi, Brian Johnson y Nick Allder que merecieron un Oscar y, sobre todo, con una criatura cuyo complicado aspecto fue todo un acierto. Este ser monstruoso fue creado por Hans Rudei Giger, un suizo que anteriormente había ganado cierto prestigio en la película "Dune" y con un portafolios de fantasía al que tituló "Images of Horror and Fantasy", el cual se vendió en todo el mundo a través de la prestigiosa "Metal Hurlant".

Posteriormente al diseño del alienígena de "Alien", Giger intentó nuevos éxitos en el cine en "Poltergeist II" y "Alien III", aunque sus diseños eran seriamente modificados por "exigencias del guión", lo que le motivó lo suficiente como para alejarse del cine y dedicarse al mundo de la decoración futurista. Quien pueda seguir su pista encontrará diseños de relojes, de muebles, decorados teatrales, murales, portadas de discos, videojuegos y hasta el acertado pabellón suizo de la Expo 92.

Dentro del inmenso traje del monstruo elaborado a base de caucho y fibra de vidrio, se metió a un actor de casi dos metros de estatura, aunque los primeros planos de la cabeza fueron filmados utilizando un artilugio metálico que incluso babeaba cuando encontraba a su víctima. Por su parte, Rob Cobb, el cual había realizado los primeros bocetos del alien, construyó la nave Nostromo y consiguió darle un aspecto sólido y pesado.

El rodaje se hizo en los antiguos estudios de la Hammer y los 1.000 millones de pesetas que costó su producción fueron superados con creces durante el estreno.

SIGOURNEY WEAVER

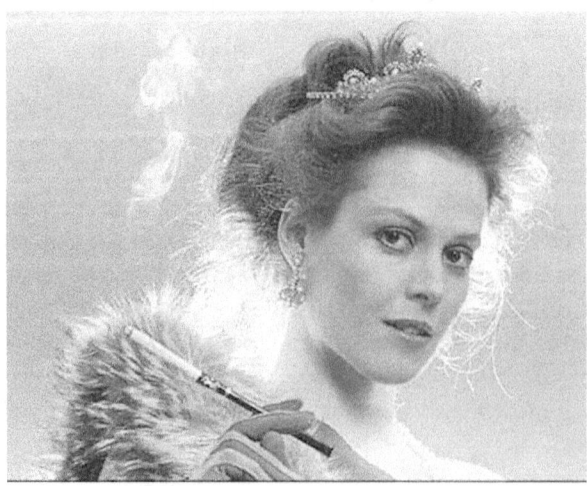

Esta aristocrática y atractiva actriz comenzó usando el nombre Sigourney (sacado de un personaje de "El Gran Gatsby") en la primera década de 1960. Hija del anterior presidente de la NBC, Sylvester "Pat" Weaver, y la actriz Elizabeth Inglis, se graduó en la escuela de Arte Dramático de Yale un año antes que también lo hiciera Meryl Streep.

Su primera salida a un escenario fue en Nueva York, en una obra dirigida por Sir John Gielgud titulada "La esposa constante" y que debería haber sido interpretada por Ingrid Bergman. Una vez terminado su contrato realizó su primer pequeño trabajo en el cine, en la película "Madman" (1978), dirigida por Dan Cohen. Casi simultáneamente interpretó, por considerarlo de algún modo, un pequeño papel en "Annie Hall" de Woody Allen (1977), en donde si tenemos buena y sagaz visión la vislumbraremos como una joven que está en la fila de un cine, mientras Woody y Diane discuten sobre los problemas sexuales que la menstruación produce en ella.

Al año siguiente intervino también en cortos papeles en diferentes obras de Broadway, como "Gemini" y en varios otros espectáculos, apareciendo en la telenovela "Somerset." Su altura de 1,83 cm. le ha impedido a veces intervenir en determinados papeles.

Weaver alcanzó bruscamente su categoría de gran estrella como la heroína tenaz del thriller de Ciencia-Ficción de Ridley Scott, "Alien" (1979), y pudo revivir su personaje en "Aliens" (1986), y "Alien 3" (1992.) En 1996 anunció que volvería a interpretar el mismo personaje, con la joven actriz Winona Ryder, en el tentativamente titulada, "Alien: La Resurrección".

Weaver también probó sus credenciales dramáticas serias haciendo pareja con Mel Gibson en el drama político "El año que vivimos peligrosamente" (1983), y consiguió poco a poco llegar a ser una de las estrellas femeninas de Hollywood más destacadas de la década de 1980. Alcanzó un auditorio diferente como una guapa chica que es poseída por el demonio, dando la réplica a Bill Murray, en el enorme éxito "Los Cazafantasmas" (1984) y su menos bien recibida continuación en 1989. Weaver ha ganado tres nominaciones al Oscar: Mejor Actriz por "Alien" en 1986 y dos en 1989 como Mejor Actriz Secundaria en su trabajo como ejecutiva snob y yuppie, con Melanie Griffith, en "Armas de Mujer". También fue nominada a la Mejor Actriz, por su retrato de una científica y activista ecológica en el filme "Gorilas en la niebla", en donde encarna a Dian Fossey, quien murió en circunstancias nunca aclaradas.

A principios de la década de los 90, Weaver interpretó películas que, en su mayoría, cambiaban el aspecto que había desempeñado anteriormente en la pantalla, demostrándonos su gran versatilidad. Hizo un corto pero significativo papel como la Reina Isabel de España en la desastrosa obra de Ridley Scott "1492: La Conquista del Paraíso" (1992), y se enganchó con cierto éxito a la popularidad en su secundario papel de Primera Dama en la comedia política "Dave, presidente por un día" (1993).

Posteriormente adopta un papel menos encantador, como la víctima vengativa de una tortura política en el filme de Román Polanski "La Muerte de la Doncella" (1994), y como una psicóloga de delitos especialmente sangrientos que sufre terribles crisis fóbicas a salir al exterior, en "Copycat" (1995), junto a Holly Hunter.

Weaver también interpretó a una nueva evangelista madura en la comedia "Jeffrey" (también en 1995), donde Paul Rudnick nos realiza una recreación agradable de los homosexuales.

Después de una larga relación sentimental con el actor/dramaturgo James McClure, Weaver se casó con el director Jim Simpson en 1984, quien la dirigió en las obras de teatro "Old Times" (1981) y "El mercader de Venecia" (1986-87). En mayo de 1990 nacería su hija Charlotte.

<u>Las secuelas</u>

La historia base nos contaba la llegada no planeada de la nave "Nostromo" a un planeta (el LV426) alejado de su ruta hacia La Tierra, en el cual se encuentra una nave espacial destrozada y llena de extraños huevos que contienen unas criaturas vivas. Una de ellas se adhiere al rostro de uno de los astronautas y así logra introducirse dentro de su cuerpo y desarrollarse. Cuando el extraño crece, sale violentamente del cuerpo del infeliz y comienza a crecer rápidamente mientras va matando uno a uno a todos los tripulantes de la nave.

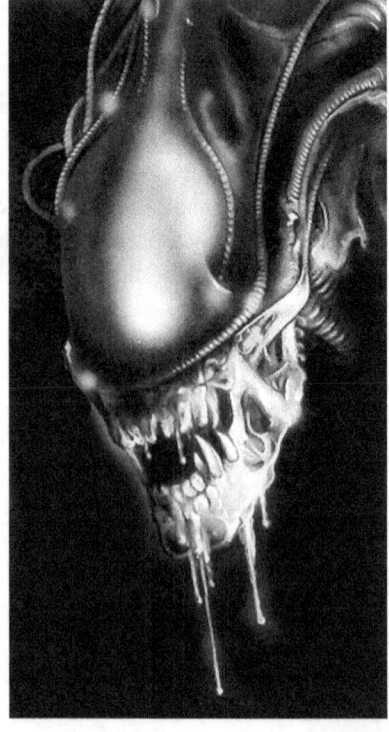

Para la segunda parte, estrenada en 1986, y titulada "Aliens, el regreso", se contó con la colaboración de The L.A. Effects Group para los efectos especiales y se sustituyó a Giger por Stan Winston en el diseño de la criatura, quizá porque ahora se necesitaban docenas de monstruos y éstos debían estar dotados de gran agilidad y movimiento. El costo final de 1.800 dólares fue también ampliamente superado por los beneficios recaudados en los primeros días del estreno y eso a pesar de que los críticos no se mostraron muy entusiastas con el film.

Ahora el argumento nos traslada 57 años en el futuro, con la teniente Ripley llegando viva a La Tierra después de haber permanecido hibernada. Para asombro suyo, el misterioso planeta LV246, en el cual habitaba el terrible alien que mató a todos sus compañeros, era una colonia de familias y mineros, aunque nadie había detectado nada extraño, hasta ahora. A partir de entonces y contando con los expertos marines americanos, tratan de aniquilar a los numerosos monstruos que se reproducen con rapidez, aunque su labor es cada vez un poco más difícil y las muertes comienzan a sucederse sin interrupción

La tercera entrega se estrenó en 1991, lográndose su filmación gracias a los esfuerzos de la actriz Sigourney Weaver, la cual financió parte del proyecto y colaboró incluso en el guión. El polémico final se mantuvo en secreto y aunque fué cambiado a raíz del preestreno, siguió sin gustar a nadie, ya que dejaba pocas posibilidades para continuar la saga.

En este film se vuelve a contar con los trabajos de Giger para la criatura, aunque se cambian tanto sus diseños originales que éste termina por abandonar y renegar de su trabajo. También repiten los guionistas David Giler y Walter Hill, quienes son así mismo productores, siendo Richard Edlund el encargado de los efectos especiales. La dirección es de David Fincher, el cual naufraga en su intento de contarnos una historia de terror y suspense, inclinándose por el estudio psicológico de los personajes, metidos en un ambiente tan sombrío que llega a ser insoportable a los pocos minutos. Por si fuera poco, la delirante idea de rapar la cabeza de la guapa Sigourney Weaver fue la gota que colmó la paciencia del aficionado, lo mismo que el sacrificado final.

La cuarta estuvo de nuevo protagonizada por Weaver y, razonablemente, se estrenó con el título de "Alien, resurrección", pues no había otra posibilidad de sacar de nuevo al temido monstruo a las pantallas. Finalmente, en el filme "Alien vs. Predator", no intervino ninguno de los anteriores intérpretes, salvo Lance Henriksen (Bishop).

ALIENS, EL REGRESO
Aliens 1986

Director: James Cameron
Guión: James Cameron
Música: James Horner
Efectos especiales: L.A. Effects Group, John Richardson,
                       Norman Baillie, Stan Winston
Decorados: Paul Weston
Maquetas: Peter Robb-King

Intérpretes:
SIGOURNEY WEAVER: Ripley
CARRIE HENN: Newt
MICHAEL BIEHN: Hicks
PAUL REISER: Burke
LANCE HENRIKSEN: Bishop
BILL PAXTON: Hudson

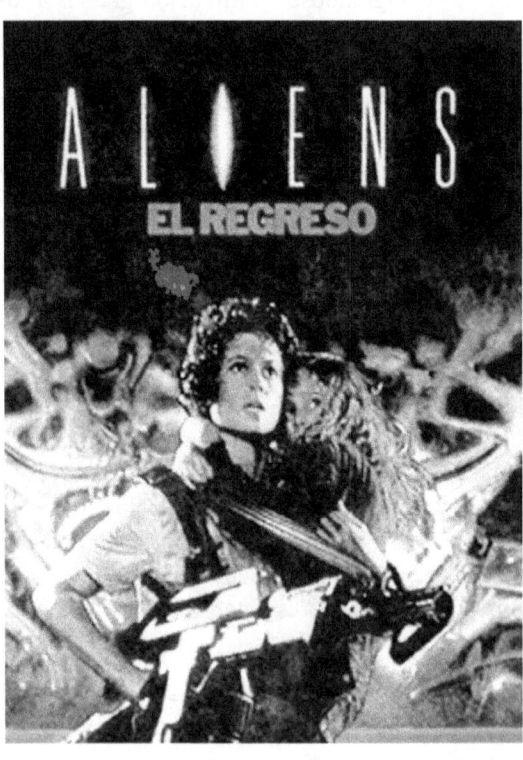

Cuando hemos salido de ver esta película nos hemos sentido tristes y con un nudo en el estómago, tanto por la dureza de las imágenes como por el desenlace final, algo que ya sentimos en la primera. Este no es el tipo de película donde uno puede salir del cine diciendo: "he disfrutado".

Aliens es una continuación a la muy efectiva película de 1979, "Alien, el octavo pasajero", pero cuenta una historia autónoma que comienza cincuenta y siete de años después de donde la historia anterior terminó. Ripley era el único superviviente de la primera expedición, y después de destrozar su nave para expulsar un alien que se había escondido dentro, mediante la apertura brusca de la escotilla de aire que saca al exterior al extraño, se puso en estado de hibernación sin rumbo fijo.

Ahora se despierta cincuenta y siete años después, desconcertada por su destino pero deseosa de olvidar su pasado. Cuando le dicen que toda su familia y amigos han muerto mientras ella estaba hibernada, se pone triste sin saber qué rumbo dar a su vida. Pronto el gobierno pide su ayuda para que averigüe las razones del silencio de una colonia humana en un remoto planeta. Allí se ha detectado la presencia de elementos hostiles desconocidos y todos piensan que pueden ser los mismos monstruos que Ripley tuvo que exterminar hace años. Ella regresa, por supuesto, pero lo hace acompañada de unos fuertes y eficaces marines, y muchas armas.

ESTÁN VIVOS
They live 1988

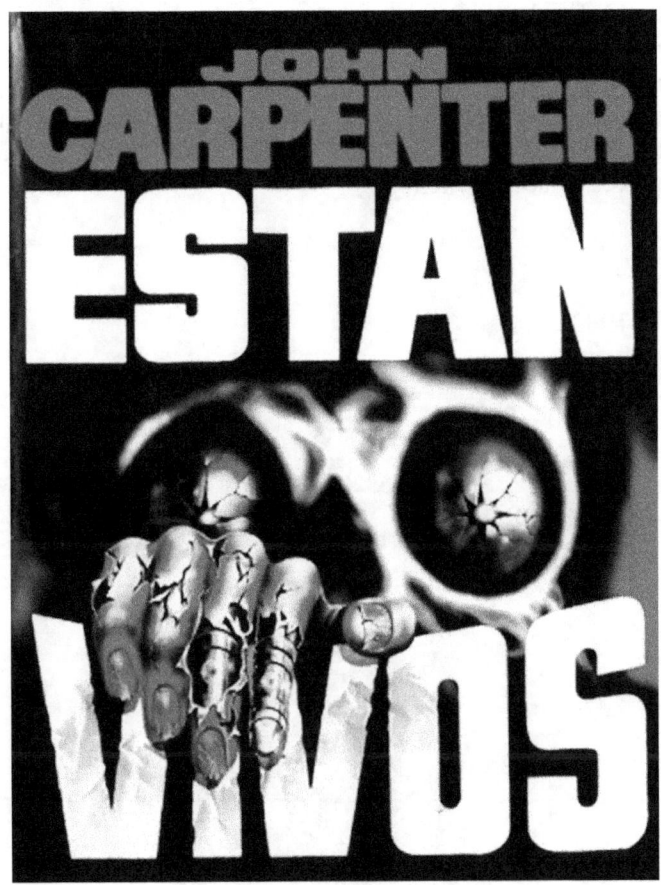

Director: John Carpenter
Basada en una historia de: Ray Faraday

Intérpretes:
RODDY PIPER
KEITH DAVID
MEG FOSTER

Esta lograda película tuvo más éxito posteriormente, sobre todo en su pase al vídeo y el DVD, que en el momento del estreno y obligó a los críticos a revisar su negativo criterio de entonces.

Cuando nuestro héroe llega a Los Ángeles, desorientado y sin trabajo, intentando buscar una ayuda que no encuentra, percibe una sociedad de consumidores frenéticos dominada por extraterrestres. Ellos fingen ser patriarcales y tener sentimientos de bondad, pero en realidad envían mensajes de publicidad subliminales para dominarles.   Controlada ya la sociedad por esos alienígenas que se fingen humanos, solamente pueden ser descubiertos mediante unas gafas especiales que, casualmente, posee nuestro héroe. En ese momento, lo que empieza siendo una aventura de ciencia-ficción satírica, cambia poco a poco a una historia angustiosa, con acción y terror.

ALIEN 3
Alien 3 1992

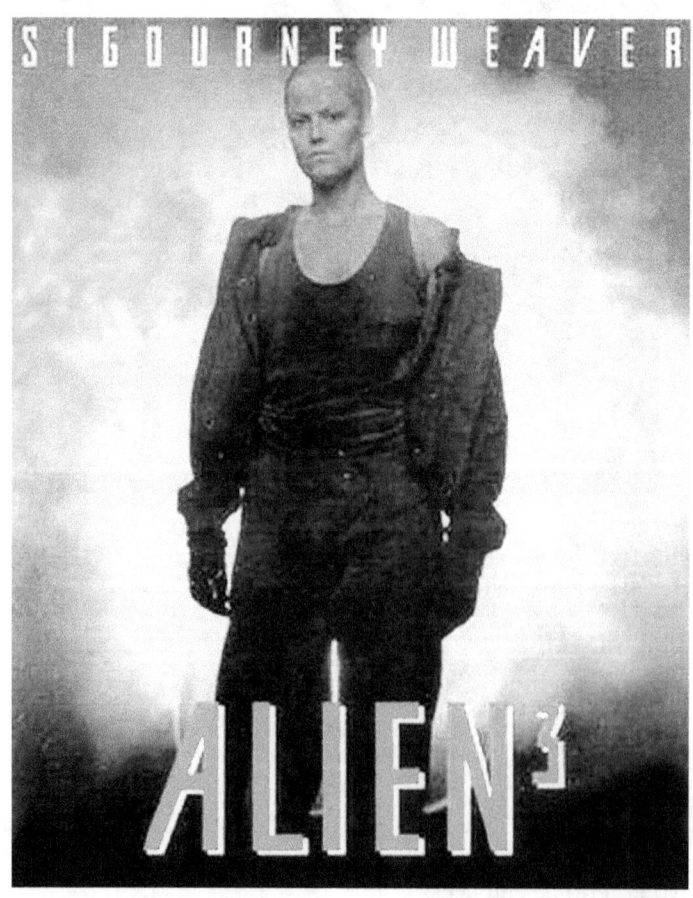

Director: David Fincher
Co-productora: Sigourney Weaver
Guión: David Giler, Walter Hill, Larry Ferguson
Música: Elliot Goldenthal
Efectos especiales: Alec Gillis, Tom Woodruff y Richard Edlund

Intérpretes:
SIGOURNEY WEAVER: Ripley
CHARLES S. DUTTON: Dillon
CHARLES DANCE: Clemens
PAUL McGANN: Golic
BRIAN GLOVER: Andrews
LANCE HENRIKSEN: Bishop II

Cuatro años de gestación, dos de rodaje, un presupuesto de más de cinco mil millones de pesetas y un hermetismo total sobre el final de la película (en realidad tuvo tres finales), dieron como resultado una versión pobre del legendario Alien. Su director, David Finsher había trabajado en la ILM de George Lucas y aún hoy nadie se explica que hacía aquí, dirigiendo la tercera entrega de una de las mejores películas de ciencia-ficción y terror de todos los tiempos.

El guión, apenas acabado dos semanas antes, se reformó varias veces y originó que muchas y costosas escenas se tuvieran que tirar al cubo de la basura y aumentar el presupuesto inicial sensiblemente. Rodada en los populares estudios londinenses de Pinewood, obligó a reproducir unos altos hornos en el plató 007, uno de los mayores del mundo.

Alien 3 es una de las peores películas de ficción y al mismo tiempo una de las más vistas. A pesar de que se cuidaron todos los detalles con sumo esmero y de que Sigourney puso muchas condiciones para aceptar interpretarla de nuevo, el argumento no gustó a casi nadie. El rodaje fue conflictivo durante las veintitrés semanas que duró y un triunfo de la dirección artística, dado el presupuesto tan raquítico disponible que obligó a prescindir de muchas cosas necesarias.

ALIEN: RESURRECCIÓN
Alien: resurrection 1997

Director: Jean-Pierre Jeunet
Guionista: Joss Whedon
Música: John Frizzel
Criatura: Amalgamated Dynamics SA.
Efectos visuales digitales: Blue Sky Productions

Intérpretes:
SIGOURNEY WEAVER: Ripley
WINONA RYDER: Annalee Call
RON PERLMAN: Johner
DOMINIQUE PINON: Vriess
BRAD DOURIF: Dr. Gediman

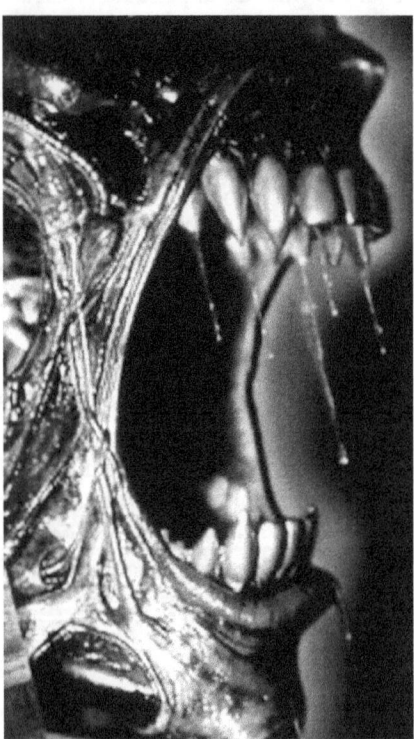 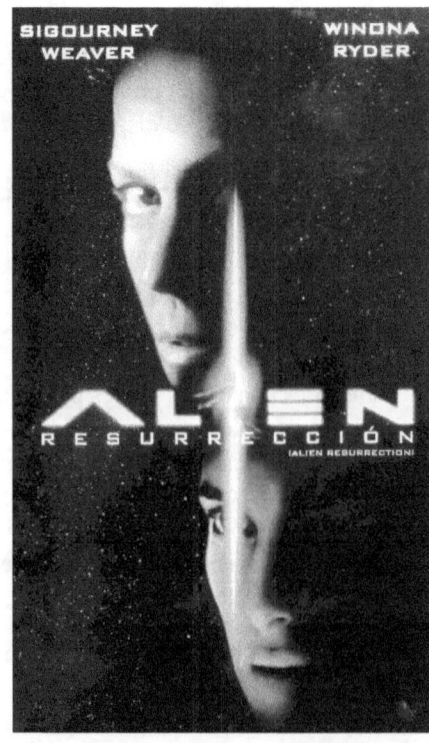

200 años después de los sucesos narrados en ALIEN 3, una nueva corpora-ción resucita a Ellen Ripley a partir de una muestra de sangre extraída del embrión de la Reina Alien implantado dentro de ella. Como mujer clónica, pugna

por mantener su humanidad, y se da cuenta que su ADN se ha mezclado con el ADN de Alien, dándola capacidades aumentadas, y frecuentemente se realiza asustada la pregunta acerca de cuán verdaderamente ella es humana. Como la nueva Ripley pelea con su identidad anterior, mientras el grupo de soldados y científicos de la compañía llegan con unos mercenarios y juntos tratan de parar los acontecimientos cuando una nueva mutación del Alien nace en la nave.

Las películas Aliens continúan permaneciendo para sus fans como una de las favoritas del género, así como también una de las diez películas más taquilleras de la ciencia-ficción y el terror. Bien sea frecuentado los pasillos oscuros del Nostromo en la película original de Ridley Scott, o el nuevo paseo de los marines contra la madriguera Alien de James Cameron en 1986, las atrocidades de este Alien entusiasmaron a los espectadores. Después llegaron las escenas de los presos y la inmolación de Ripley en la obra de David Fincher, ALIEN 3, aportando más pesadillas con los nuevos monstruos, hasta llegar a este filme, igualmente de tenebroso.

ALIEN VS. PREDATOR
2004

Director: Paul W.S. Anderson
Guión: Paul W.S. Anderson
Música: Richard Bridgland
Vestuario: Magali Guidasci.

Intérpretes:
SANAA LATHAN: Alexa "Alex" Woods
RAOUL BOVA: Sebastian De Rosa
LANCE HENRIKSEN: Charles Bishop Weyland
EWEN BREMNER: Graeme Miller

El millonario Charles Bishop reúne a un equipo internacional de arqueólogos, científicos y expertos en seguridad, dirigidos por la especialista en medioambiente Lex Woods, para investigar unas misteriosas emanaciones de calor que surgen desde las profundidades de la Antártida. Cuando ven lo que hay a seiscientos metros bajo la superficie del continente helado al principio se sienten entusiasmados, pero luego les invade el terror. Lo que allí encuentran parece una pirámide con una estructura mezcla de las culturas azteca, egipcia y camboyana, pero en cuyo interior hay elementos de gran avance tecnológico, lo que parece demostrar la presencia de extraterrestres. Además, el lugar es inteligente y, de forma inesperada, atrapa a los miembros del equipo y les separa de sus compañeros,

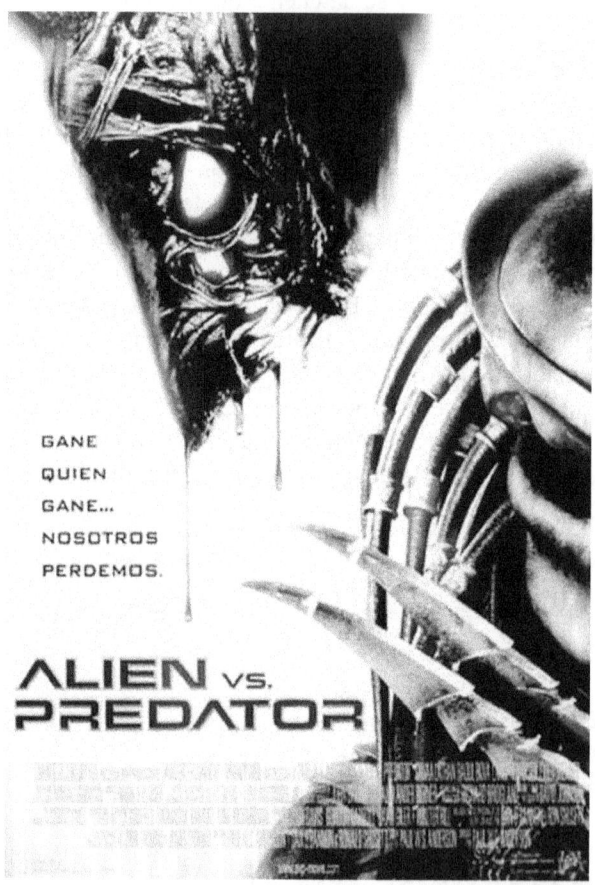

GANE
QUIEN
GANE...
NOSOTROS
PERDEMOS.

ΛLIEN vs.
PREDΛTOR

justo cuando los Predators se muestran y podemos ver que han capturado a una reina Alien.

Demasiados protagonistas para una historia sencilla, demasiado oscura, y sin nadie que lleve la batuta ante tanta acción y sangre. Las chicas, aunque son guapas y muy guerreras, poco pueden hacer para poner orden, mientras que los chicos apenas si logran ponerse a salvo cuando ese dúo de monstruos, aliens y depredadores, deciden darse un festín con ellos. La confusión alcanza su cenit cuando miles de aliens deciden atacar a los poderosos depredadores, momento en el cual el espectador reclama insistentemente un poco de sosiego para saber a qué parte de la pantalla debe mirar.

MÁS ALLÁ DE LA MUERTE

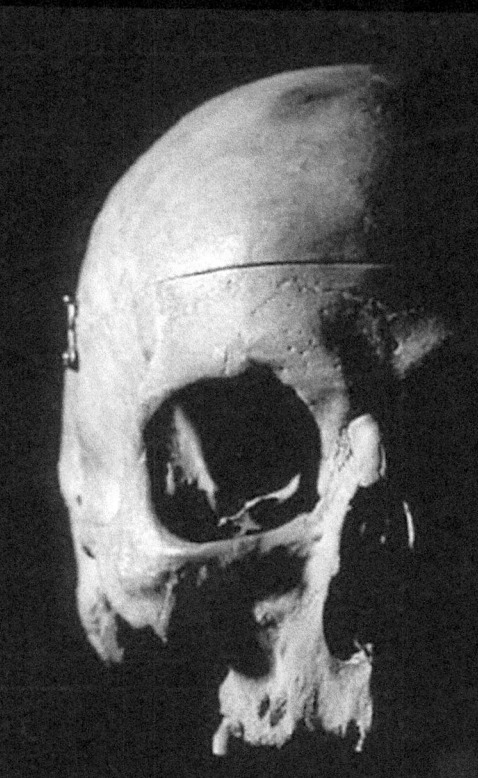

LÍNEA MORTAL

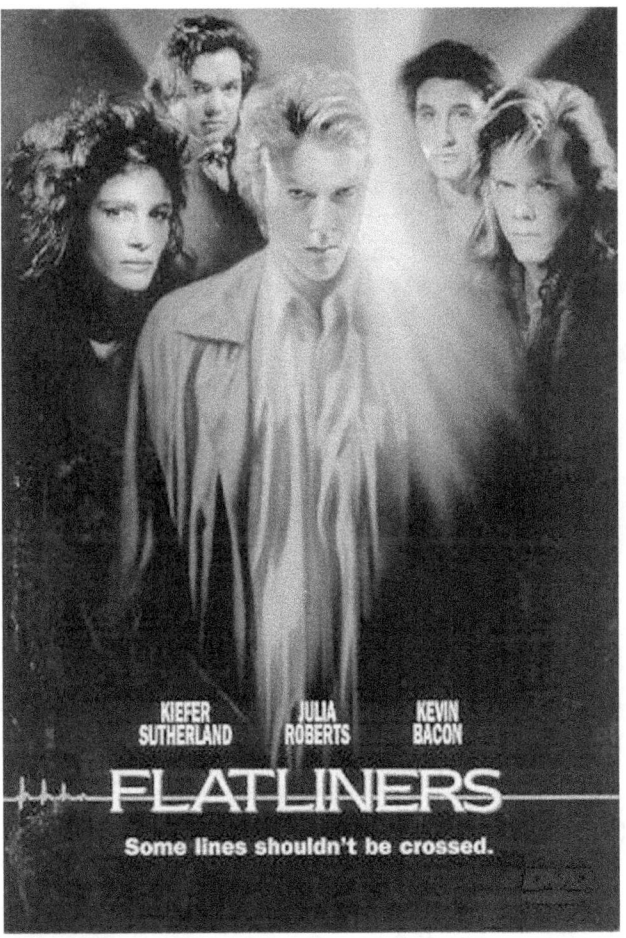

Flatliners 1990
  Director: Joel Schumacher

Intérpretes:
  JULIA ROBERTS: Rachel Mannus
  KIEFER SUTHERLAND: Nelson Wright
  KEVIN BACON: David Labraccio

Este viaje al mundo que envuelve la otra vida, justo después de la muerte, se nos muestra inicialmente muy correcto, lógico, pero poco serio y muy moralista.

369

Es casi como una fiesta de estudiantes, un experimento, en el cual están inmersos Kiefer Sutherland, Julia Roberts, Kevin Bacon, William Baldwin, y Oliver Platt. Ellos son unos estudiantes de medicina en Chicago que quieren realizar unos experimentos para averiguar qué hay en la otra vida, justo nada más morir. Tienen algunos conocimientos sobre congelación y reanimación, pero no son unos expertos y algunos de ellos tienen miedo sobre las consecuencias.

Junto a este juego mortal cada uno tiene sus propios problemas personales, como esos vídeos que graba Baldwin cuando está haciendo el amor con sus chicas. Ellas no lo saben, pero él los enseña luego a sus amigos.

El director, Joel Schumacher, tomó la idea inicial con bastante entusiasmo aunque sin demasiado rigor científico, y nos muestra la posibilidad de matar voluntariamente a una persona y luego reanimarla a los pocos minutos sin consecuencias para ella. Pero posteriormente nos lleva por caminos estúpidos, culpa ahora del guionista, y la película degenera en una historia de terror sin credibilidad alguna. Muchos juegos de luces y trucos con humo y fondos digitalizados, para mostrar la vida en el otro mundo de manera poco seria y en ocasiones risibles.

EL SEXTO SENTIDO
The sixth sense 1999

Fotografía: Tak Fujimoto
Música: james Newton
Guión y dirección: M. Nigth Shyamalan

Intérpretes:
BRUCE WILLIS
TONI COLLETTE
OLIVIA WILLIAMS
HALEY JOEL OSMENT

El cine con niños está en una nueva eclosión, aunque ahora como protagonistas de historias más truculentas. La pretensión de las productoras es conseguir que las familias acudan juntas a ver las películas y para ello hay que proporcionar alicientes a todos. En esta ocasión, un niño aparentemente asustadizo por causas irreales es llevado a un psicólogo que trata, al principio, de quitarle sus miedos, hasta que se da cuenta de la gran realidad: el pequeño ve realmente muertos a su alrededor y por ello puede predecir el horrible destino de algunas personas.

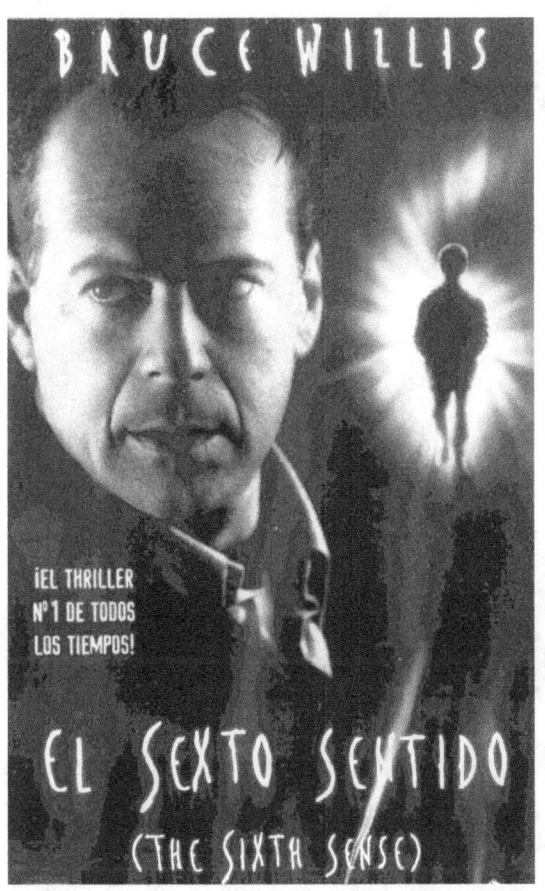

La vida después de la muerte es un tema que apasiona a casi todos los que tenemos cerebro, pues nos gustaría saber, por fin, qué hay después de esta existencia tan complicada. Por eso suelen tener tanto éxito películas así, siempre y cuando nos las muestren con un mínimo de seriedad y buen hacer. Ahora se trata de un horror controlado, pues no existe intención de buscar el grito espontáneo, sino la tensión y la incertidumbre. El argumento es desconcertante al principio y resulta difícil entender lo que el guionista nos trata de explicar, solución que nos llega en la media hora última de la película, justo la más apasionante.

MOTHMAN, LA ÚLTIMA PROFECÍA
The Mothman prophecies

Dirección: Mark Wellington
Guión: Richard Hatem; basado en el libro de John A. Keel
Música: Tomandandy
Fotografía: Fred Murphy

Intérpretes:
RICHARD GERE: John Klein
LAURA LINNEY: Connie Parker
WILL PATTON: Gordon Smallwood
DEBRA MESSING: Mary Klein

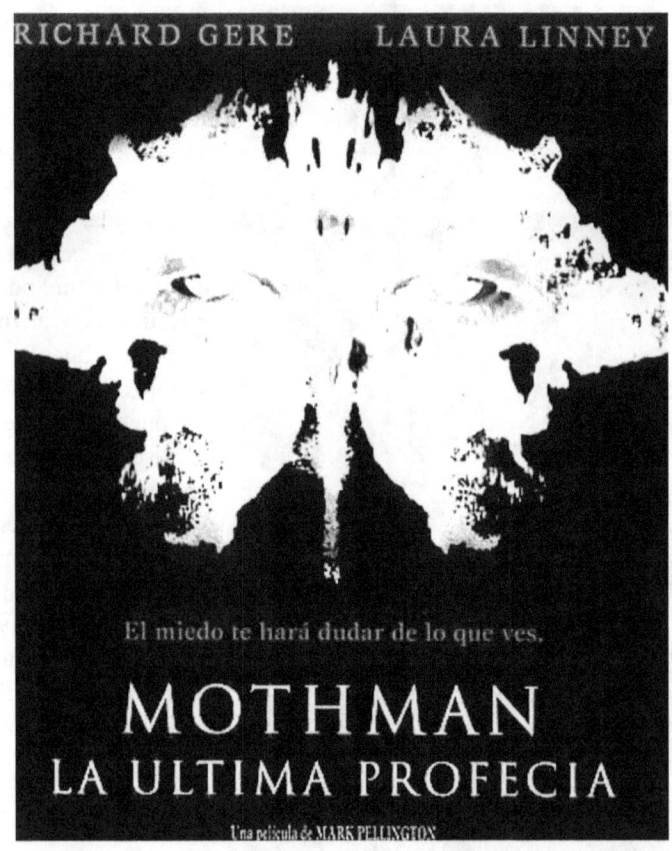

Basada en hechos reales, la película nos relata una serie de acontecimientos inexplicables a través de los ojos –y la mente– de un hombre. Él es Richard Gere, quien acompañado por Laura Linney, Will Patton y Debra Messing, interpretan este thriller lleno de suspense que cuenta la historia de un hombre que llega al extremo de investigar las misteriosas circunstancias que rodearon la muerte de su esposa, y cómo éstas podrían estar conectadas con los extraños fenómenos que ocurren en un pueblo situado a cuatrocientas millas.

El filme está basado en los acontecimientos relatados en un libro de John Keel de 1975, en el cual narraba con gran verisimilitud los sucesos que tuvieron lugar en el pequeño pueblo de Point Pleasant, Virginia Occidental, durante trece meses, los cuales culminaron en una tragedia que llenó las páginas de los periódicos del mundo en diciembre de 1967.

EL ÚLTIMO ESCALÓN
Stir of Echoes 2000

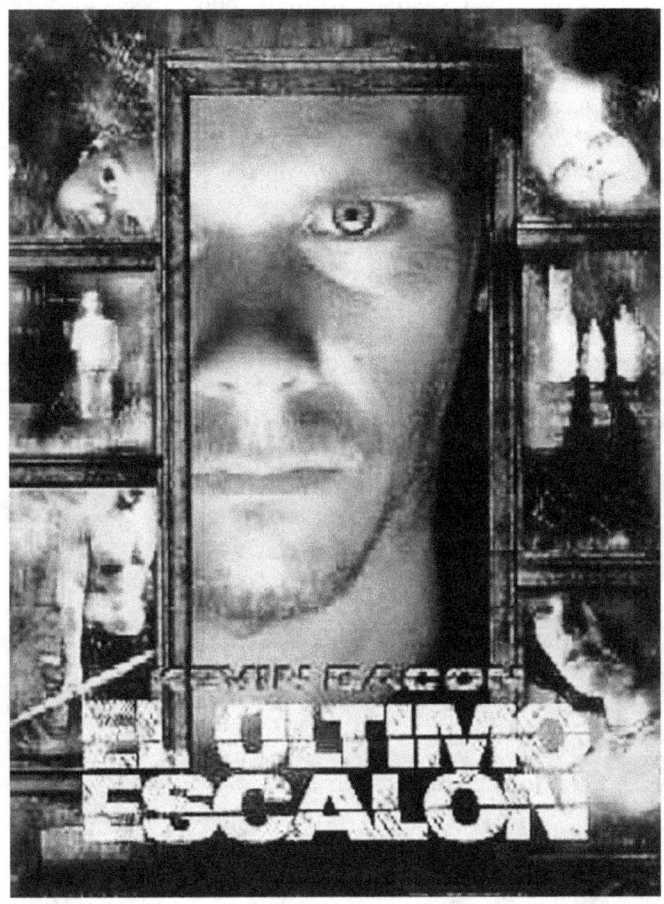

Fotografía: Fred Murphy
Efectos visuales: Casey Cannon
Guión: David Koepp
Basada en la novela de: Richard Matheson
Director: David Koepp

Intérpretes:
KEVIN BACON: Tom Witsky
KATHRYN ERBE
ELEANA Douglas

Un ciudadano que lleva hasta ahora una vida tranquila con su familia, decide jugar con el más allá y se somete a una sesión de regresión hipnótica bajo la dirección de su cuñada. Desde ese momento su vida cambia y se encuentra en posesión de unos poderes que le unen al otro mundo, especialmente con una niña que murió en circunstancias trágicas hace años.

Segunda película dirigida por David Koepp -autor del guión de *Misión imposible* y *Parque Jurásico*- tras *El efecto dominó,* basada en la novela de Richard Matheson, autor de *El increíble hombre menguante*, publicada en 1958. Destaca la interpretación del niño Zachary David Cope en su primer papel para el cine.

DESAFÍO FINAL 2
2003

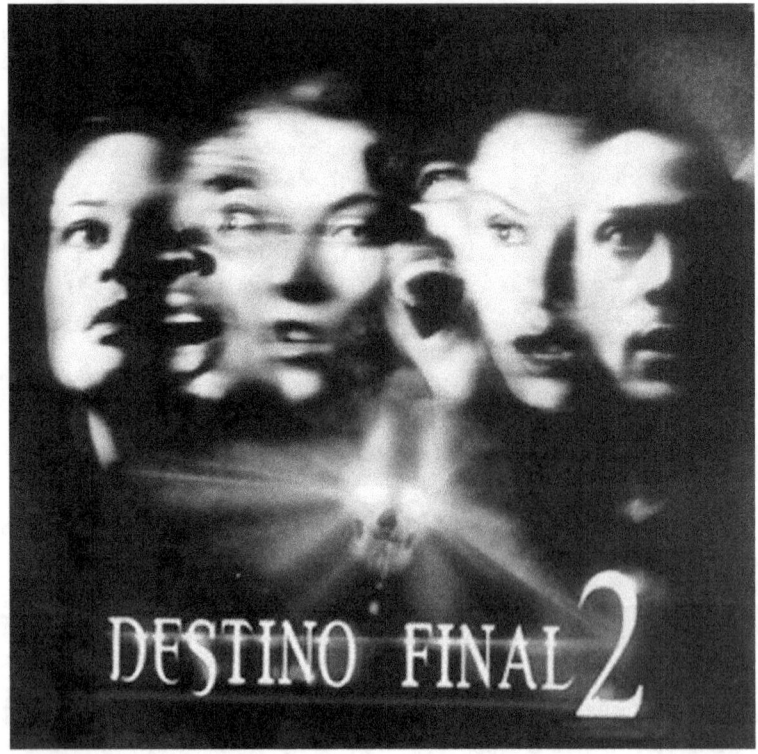

Director: David R. Ellis
Guión: Eric Bress y J. Mackye

Intérpretes:
ALL LARTER
A.J. COOK
MICHAEL LANDES
LYNDA BOYD

Más despiadado y efectivo que Jason y Michael Myers juntos, este nuevo asesino cinematográfico puede sembrar de cadáveres las butacas de las salas. Y es que de la muerte nadie se libra, aunque algunos lo intenten desesperadamente y los médicos se empeñen en impedirle la entrada.

La superviviente de la matanza del avión, Clear Rivers, ha sido ingresada en un hospital psiquiátrico a voluntad propia, no por que su mente esté alterada, sino porque allí está segura de encontrarse a salvo del monstruo de la guadaña. Pronto los acontecimientos se disparan y un aterrador accidente de automóvil, en el cual se ven involucradas docenas de personas, la obliga a salir de su encierro para ayudar a aquellos que ya están en la lista mortal. Lo importante es burlar a la muerte, engañarla, o que un nuevo nacimiento desequilibre sus intenciones. Pero cuando uno por uno mueren en circunstancias dramáticas, la única solución es impedir que esa línea recta se quiebre de una vez por todas.

En esta ocasión las escenas mortales están mucho mejor elaboradas que en la anterior entrega, la imaginación es más acertada, y aunque sentimos pena por las víctimas, en realidad nos alegramos de poder salir nosotros del cine ilesos.

THE EYE
2003

Director: Oxide y Danny Pang

Intérpretes:
ANGELICA LEE
LAWRENCE CHOW
CANDY LO

La protagonista es una muchacha muy guapa y sensible, pero ciega desde su niñez, aunque un transplante de córnea le permitirá recobrar la vista. La donante se acaba de suicidar y por ello sus ojos guardan grabados los recuerdos de su azarosa vida. Tras una operación, el mundo que se le ofrece indudablemente es hermoso, pero cuando ella se mira al espejo en realidad ve a otra persona, a su donante suicida. También observa fantasmas, precisamente de aquellos que están a punto de morir, por lo que sus pesadillas se hacen tan reales que la aterrorizan.

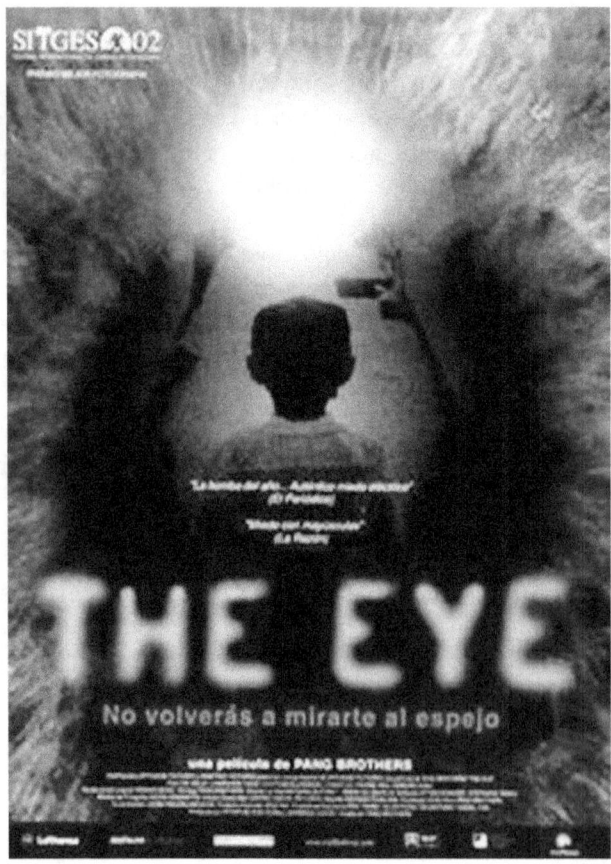

EL HOMBRE
LOBO

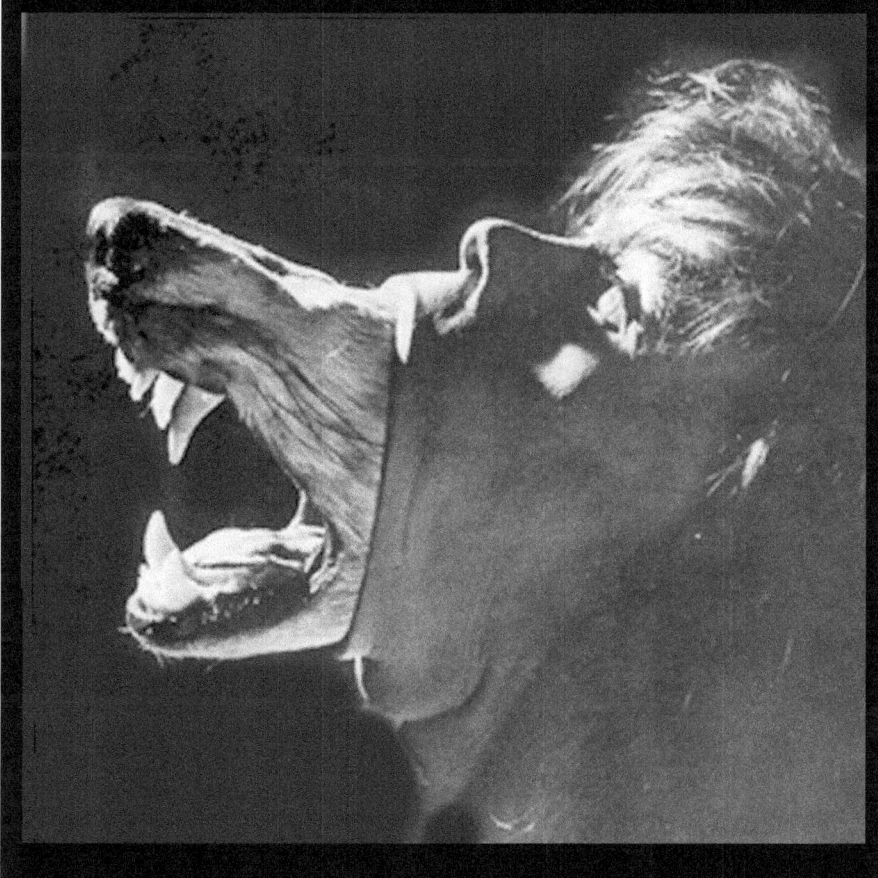

LA CREACIÓN DEL MITO

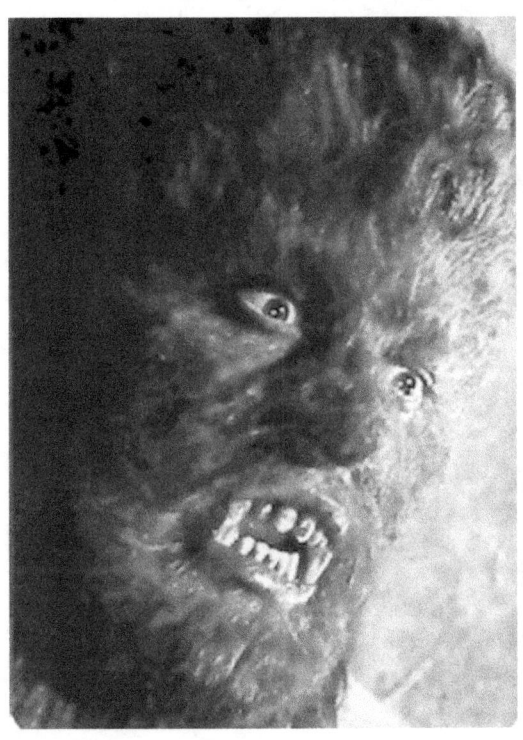

Si hay quien pueda pensar que este personaje siniestro es fruto de la imaginación de los escritores, les recordaré que la historia real está plagada de extraños seres con apariencia de lobo que se dedicaron a cometer toda clase de crímenes. Se conocen datos fidedignos que provienen del siglo XVI y XVII los cuales nos hablan de asesinos con poderes demoníacos, quienes tomaban aspecto de lobo cuando había luna llena y devoraban a todo ser vivo, animal o humano, que se ponía a su alcance. Además, los autores nos cuentan que las personas mordidas, si no morían, entraban en una fase de delirio que les convertía también en monstruos.

La licantropía, pues, está descrita en cualquier enciclopedia que se precie y tiene su origen en un rey mitológico llamado Lycaon, quien se rebeló a Zeus y fue condenado por ello a convertirse en lobo. Después, la naturaleza ha vuelto a repetir en numerosas ocasiones este fenómeno y continuamente salen en los diarios noticias de familias enteras afectadas por este "síndrome del hombre lobo", lleno de pelo por todo el cuerpo, especialmente la cara, casi desde su nacimiento. Los médicos lo denominan simplemente "hirsutismo" generalizado, pero lo cierto es que no pueden explicar la naturaleza del fenómeno que se hace muy dramático en las mujeres.

Aunque el cine haya exagerado la transformación de estas personas, y no sea cierta la creencia de que solamente pueden morir con balas de plata, sabemos que por algún motivo estos ¿enfermos? están muy nerviosos en las noches de luna llena y su mordedura provoca en sus víctimas una enfermedad contagiosa a veces mortal, con similitud a la rabia.

LOS PRIMEROS FILMES

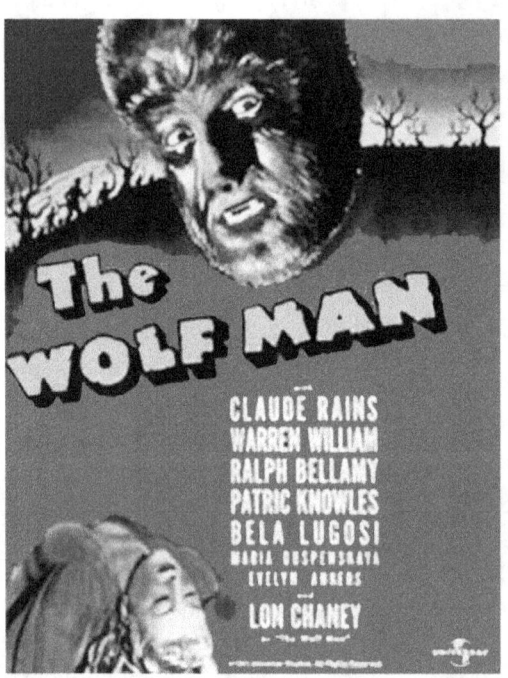

La primera película se titulaba "El hombre lobo" (The wolfman) y se rodó en 1924, siendo protagonizada por John Gilbert, aunque la ausencia de sonido dificultó sensiblemente que el público entendiera al personaje. Después, en 1935, Stuart Walker estrena "The Werewolf of London", que sería olvidada totalmente por el aficionado cuando se estrenó "The wolfman" (El hombre lobo), con Lon Chaney Jr. de protagonista, seguidor incansable de la línea de su padre, en cuanto a sus papeles como monstruo. La película estuvo dirigida por George Waggner y contaba con apariciones esporádicas de Bela Lugoshi y María Ouspenskaya.

El argumento nos habla de un aventurero Larry Talbot que en su regreso al castillo familiar, una noche de luna llena, es mordido por una extraña criatura y desde entonces se convierte periódicamente en un asesino despiadado.

Este film de la Universal tuvo bastante éxito en su momento, aunque su fama duró apenas cuatro años, justo con el estreno del film "Abbott y Costello contra los fantasmas" (1945), parodia del género de terror que sirvió al parecer para que el público no se tomara en serio el género de monstruos durante largos años. Anterior a este film, el Hombre lobo aparecería junto a otros mitos en "Frankenstein y el hombre lobo" (1943), "La cíngara y los monstruos" (1944), y "La mansión de Drácula" (1945).

Después, el mito sería revivido en una loable película titulada **"I was a Teenage werewolf"** (Yo fui un hombre lobo adolescente) de David Everitt, con un Michael Landon desconocido haciendo un buen papel como sanguinario hombre lobo. Quizá para que el público olvidase su monstruoso personaje protagonizó el legendario serial "La casa de la pradera", mucho más acorde con su personalidad y costumbres cristianas.

LA MALDICIÓN DEL HOMBRE LOBO
The curse of the werewolf 1961

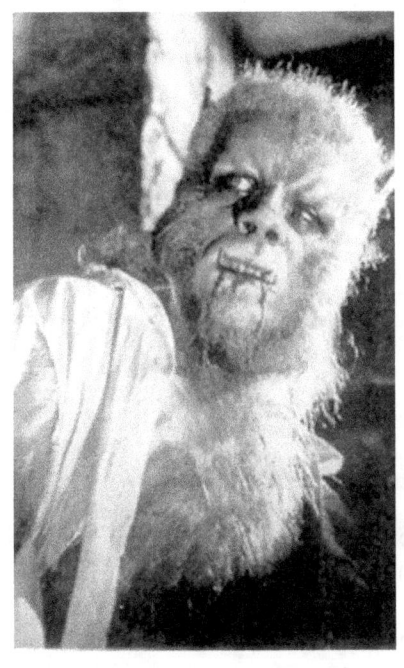

Maquillaje: Roy Asthon
Argumento: Guy Endore
Productor: Michael Carreras
Director: Terence Fisher

Intérpretes:
OLIVER REED: León/Hombre lobo
CATHERINE FELLER: Christina
CLIFFORD EVANS: Alfredo

Ahora la figura del monstruo está ya más humanizada, muy sensible a su desgracia, y vemos a nuestro protagonista consciente de su mal pidiendo a su amada Cristina que le encadene en las noches de luna llena y así evitar morder a persona alguna.

La película, al igual que todas las de la Hammer, lleva implícita una gran dosis de erotismo y por eso en algunos países se visionó fuertemente mutilada. El éxito puso en marcha enseguida una secuela titulada "El retorno del hombre lobo", pero las dificultades financieras de la productora eran ya muy altas, el género de terror ya no gustaba, y nunca se llegó a realizar.

LA MALDICIÓN CONTINÚA

Curiosamente, serán los españoles quienes aborden con mayor interés el tema de los licántropos y el actor Jacinto Molina (Paul Naschy) acomete la difícil empresa de inspirar terror al espectador, iniciándose con **"La marca del hombre lobo"** (1968), film que contaba además con el aliciente de estar filmada en 70 mm, sonido HiFi y sistema 3D, algo que le podía asegurar su difusión internacional.

Animado por su éxito, reincidió nada menos que en 11 películas más, siendo director en tres de ellas, contando además con la colaboración de personas tan importantes como Narciso Ibáñez Menta, Perla Cristal, Rossana Yanni y un buen plantel de especialistas en maquillaje y efectos especiales.

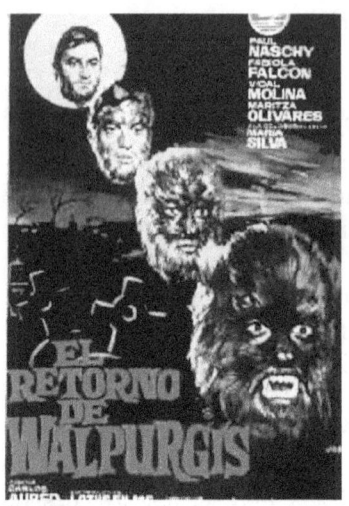

Menciones especiales de su trabajo son **"La noche de los Walpurgis"** (1970), dirigida por Leon Klimonsky y **"El retorno del hombre lobo"** (1980), dirigida por Naschy en colaboración con Masurao Takeda, con quien fundaría la productora Dálmata.

UN RETORNO MEMORABLE

Y así, un año después, dos películas norteamericanas irrumpen en el mercado con el tema del hombre lobo, alcanzando ambas un éxito extraordinario, incluso de crítica. La primera de ellas **"Un hombre lobo americano en Londres"** (An american werewolf in London) (1981), dirigida por el experto John Landis, fue premiada con un oscar al mejor maquillaje y nos contaba en tono de humor las desventuras de dos jóvenes que tienen la desgracia de perderse en un páramo inglés una noche de luna llena.

El guión, escrito por el mismo Landis, nos lleva continuamente desde el terror, a la comedia y a la reflexión, incidiendo especialmente en las escenas de la transformación del hombre en lobo, más que en las de truculencia asesina. Posteriormente, la estupenda labor de Rick Baker en los efectos especiales fue plagiada descaradamente en otros filmes. Con anterioridad a esta película, Joe Dante había realizado otra obra igualmente novedosa titulada **"Aullidos"** (The howling) 1980, que fue premiada en el Imagfic madrileño dos años después. La historia nos hablaba de una locutora de televisión que asiste incrédula a la vida de una comunidad de licántropos, entre los cuales se encuentra su marido. En su intento por rescatarle de su tenebrosa vida, acaba ella misma siendo mordida por un hombrelobo, lo que provoca su desgracia.

Esta película estaba narrada con suma efectividad y las secuencias de terror y suspense alcanzaron cotas muy altas, a lo que contribuyó la buena interpretación de Dee Wallace en el papel de la locutora televisiva, de Patrick Macnee como jefe de la comunidad licántropa y el genial John Carradine haciendo de tenebroso fanático.

Aunque Joe Dante no reincidió en el tema, otros productores continuaron la saga y pudimos ver "The howling II", "Aullidos III" (Howling, the marsupials), un alegato ecologista interesante, "Howling IV, the original nightmare" y "Aullidos V, el regreso", todas ellas con algunos aciertos pero sin lograr el interés de la primera.

AULLIDOS
The howling 1980

Director: Joe Dante
Guión: John Sayles, Terence H. Winkless
Basada en la novela de: Gary Brandner
Música: Pino Donaggio
Efectos especiales: Rob Bottin, Roger George

Intérpretes:
DEE WALLACE STONE: Karen White
PATRICK MACNEE: Dr. Waggner
DENNIS DUGAN: Chris
ROGER CORMAN

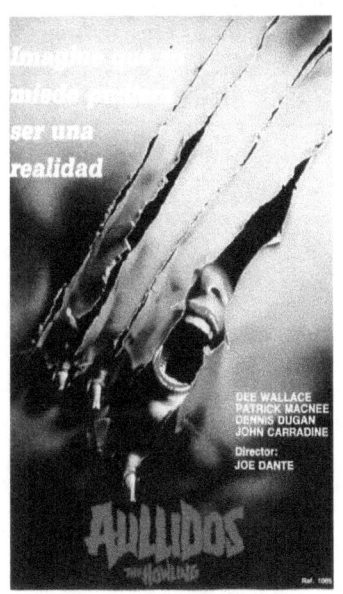

Joe Dante empezaba a dejar claro que sabía moverse con habilidad en el cine de terror, proporcionándonos una historia entretenida, aunque no necesariamente de un horror nauseabundo, tal y como es habitual en este género.

La historia nos cuenta las desventuras de una locutora de televisión que debe hacer frente a una comunidad de licántropos, quienes han contagiado incluso a su marido.

Debidamente interpretada por Patrick Macnee como un psiquiatra gordo; Dee Wallace como el rubio locutor de televisión, y Ricard Miller como dueño de la librería, vemos con deleite la lenta transformación de todos los personajes en malvados y hambrientos hombreslobos. Su transformación es casi un efecto cómico, elegante, inventado por Rob Bottin y que permite hacerlo sin apartar un segundo la cámara de su rostro.

UN HOMBRE LOBO AMERICANO EN LONDRES
An american werewolf in London 1981

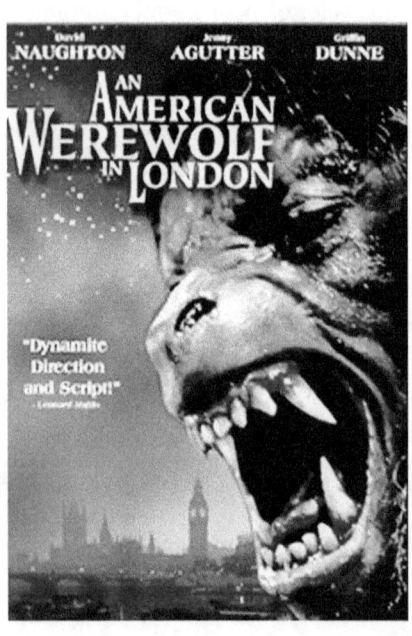

Guión: John Landis
Efectos especiales: Rick Baker
Director: John Landis

Intérpretes:
DAVID NAUGHTON: David
JENNY AGUTTER: Alex Price
GRIFFIN DUNNE: Jack Goodman
FRANK OZ: Mr. Collins

Película que toca de nuevo el mito del hombre lobo, esta vez mezclando el terror con la comedia, lo que impide que nos tomemos en serio secuencias verdaderamente dignas. La transformación en hombre lobo del protagonista es magnífica y fue copiada posteriormente por numerosos especialistas en maquillaje.

El argumento nos habla de dos chicos que están de vacaciones y que perdidos en un extraño paraje londinense se ven atacados por un lobo gigantesco. Los habitantes del lugar no les prestan ninguna ayuda, ya que son conscientes del horror que circula por esos parajes. Posteriormente, cuando regresan a su país, uno de ellos comienza a vivir una asombrosa pesadilla sin fin.

EN COMPAÑÍA DE LOBOS
The company of wolves 1984

Director: Neil Jordan
Guión: Neil Jordan

Intérpretes:
ANGELA LANSBURY: Granny
DAVID WARNER: Padre
GRAHAM CROWDEN: viejo sacerdote
BRIAN GLOVER: muchacho enamorado
KATHERINE POGSON: la novia

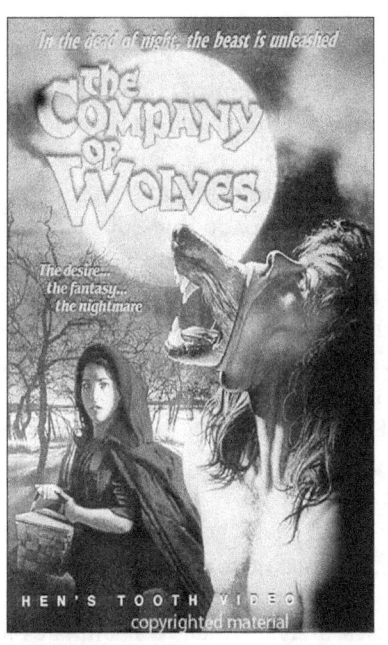

"En Compañía de lobos" es un sueño sobre hombres-lobos, muchachas jóvenes y bosques profundos, oscuros. No es una película con niños o para ellos, pues en su interior oculta una perturbada historia y una elegante pesadilla. La película empieza en el presente, pero rápidamente entra en los sueños de una muchacha que sueña muchas variaciones en el mismo tema: que los hombres pueden resultar ser lobos, y por eso las chicas nunca deben, en la vida, desviarse del camino a través de los bosques. La película crea su mundo preferido en el sueño y para ello nos muestra lugares oscuros, un universo fantástico lleno de árboles retorcidos, arbustos con espinas, lloviznas viscosas, caminos tortuosos, pájaros y huevos que no tienen polluelos dentro de ellos.

Curiosa película sobre el mito del hombre lobo que marcó una manera diferente de mostrarlo al público. Sobrevalorada por los críticos, pero con mediana aceptación por el público, la película emplea demasiados recursos psicológicos como para poder disfrutar plenamente de ella. Hay quien piensa que es más una versión para adultos de "Caperucita roja" que una historia de licantropía, pero es que el argumento da para toda clase de especulaciones.

SONAMBULOS
Stephen King'sleepwalkers 1992

Argumento: Stephen King
Director: Mick Garris

Intérpretes:
BRIAN KRAUSE: Charles Brady
ALICE KRIGE: Mary Brady
JOHN LANDIS: técnico laboratorio
JOE DANTE: ayudante laboratorio
STEPHEN KING: vigilante del cementerio
TOBE HOOPER: técnico forestal
MARK HAMILL

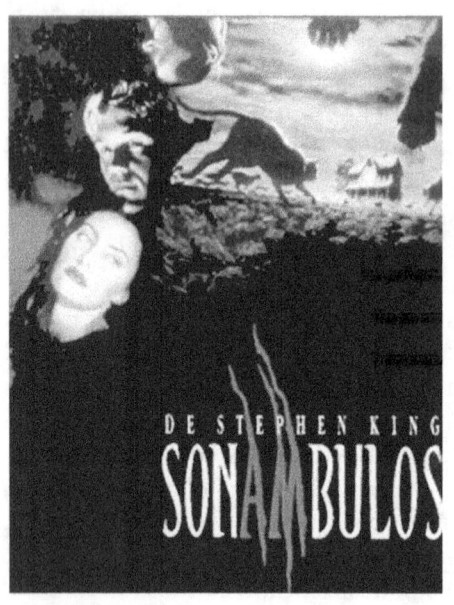

Película inspirada en un relato del prolífico King sobre una familia de licántropos-vampiros, entre cuyos miembros el incesto es imprescindible para perpetuar la especie. No es ciertamente una de las mejores historias de este escritor, por lo que solamente la recomendamos a los incondicionales. Buen manejo del centenar de gatos que intervienen en la película y curiosas intervenciones de Landis, Dante, King, Hooper y Hamill.

La acción se desarrolla en Indiana y asistimos a los esfuerzos que hacen una extraña raza de criaturas por sobrevivir, buscando incesantemente sangre fresca de vírgenes, algo que, al menos en ese pueblo llamado Travis, escasea mucho. Buenos maquillajes a cargo de John Blake.

LOBO
Wolf 1994

Director: Mike Nichols
Guión: Jim Harrison y Wesley Strick
Compositor: Ennio Morricone
Maquillaje: Rick Baker

Intérpretes:
JACK NICHOLSON: Will Randall
MICHELLE PFEIFFER: Laura Alden
JAMES SPADER: Stewart Swinton
RICHARD JENKIS: Detective Bridger
CRISTOPHER PLUMMER: Raymond Alden

Tensa e imaginativa historieta del hombre-lobo metido en una aventura urbana moderna, con Nicholson como un amable editor de libros. Will Randall (Nicholson) es una persona normal, pero que ahora tiene problemas en el trabajo y con su mujer. Una noche tiene un accidente, atropella a un animal, y cuan-

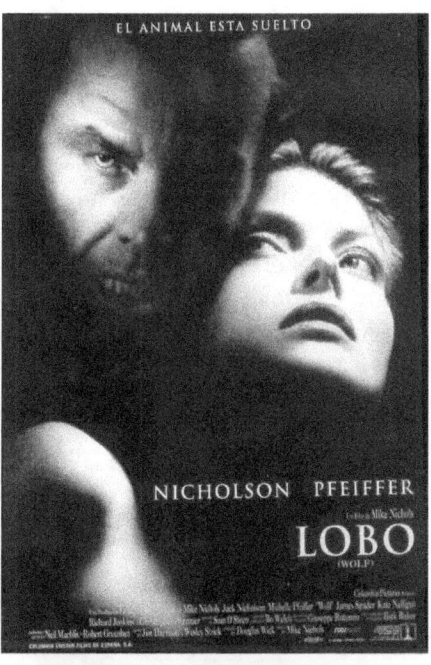

do va a auxiliarle es mordido en un brazo por una especie de perro lobo. Desde ese momento, su vida cambia, cobra nuevas energías y manifiesta una agresividad a veces incontenida contra sus enemigos.

Cuando los productores anunciaron que Nicholson sería el próximo hombre-lobo los aficionados temblaron, no de terror sino de pena. La idea de ver al mítico monstruo gesticulando y haciendo muecas con la boca nos parecía sencillamente denigrante y esperábamos una rectificación en esa elección. Pero Jack nos sorprendió a todos gesticulando mucho menos que en el resto de sus películas.

Ya tenía cierta experiencia en el cine de terror cuando trabajó con Roger

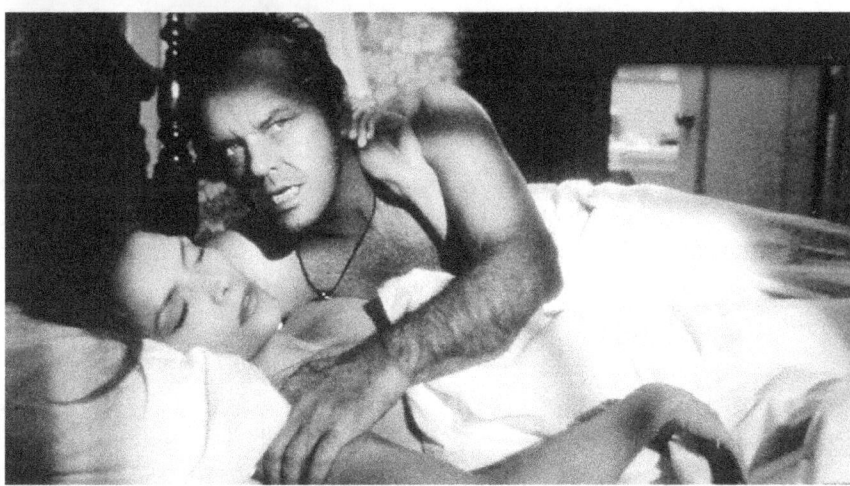

Corman en esa discreta película titulada "El terror" (que solamente salió al mercado del vídeo cuando Nicholson alcanzó cierta fama), además de su corto pero interesante papel como dentista sádico que martiriza al masoquista Bill Murray en "La pequeña tienda de los horrores". También hizo un pequeño papel secundario en "Yo fui un hombre-lobo adolescente" al lado de Michael Landon (el de "La casa de la pradera"), y alcanzó su mayor prestigio cuando trabajó como hombre enloquecido en la película de Stanley Kubrick "El resplandor". En esta película vuelve a tener la oportunidad de estar al lado de Michelle Pfeiffer después de "Las brujas de Eastwick", nuevamente como amantes.

El guión de "Lobo" se aparta esencialmente de otras versiones más lúgubres, quizá porque uno de los guionistas, Jim Harrison, había tenido una experiencia tenebrosa mientras permanecía en un refugio de alta montaña. Allí parece ser que fue mordido por un perro y horas después notó que le crecía vello en la cara, el torso y los brazos, aunque afortunadamente fue desapareciendo con la misma rapidez que se curaba la mordedura. Lo que Jim pretendía no era mostrar una historia básica de terror, sino al monstruo que parece ser que todos llevamos dentro y que solamente se puede liberar si la vida nos da esa oportunidad. La conclusión del guionista es que el hombre es agresivo por naturaleza y que las leyes y la cárcel es lo único que nos impide manifestarnos tal cual somos.

John Landis

Este director nacido en Chicago en 1950, debe su fama precisamente a diversos filmes de fantasía y terror, además de ser el autor del videoclip más famoso de toda la historia, el **"Michael Jackson's Thriller"**. Incluir el tema de una canción con un fondo argumental terrorífico, en el cual el protagonista se convertía en zombi y hombre lobo, fue un éxito extraordinario en todo el mundo.

La filmografía de John Landis está siempre llena de sorpresas y ha alcanzado triunfos totales, tanto de público como de crítica, con películas como **"Granujas a todo ritmo"** (1980), con una banda sonora de extraordinaria calidad en la que intervinieron Aretha Franklyn y James Brown: "Entre pillos anda el juego" (1983) y "Espías como nosotros" (1985), en donde fue capaz hasta de hacer de Steve Martin un buen actor, son otra muestra de su habilidad. No obstante, también ha tenido ciertos deslices imperdonables como "Tres amigos" (1986) y "El Príncipe de Zamunda" (1988).

GOZDILLA

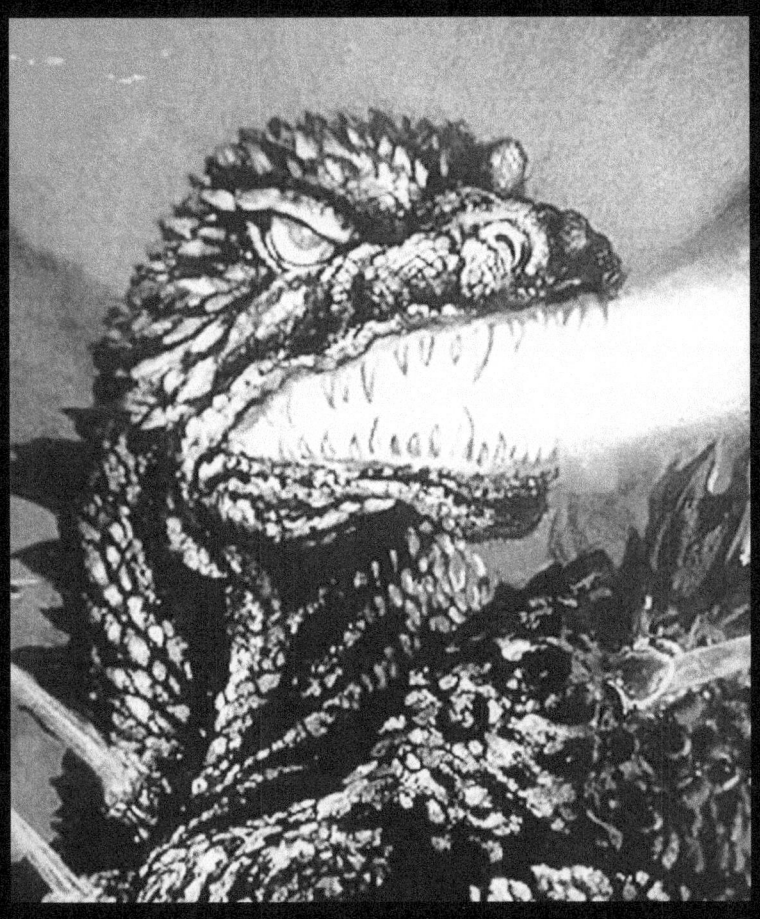

GODZILLA

Este monstruo prehistórico, adelantado a su tiempo en el mundo cinematográfico, fue diseñado sin demasiado entusiasmo por sus creadores y estaba pensado más que nada como una metáfora del enemigo norteamericano, aquel que fue capaz de lanzarles dos bombas atómicas.

La historia del primer Godzilla nació en marzo de 1954 de la mano de la Toho International, aunque con la colaboración de expertos indonesios. Un mes más tarde, la idea original llega a Tomoyuki Tanaka, productor ejecutivo de la Toho, quien estaba impresionado por el éxito cinematográfico de "El monstruo de tiempos remotos" (The Beast From 20.000 Fathoms), tanto en su país como en el resto del mundo. Admirador de los efectos especiales del genial Ray Harryhausen, piensa que esa manera de manejar efectos especiales con un corto presupuesto puede funcionar igualmente en Japón. Con las ideas bien definidas, presenta ante los dirigentes de la Toho el argumento de una historia que se titularía "El gran monstruo venido de 20.000 leguas marinas". Su idea es aprobada y junto a Eiji Tsuburaya experto en efectos especiales y maquetas comienzan la producción.

Eiji Tsuburaya había nacido en el Japón en 1901 y aunque tenía el título de ingeniero se introdujo en 1919 en el cine como operador en los estudios NipponTennesyokuKatsudo. Allí se perfecciona como especialista en efectos especiales, una técnica totalmente nueva en aquel entonces. Una vez finalizada la Primera Guerra Mundial, donde ejerció de corresponsal de guerra, se pasa a la Ogasawara Productions como jefe de operadores. En 1950 entra ya en la Toho en el departamento de efectos especiales, cargo en el que continúa hasta 1969, aunque ya en 1963 tenía su propio laboratorio independiente de efectos, muriendo en 1970 a la edad de 68 años.

Tsuburaya había visto en el año 1930 la película americana "King Kong" con unos efectos especiales loables de Willis O'Brien y decide construir un monstruo similar, pero a la japonesa, y lo presenta a su compañía cinematográfica. La producción comienza con el nombre de "G", algo así como la abreviatura de gigante, y con la colaboración de un escritor de ciencia-ficción, Shigeru Kayama, terminan el argumento el 2 de mayo de 1954. Alguien le habla de un actor gigante al que se le conoce con el sobrenombre de "Gojira" (fusión entre "Kujira" japonés y "Gorilla" inglés) y deciden dar ese nombre al recién nacido monstruo.

La película se inició definitivamente el 5 de julio de 1954, y aún no estaba decidido el aspecto que debería tener el gigante, aunque se habló de un pulpo enorme, de un reptil y hasta de un dinosaurio, todos en cientos de storyboards. No sería hasta la incorporación de Ishiro Honda (Inoshiro en inglés), en que todo quedó definido.

INOSHIRO HONDA

Nació en Yamagata (Japón), en 1911, y aunque no sabemos mucho de su juventud, los pocos datos que disponemos nos hablan de que consiguió un diploma de Bellas Artes en la Universidad de Nippon, que era un apasionado de la fotografía y que su amor por el cine le llevó en 1933 a entrar casi como aprendiz en los estudios P.C.L., posteriormente transformados en la Toho.

Su primer film como realizador fue en 1950, derivándose a los argumentos dramáticos ambientados en la guerra, ya que su naturaleza sensible le inclinaba por mostrar las desventuras de su pueblo. Trabajador incansable colabora con técnicos de la talla de Yammamoto y Kurosawa, aguantando estar en la sombra sin problemas, pero dando todo lo que era capaz cuando se convierte en director.

Su carrera asciende poco a poco y entre 1938 y 1946 su talento empieza darle cierto renombre, aunque la guerra de su país le obliga a combatir en Manchuria y a su regreso es recibido como un héroe. Justo en ese momento el Japón es ya un próspero país y realiza junto a Kurosawa el film "Chien Enragé" y en 1951 su primer film como director titulado "La perla azul", al que siguen "El hombre que vino del Puerto" y "Los ángeles del Pacífico". Sin embargo, todos estos filmes han pasado al olvido ante la presencia de Godzilla.

LA CREACIÓN DEL MONSTRUO

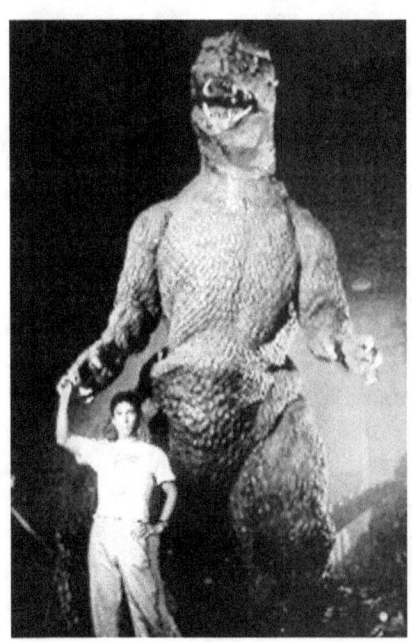

En 1954 la Toho abandona un proyecto en coproducción con Indonesia y decide incorporarse al género fantástico de tanto éxito en Estados Unidos y contacta con el productor Tomoyuki Tanaka, elaborando junto a Shigeru Kayama las bases para contar la historia de un monstruo que vive en las profundidades marinas.

Se inspiran en los "storyboards" de Iwao Mori y con la ayuda de Tsuburaya, el especialista en efectos especiales, se escoge como escenario primero un navío, después de apartar la idea de que sea un helicóptero el que contacte por primera vez con el monstruo. Godzilla, pues, emerge de las profundidades marinas ante los ojos aterrorizados de los navegantes, y sus primeras víctimas lo describen como un reptil prehistórico, mezcla entre un tiranosaurio rex y un allosaurio.

Sus creadores habían pensado en un principio que se pareciera a un tiranosaurio con cabeza gigante, pero después le fueron añadiendo detalles, como las protuberancias que llevan los cocodrilos en la espalda y una boca que expulsa fuego como los dragones mitológicos orientales.

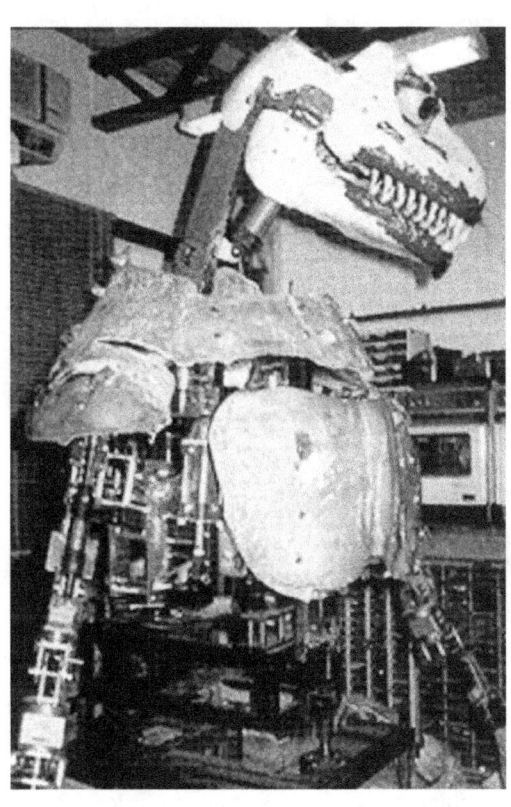

El plató se monta en Toba y Mie, y se establecen dos grupos bien diferenciados: el grupo A que se ocupa de los efectos especiales y el movimiento del monstruo, y el grupo B que se encarga del resto de las maquetas. El traje de Godzilla, que sería llevado sin protestar por un actor llamado Haruo Nakajima, estaba construido de un material mezcla de plástico, látex y goma espuma, reforzado en su interior por un complejo entramado de cañas de bambú, cuerdas y cartones. Por supuesto, cada parte del cuerpo era independiente y se montaban con esmero sobre el actor cada día del rodaje. El color, un gris antracita fuerte, era el más adecuado para que su silueta se confundiera con el ambiente y no delatara los trucos de su interior.

Con un peso de 100 libras, los andares por fuerza tenían que ser majestuosos y obligó al actor a realizar un duro aprendizaje previo para no caerse en cada paso. Aun así, los accidentes durante el rodaje fueron abundantes y Nakajima sufrió varias deshidrataciones a causa del intenso calor que había dentro del traje. Perdió nada menos que diez kilos durante la filmación y aunque su sueldo siempre fue escaso, al menos si lo comparamos con el resto de los especialistas, el hecho de ser conocido como "el hombre que movía a Godzilla" le sirvió para seguir interpretando su papel en la mayoría de las secuelas. También, en los ratos en que no hacía de monstruo, intervenía como extra, bien de electricista, bien de señor que corre y hasta de persona sorprendida en el water por el monstruo. En otras escenas Godzilla era una pequeña maqueta animada según la vieja escuela de Harryhausen y también se contaba con una gran cabeza accionada por electricidad, la cual dejaba escapar por la boca su fuego radiactivo.

Mención especial son las impresionantes maquetas de edificios, trenes y bosques que animan todo el film, algunas de hasta dos metros de altura, las cuales serán destruidas sistemáticamente por el monstruo, eso sí, filmadas con la cámara lenta (o rápida, según se mire), para que la majestuosidad de Godzilla impresione a los espectadores. Las maquetas de Tokio se reconstruyeron con gran meticulosidad, ya que ningún habitante de la ciudad debía ver algo que no correspondiera a la realidad.

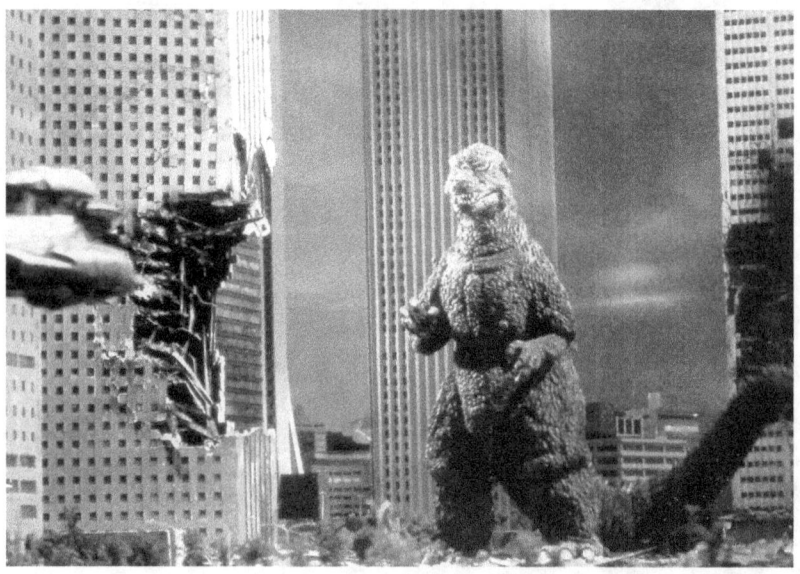

El sonido de Godzilla también tuvo un trabajo extra y se emplearon sonidos de contrabajo con reverberación, a una octava inferior de lo normal, para los momentos en que expulsaba el fuego por la boca, y un gran tambor sirvió para simular las enormes pisadas y el retemblar del suelo. Y así, después de 122 días de intenso trabajo, Godzilla fue terminado. En pocos días, la película fue vista en el Japón por 10 millones de espectadores. Eso sucedía el 3 de noviembre de 1954.

Casi dos años después, en abril de 1956, Godzilla se estrenó en los Estados Unidos con el título de "Godzilla, rey de los monstruos", pero como los americanos no estaban seguros del éxito añadieron escenas rodadas en América y metieron a los actores Raymond Burr (famoso por su papel como Perry Mason) y a Terry Moore en el argumento. La mezcla no estuvo nada mal hecha, ya que nadie se dio cuenta en su momento del truco y la verdad se supo algunos años después. Lo curioso del caso es que los actores americanos nunca llegaron a ver a Godzilla en persona durante el rodaje. Lo cierto es que Burr se convierte en el héroe del film, desplaza a los japoneses, especialmente a Akira Takarada y hasta en los affiches figuran los americanos como las auténticas estrellas. Pues bien, la película se estrena en 1957 en Italia y allí hacen nuevos cambios añadiendo escenas adicionales con el actor Luigi Cozzi y hasta le incorporan color (la película fue filmada en blanco y negro) fotograma a fotograma, lo mezclan con escenas de otros film parecidos, con algunos pasajes de la destrucción de Hiroshima y Nagasaki por la bomba atómica y aunque el resultado final es sumamente interesante, no fue suficientemente apreciado por el público.

JAPÓN BAJO EL TERROR DEL MONSTRUO
Gojira 1954

Director: Inoshiro Honda
Guión: Inoshiro Honda, Shigeru Kayama y Takeo Murata
Música: Akira Ifukube
Fotografía: Masao Tamai
Efectos especiales: Eiji Tsuburaya

Intérpretes:
AKIRA TAKARADA: Oficial Hideto Ogata
MOMOKO KOCHI: Emiko Yamane
AKIHIKO HIRATA: Dr. Daisuke Serizawa
TAKASHI SHIMURA: Dr. Kyohei Yamane

GODZILLA, KING OF THE MONSTERS
81 minutos **(1955)** USA

Director: Terry Morse

Intérpretes:
RAYMOND BURR: Steve Martin
TERRY MOORE

El primer film de la serie es ya un clásico indiscutible, marcando una larguísima secuela de películas, aunque ninguna consiguió quitarle el protagonismo a la primera entrega. Antecesora de otros filmes similares, de los cuales destacamos *El mundo perdido* (The lost world, 1925), *King Kong* (King Kong, 1933), y por supuesto la obra de referencia *El monstruo de tiempos remotos* (The Beast from 20.000 Fathoms, 1953), pudo conseguir llegar a las pantallas de todo el

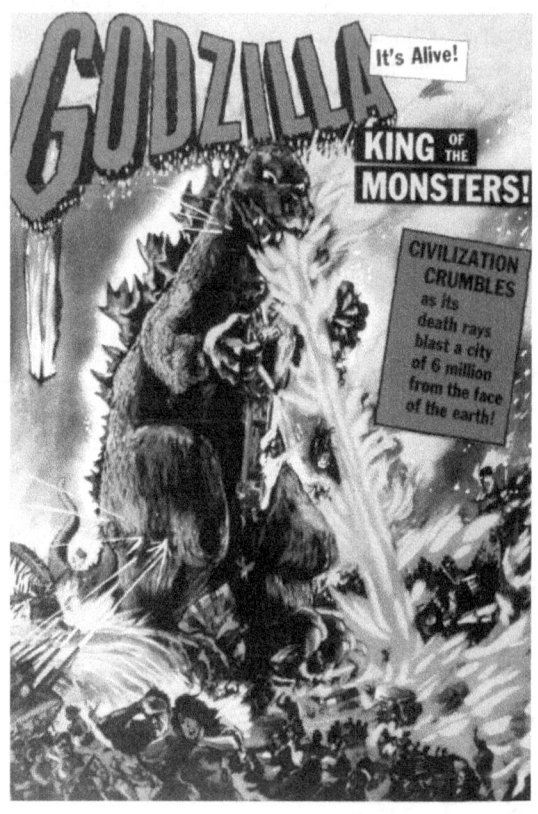

mundo, lo que parecía casi imposible.

La crítica hacia el armamento nuclear, y la incorporación de actores enfundados dentro de la piel del monstruo, consiguieron oponerse a la tendencia de las trasparencias, en donde siempre hay dos películas simultáneas, una delante de la otra, además de la animación stop motion o fotograma a fotograma.

El guión de Takeo Murata logra aportar la adecuada seriedad, lo que no es extraño al tratarse de un escritor experimentado en la literatura de ciencia-ficción, aunque también participaron Honda, el director de efectos especiales Eiji Tsuburaya y el productor Tomoyuki Tanaka. La idea aceptada por todos fue la de mostrar a un monstruo mutante generado por la radiación atómica, algo así como una mezcla entre un dinosaurio y un reptil.

El nombre de Gojira podría ser la unión entre *gorila* y *kijura*, pero puesto que este último vocablo significa ballena, quizá se pretendió justificar la posibilidad del monstruo para permanecer largas horas en el fondo del mar. La ventaja de esta fusión corpórea, más la acción de la radioactividad, le proporcionaban una gran resistencia a las balas, en ocasiones a las bombas, y un aliento de fuego que le permitía arrasar a distancia.

Del mismo modo que Nueva York ha sido la ciudad norteamericana elegida infinidad de veces para ser asolada por monstruos y bestias venidas de otros mundos, los japoneses pensaron que Tokio podía ser igualmente idónea para ello, más que nada porque era fácilmente reconocible. Pero el primer ataque se haría desear, ya que antes hemos tenido que intuir su presencia entre sombras y agua, y solamente después de 45 minutos el gran monstruo ocupa toda la pantalla. Da igual, porque el pánico entre los espectadores ya había sido creado y aunque se hubiera paseado por un campo de amapolas habría sido suficiente. Por eso, cuando la ciudad de Tokio es pisoteada una y otra vez por Godzilla, sin que unos

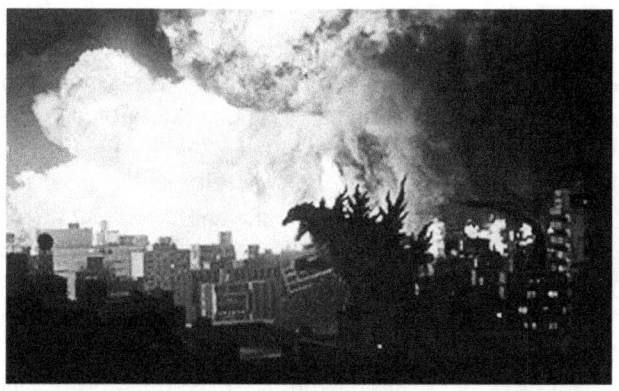

pocos tanques y aviones logren frenarle, sentimos pena por esas gentes que hasta ayer mismo vivían tranquilas y hasta tenían romances. Este drama de los japoneses parece sacado de una película de guerra, con los hospitales llenos de heridos, la oscuridad que impide ponerse a salvo, y los infelices que acaban siendo masacrados por un ser al que hasta entonces nadie conocía.

El presupuesto para este proyecto en el que pocos confiaban, fue de 60 millones de yens (aproximadamente 900.000 dólares), bastante más que en el filme de referencia *El monstruo de tiempos remotos (*poco más de 200.000 dólares), pero la recaudación en taquilla, con cerca de 10 millones de dólares (solamente en el Japón) provocó un suspiro de alivio en la productora.

Pero lo mejor ocurrió después, ya que hasta entonces el cine japonés era casi una anécdota para occidente, mucho más con una cinta que seguía fiel al blanco y negro. Avalada por el éxito enorme en Japón, "Gojira" fue adquirida por los distribuidores estadounidenses, pero con algunas condicionantes: había que cambiarle el título e introducir algunos actores norteamericanos. Esto puede parecer humillante hoy en día, pero antes no lo era, y los estudios Toho aceptaron esta simbiosis y se sustituyeron algunas escenas dramáticas aparentemente poco importantes, por otras con el actor Raymond Burr, quien hacía el papel de un bravo reportero. Y de nuevo la sorpresa fue total, ya que este Godzilla, retitulado como "El rey de los monstruos", alcanzó gran renombre mundial, comenzando así una próspera industria y un género cinematográfico.

LA CONTINUACIÓN

En 1955 se estrena "El retorno de Godzilla", el cual lucha contra un anquilosaurio llamado Angurus, y fue distribuido por la Warner en Estados Unidos con el título de "Gigantis, the Fire Monster", aunque nuevamente se incluyen "toques" americanos como la banda sonora original que es eliminada en favor de otra más folk.

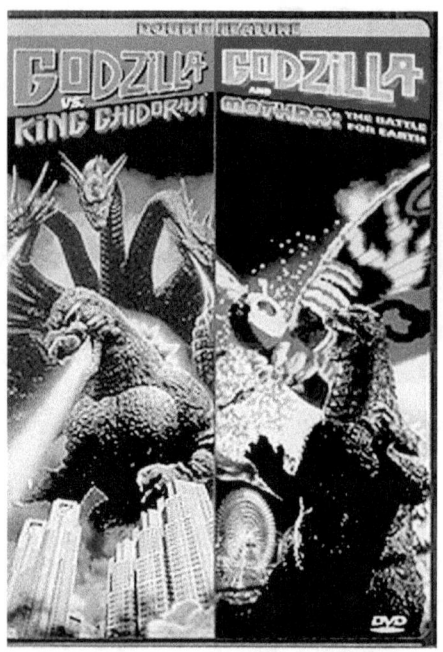

En 1962 podemos ver por fin a Godzilla en color y en Cinemascope, ahora acompañado por el monstruo King Kong y en coproducción con Estados Unidos. La lucha final tiene lugar en la cima del monte Fuji y filman también una doble versión: mientras que en la auténtica Godzilla vence al gorila gigante, en la versión americana comandada por Thomas Montgomery, King Kong se alza con el triunfo. Aún hay más: mientras que el cráneo de Godzilla era el de un animal prehistórico, al gigantesco mito norteamericano se le dio apariencia humana, ¡faltaría más!

Lo curioso del fenómeno Godzilla, es que aunque las películas que le precedieron no tuvieron el mismo éxito y poco a poco hubo un lento declinar de este icono, se estrenaron nada menos que 27 secuelas, aunque en algunas el monstruo cambia su fisonomía, mostrándose poco a poco como amigo de los humanos (paradojas del cine), aunque muy poco amigable con los ejércitos. Estas películas son conocidas en Japón como "Eiga del daikaiju", algo así como "Películas de monstruos gigantes", siendo los más importantes Gamera, Rodan y King Ghidorah. El asunto es que había que seguir entusiasmando al público, pero las nuevas criaturas debían inspirar el mismo miedo y respeto, destacando especialmente ese pterodáctilo llamado Rodan, quien protagonizó su primera película bajo el título de *Los hijos del volcán*. El filme, rodado en technicolor, casi consiguió superar al éxito del primer Godzilla, pero los productores decidieron matarle en su primera aventura y se quedaron sin su nueva mascota, aunque le pudimos ver en grupo.

Otra secuela importante fue "Godzilla contra La Masa", rodada en 1964 y dirigida también por Inoshiro Honda, en la cual el familiar monstruo tiene que pelear contra una mariposa gigante llamada Mosura. Esta vez no hubo doble versión americana. Ese mismo año se termina otra película titulada "Ghidrah, the 3 Headed Monster", en la cual Godzilla deja su papel de villano para convertirse en un benefactor de la humanidad, ya que debe luchar contra una invasión de monstruos extraterrestres. En 1965 vuelven los extraterrestres en "Invasion planet X" y se tienen que unir Rodan y Godzilla para detener al invasor, junto al actor americano Nick Adams, quien ya había trabajado en otros filmes japoneses.

La mariposa gigante Mosura vuelve a salir en 1966 en la película "Ebirah, horror of the deep" y en 1967 descubrimos al hijo de Godzilla, Minya, quien hace las delicias del público juvenil. En este film son nuevamente los extraterrestres los enemigos del mundo y vemos a la totalidad de los monstruos de la Toho en acción: Godzilla, Rodan, Mosura, Angilas, Manda, Gorosaurio, Baran, Spiga y Ghidorah, todo un esfuerzo para los especialistas en maquetas.

En 1969 se estrena "La revancha de Godzilla", seguida en 1971 de "Godzilla vs the smog Monster" con un nuevo monstruo salido de la polución industrial llamado Hedora, y en 1972 "Godzilla contra el gigante", otro monstruo creado por extraterrestres, el cual sale de nuevo en 1973 junto a Megaro en la película "Godzilla 1980".

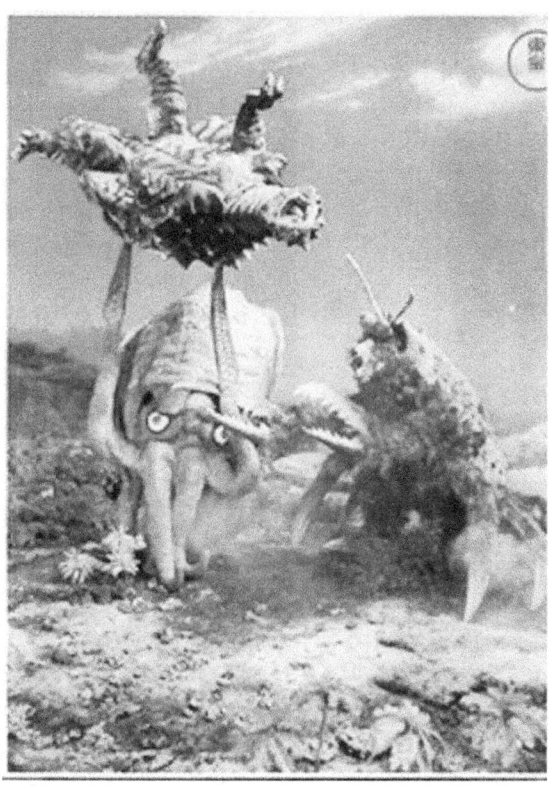

Los últimos film fueron "Godzilla vs mecanick Monster" en 1974, ahora contra el robot llamado Nakano y en 1975 "Los monstruos del continente perdido", también dirigido por Inshiro Honda, en el cual Godzilla lucha contra el Titanosaurio Mekagojira, también, no se lo van a creer, construido por extraterrestres. Después se le intenta revivir en 1977 con "Rebirth of Godzilla" y "Godzilla versus the Devil", pero el filón había muerto por aburrimiento, hasta que... en 1985 se estrena "Godzilla 1985" una aceptable revisión del monstruo pero que solamente vimos en la televisión, aunque la pudimos ver en vídeo en el año 1998 cuando salió al mercado mundial toda la colección de Godzilla.

Por supuesto, con la mezcla de tantos monstruos, y el argumento casi infantil, la popularidad disminuyó, aunque aumentaron las risas entre los espectadores más jóvenes, un público agradecido que continuó siendo fiel a esta larga saga de criaturas increíbles. Estos monstruos aparecían de improviso y desde los primeros minutos se dedicaban a empujarse, pisarse y agarrarse por la cola, con lo cual la diversión estaba asegurada durante 90 minutos. Esta es la causa por la cual las películas de Godzilla no están enlazadas unas con otras, y ni siquiera el monstruo original es el mismo en las pretendidas versiones auténticas. Un ejemplo es esa versión norteamericana de 1998, con la bestia corriendo como un dinosaurio y sin ningún parecido con el primitivo, siendo capaz de engendrar cientos de criaturas, tal y como el monstruo de Alien realizó desde la segunda entrega. Sin embargo, no echemos toda la culpa a esta película americana, pues los japoneses ya se habían encargado años antes de desmitificar al invento, especialmente cuando se incorporó a Minya, el hijo de Godzilla, un muñeco que arruinó cualquier buen intento de continuar con honores la saga, siendo ampliamente criticado por todos. Entre este retoño y la lucha contra Gigan, un cyborg enviado –asómbrense– por cucarachas malvadas para conquistar la Tierra, la cuesta abajo en popularidad fue meteórica. Por si fuera poco, incorporaron a Ghidorah, ese dragón de tres cabezas sacado de las fábulas infantiles, y a Hedorah, un monstruo envuelto en la niebla, quien al menos desaparecía de vez en cuando. Con ellos, el mito quedó irreconocible.

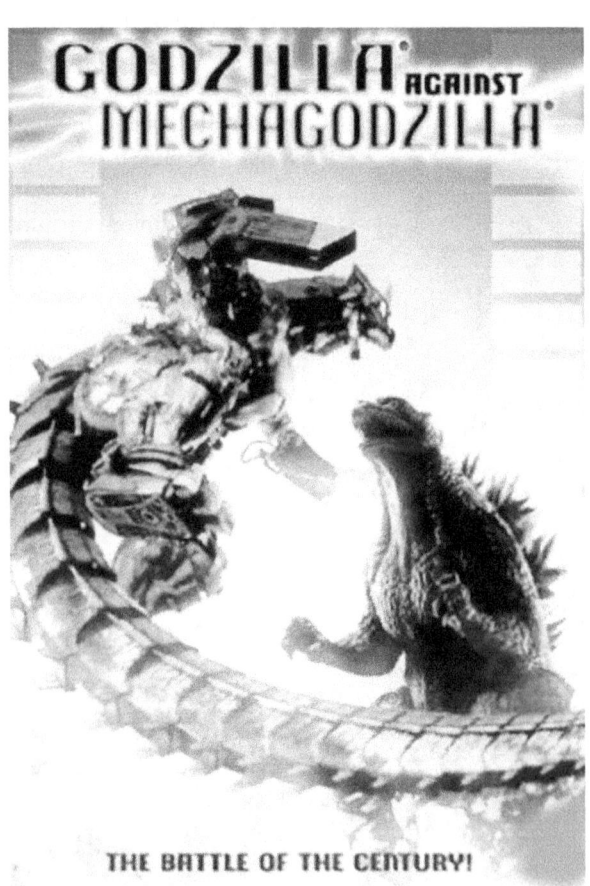

THE BATTLE OF THE CENTURY!

Entre tanto desatino solamente una cosa se conservaba: Tokio seguía siendo el lugar escogido por los monstruos para pelear y hacer su carnicería particular. Afortunadamente los especialistas en efectos especiales lo recomponían con rapidez, y antes de que llegase la nueva ornada ya lo tenía levantado y bien limpio. Pero alguien dijo eso de ¡ya está bien! y un día buscaron lugares más exóticos, llevando los bártulos hasta pequeños pueblos o islas abandonadas, aunque no era lo mismo. El público que aún seguía interesado en ver a su entrañable bicho gigante quería verle destruyendo los rascacielos y pisoteando a los trenes.

Esa fue la razón para que en 1984, con el filón ya prácticamente extinguido, hicieran una nueva película, más seria, pero tan aburrida que no hubo manera de aplaudir. O a lo mejor es que ya nadie se sentía interesado por las radiaciones atómicas, ni por un monstruo que albergaba en su interior a un actor sudando gotas de tinta. No obstante, y puesto que la industria cinematográfica japonesa no acababa de despegar, los productores insistieron y en los años 90 sacaron "Godzilla contra Biollante", "Godzilla contra King Ghidorah", "Godzilla contra Mothra", "Godzilla contra Mechagodzilla 2" y "Godzilla contra el Godzilla del espacio", todas desconocidas para nosotros los europeos.

Ahora, con el milagro del DVD, se han vuelto a editar (al menos para la zona 1) y quienes las han visto aseguran que todo estaba muy bien hecho (dentro de un orden), con buenos efectos, trajes y maquetas, y hasta disponían de un guión, lo que ya fue un acierto. Aun así, el fracaso rondaba cada intento, así que como los japoneses están acostumbrados a morir con honor decidieron matar a su ídolo, tal y como habían hecho los dibujantes del cómic con Superman. El funeral tuvo lugar en 1995, y la productora Toho mató a su héroe en "Godzilla contra Destoroyah", unos pocos años antes de que lo resucitaran los norteamericanos, quienes al menos consiguieron que las nuevas generaciones sintieran interés por ese gran bicho con patas y cola.

GODZILLA 85
1984

Director: Kohji Hashimoto
Guión: Shuichi Nagahara
Efectos especiales: Teruyoshi Nakano

Intérpretes:
KEN TANAKA: Goro Maki
TAKUMA: Ken Okumura

En un intento de revivir el monstruo, pero sin contar con ninguno de los creadores originales, nos sacan esta versión que solamente pudimos ver en la televisión (y en horario nocturno), con innovaciones técnicas y excelentes ideas parciales, inspirándose para el final en *Los hijos del volcán*.

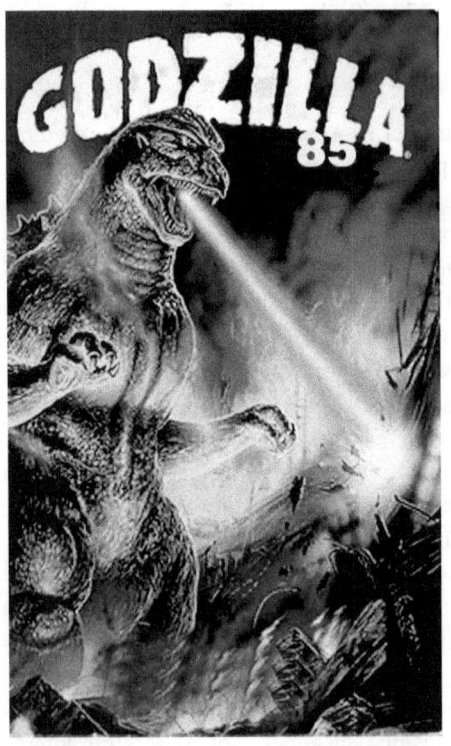

Nuestro entrañable monstruo se regenera gracias a un reactor nuclear, aunque ello le proporciona unos ojos malvados y una estatura incluso superior, lo que le hace sobresalir incluso por las azoteas de los nuevos rascacielos. Ello era imprescindible, pues el Japón de los años 80 era ya una metrópoli inmensa y moderna, muy alejada de esa gran urbe devastada por la guerra en los años 40.

La película comienza cuando Goro Maki rescata a Ken Okumura de un buque que había sido atacado por unos monstruos marinos. Este arranque prometedor se diluye inmediatamente, hasta que vemos al gigantesco Goro, enemigo irreconciliable de Godzilla, siendo capturado por el Profesor Hayasida en un intento de derrotar a Godzilla.

Podíamos considerar que *Godzilla 85* es la única película en la cual el monstruo no supone solamente una amenaza para el Japón, sino para el resto del mundo. Por eso los efectos especiales fueron más numerosos, especialmente en las escenas en las cuales había gente corriendo para escapar del monstruo

Esta versión de 1985 pretendía ser un remake de la primera película rodada en 1954. El director Kohji Hashimoto sustituyó a Honda, mientras que Teruyoshi Nakano fue el especialista en efectos especiales. Godzilla es ahora más grande que en el primer film y sus pies son el doble que antes. El monstruo ya no lleva dentro a un actor sino que es un robot muy complejo guiado por radio y dicen que medía 5 metros de alto.

La película costó 5 millones de dólares y en su estreno en Japón constituyó un suceso increíble, quizá porque el argumento retornaba a la idea original y Godzilla volvía a destruir el Japón. Solamente la nueva bomba de Cadmio logra vencerle y confinarle a las entrañas de un volcán.

GODZILLA
1998

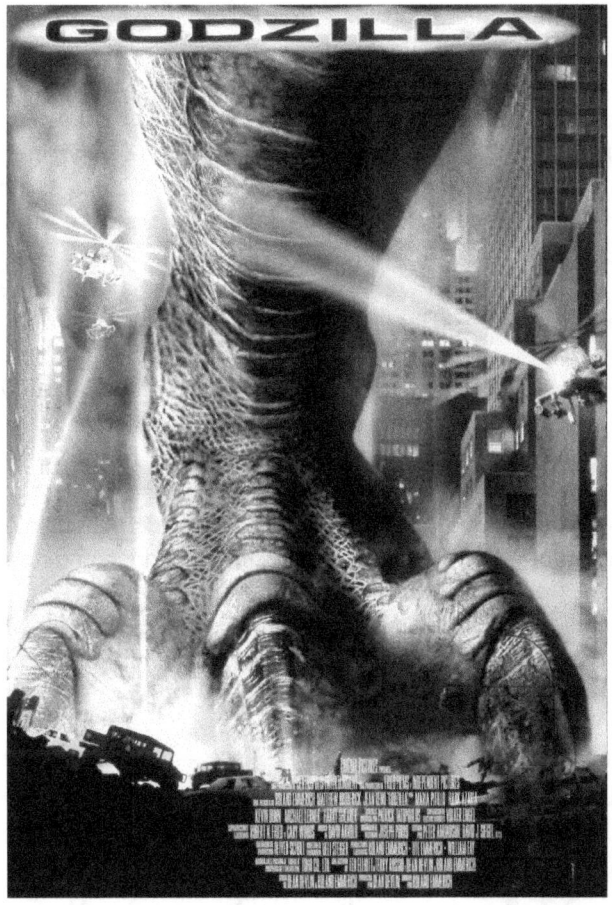

Fotografía: Ueli Steiger
Música: David Arnold
Director: Roland Emmerich

Intérpretes:
MATTHEW BRODERICK: Nick Tatopoulos
JEAN RENO: el agente secreto francés
MARÍA PITILLO: la locutora audaz
HANK AZARIA
KEVIN DUNN

Lo importante es el tamaño, especialmente cuando se trata de Godzilla, ese gigantesco monstruo creado por la mente de Tomoyuki Tanaka en 1954 y que financió la productora japonesa Toho. Ese gigante con pies de plomo y andares majestuosos, asombró durante generaciones al mundo entero hasta que sucumbió víctima de su insensatez. Había pretendido nada menos que el ser humano le dejara vivir en paz, aunque fuera a golpe de pisotones o escupiendo fuego por su boca. Pero alguien pensó que revivir a tan entrañable criatura era casi una necesidad y contando con la aprobación de la productora Toho y el buen hacer de Roland Emmerich, el mismo de "Independence Day", nos sacan de nuevo al monstruo de su letargo en la Polinesia mediante una explosión atómica. Ahora ya le tenemos asolando la sufrida ciudad de Nueva York, barrio Manhattan incluido. Incluso se atreve a desguazar el popular Madison Square Garden y poner allí a toda su familia numerosa en espera de empezar a comerse a los aterrorizados habitantes.

A nosotros nos gustaba más el antiguo Godzilla, tan soberbio y con su cabeza asomando siempre por encima de los rascacielos de Tokio y aunque esta película nos ha gustado hubiera sido lo mismo llamarla "Tiranosaurio" o algo similar. Por ello entendemos que este es el aspecto más negativo del filme, puesto que quienes nos aterrorizamos durante años con el verdadero monstruo que escondía a un hábil actor, no vemos la similitud por ningún lado, como no sea en el nombre.

No pudimos despedirle con un "descanse en paz", ya que nuevos Godzillas asolaron las pantallas cinematográficas, nuevamente por los japoneses.

GODZILLA 2000

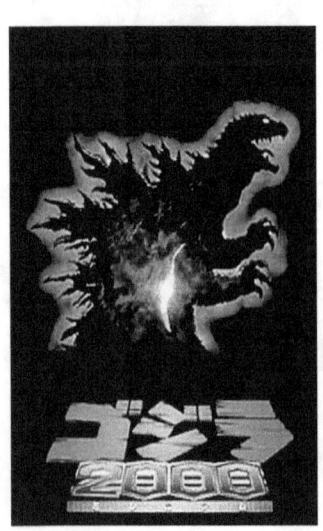

Director: Takao Ookarawa

Intérpretes:
TAKEHIRO MURATA
NAOMI NISHIDA
MAYU SUZUKI

La película anterior había tenido malas críticas, pero recaudó el suficiente dinero como para intentarlo de nuevo, así que la productora Toho le recuperó en su *Godzilla 2000*, aunque ninguna distribuidora en occidente estuvo interesada en que llegase a nuestras pantallas, exhibiéndose en televisión. Esta nueva versión japonesa sobre el legendario monstruo, posiblemente para tratar de mantener viva la esencia fuertemente desvirtuada por la versión norteamericana, nos muestra a un gigantesco alienígena que ha permanecido en letargo en la fosa japonesa durante miles de años y que regresa para atacar a Godzilla, quien por cierto acaba de destruir la ciudad de Nemuro.

GODZILLA: FINAL WARS
2004

Director: Ryuhei Kitamura
Guión: Isao Kiriyama, Ryuhei Kitamura, Wataru Mimura,
      & Shogo Tomiyama
Efectos especiales: Eiichi Asada

Intérpretes:
MASAHIRO MATSUOKA: Shinichi Ozaki
REI KIKUKAWA: Miyuki Nemu
AKIRA TAKARADA: Noataro Daigo
MAKI MIZUNO: Anna Otonashi
KAZUKI KITAMURA: Representante Planet X

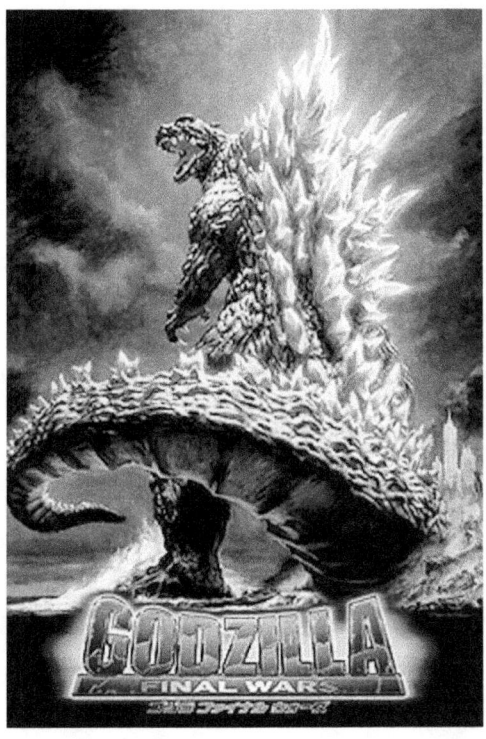

Cuando los ejecutivos intentaron relanzar una versión digna de Godzilla, se encontraron con el problema de los efectos especiales, ahora ya muy refinados, pero excesivamente costosos. Desde que se iniciaron los preparativos, en febrero de 1991, muchas ciudades que debían ser arrasadas se desecharon y otras, como Nueva York, se filmarían en escenarios australianos, con los oportunos escenarios y maquetas. Del mismo modo, el desierto de Arizona y Sydney fueron los lugares elegidos para representar a Beberly Hills y algunas calles de los suburbios de Nueva York, pero con tal acierto que incluso se asemejan a ciertas ciudades de Japón.

Puesto que se trata de hacer morir dignamente al monstruo, la historia dice que tendrá su fin en Shangai, a manos del Monstruo X, algo así como un dragón que escupe fuego. El nuevo Godzilla, según el director Ryuhei Kitamura, es bastante más poderoso que el tradicional, siendo capaz de aniquilar a sus enemigos simplemente con su aliento. Aunque otros muchos monstruos le acompañan en esta epopeya, Godzilla es el más peligroso y su inteligencia le hace parecer invencible. Y es que tantos años asolando ciudades y peleando con monstruos le han proporcionado una capacidad de respuesta ante los agresores insólita, por lo que podemos considerarle ya sin reparos como "el monstruo más inteligente del planeta".

La causa de la agresividad de Godzilla hacia los humanos radica en la muerte de su hijo, de nuevo reavivado por las pruebas nucleares capaces de despertar a otros kaijus gigantes. Cuando esos monstruos aparecen lo hacen simultáneamente en ciudades como Nueva York, París, Shangai y Sydney, aunque a Tokio la dejarán tranquila, que ya está bien. Por supuesto, las fuerzas bélicas de los humanos apenas pueden contenerles y, por si fuera poco, numerosos OVNIS aparecen de repente en el cielo, y eliminan a los kaijus, estableciéndose una alianza con los terrestres. Algo de lo que se arrepentirán pronto.

OTROS TÍTULOS DE
EDICIONES MASTERS

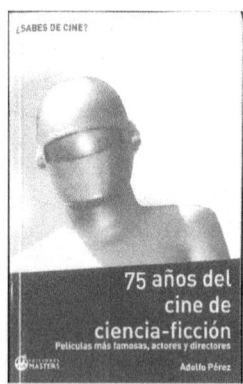

**75 AÑOS
DEL CINE DE
CIENCIA-
FICCIÓN**

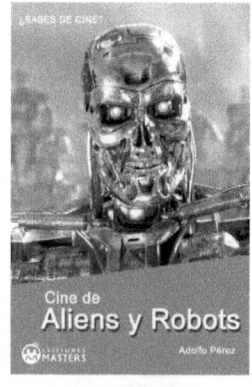

**CINE DE
ALIENS Y
ROBOTS**

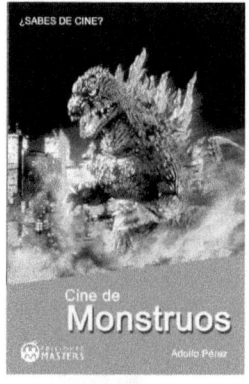

**CINE DE
MONSTRUOS**

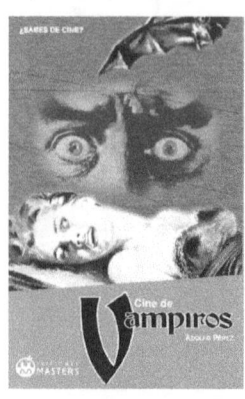

**CINE DE
VAMPIROS**

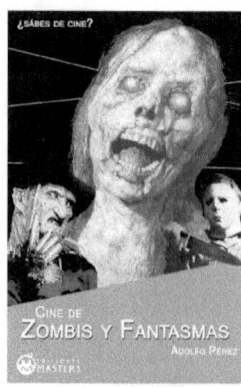

**CINE DE
ZOMBIS Y
FANTASMAS**

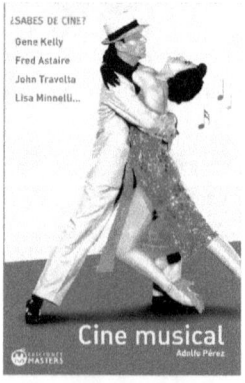

CINE MUSICAL

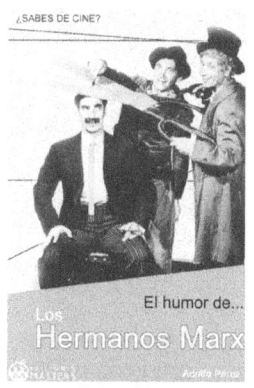

**EL HUMOR
DE LOS
HERMANOS
MARX**

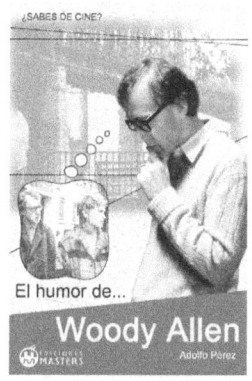

**EL HUMOR
DE
WOODY ALLEN**

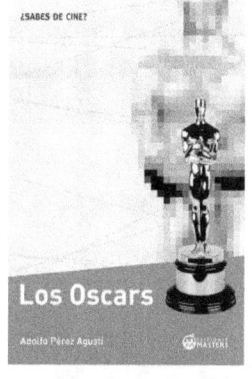

LOS OSCARS

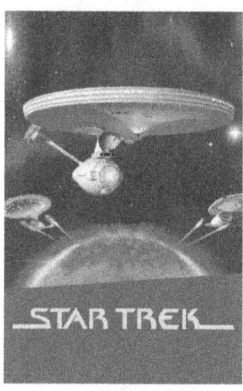

**EL UNIVERSO
DE
STAR TREK**

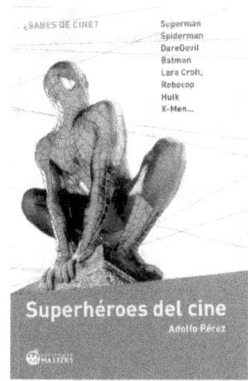

**SUPERHÉROES
DEL CINE**

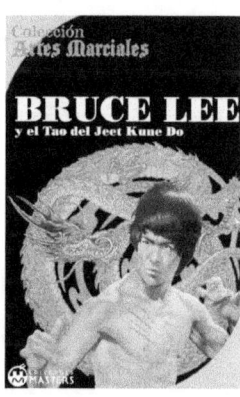

**BRUCE LEE Y
EL TAO DEL
JEET KUNE DO**